# 中国人的政治教科书
# 《今文尚书》

## （上册）

翟玉忠　著

华龄出版社
HUALING PRESS

图书在版编目（CIP）数据

中国人的政治教科书——《今文尚书》：上下 / 翟
玉忠，付金财著 . -- 北京：华龄出版社，2024.2

ISBN 978-7-5169-2682-6

Ⅰ. ①中… Ⅱ. ①翟… ②付… Ⅲ. ①《尚书》—注
释②《尚书》—译文 Ⅳ. ① K221.04

中国国家版本馆 CIP 数据核字（2024）第 013773 号

| | | | | |
|---|---|---|---|---|
| 策划编辑 | 南川一滴 | | 责任印制 | 李末圻 |
| 责任编辑 | 郑　雍 | | 装帧设计 | 华彩瑞视 |

| | | | | |
|---|---|---|---|---|
| 书　　名 | 中国人的政治教科书《今文尚书》 | | 作　者 | 翟玉忠 |
| 出　　版 | 华龄出版社 | | | |
| 发　　行 | HUALING PRESS | | | |
| 社　　址 | 北京市东城区安定门外大街甲 57 号 | | 邮　编 | 100011 |
| 发　　行 | （010）58122255 | | 传　真 | （010）84049572 |
| 承　　印 | 运河（唐山）印务有限公司 | | | |
| 版　　次 | 2024 年 7 月第 1 版 | | 印　次 | 2024 年 7 月第 1 次印刷 |
| 规　　格 | 710mm×1000mm | | 开　本 | 1/16 |
| 印　　张 | 28 | | 字　数 | 400 千字 |
| 书　　号 | ISBN 978-7-5169-2682-6 | | | |
| 定　　价 | 108.00 元 | | | |

# 序言

## 中华政治文明的源头——《尚书》

现实是历史的延长线，是过去的因革损益。要理解现实，必然要理解现实背后的历史文化基因，它锚定了未来的模式与道路，是文明大厦的基础和蓝图。先贤称这种文化"慢变量"为经。

唐代经学家陆德明指出经有四义："经者，常也，法也，径也，由也。"（《经典释文·卷一·周易音义》）前两者讲经为常理、大法，为一个文明的基本模式；后两者讲经为路线、源头，为一个文明的基本道路。

所以我们理解 21 世纪之中国，不能离开经学。我们欲复兴中华，不能离开积数千年文明成果的经学。经学是中华文明的教科书，需要人人去研习，绝非少数学人象牙塔中的雅好。晚清经学家皮锡瑞（1850—1908）指出："孔子有帝王之德而无帝王之位，晚年知道不行，退而删定《六经》，以教万世。其微言大义实可为万世之准则。后之为人君者，必遵孔子之教，乃足以治一国；所谓'循之则治，违之则乱。'后之为士大夫者，亦必遵孔子之教，乃足以治一身；所谓'君子修之吉，小人悖之凶。'此万世之公言，非一人之私论也。孔子之教何在？即在所作《六经》之内。故孔子为万世师表，《六经》即万世教科书。"[1]

---

① 皮锡瑞：《经学历史》，中华书局 2008 年版，第 26 页。

遗憾的是，今天许多人受西方源于犹太一神教的线性时间观念、二元对立思维方式的影响，将现代与传统截然对立。将西方的一切都赋予现代性，而将中国的一切都说成是古代的、过时的。

西方数百年殖民扩张强化了上述观念。事实上，不仅理解中国式现代化和中国特色需要理解持续五千多年的中华文明，理解西方现代文明也不能离开两千多年前的古希腊和古罗马文明。否则，所谓的现代就成了无源之水，无本之木。

假如没有两千多年前古希腊、古罗马的奴隶制，很难想象自由和私有产权会成为现代西方的核心观念。因为奴隶制社会区分了奴隶和自由公民，前者是后者的财产，并对后者拥有绝对的权力，这是绝对私有观念的起源。

将人与天、地并列为宇宙三个基本因子，信奉"天生百物人为贵"（郭店战国楚简《语丛一》）的中国人很难理解，公元1世纪，受过教育的希腊人会把财富托付给朋友或家人，而将自己卖给需要秘书的富有罗马人当奴隶。要知道，罗马奴隶主有充分权利任意处理自家奴隶，即使将秘书的脚砍下来也不会受到法律制裁。为何聪明的希腊人愿意这么做呢？因为过一段时间他们可以赎回自由，获得罗马公民身份——所以古希腊人才冒着生命危险追求自由。

美国人类学家、社会活动家戴维·格雷伯（David Graeber）谈到自由与平等、绝对权利的关系时指出，在古代"自由"一词的主要意义就是不充当奴隶，拥有自由意味着生活在一个平等的公民社会中，意味着拥有权力，按自己意志行动的权利，绝对私有财产的概念（Dominium）就是从奴隶制社会衍生出来的，这种观念从古罗马经中世纪，影响至今。他写道："罗马皇帝开始声称拥有类似Dominium的东西，坚持认为在他们的领域内，他们拥有绝对的自由——事实上，他们不受法律的约束。同时，罗马社会开始转变，由奴隶主组成的共和国变得越来越像后来的封建欧洲，权贵们宏伟的领地周围被受抚养的农民、债务仆人和无数各种各样的奴隶所环绕；对于这些人，他们基本上可以为所欲为……即使在这个新的中世纪世界，古罗马的自由概念仍然存在。拥有自由就是拥有权力。当中世纪的政治理论家谈论'自由'的时候，他们实际上指领主在自己的领地里为所欲为的权利。"①

不难看出，如果脱离了古代地中海世界的奴隶制，今天西方建基于平等公民观念上的自由民主政治和建基于私人产权基础上的自由市场经济将无从讲起。

所以说，解释现代西方不能脱离古代西方政治文明，解释现代中国也不能脱离中国古代政治文明。那么，中国古代政治文明的源头在哪里呢？

在被称为"政事之纪""政书之祖"的《尚书》中！当代学者何新先生写道："自汉代以后，《尚书》既是历代帝王所必须研习的基础政治教科书，又是从政的士大夫所必读必遵的宪政大法。可以说，一部《尚书》，蕴涵浓缩了贯穿中国5000年传统政治道德基石的一整套核心价值。"②

## 一、中华文明中的"社会主义基因"

中外经典作家都注意到中国文明中存在强烈的天下为公、公有制、集体主义和国家整体（干预）观念，它与马克思主义、社会主义观念相应，同现代西方世界基于自由民主和自由（私人）企业制度的资本主义社会形态迥异。

1850年，鸦片战争爆发后十年，马克思就注意到中国农民革命中的社会主义主张，包括均贫富和消灭私有制的革命思想。对于19世纪中期的欧洲人来说，上述观念显得特别突出，它与西方传统的自由及绝对产权观念格格不入。德国传教士居茨拉夫（中文名郭实腊、郭士立等，原名 Karl Friedrich August Gützlaff，1803–1851）称其为"有害的学说"。郭实腊既是传教士又是间谍，在第一次鸦片战争期间充当英国人的翻译和向导，并参与中国近代历史上第一个不平等条约《南京条约》的谈判和签订。

马克思从郭实腊那里了解到中国的情况。1849年12月，郭实腊在伦敦大学和一些协会做了多场关于中国的演讲，大谈使中国基督教化的计划。

马克思和恩格斯1850年发表于《新莱茵报·政治经济评论》第2期的

---

① 戴维·格雷伯：《债：第一个5000年》，中信出版社2012年版，第198页。
② 何新：《大政宪典：〈尚书〉新考》，中国民主法制出版社2008年版，第6页。

《国际述评（一）》中，直接提出了"中国社会主义"的概念："成千上万的英美船只开到了中国，这个国家很快就为不列颠和美国廉价工业品所充斥。以手工劳动为基础的中国工业经不住机器的竞争，牢固的中华帝国遭受了社会危机。税金不能入库，国家濒于破产，大批居民赤贫如洗，这些居民开始愤懑激愤，进行反抗，殴打和杀死清朝的官吏和和尚。这个国家据说已经接近灭亡，甚至面临暴力革命的威胁，但是，更糟糕的是，在造反的平民当中有人指出了一部分人贫穷和另一部分人富有的现象，要求重新分配财产，过去和现在一直要求完全消灭私有制……虽然中国的社会主义跟欧洲的社会主义像中国哲学跟黑格尔哲学一样具有共同之点，但是，有一点仍然是令人欣慰的，即世界上最古老最巩固的帝国八年来在英国资产者的大批印花布的影响之下已经处于社会变革的前夕，而这次变革必将给这个国家的文明带来极其重要的结果。"①

173年后，我们重读这篇评论，深深感到文明交往互鉴力量的伟大。马克思和恩格斯当不会想到，今天中国已经成为一个富强的社会主义东方大国——中国特色社会主义启动了"天下为公"的中华治道，社会主义真的"给这个国家的文明带来极其重要的结果"！

一百多年前，旅美学者陈焕章也意识到中华文明的社会主义特性。陈焕章（1880-1933年）是康有为的学生，1911年哥伦比亚大学出版了他的《孔门理财学》一书，该书是中国学者在西方刊行的第一部中国经济思想名著，也是迄今为止影响最大的一部。其第八章标题为：《社会主义性质的政策》，从井田制、垄断、食禄者不得争利、政府调控供求、政府对粮食的调控、政府借贷及赈恤六个方面论述古代中国的社会主义性质经济政策。他甚至认为儒家的社会主义比现代社会主义更彻底，因为前者只允许官员拿薪金，完全禁止他们的商业赢利活动，这就在政治权力与经济权力之间建立起一道防火墙，可有效阻止资本侵蚀社会公正。他写道："在现代，社会主义者为劳工提倡现代社会主义、反对资本主义；在古代，儒家为农民提倡儒家社会主义、反对封建主义。这两个学说在原理上是一样的，因为古代封建主同时也

---

① 《马克思恩格斯全集》（第7卷），人民出版社1959版，第264-265页。

是资本家，农民本身就是劳工。但当我们比较这两个理论时，儒教似乎比现代社会主义更加彻底。二者都没有资本家。在儒教中，重要生产数据应属于公众，统治阶层只应得到俸禄……现代社会主义不禁止拿薪水的官员从事营利性活动，而儒家完全禁止他们取利。"[1]

同当今美国越来越严重的"政商旋转门"现象相比，不难发现早在两千多年前，中国先贤已经种下了反对资本垄断一切的"社会主义基因"。与苏式共产主义不同，中国古典经济学认为国家与市场不是非彼即此的二元对立关系，政府一方面支持市场和商业，同时又反对商人投机损害社会公正。格雷伯深知西方政府与社会（市场）对立观念根深蒂固，所以他强调中国传统社会如何在节制资本，遏制资本"钱生钱"贪婪的同时，让商人为社会公益服务。"资本家（不论是商人巨贾、金融家还是实业家）总是试图与政治权威结盟，以限制市场的自由，这样他们就可以更轻而易举地让钱生钱。从这个角度看，中国在其历史的大多数时期本质上是反对资本主义市场的国家。中国的统治者不同于后来欧洲的君主，一概拒绝与有意成为中国资本家的人（这种人总是存在的）合作……用孔子的话说，商人就像士兵。那些以军事为业的人很大程度上想必是出于对暴力的喜好。从个体看，他们不是好人；但就保卫边疆而言，他们是不可或缺的。与此类似，商人受到贪婪的驱动，根本上是没有道德的；不过，如果他们受到严格的行政监管，就可以让他们为公共利益服务。"[2]

中国传统"社会主义"模式主张一种政府（国家资本）参与其中、维系社会各阶层平衡的市场经济。这构成了过去几千年的"中国特色"，延续至今。因此，我们要理解今天中国特色社会主义体制，不能套用苏联模式，更不能乞灵于西方资本主义，只能从中国五千多年从未断流的政治文明中去寻找理论依据——中国文化将为马克思主义中国化提供丰富的思想资源。

---

① 陈焕章：《孔门理财学：孔子及其学派的经济思想》，翟玉忠译，中央编译出版社 2009 年版，第 332 页。

② 戴维·格雷伯：《债：第一个 5000 年》，中信出版社 2012 年版，第 249 页。

## 二、中国本土的政治学——《尚书》

中国特色、中国道路、中国（模）式，先哲称为道、型、法，并明确指出它们存在于孔子所编定的经学"六艺"（六经）中。

人类文明史上近乎所有民族都有公共经典，用以规范社会的方方面面——从生活方式到政治组织模式。早期文明的经典都以口头形式流传，直到文字发明后才渐次写定。比如《春秋公羊传》直到汉景帝时才"着于竹帛"，以文字形式流传。程苏东博士写道："作为人类文明的知识总汇，多数文明都拥有自己的'公共经典'（Canon），例如两河文明的《吉尔伽美什》（Gilgamesh），古印度文明的'四大吠陀'（Vedas），波斯文明的《阿维斯塔》（Avesta），古希腊文明的《荷马史诗》（Iliad & Odyssey），犹太文明的《摩西五经》（Torah Moses），伊斯兰文明的《古兰经》（Quran），西方文明的《圣经》（Bible）等。她们或为民族史诗，或为宗教法典，或为仪轨戒律，或为圣贤语录，抑或兼而有之，反映出不同文明思想渊源与价值取向的差异。她们在各自文明内部拥有极高的权威性与广泛的影响力，甚至可以成为政权合法性的来源和法典的依据，而对于华夏文明来说，其'公共经典'无疑就是'六艺'了。"①

关于经学的文明基础地位，大经大法的权威性，先哲有明确阐述。《汉书·儒林传》指出，《六艺》是王教的经典，先圣用来阐明天道，端正人伦，以达到天下大治的成法。"《六艺》者，王教之典籍，先圣所以明天道，正人伦，致至治之成法也。"

清代四库馆臣认为，经书皆由圣人编辑删定，作为基本模式为万世所效法，如同数学公理一样，是世人判断大是大非的公理。《四库全书总目·经部总叙》："经禀圣裁，垂型万世，删定之旨，如日中天……盖经者非他，即天下之公理而已。"

南朝刘勰对经的定义让人一目了然：阐明天、地、人普遍道理的书叫作

---

① 程苏东：《从六艺到十三经：以经目演变为中心》，北京大学出版社 2018 年版，第 24 页。

"经"。所谓"经"，就是恒长久远的道理，不可改易的伟大教化。《文心雕龙·宗经》："三极彝训，其书言经。经也者，恒久之至道，不刊之鸿教也。"

《庄子·天下篇》是最早对本土学术系统总结的论著。它将包含宇宙人生普遍真理、修己治人、内圣外王的知识体系称为"道术"，并明确指出这些圣人所传的道术主要存在于六经之中，诸子百家也时常提到。作者感叹：古圣先贤是多么的圆融无碍啊！他们合于宇宙的神妙，效法自然，养育万物，泽及百姓，以天道为根本，以法度为末节，这样的世界六合通达而四时顺畅，无论小大精粗，道的作用无所不在。古时候的天道和法规制度，很多还保存在传世古籍中。保存于《诗》《书》《礼》《乐》中的，邹鲁一带的学者和缙绅先生们大都知晓。《诗》用来表达心志，《书》用来记载政事，《礼》用来规范行为。《乐》用来和谐社会，《易》用来阐明阴阳，《春秋》用来正名分。这些道理传布于天下且有用于中国的，百家之学还常常提及。"古之人其备乎！配神明，醇（通"准"取法——笔者注）天地，育万物，和天下，泽及百姓，明于本数，系于末度，六通四辟，小大精粗，其运无乎不在。其明而在数度者，旧法、世传之史尚多有之。其在于《诗》《书》《礼》《乐》者，邹鲁之士、搢绅先生多能明之。《诗》以道志，《书》以道事，《礼》以道行，《乐》以道和，《易》以道阴阳，《春秋》以道名分。其数散于天下而设于中国者，百家之学时或称而道之。"

《庄子·天下篇》曾悲伤地预言"道术"这种内养外用一以贯之的正确道路"将为天下裂"，流于某一方面的学问"方术"。作者想不到的是，今天经学在中国学术体系中已丧失冠冕位置，民国初学制改革时被肢解归入各类西式学术。六经从中华文明之魂被蔡元培、胡适等贬低为"一半神话、一半政史"，"六经皆史料"，中国自身的价值体系大面积流失。清华大学哲学系陈壁生教授深感"现代学科兴，而经学亡"之痛，他写道："中国古代那些伟大的注经家，在注经过程中不断彰显经学作为'常道'的义理，以使之引领一代又一代的历史进程。而今人如果以'历史'眼光看待他们，则古人的一切努力，都会被瓦解在时间的河流中，成为'经学史'、'思想史'的一个部分……一旦'历史'只是毫无意义的过去，那么，古代那些追求永恒真理的努力，便完全变成今人的客观知识的一个组成部分，而今人自己，再也没有所谓的'价值'。"①

1918 年，时任北大校长的蔡元培给胡适的《中国哲学史大纲》作序，竟然对胡乱排除经学，将哲学思想从老子、孔子讲起大为赞赏，在他眼里，经学所代表的"道术"只是"一半神话、一半政史的记载"，所以干脆先不要了！"中国民族的哲学思想远在老子、孔子之前，是无可疑的。但要从此等一半神话、一半政史的记载中，抽出纯粹的哲学思想，编成系统，不是穷年累月不能成功的。适之先生认定所讲的是中国古代哲学家的思想发达史，不是中国民族的哲学思想发达史，所以截断众流，从老子、孔子讲起。这是何等手段！"②

没有经学之源，何来诸子之流？蔡元培似乎已不知道术为何物！

抛弃古希腊哲学和基督教经典，何以理解当代西方文明？同理，没有经学，何以理解时代之中国？今日中国特色、中国模式内涵的阐发厘清，很大程度上依赖中华文明持续四千多年的无上法典——经学。特别是中国本土政治学元典《尚书》，它是我们政治模式和政治合理性的理论源头。

但在百度百科中，我们却看到 21 世纪学人对《尚书》这样定义道："《尚书》，最早书名为《书》，是一部追述古代事迹著作的汇编。分为《虞书》（虞舜朝的书——笔者注）《夏书》《商书》《周书》。因是儒家五经之一，又称《书经》。"

不错，《尚书》记述的是古代政事言论，但它作为基本模式是国人安身立命，安邦治国的榜样，岂能看作一般的史实或史料？如同活人与死人虽然都由细胞组成，但我们却不能将活人等同于死人！

所以司马迁《史记·太史公自序》中这样描述《尚书》："《书》纪先王之事，故长于政。"程苏东博士进一步解释说："《书》完全是作为一部承载周人'王道政治'理想的教化性文本出现的。《书》的内容虽然涉及册命、誓师、祷祠、登基等多种仪节，亦涉及三代若干重要史事，但作为一个整体性的文本，其核心用意既不是教授贵族在这些场合应当如何进退揖让，也不只是为了讲述这些史事的来龙去脉，而是旨在记录并传递尧、舜、

① 陈壁生：《经学的瓦解》，华东师范大学出版社 2015 年版，第 162–163 页。
② 蔡元培：《中国哲学史大纲序》，收入北大元培学院编《大学教育》，北京出版社 2018 年版。

禹、汤、文王、武王、周公、召公等圣君贤臣在各种重大场合的言行，从而为年轻一代贵族塑造一种共同的价值观念。与《诗》、礼、乐的实践性功能不同，《书》从一开始就是一部关注形而上层面的价值、观念等意识形态的文本。"①

数千年来，《尚书》是我们的价值之源，是培育中华民族政治认同，打造中华民族共同体意识的重要经典，哪里只是放在档案馆、博物馆里的数据？应该说，《尚书》是中华政治文明的源头活水！

## 三、《尚书》的时代与古今之辨

作为"公共经典"，经学是诸子百家汲取智慧的源泉。先秦不仅儒家引经，经书的文本也不止一家。以《尚书》为例，据刘起釪先生统计，《墨子》引用次数远远超过儒家《论语》《孟子》《荀子》诸书。只是到了汉代以后，因为汉武帝"罢黜百家，表彰六经"的国策，才导致主教化、以经书为课本的儒家经书得以流传，以至于现代学者错误地称六经为"儒家经典"了。

山东大学郑杰文教授在详细考察了《墨子》对《尚书》类文献的引用后发现，不仅传世诸《尚书》类文献与《墨子》引《书》书文字多有不同，且其引用范围也远超现存《尚书》类文献，这说明墨家有自己的《尚书》文本。他说："《墨子》引《书》共计 40 节，其文字可与今文《尚书》比对者 5 节；其篇目可与汉代新出之'百两《尚书》'之篇目比对者、其文字可与新出《泰誓》比对者，计 11 节；可与东晋梅赜古文《尚书》比对者 5 节；共 21 节。而《墨子》所引不可与今传所有《尚书》系统比对者 19 节，几占一半。"②

可惜墨家编定的《尚书》没有流传下来，否则《尚书》类文献会更为丰富。目前我们所能看到的《尚书》类文献共四种：一是西汉伏生传自先秦的《今文尚书》；二是长期有民间流传，东晋梅赜献给朝廷的《古文尚书》；三

---

① 程苏东：《从六艺到十三经：以经目演变为中心》，北京大学出版社 2018 年版，第 43—44 页。

② 郑杰文：《〈墨子〉引〈书〉与历代〈尚书〉传本之比较——兼议"伪古文〈尚书〉"不伪》，载《孔子研究》2006 年第 1 期。

是《逸周书》，先秦它与《尚书》一样皆称为《书》；四是 2008 年才问世、不知出土于何地的清华简《尚书》，这显然是楚地流行的一个传本。碳 14 测定证实，其写定时间在战国中晚期。

值得一提的是，清代阎若璩（1636–1704）《尚书古文疏证》问世后，《古文尚书》及梅赜同时献上的西汉孔安国传文，常常被冠以"伪古文尚书""伪孔传"，这是不正确的。张岩、杨善群，陈以凤、郑杰文等学者已从多个角度论证《孔传古文尚书》不伪。对于这个问题，笔者以为黄怀信先生持论较为公允。在《尚书正义》的校点前言中，黄先生写道："'伪古文'现在看来也并非全部没有根据，有重作考证的必要……其内容，则并非出于杜撰。观其所记之事，在《国语》《逸周书》《孟子》《尚书》他篇及其他先秦文献中似皆约略可以看到。""如果与《孔丛子》《小尔雅》等书去对照，孔传出自孔家学者，也是极有可能的。既如此，那么其晚出或者中间夹有后起的地名，也就不足为奇了。总之我们认为，所谓'伪孔传'，至少是与孔安国有一定关系，被后人强加上的'伪'字，应当去掉。"①

根据刘起釪对先秦可靠古籍 20 种中引《尚书》次数的统计，其中引《今文尚书》者有先秦文籍 16 种计 115 次；引孔壁古文《尚书》"逸篇十六篇"者有先秦文籍 3 种计 8 次；引"百两《尚书》篇目"中除以上两类外其余篇目者有先秦文籍 9 种计 49 次；除此 3 大类外，引《尚书》逸篇逸文者有先秦文籍 16 种计 163 次。共计 335 次。②

《今文尚书》的引用量超过三分之一！说明在《尚书》的流传过程中，《今文尚书》有着不同寻常的地位。它的篇章，如《尧典》《洪范》《禹贡》，对于我们理解中华文明范式起到重要作用，为历代学人所重视。所以大《六经》工程整理的第一部经书就是《今文尚书》。

我们对《今文尚书》的整理以王世舜、王翠叶译注的《尚书》为底本（中华书局 2012 年版）。具体分工如下：翟玉忠先生负责经义的写作，付金财老师负责注释和语译部分，校对由蔡青先生负责，最后由翟玉忠先生

---

① 黄怀信整理：《尚书正义》校点前言，上海古籍出版社 2007 年版。
② 刘起釪：《尚书学史》，中华书局 2018 年版，第 49–50 页。

定稿。

整理过程中我们深深感到：不能纯用史学方法研究经书，不能根据音韵、用词，乃至思想内容对其轻易断代，否则创作于三代的文献大多会成为经书写定时期春秋战国的作品——成了后世依托之作。这样"科学"地解释经典，将导致经典的权威性丧失殆尽！

如同 21 世纪的学者很难理解 1949 年前老一辈学者抄书的习惯，今天的我们，已经很难理解汉以前学人口头传经了。尽管考古学和《尚书·多士》都可以证明，商以前就有了写定的众多文本。《墨子·贵义篇》提道："昔者周公旦朝读《书》百篇。"但汉以前的传经仍多是师徒间口耳相传，一代代经师根据时代变化重新解释经典，必然导致经传是不同时代的"文本的层层累积"。

"文本的层层累积"是人类文明的普遍现象。对于 21 世纪的美国阿拉瓦克人（Arawak）酋长 Jeseph Riverwind 来说，口头传统如此重要。篝火旁长者讲的古老传说，明显会因人而异，但它们有不变的共同内核，"我们现在听到的故事，和 500 年前，1000 年前，2000 年前讲的一样。"①

如果我们将传本写定的时期定为经书产生的时代，就混淆了经学思想内容与经传的表现形式，这是误导性的研究路线。

民国时期疑古学派常犯这种错误。先假定某一观念或物品最早出现于何时，一旦看到它们出现三代经典中，就认定这些经典是后人伪托。比如《尚书·尧典》中有五行等观念，许多人就认为它写于战国时期，这是不对的。因为殷人就有了"尚五"观念，庞朴、饶宗颐、宋镇豪和张秉权都写过相关文章论证。庞朴先生通过对商代卜辞的研究得出结论："从以上这些五方、五臣、五火的诸五中，我们不仅依次看到了殷人尚五的习惯，而且还能看到一个隐约的体系，那就是以五方为基础的五的体系：五臣是五方之臣，五火是五方之火；而五方本身，则不再属于其他，它是帝。这种以方位为基础的五的体系，正是五行说的原始。"②

---

① 梅根·福克斯主持的纪录片《冰河时期的美国失落文明》，The Travel Channel L.L.C.，2018 年。
② 庞朴：《阴阳五行探源》，载《中国社会科学》1984 年第 3 期。

刘起釪指出,《洪范》的中心部分传自商代,写成于西周晚期至春秋之世。[①]笔者认为,《尚书·尧典》记述帝舜出巡和《尚书·禹贡》记述九州岛地理,都按五行生序。五行观念的出现可能相当早,我们当本着人类文明对待经典普遍的崇敬态度,先信后疑。在没有坚实的证据之前,应认为《洪范》的核心部分如文本所述,传自大禹。

除了经典文本的年代问题,研究经学还要贯通古今。经者,常也,如果失去了现实意义,经学就在很大程度上丧失其存在的价值。孔子删定六经,其目的也是"垂世立教""示人主以轨范"(孔安国《尚书序》)。

对于《尚书·尧典》中记述的禅让制,许多学者受西方民族学观念的影响,认为它"指中国原始社会部落联盟民主推选首领的制度"。事实上,不同于今天西方基于地方自治的国家组织形式,尧舜禹时代的中国已有了大一统国家的雏形。另外,我们不能将领土面积可能比今天欧盟还大的政治共同体称为"原始社会"。

史学家柳诒徵(1880-1956)的《中国文化史》专有一章讲禅让,题为《唐虞之让国》,仅以禅让为一种谦让的美德,反而忘记了其政治意义本身。他认为谦让美德是中华民族绵延不绝的重要精神基因:"吾国圣哲之教,以迨后世相承之格言,恒以让为美德。远西诸国,无此礼俗,即其文字,亦未有与吾国'让'字之义相当者。故论中国文化,不可不知逊让之风之由来也。人情好争而不相让,中土初民,固亦如是。如《吕览》谓'君之立出于长,长之立出于争'。可见吾民初非不知竞争,第开化既早,经验较多,积千万年之竞争,熟睹惨杀纷乱之祸之无已,则憬然(jǐng rán,形容醒悟的样子——笔者注)觉悟,知人类非相让不能相安,而唐、虞之君臣遂身倡而力行之……后此数千年,虽曰争夺劫杀之事不绝于史册,然以逊让为美德之意,深中于人心,时时可以杀忿争之毒,而为和亲之媒。故国家与民族,遂历久而不敝。"[②]

柳诒徵先生的解释显得过于道德化。通过 1993 年湖北荆门市郭店一号

① 顾颉刚、刘起釪:《尚书校释译论》,中华书局 2005 年版,第 1218-1219 页。
② 柳诒徵:《中国文化史》,上海古籍出版社 2001 年版,第 55 页。

战国楚墓出土的《唐虞之道》，我们知道《尧典》实际是讲"天下为公，选贤与能"的中华治道，文中明确说："禅也者，上（上，通'尚'——笔者注）德授贤之谓也。"禅让是政治尚贤制的典范，此一制度至今仍在政治学界有着广泛影响。

政治学者贝淡宁（Daniel A. Bell）著有《贤能政治：为什么尚贤制比选举民主制更适合中国》（The China Model: Political Meritocracy and the Limits of Democracy，princeton University Press，2015 年初版），顾名思义，作者对世人的"民主迷信"提出了质疑，这需要很大的学术勇气。因为在西方世界，质疑一人一票民主选举制度的神圣性，简直是一种"亵渎"，代表着政治不正确。他质疑的理由恐怕是任何有社会经验的人难以反对的："赞同一种不要求领导经验（和专长）的制度而几乎完全不怀疑它，似乎有些怪异。权力的实施有很多形式——在车间、学校、医院、监狱等地方，自然的假设是高层领导人需要具备过往经验才会被赋权。任何一家公司或者大学都不可能选择一个没有任何实质性领导经验，尤其是缺乏在本领域内的经验的人担任高层领导。但是，政治权力是个例外：选择一个没有任何政治经验的人担任领袖并没问题，只要他（或她）是按照一人一票的方式挑选出来的。"①

"从贤"而不是"从众"，中国先哲摒弃西方那种违背常理的、选票数量决定一切的选举方式，选择了选贤任能的尚贤制。特别是改革开放后，中国政府设计了一种选拔官员的制度，涉及官员长达几十年的历练及职业生涯不同阶段的众多测评。贝淡宁教授认为这个"政治尚贤制"仍处于初级阶段，以下问题亟待解答却鲜有系统研究："哪些能力和美德应该作为选拔政府官员的标准，以便改善中国的政治体制？什么样的制度和机构更有可能选拔出德才兼备的官员？考虑到这些问题对中国政治未来的核心重要性，对它们的系统性研究却付之阙如的确出人意料（也令人失望）。"②

贝淡宁教授的上述评论是中肯的。如果我们对中国异于西方民选方式的

---

① 贝淡宁：《贤能政治：为什么尚贤制比选举民主制更适合中国》，中信出版社 2018 年版，第 5 页。

② 贝淡宁：《贤能政治：为什么尚贤制比选举民主制更适合中国》，中信出版社 2018 年版，第 55 页。

政治尚贤制有更清醒的认识，并系统研究从尧舜时代的禅让制，到秦汉的社会功勋制（功次制度），再到后来的察举制、科举制这一系列制度变革，就不会再将西式民主作为中国的改革方向，并将自己的政治制度说成威权政治。那时，我们会以更坚实的文化自信和道路自信，以更为坚定有力的步伐走向世界和未来。

驱散历史迷雾，重现中华治道光明，在很大程度上取决于我们对自身政治文明初基、范式的研究。数千年来，作为垂范万世的经典——经学为国人提供了返本开新的不竭精神动力。这也是今天我们研究《尚书》的时代意义和历史使命。

翟玉忠

2023 年 4 月 20 日于北京奥森寓所

瞿玉忠

# 目 录

## 上 册

### 序言

### 虞书

# 下　册

# 周书

# 虞 书

## 尧 典

### 一、中国人的生活方式以尧为典范

经义：

如同《洪范》篇是大禹时代的治国大法，《尧典》是尧帝、舜帝时代的治国大法。

中国有漫长连续、高度发展的经学和史学传统（经史传统），这在人类文明史上是极为罕见的。

如同世界上一切古老民族一样，其经典在未整理成文字之前，以口传心授的形式世代传承。所以《古文尚书》《尧典》《舜典》前均有"曰若稽古"，类似汉译佛教经典开篇的"闻如是""如是我闻"，表示经典内容传承有信，并非杜撰。

《尧典》是中国经史传统中居核心地位的安身立命、安邦治国文献。尽乎所有《尚书》版本，都将《尧典》放在第一篇，孔子最早整理《尚书》时也是这样。

《尧典》对中国文化影响极大，主要体现在两个方面：一是决定了中国人重世俗人伦，修身、齐家、治国、平天下一以贯之的生活方式；二是决定了中国政治重德行功勋，选贤与能的选举方式——这种影响一直持续到21世纪的今天，长达四千多年。

尧帝是一位上古圣王。典，就是能常行百代的大经大法。东汉学者郑玄在注释《周礼》时曾经说过："典，常也，经也，法也。王谓之礼经，常所秉以治天下也；邦国官府谓之礼法，常所守以为法式也。"

所以汉代以前常常礼、法不分。一样的典，既是礼经，又是礼法。今天有人只喜欢德治与礼，而讨厌法治与刑，这是不通中国文化政治经济与社会教化（政教）相统一的缘故——如同有冷暖、阴阳一样，治国既离不开德治，也离不开法治。

自有人类以来，整体上只存在两种生活方式：一种是以神为中心，另一种是以万物之自然状态——"道"为中心。

无论是狩猎采集部落的万物有灵观念，还是农业社会的多神论和后起的一神论，在其现实生活中神都居于核心地位，生老病死都以神为本。今天我们去基督教世界旅行，还能看到他们的城市和乡村遍布着尖顶的教堂，那是上帝在人间的标志。

中华文化的独特之处在于，它突破了上古人类以神为中心的世界观念，转化为以人为中心。"天生百物，人为贵"。从尧时代起，先贤就建立起了以万物之自然——"道"为核心的生活方式。

中华文化并不否定神和宗教，而是置神于道之下，将宗教视为一种教化。所以先贤讲"道在帝先""神不胜道""民为神本"。而除了中国之外，其他文化大体都是讲"帝在道先""道不胜神""神为民本"。

突破神及神话体系，这是中国人对人类文明的最大贡献，可惜信仰一神教之人常常不理解这一点，干脆将中国人看成不信教、崇拜偶像的异教徒。我们自己又没有很好地理解自身文明的大本大源，不知道中国人的生活方式以尧为典范，而不是耶稣或其他什么神。

《尧典》开篇就是讲尧崇高的个人品行，他不仅有明察四方的智慧，而且做事敬业节俭，为人宽容温和。然后讲他如何发扬德行，广布恩泽，实现了家庭和睦（家齐）、百官各尽其职（国治）、万国和谐（天下平）。

修身、齐家、治国、平天下，内圣外王、内养外用一以贯之的生活方式，经过《礼记·大学》的进一步阐发，以及宋以后儒家的提倡，主导中国历史数千年。在21世纪世俗化不断深入的时代，这种在中国人精神世界中古老，对其他族群崭新的生活方式，必将影响全世界。

《礼记·大学》曾引文中"克明俊德"一语解释"明明德"，通过《尧典》上下文，我们知道这里的德是一种德行、德泽，而非如《四书集注》所说的，明德是"人之所得乎天，而虚灵不昧，以具众理而应万事者也。但为气禀所拘，人欲所蔽，则有时而昏。然其本体之明，则有未尝息者"。

宋儒以佛教禅宗观念理解《大学》，颠倒本末，误人千载。"克明俊德"，和谐万邦，《礼记·大学》所说"明明德于天下"，本来是人生的最高境界，在宋儒那里却成了人生的起点，先"明明德"，再"亲民"，再"止于至善"，岂不荒唐！

中国人修齐治平的生活方式是长期演化的结果。历史学家韩建业教授甚至将这种重世俗的生活方式上推至一万年前、旧石器时代晚期。司马迁写《史记》从尧帝的祖先黄帝开始，从中我们能看到，无论是黄帝还是尧的父亲帝喾（kù）高辛，都遵循修齐治平的人生路线。司马迁说高辛："聪以知远，明以察微。顺天之义，知民之急。仁而威，惠而信，修身而天下服。"

我们应像保护眼睛一样保护我们的生活方式——斯道斯文，源远流长，是人类文明最宝贵的财富！


**原文：**

日若稽古①，帝尧曰放勋。钦明文思安安②，允恭克让③，光被四表④，格于上下⑤。克明俊德⑥，以亲九族⑦。九族既睦，平章百姓⑧。百姓昭明，协和万邦。黎民于变时雍⑨。


**注释：**

① 曰：说，引申为下面的话。若：顺，引申为根据。稽：考，引申为严谨。古：古代史家相传之事。

② 钦：敬事。明，明察。安安：温和。

③ 允：诚信。恭：恭谨。克：能够。让：让贤。

④ 光：光耀。被：覆盖。四表：四方。

⑤ 格：至。上下：天地。

⑥ 克：能够。明：成。俊：卓越非凡。德：恩惠，德泽。

⑦ 九族：有两说，一是父族四、母族三、妻族二；一是以自己为本位，上推四代，下推四代。一般采用后说，本文采用前说。

⑧ 平：读作 biàn，辨别。章：章明。百姓：百官族姓，百官之宗族。

⑨ 黎：众多。于变：随尧的治理而变得文明。时：通"是"。雍：和。

**语译：**

下面内容根据古代史家严谨的口耳相传之事整理。帝尧的名字叫放勋。他以敬畏之心对待政务，并节制地运用手中的权力。他处理各种事务态度平和，又能明辨大是大非，坚持正确立场。他待人诚信恭谨，能够推贤让能。其事业恩泽四方，人格光耀天地。他通过以下方法实现惠及天下的伟大事业：首先，帝尧治理好自己的九族，使族人相亲和睦。然后，立足于实际考察选拔那些有能力治理好本族的人出任百官，负责公共事务，根据事功加以奖惩。百官治理好了，努力使各个邦国团结协作，亲如一家。结果天下万民在帝尧的治理下都能和睦相处。

## 二、上古天文历法深深影响了中华文明的特质

**经义：**

农业时代最重要的事是农业生产。

农业生产最重要的事是确定农时。

这样，中央集中人力物力，观测天文，制定历法，明确节令，就成为其重要公共职能，源自夏代历书的《大戴礼记·夏小正》清楚地说明了这一点。

在遥远的古代，由于交通不便，人口和财富有限，中央管控地方，地方拥护中央的重要媒介是历法。地方只有拥护中央，才可分享中央制定的历法，生产方能发展，文明方能进步。进而历法也就成为中央合法性的依据，王权和大一统国家的重要象征。所以五帝和三代王官学，将天官之学视为重中之重。掌握天文历法是圣王的标志。《周髀算经》说："知地者智，知天者圣。"另据《论语·尧曰篇》，尧禅让帝位给舜，舜禅让帝位给禹时先说"天之历数在尔躬"，这里历数等同于天命。

"正"是一年之始，"朔"是一月之始，所以颁布正朔成为中央政府的大事。《史记·历书》说："王者易姓受命，必慎始初，改正朔，易服色，推本天元，顺承厥意。"如果天下失序，政局混乱，重要表现就是历法不统一。《史记·历书》说"天下有道，则不失纪序；无道，则正朔不行于诸侯。"颁正朔，确定一年的开始时间，是大一统政府政治职能的起点。《春秋》首书"元年，春，王正月"，《公羊传》认为："何言乎王正月？大一统也。"

　　如《尧典》所述，敬授民时，顺时施政是中国古典政治经济学的显著特点。黄老经典《管子·牧民第一》开篇就说："凡有地牧民者，务在四时，守在仓廪。"按照自然的生产秩序安排人事，因顺自然，按时取物，是国家治理的基本原则。推天道以明人事，不仅影响了中国人的政治经济体系，也影响了中医及中国人安时处顺的人生观。

　　在先贤的经济观念中，大自然是终极生产力，人类的生产和消费不能超过四季各时节大自然的生产能力。所以要节制资本、节制消费、节制欲望——这是中华礼义文明的核心理念，特别值得穷奢极欲的现代人重视。如果在经济上忽视这一点，甚至直接从经济学中排除自然资源有限性观念，人类必将受到自然的惩罚！

　　相对于后来的《月令》，《尧典》对于人事和物候的记述过于简略，只是说春夏秋冬人民住在什么地方，鸟兽的变化。其中天文历法的记载较为详细，数据价值珍贵。从中我们知道，尧时代就有了专门负责观测天象，制定历法的官僚系统，当时主要来自羲、和两个家族。

　　更为宝贵的是，文中看不到任何占星术的痕迹，这在四千多年前让人感到不可思议。孔子删诗书，那种超越时代的伟大人文精神，令人叹为观止！因为在汉代，人们还习惯于将天象与人事祸福联系起来。班昭和马续作《汉书·天文志》时，对天象与人事的直接联系深信不疑，认为二者如声响与回音、物体与影子一样不可分割。君主看到不正常的天象，要立刻改正自己可能的错误，这样灾祸就会远离，福气就会来临。文中说："政失于此，则变见于彼，犹影之象形，响之应声。是以明君睹之而悟，饬身正事，思其咎谢（认识过错与谢罪——笔者注），则祸除而福至，自然之符也。"

早在一万年多前农业社会出现以前，部落仪式的举行要求确定时间。旧石器时代晚期，世界各地就存在观测天文、制定历法的遗迹。农业生产对历法的精确度提出了更高的要求，也催生了更为复杂精准的天文观测。

《史记·历书》认为黄帝开始"定星历，建立五行，起消息，正闰余"，这是有依据的。四五千年前中华大地上多处考古遗址中，我们都发现了天文观测的遗迹。2003 年发掘的山西省襄汾县陶寺古观象台，竟出现在传说为尧帝国都的地区！还有学者坚信："陶寺都邑遗址就是尧都！"

考古学让我们触摸历史——从未远去的历史与文明……

## 原文：

乃命羲和①，钦若昊天②，历象日月星辰③，敬授民时。

分命羲仲，宅嵎夷④，曰旸谷⑤。寅宾出日⑥，平秩东作⑦。日中⑧，星鸟⑨，以殷仲春⑩。厥民析⑪，鸟兽孳尾⑫。

申命羲叔，宅南交⑬，曰明都，平秩南讹⑭，敬致⑮。日永⑯，星火⑰，以正仲夏。厥民因⑱，鸟兽希革⑲。

分命和仲，宅西，曰昧谷。寅饯纳日⑳，平秩西成㉑。宵中秋分㉒，星虚㉓，以殷仲秋。厥民夷㉔，鸟兽毛毨㉕。

申命和叔，宅朔方㉖，曰幽都㉗。平在朔易㉘。日短㉙，星昴㉚，以正仲冬。厥民隩㉛，鸟兽氄毛㉜。

帝曰："咨！汝羲暨和。期三百有六旬有六日㉝，以闰月定四时，成岁。允厘百工㉞，庶绩咸熙㉟。"

## 注释：

① 羲与和是同族两氏，分别为重与黎的后代。重黎氏族世掌天地四时之官，其后代羲、和在尧时仍担任此职。

② 钦：敬。若：顺。昊天：昊，hào。昊天指广大之天。

③ 历：推算岁时的方法。象：动词，观察天象。日月星辰：日月星辰的运行规律。

④ 宅：居住。嵎，yù。嵎夷：东方之处。

⑤ 旸谷：旸，yáng。旸谷相传为日出之处。

⑥ 寅：敬。宾：一般认为宾是引导、迎接之义。李民、王健所撰《尚书译注》（上海古籍出版社 2004 年版）一书以甲骨文为根据，认为宾是祭祀之礼。

⑦ 平：辨别。秩：次第。东作：春日之农作。

⑧ 日中：因为春分这天昼夜时间相等，故称春分为日中。

⑨ 星鸟：古人分二十八宿为四方四象，每方每象有七宿，南方朱雀七宿是井、鬼、柳、星、张、翼、轸，七宿在天空呈现鸟形，故称星鸟。

⑩ 殷：正，确定之义。仲春：春季第二月。

⑪ 厥：其。析：分散开来。

⑫ 孳：生育繁殖。

⑬ 交：一种解释是春夏之交，时季交接的开始。一种解释是地名，至交趾，不当。本文认为当指地名，但不是交趾，交的具体位置不清楚。

⑭ 讹：发动，指太阳的运转。

⑮ 致：至。

⑯ 日永：夏至这天昼最长，夜最短，故称夏至为日永。

⑰ 星火：东方青龙七宿是角亢氐房心尾箕，星火指心宿。

⑱ 因：就高地而居。

⑲ 希：稀疏。革：皮。

⑳ 饯：送行。纳日：入日，落日。

㉑ 西成：一说是太阳向西运行，一说是秋天收获之事，因为五行中西方配秋季。本文两说均用。

㉒ 宵中：秋分这天昼夜相等，气温适中，故称秋分为宵中。

㉓ 星虚：北方玄武七宿是斗牛女虚危室壁，星虚指虚宿。

㉔ 夷：较低的平地。

㉕ 毛毨（xiǎn）：毨，xiǎn，毛毨指鸟兽毛羽茂盛美丽。

㉖ 朔方：极远的北部。

㉗ 幽都：幽州。

㉘ 在：观察。朔易：太阳从南向北运转。

㉙ 日短：冬至这天昼最短，夜最长，故称冬至为日短。

㉚ 星昴：指昴宿，西方白虎七宿包括奎娄胃昴毕觜参。

㉛ 隩，yù，内，这里指冬天入室内居住。

㉜ 氄毛：氄，rǒng，氄毛指冬天鸟兽生长细密的绒毛，以御寒。

㉝ 有：又。

㉞ 允：用。厘：治。

㉟ 庶：众。绩：功。熙：兴。

**语译：**

帝尧命令世代执掌天地之学的羲氏与和氏，敬畏并顺应浩天，观测日月星辰的运行规律，推算编订历法，严肃认真地传授给万民，以指导农事工作与生活。

羲氏、和氏分别按照帝尧的安排展开工作。羲仲到东海之滨，具体的观测地点叫旸谷。恭敬地祭祀日出。他们通过辨别东方天象、观察天象变化对万物的作用、调研农事活动，来制定节令，按照节令开展农事。以昼夜时间平分的那一天作为春分，春分之日，南方朱雀七宿在黄昏时分出现于观测点正南方的天空。于是将昼夜平分和此天象作为春季第二个月的开始，也就是将春分作为春季第二个月的开始。春分之后，动物们生机勃发，开始交尾生衍繁殖，农事活动开始进行，这时应该组织农人们到土地上耕种。

羲叔根据帝尧之命，前往南方的交地，具体观测地点是明都。羲叔辨别太阳向南运行的规律，观测南部天象，恭敬地主持祭祀。通过测量，发现夏至这天昼最长，夜最短，东方苍龙七宿中的火宿在夏至黄昏时分出现在观测地点正南方的天空。以此两个特征，将夏至确定为夏天第二个月的开始。夏至以后，气温升高，降雨增加，鸟兽的羽毛变得稀疏，以散发体内热量，适应夏季的高温高湿环境。这时应该组织人们到较高的地方居住，以躲避水患。

和仲根据帝尧的安排，前往西部地区展开工作，具体观测地点叫昧谷。他们恭敬地祭祀日落。他们观测太阳向西运动的规律和西部天空的天象，考察秋季万物成熟的情况。把昼夜相等之日定为秋分，在秋分之日的黄昏，北方玄武七宿的虚宿出现在昧谷正南方向的天空。这两个特点是确定秋分节气的标准。从秋分开始，确定为秋季的第二个月。秋季到来，气温降低，降雨减少，鸟兽的羽毛美丽旺盛，人们应该从高地下到平坦地带生活，开始采集收获工作。

和叔按照帝尧之命，前往北部地区，具体观测地点是幽都。他观测太阳由南向北运动的规律和天象变化。观测到冬至这天夜最长，昼最短。冬至之日的黄昏，天象的特点是西方白虎七宿中的昴宿出现在幽都正南方向的天空。根据这两个特点将冬至确定为冬季第二个月的开始。这个月天气寒冷，鸟兽长出柔软的绒毛以御寒，人们都要进入室内居住。

羲氏与和氏根据观测的结果编订历法，帝尧对他们说："羲氏、和氏呀，你们需要注意，阳历一年是365天，阴历一年是354天，二者相差11天，三年累积正好差一个月，为调和阳历和阴历的时间差，应该设置闰月以确定一年的春夏秋冬四季。一年四季节气确定下来，根据节气确定人们生产生活的具体内容。这样，就可以规定百官的职守，全面推进各项治理工作。"

## 三、天下为公，选贤与能是中国选举制度的根本原则

**经义：**

受西方文化的影响，中国学人在理解自身政治组织原则和选举制度方面产生了严重的认知障碍。他们习惯于将中国看作西方的对立面，西方民主，中国专制；西方分权，中国集权——中国是西方的负面倒影！

西方文化重视超越世俗的天堂地狱观念，这种观念不仅影响了西方人的思维方式、生活方式，也影响了其政治经济生活的方方面面。中国是一个世俗化文明国家，以追求社会和谐、万民幸福为目的，迥异于传说西方文明漠视世俗，追求天堂永生。于是，中国知识分子干脆自造了一个与天堂观念对应的乌托邦——"大同"。

"大同"作为政治经济学概念出现在《礼记·礼运》，它以夏以前的盛世为模范，阐述了中国人基本的政治理念和价值原则，这些价值理念是现世的，不代表未来的理想世界或乌托邦。《礼记·礼运》写道："大道之行也，天下为公，选贤与能，讲信修睦。故人不独亲其亲，不独子其子……"

东周人言"道"，多指治国理政的原则。文中的"大道"，说的是治道，其根本原则就是天下为公，选贤与能——这成为数千年来中国选举制度的根本原则。如果说西方传统的民主制度"从众"，以多数决为基础。中国传统选举制度则"从贤"，以贤能政治为基础。即使到了21世纪的今天，这仍然是中国人民当家作主参与政治生活、选举制度的基础。

在先贤的观念中，帝尧是"天下为公，选贤与能"的君主典范，商代伊尹、周代吕尚则是大臣中"天下为公，选贤与能"的典范。只有做到"至公"，才能成就通达无碍的智慧。

本节记述了尧年老选举继承人时，任贤不任亲，公私分明的高风亮节。他在否定了顽劣的儿子丹朱和傲慢的共工后，在四方诸侯之长的建议下，违心让鲧治理洪水，参与国政——不是君主独裁专制，而是贤能共治天下，在尧时代就是这样。

西汉刘向辑录的《说苑·至公》指出，尧贵为天子，富有天下，发现舜的才能后，传位给舜却不私传给子孙，离开天子职位如同脱掉鞋子一样。他如天一样大公无私，所以受到万民拥戴，万世效法。文中说："古有行大公者，帝尧是也。贵为天子，富有天下，得舜而传之，不私于其子孙也。去天下若遗屣（xǐ，鞋——笔者注），于天下犹然，况其细于天下乎？非帝尧孰能行之？孔子曰：'巍巍乎！唯天为大，惟尧则之。'易曰：'无首，吉。'此盖人君之至公也。夫以公与天下，其德大矣。推之于此，刑之于彼，万姓之所戴，后世之所则也。"

作为下级臣子，大公无私体现在处理政事时不考虑个人家事，身处公家不计个人财利，在国法面前即使亲人也不袒护，推举贤能即使仇人也不排斥。忠诚事上，仁心对下，超越党派，不结党营私。文中说："彼人臣之公，治官事则不营私家，在公门则不言货利，当公法则不阿亲戚，奉公举贤则不避仇雠（chóu chóu，仇人——笔者注），忠于事君，仁于利下，推之以恕道，行之以不党，伊吕是也。故显名存于今，是之谓公。"

帝尧等圣贤们以无我利他的大愿大行治理国家。当人们论及宗教家舍身传教事迹时，往往赞叹他们的弘道殉道精神。中国古代圣贤将治国理政作为终身事业，他们在治国理政中所表现出的无我的胸怀、利民的善良和灵活适用的方法，说明他们在人格、智慧和能力上比起宗教家有过之而无不及。

刘向还认为，无私正直是人生修养，贤明智慧的基础，反之，则会陷入愚昧、虚伪之中。文中说："夫公生明，偏生暗；端悫（duān què，正直诚谨——笔者注）生达，诈伪生塞；诚信生神，夸诞生惑，此六者，君子之所慎也，而禹桀之所以分也。"

不难看出，奉公与济私不仅是判断一个人道德修养的标尺，也是东西方政治文化的分野所在——特别是在将私有制与个人意志（欲望）神圣化的 21 世纪，西方资本力量过于强大，近乎垄断西方世界的方方面面，造成了严重的社会分裂和失衡。人类何去何从？值得我们深思。

## 原文：

帝曰："畴①，咨②，若时登庸③？"放齐④曰："胤子朱⑤。启明⑥。"帝曰："吁⑦！嚚讼⑧，可乎？"

帝曰："畴，咨，若予采⑨？"驩兜曰⑩："都⑪！共工方鸠僝功⑫。"帝曰："吁！静言庸违⑬，象恭滔天⑭。"

帝曰："咨！四岳⑮，汤汤洪水方割⑯，荡荡怀山襄陵⑰，浩浩滔天⑱。下民其咨，有能俾乂⑲"？佥曰⑳："于㉑！鲧哉。"帝曰："吁！咈哉㉒，方命圮族㉓。"岳曰："异哉㉔，试可乃已㉕。"帝曰："往！钦哉！"九载，绩用弗成。

帝曰："咨！四岳。朕在位七十载，汝能庸命巽朕位㉖？"岳曰："否德忝帝位㉗。"曰："明明扬侧陋㉘。"师锡帝曰㉙："有鳏在下㉚，曰虞舜。"帝曰："俞㉛！予闻，如何？"岳曰："瞽子㉜，父顽，母嚚㉝，象傲。克谐，以孝烝烝㉞，乂不格奸㉟。"帝曰："我其试哉！"

女于时㊱，观厥刑于二女㊲。厘降二女于妫汭㊳，嫔于虞㊴。帝曰："钦哉！"

## 注释：

① 畴：谁。

② 咨：感叹词，表示叹息。

11

③ 若：顺应。时：四季。登：得。庸：功。

④ 放齐：尧的臣子。

⑤ 胤（yìn）：后嗣。朱：尧之子丹朱。

⑥ 启明：智慧通达。

⑦ 吁：感叹词，表示惊讶。

⑧ 嚚（yín）：口不道忠信之言。讼：争辩。

⑨ 若：顺从，引申为符合。予：我，指帝尧，引申为帝尧选拔接班人的标准。
采：办理政务。

⑩ 驩（huān）兜（dōu）：人名，帝尧的臣子，与共工、三苗、鲧并称四凶。

⑪ 都：表示赞美的语气词。

⑫ 共工：人名，帝尧的臣子，擅长治水。方：读如"旁"，大，引申为广泛。
鸠：聚集。僝（zhuàn）：显现。功：成绩。

⑬ 静言：漂亮而巧伪的话。庸：用。违：违背原则或命令。

⑭ 象恭：貌似恭敬。滔：通"慆"，轻慢。

⑮ 四岳：帝尧时期，百姓依山而居，四岳当指帝尧时期主要部落的首领。

⑯ 汤汤（shāng）：水流动之状。方：通"旁"，普遍。割：害。

⑰ 荡荡：言水奔突有所涤除。怀：包。襄：上。

⑱ 浩浩：水势盛大。滔天：浪高及天。

⑲ 俾（bǐ）：使。乂（yì）：治理。

⑳ 佥（qiān）：都。

㉑ 于（wū）：感叹词。

㉒ 咈（fú）：违背，乖戾。

㉓ 方：放弃。命：教命。圮（pǐ）：毁坏。

㉔ 异：不同。

㉕ 试可乃已：《史记》作"试不可用而已。"

㉖ 汝：你们，指四岳。庸命：庸为用义，多将庸命翻译为顺应天命，我们认
为将庸命翻译为把一生献给治国理政事业更佳。巽：通"践"，担任。

㉗ 否（pǐ）：鄙陋。忝（tiǎn）：辱没，有愧于。

㉘ 明：明察。明：贤明。扬：选拔举用。侧陋：隐伏卑微。

12

㉙ 师：众，大家。锡：赐言。

㉚ 鳏（guān）：困苦。

㉛ 俞：对话时表示肯定意义的副词

㉜ 瞽（gǔ）：盲人。

㉝ 嚚（yín）：言不忠信。

㉞ 烝烝：孝德之厚美。

㉟ 乂（yì）：治理，处理家务。格：至。奸：邪恶。

㊱ 女（nù）：将女嫁人。时：通"是"，指舜。

㊲ 观：观察。厥：其，代词，指舜。刑：法。二女：尧的两个女儿。

㊳ 厘：命令。妫（guī）汭（ruì）：妫水的弯曲处。

㊴ 嫔（pín）：嫁为人妇。虞：舜的姓氏。

## 语译：

帝尧叹息说："羲、和二氏的后代或老或死，谁能根据四时变化，修订历法指导人民生产生活呢？现在需要这样的人才呀！"臣子放齐说："您的儿子丹朱智慧通达，是担任天官的合适人选。"帝尧说："知子莫若父，丹朱言论不符合忠信原则，善于争辩，不具备担任此职的基本条件。"

帝尧又叹息说："谁符合我们选择接班人的标准，能够很好地处理政务呢？"臣子驩兜说："共工很符合标准，他能广泛地把人民组织起来，在治理水患上取得很大成绩。"帝尧说："共工这个人呢。花言巧语，阳奉阴违，貌似谦恭，其实对上天极为轻慢。他不适合做接班人。"

帝尧说："哎，洪水浩荡，广大地区普遍受灾。较低的丘陵地带被淹没，较高的山岭为洪水围困。水势汹涌，浊浪及天。万民百姓愁苦哀叹，有谁能使洪水得到治理呢？"四方部落首领一致推荐鲧负责治理洪水。帝尧质疑四岳的推荐："鲧是违逆乖戾之人，他常常不遵守命令，危害同族之人。"部落首领们说："我们了解的情况与您不同，认为鲧可以担当治理洪水的工作。还是先让鲧负责治理洪水吧，不成功再说。"帝尧只得同意部落领袖们的主张，他对鲧说："鲧，你去负责这项工作吧，要恪尽职守治理洪水。"由于鲧采用堵的方法治理洪水，九年也没有成功。

13

帝尧说："各位首领呀，我担任最高领袖一职已经 70 年了。你们谁能够将一生奉献给治国理政事业，接替我呢？"各位首领说："我们德行能力和帝位不相称。"帝尧说："你们可以从基层考察人才，发现贤能者，将其选拔举荐上来。"各位首领汇报说："基层有位叫虞舜的人，身处困苦环境，表现却很贤能。"帝尧说："虞舜我也有所耳闻，具体情况你们介绍一下吧。"

各位首领详细介绍虞舜的情况："其父乐官瞽瞍虽略通音律，其他方面却十分无知固执；其母言不忠信；其弟十分傲慢，目中无人。家庭氛围如此之差，虞舜不仅能与家人们和谐相处，而且引导家人改恶向善。"帝尧说："我要进一步考察虞舜是否贤能。"

为了选拔继承人，帝尧决定将自己的两个女儿嫁给虞舜，通过她们了解虞舜的品行和能力。在妫水的弯曲处为爱女举行了婚礼，两个女儿成为虞舜的妻子。帝尧嘱托虞舜说："你以后要严肃谨慎地处理家庭和公共事务呀。"

## 四、尧舜之道永远照耀在国人精神世界的上空

**经义：**

本节讲尧禅让帝位给舜。

历史上关于禅让是否存在，一直存在两种观点。一种持肯定态度，以儒家为代表，认为这是尧、舜、禹政权转移的方式，也是最值得效法的方式。不幸的是，这给后世阴谋家篡位提供了廉价的遮羞布——从公元前 316 年燕王哙禅让子之，到 960 年后周恭帝柴宗训禅让给宋太祖赵匡胤，这类闹剧持续一千多年。

另一种持否定态度，认为尧在晚年被舜囚禁，从而取得了帝位；持这种观点的有晋代出土的魏国史书《竹书纪年》。《竹书纪年》传到宋代已经亡佚，但从唐代张守节《史记·五帝本纪》正义中，我们可以大致勾勒事情的全貌：尧晚年德行衰落，于是舜囚禁了尧，并为难丹朱，使丹朱不能见到其父。上面说："昔尧德衰，为舜所囚也。""舜囚尧，复偃塞丹朱，使不与父相见也。"

人类学告诉我们，在一些狩猎族群中，的确存在传贤不传子的情况。因为打猎要求领袖具有非凡的技能，这是关系一个族群生死存亡的大问题。

今天我们已经无法确定禅让制是否存在。但有一点是肯定的，禅让所代表的"天下为公，选贤与能"的中华治道，一直为中国人民尊奉不衰，而那些以禅让之名行篡位之实的人，则多为人所不齿。

1993 年，湖北省荆门市郭店一号楚墓出土了《唐虞之道》，这篇战国文献论述了禅让的本质。什么是禅让？作者指出，尊重德行授位贤者就叫禅。文中说："禅也者，上德授贤之谓也。"

作者认为尧舜服务于天下而不专权，为百姓谋福利而不是为自己谋私利，这是至圣至仁的境界，古代的圣贤都是这样的。文中说："唐虞之道，禅而不专。尧舜之王，利天下而弗利也。禅而不专，圣之盛也。利天下而弗利也，仁之至也。故昔贤仁圣者如此。"

这些圣王，真正做到了不为外物所动的境界。比如舜帝，出身卑微，作普通百姓时，既不忧愁与不自轻自贱；成了天子，既不骄傲也不放纵。对于他们来说，拥有天下也不增加什么，失去了天下也不损失什么，这也是他们能够实践"天下为公，选贤与能"，行禅让的原因。文中说："夫古者舜处于草茅之中而不忧，升为天子而不骄。处草茅之中而不忧，知命也。升为天子而不骄，不流也……方在下位，不以匹夫为轻；及其有天下也，不以天下为重。有天下弗能益，无天下弗能损。"

所以，《唐虞之道》强调："必正其身，然后正世，圣道备矣。"以尧舜为榜样，内圣而外王，在日用中成圣成贤——尧舜之道如日月星辰，永远照耀在中国人精神世界的上空！

《古文尚书》中，本节是《舜典》的开篇。但在"慎徽五典"前面，强调了帝舜的内在修养，而《今文尚书》则直接讲其内政外交的事功。《古文尚书》多出的几句话是："曰若稽古，帝舜曰重华，协于帝。浚哲文明，温恭允塞，玄德升闻，乃命以位。"就是说，舜帝名叫重华，他与尧帝合作得很好，且有深邃的智慧，文明、温恭、诚实。他的德行广为传播，连朝廷都知道了，尧帝于是授给了官位来考察他。

考察的方法则是文中的"询事考言""言底可绩"，与舜谋划事情考察他的言论，再看他的言论落地时取得的政绩。三年考察合格，尧才禅位给舜。后来法家循名责实、依法赏罚的治国理政之道，即本于此！《韩非子·二柄》中说："刑名者，言与事也。为人臣者陈而言，君以其言授之事，专以其事责其功。功当（当，意为相称——笔者注）其事，事当其言，则赏；功不当其事，事不当其言，则罚。"

如果说"天下为公，选贤与能"是中国选举制度的根本原则，那么循名责实、依法赏罚则是落实这一原则的哲学工具，其中还涉及制度层面的设计，这是下节我们要讨论的内容。

**原文：**

慎徽五典①，五典克从。纳于百揆②，百揆时叙③。宾于四门④，四门穆穆⑤。纳于大麓⑥，烈风雷雨弗迷。帝曰："格⑦！汝舜。询事考言⑧，乃言底可绩⑨，三载。汝陟帝位⑩。"舜让于德，弗嗣。

正月上日⑪，受终于文祖⑫。在璇玑玉衡⑬，以齐七政⑭。肆类于上帝⑮，禋于六宗⑯，望于山川⑰，遍于群神。辑五瑞⑱，既月乃日⑲，觐四岳群牧⑳，班瑞于群后㉑。

**注释：**

① 慎：诚。徽：有二义，美好义，约束义。五典：指父义、母慈、兄友、弟恭、子孝的五常之法。

② 纳：授予。百揆（kuí）：总理一切事物。

③ 时叙：承顺。

④ 宾：迎接宾客。四门：明堂四门。

⑤ 穆：和睦肃静。

⑥ 麓：山上的树林。

⑦ 格：来。

⑧ 询：谋划。考：考核。

⑨ 乃：你，指舜。言：认为。乃言：正确语序为言乃，义为认为你。底（zhǐ）：致，求得。绩：功绩。

⑩ 陟（zhì）：升、登。

⑪ 上日：初一。

⑫ 受终：禅位大典。文祖：尧的太庙。

⑬ 在：观察。璇玑玉衡：指北斗七星。

⑭ 齐：排比整理。七政：指日、月和金、木、水、火、土五星。

⑮ 肆：于是。类：一种祭祀上帝的礼仪。

⑯ 禋（yīn）：一种祭祀的名称。六宗：指天地和春夏秋冬四季。

⑰ 望：祭祀山川之礼。

⑱ 辑：聚拢。五瑞：诸侯用作符信的五个级别的玉器。

⑲ 既月乃日：选择吉月吉日。

⑳ 觐（jìn）：朝见天子。四岳群牧：各级首领君长。

㉑ 班：通"颁"，颁发。后：首领君长。

**语译：**

　　尧帝征询众人意见，决定提拔重用舜，对舜进行了长达三年的考察和锻炼。首先，让舜负责五常之法的教化工作。舜认识到父义、母慈、兄友、弟恭、子孝的重要性，严肃认真地普及五常之法，于是人们能按照自己的身份遵守伦常。其次，舜被授予更重要的工作，总理内政各项事务，舜将内政事务处理得井井有条。再次，尧帝让舜主持外事工作，在明堂四门接待前来朝觐的四方首领，在舜的协调下，天下众多部族能够和睦相处。最后，尧帝命舜负责经济工作。帝尧时代，主要经济活动是采集狩猎，即使在极端复杂严峻的地理环境和气候条件下，舜都能带领大家克服困难，促进经济发展。三年来，舜从基础教化工作开始，循序渐进，负责内政、外事、经济工作。因为成绩突出，能力卓越，得到尧帝的认可。尧帝决定将帝位传给舜，并对舜说：三年来，你处理事务周全，所提建议正确。我认为你具备领导国家和人民的能力，现在你可以继承帝位了。舜觉得自己能力有限而谦让，不肯即位。

　　因为舜的成绩和能力有目共睹，大家公认舜是帝位的最佳人选。正月初一这天，在尧的太庙举行禅位大典，舜接替尧为帝。舜为帝后，最为重视天象，因为天象决定着历法，他考察北斗七星，测定日月和金木水火土五星

17

的运行规律，发现自尧帝修订历法以来，星辰运行基本稳定。于是以类礼祭祀上帝，告知继承帝位之事。祭祀上帝之后，以禋礼祭祀天地和春夏秋冬四季。最后以望礼祭祀名山大川和众多神祇。各种祭祀之后，重新确立舜帝与各级诸侯首领的合法关系，收回尧帝颁发给各级诸侯象征其权力的信符圭玉。选择良辰吉日，各级诸侯首领朝见舜帝，舜帝将信符圭玉重新颁发给他们，通过这种形式确认舜帝和各级诸侯政治联系的合法性。

## 五、中国的第五大发明——社会功勋制

**经义：**

中国文化对人类政治文明的最大贡献，就是发明了政治忠诚与业务能力相统一的选举制度——社会功勋制，也称功次制度。它可谓中国的第五大发明，同四大发明一样，必将造福于全人类。

其源，就是唐虞时代"敷奏以言，明试以功，车服以庸"的制度，根据下级（诸侯）的言论，考察他们的政绩，再根据政绩进行赏罚。其哲学基础是战国政治思想家韩非不断强调的"无为"治道："人主之道，静退以为宝……故群臣陈其言，君以其主授其事，事以责其功。功当其事，事当其言，则赏；功不当其事，事不当其言，则诛（诛，意为惩罚——笔者注）。"（《韩非子·主道》）

落实到制度层面，则是秦汉普遍施行，且影响深远的社会功勋制。它的本质是根据一个人对社会贡献的大小进行选举。这里的社会贡献包括两部分，一是功，功勋，指为国家做出了重大贡献，无论是文事，还是武功，武功除了军功，抓捕窃贼也包括在内。功是以数量计算，或记作功一、功二等，这主要是检验一个人的业务能力；社会贡献的第二部分是劳，以日计算，有点类似于现代以年计算的工龄，若不出勤，没有忠实履行职务，也可以"夺劳"，这实际是检验一个人的忠诚度。

秦汉根据一个人的功、劳对官吏考核任免，"以功次迁"，有效保证了政治忠诚与业务能力的统一，这是人类政治文明的伟大进步。直到21世纪的今天，美国等西方实行多党选举制的国家，还将政治忠诚（以党派竞争的形

式）放在第一位，不得不忽略业务能力，以至于没有任何治国理政经验的商人、演员频繁当选为国家或地方首脑。这种制度安排不可奉为金科玉律。

说到汉代选举制度，长期以来多数学者只提及察举和征辟。这些人忽略了一个基本现实，汉朝政府的十多万官员，绝大多数终其一生与察举无缘，中高级官吏还不在被察举范围之内，而岁举孝廉实际从汉武帝元光元年（公元前134年）才开始；郡国守相只有权辟除百石以下小吏。那么，汉朝官员是如何选举的？历史和考古文献告诉我们，左右大汉王朝十几万官员命运的是社会功勋制！

察举、征辟存在太多的人治因素，其弊端在魏晋时已成灾难；而唐以后的科举，以言取士，乃至"考言为华"，又存在所考非所用的不足。所以政治文明史上，只有社会功勋制在制度上保证了政治精英"又红又专"，德与才，政治忠诚与业务能力的统一。

北京大学历史系蒋非非老师在《汉代功次制度初探》①一文中，指出了社会功勋制（功次制度）的重要意义。首先，功劳是一种具有公平性且可度量对比的客观标准，在现实中易于执行，有利于从社会各阶层中选拔有用人才；其次，考课中优秀者升职，课殿者免职，这种优胜劣汰制度保证了高效的社会治理。最后，功次制度是由基层逐级上升，寓培养干部于使用过程之中，真正是一种"宰相必起于州部，猛将必发于卒伍"的选举制度。据统计，由武帝至西汉中期，公卿一级高层官吏起家佐史小吏的占多数。

《尚书·尧典》中，鲧九年考核政绩被罢免，舜三年考核政绩得帝位。

需要指出的是，舜帝出巡是按五行相生的次序，以东方木为首，时在夏历正月二月。然后至南方火，至西方金，至北方水。最后回朝，入中央土——古代行事顺五行即顺从天意，乱五行即违背天意。五行学说，中华治道远矣！


原文：

岁二月，东巡守，至于岱宗，柴①，望秩于山川②。肆觐东后③，协时

---

① 载《中国史研究》1997年01期。

月正日④，同律度量衡⑤。修五礼⑥、五玉⑦、三帛⑧、二生⑨、一死贽⑩。如五器⑪，卒乃复⑫。

五月南巡守，至于南岳，如岱礼。八月西巡守，至于西岳，如初。十有一月朔巡守，至于北岳，如西礼。归⑬，格于艺祖⑭，用特⑮。

五载一巡守。群后四朝，敷奏以言，明试以功，车服以庸⑯。

肇十有二州⑰，封十有二山，浚川⑱。


**注释：**

① 柴：一种祭祀礼仪的名称。

② 秩：次第。

③ 肆：于是。东后：指东部地区首领君长们。

④ 协：符合。时月正日：根据自然运行的实际情况确定月数与日数。

⑤ 同：统一。律：音律。度：长度丈尺等。量：容量斗斛等。衡：重量斤两等。

⑥ 五礼：指公、侯、伯、子、男五等礼仪。

⑦ 五玉：即上文的五瑞，即公执桓圭、侯执信圭、伯执躬圭、子执谷璧、男执蒲璧。

⑧ 三帛：赤缯、黑缯、白缯。

⑨ 二生：指活羊羔、活雁。

⑩ 一死：死雉。贽：朝见时的贡品。

⑪ 五器：即五玉。

⑫ 卒：礼毕。乃：于是、然后。复：还给。

⑬ 归：巡行归来。

⑭ 格：至。艺祖：即文祖，尧的太庙。

⑮ 特：一头牛。

⑯ 庸：功，指取得功劳的首领君长。

⑰ 肇：当作"兆"，指龟甲被灼烧后形成了裂纹，此处引申为划分。有：又。

⑱ 浚：疏通。川：河道。

**语译：**

舜帝出身社会基层，认识到基层工作的重要性。即位这年的二月，舜帝到东部地区视察。这次考察舜帝主要做了三件工作：第一，祭祀泰山等东部山川。到达泰山，以柴礼祭祀泰山，按照尊卑祭祀东方的其他山川，然后他在泰山接受东方诸侯的朝见。第二，调整历法，舜帝调整春夏秋冬四季的月份和天数，使之符合日月运行的实际。他还统一了音律和度量衡的标准。第三，制定各地诸侯首领朝见帝的礼仪。颁行诸侯、卿大夫等朝见帝的五等礼仪。明确规定诸侯朝见帝以五种圭玉和红黑白三种颜色的丝绸作为贡品。卿大夫以活羊、活雁各一只为贡品。士以一只死雉为贡品。朝聘结束后，帝将贵重的圭玉和丝绸退还给诸侯。

这年的五月、八月、十一月，舜帝相继视察南方、西方、北方，以礼祭祀南岳、西岳和北岳。结束视察归来，舜帝到尧的太庙祭祀，用一头牛做祭品。

此后舜帝每隔五年对全国进行一次视察，各地诸侯在四岳朝见舜帝，汇报工作。舜帝认真考核他们的业绩，将车马衣服奖赏给有功的诸侯首领们。

根据这次视察，舜帝对全国的地理、人口和经济有了全面具体的认识，基于此，他将全国分为十二个州，选定十二座名山，每州一座，在山上封土建坛，以供祭祀之用。他还组织疏通了一些河道。

# 六、中国文化中的礼与法、刑与兵

**经义：**

我们不能将现代西方概念硬套在中国身上。

汉代以前相当长的时期内，中国文化中礼与法、刑与兵难以区分。

周代大宰为百官之首，"掌建邦之六典"，这六典，既有礼典，又有法典（刑典）。典也是法的意思，东汉学者郑玄作注说："典，常也，经也，法也。王谓之礼经，常所秉以治天下也；邦国官府谓之礼法，常所守以为法式也。"

至汉代依然是这样，许多法律条文既是礼又是法，比如关于爵制相关的条文，明显就是礼制的法条。章太炎先生指出礼法不分一直持续到魏晋时期，他说："汉律非专刑书，盖与《周官》《礼经》相邻。汉律之所包络，国典官令无所不具，非独刑法而已矣。汉世乃一切著之于律。后世复以官制仪法与律分治，故晋有《新定仪注》《百官阶次》诸书，而诸书仪杂礼，公私间作。讫唐，有《六典》《开元礼》。由是律始专为刑书，不统宪典之纲矣。"[①]

今天有人将礼与法，以法治国与以德治国，如西方宗教与政治一样截然对立起来，明显是对中国文化的无知——礼法二者都是治国不可或缺的，怎能只谈一个方面！中国传统上没有西方社会教权与王权的严重对立。

中国古代刑与兵也难以分开，它们都是在社会正义基础上不得已而为之。对外实现正义，就是兵；对内维护正义，就是刑。《商君书·画策》认为上古没有礼也没有刑，是黄帝时代社会秩序大乱，才制定了礼法与兵刑。上面说："神农之世，男耕而食，妇织而衣，刑政不用而治，甲兵不起而王。神农既没，以强胜弱，以众暴寡。故黄帝作为君臣上下之义、义子兄弟之礼，夫妇妃匹之合。内行刀锯，外用甲兵。"

春秋时鲁国大夫臧文仲说有五种刑罚，分大、中、薄三类，"大刑用甲兵，其次用斧钺；中刑用刀锯，其次用钻笮；薄刑用鞭扑，以威民也。"（《国语·鲁语上》）他说的比《商君书·画策》更为详细，但无本质差别。《商君书·画策》说的内、外，不能简单理解为国家内外，当指用兵、刑地点的不同。因为臧文仲接着就说，用甲兵、斧钺杀死的在野外执行，用刀锯处死的在市、朝执行。"大者陈之原野，小者致之市朝"。

中国自古就是一个大一统的国家，站在天下（整个世界）角度看问题，并不是单个民族国家，在大多数时期内也不存在民族国家按丛林法则竞争的国际秩序。上节舜划定十二州，治理山河，显然只有在大一统的国家中才能实现。驱逐三苗这类行为，指甲兵大刑而言，不是对个人的刑罚。

先贤礼与法、兵与刑并重。但却重礼而薄刑，皆主张省刑、慎（恤）刑——除了古今相同的大仁大慈之心，还当与古代劳动力、兵源更为稀缺有关。

---

① 章太炎：《章太炎全集》（三），上海人民出版社 1985 年版，第 438 页。

22

孔子在卫国的时候，卫国将军文子问他为何不能礼与刑并用，孔子将礼比作驾车的缰绳（辔），刑比作赶车的鞭子（策），指出擅长驾车的人，手执缰绳指挥若定，车跑起来就如同舞蹈一样节奏轻快，并不需要马鞭起主要作用。《孔丛子·刑论》记载："文子曰：'以御言之，右手执辔，左手运策，不亦速乎？若徒辔无策，马何惧哉？'孔子曰：'吾闻古之善御者，执辔如组（组，带子——笔者注），两骖（骖，音 cān，指驾在车辕两旁的马——笔者注）如舞，非策之助也。是以先王盛于礼而薄于刑，故民从命。'"

**原文：**

象以典刑①，流宥五刑②，鞭作官刑，扑作教刑③，金作赎刑。眚灾肆赦④，怙终贼刑⑤。钦哉，钦哉，惟刑之恤哉！

流共工于幽州⑥，放驩兜于崇山⑦，窜三苗⑧于三危⑨，殛鲧于羽山⑩，四罪而天下咸服。

**注释：**

① 象：刻画。典刑：典，常；典刑即五刑。

② 流：流放之刑。宥：宽宥。五刑：指墨、劓、剕、宫、大辟等肉刑。

③ 扑：以槚树枝条做成的用以笞打不服从教化人员的刑具。

④ 眚（shěng）：过失。灾：罪恶。肆：遂，完全。

⑤ 怙（hù）：恃。贼：杀。

⑥ 幽州：《史记正义》引《括地志》说："故龚城，在檀州燕乐县界。故老传云舜流共工幽州，居此城。"燕乐县，东魏时置，故城在北京密云东北约35千米。

⑦ 崇山：难以确考其处。《通典》说：沣阳县有崇山即放驩兜处。故城在今湖北黄陂南。

⑧ 窜：迁逐。三苗：舜时为南方民族，其所居约在湖南、江西境内。

⑨ 三危：今甘肃敦煌。

⑩ 殛（jí）：流放。羽山：有二说，一说在江苏东海，一说在山东蓬莱，未知孰是。

**语译：**

舜帝十分重视法治。他将墨、劓、剕、宫、大辟五种肉刑刻画出来进行展示，以发挥教育和警示作用。为减轻肉刑，帝舜以流放的方法代替五种肉刑，因为肉刑不仅不人道，更是对劳动力的摧残。舜帝规定用鞭刑惩罚犯了错误的官员，用荆条抽打惩罚不服从教化的学生。犯错误的人，可以出金赎罪。小过和非故意犯错的可以赦免。罪行严重且不思悔改的，就要严加惩罚。舜帝强调，在执行刑罚上，必须宽大行事，最大限度减少肉刑和死刑。人口作为劳动力是重要财富，肉刑和死刑不利于保护劳动力。

共工、驩兜、三苗和鲧部是舜帝时期的强大部落，其部落首领先后是尧帝、舜帝的大臣。因为这几个强大部落的扩张，压缩了相邻部落的生存空间，引起众多部落的不满，称他们为四凶。为缓和部落矛盾，舜帝将这四个强大部落迁移到边疆地区，这样一箭三雕，首先缓解了矛盾，其次给了四个强大部落新的发展空间，最后他们可以向周边传播华夏文明。因为对四个部族的处罚得当，世人心悦诚服，天下秩序归于安定。

# 七、四千年前的现代国家——大舜王朝

**经义：**

我们没有必要以诞生于一百多年前的西方现代人文社会科学为标准，评价从《尚书》开始、持续发展四千多年的中国本土人文社会科学。我们更没有必要以西方政治学为标准，评价中国独立演化数千年的政治制度。

但是，即使按照西方现代政治学标准，中国也早在四千多年前就创造了德国社会学家马克斯·韦伯所说的现代国家。美国政治学者弗朗西斯·福山写道："如要研究国家的兴起，中国比希腊和罗马更值得关注，因为只有中国建立了符合马克斯·韦伯定义的现代国家。中国成功发展了统一的中央官僚政府，管理众多人口和广阔疆域，特别是与地中海的欧洲相比。中国早已发明一套非人格化和基于能力的官僚任用制度，比罗马的公共行政机构更为系统化。公元1年时，中国总人口可与罗马帝国媲美，而中国人口中受统一规则管辖的比例，要远远超过罗马。"①

福山认为，公元前 221 年秦始皇统一天下，一个现代化的、超越血缘裙带的中央集权官僚政府已经在中国建立起来。奠基人是秦孝公及其谋臣商鞅，他们"奠基了世界上第一个真正现代的国家"。②

秦国君臣是如何实现这一点的呢？他们一方面抑制阻碍中央集权的亲戚裙带关系，打击世袭贵族。另一方面建立非人格化的官僚任用制度，以社会功勋制代替基于血缘的世袭制度。福山写道："他（商鞅）上任初期，就向既存的家族管理发起进攻。他攻击继承得来的特权，最终以论功封赏的二十等爵制取代了世袭官职。在这个边境国家，论功封赏中的功就是军功，土地、家臣、女奴、服饰，都按各人战绩来分配。另一方面，不服从国家法令的将面对一系列严厉处罚。最重要的是该制度下获得的职位不可转为世袭财产，像家族贵族那样，而要由国家定期重新分配。"③

福山并没有将社会功勋制视为人类文明史上伟大的选举制度，他甚至不知道秦国"论功封赏中的功"不仅有军功，还有事功，《商君书·去强》所谓"粟爵粟任，武爵武任"。但他告诉我们一条重要线索，现代国家最早出现在中国。

从本节及下节中我们看到，非世袭、超越血缘裙带的官僚治理并非最早出现在秦国，事实上，大舜王朝已经是一个按社会功勋制原则选举的中央集权官僚政府。其层级包括国家元首帝、四方诸侯之长四岳、天下十二州的行政长官牧，以及主管国家政教事务各部门的九人。舜帝这一改革是革命性的，标志着四千多年前分部、分层的中国官僚制的成熟。

因为在帝尧时代，不仅没有十二州，也没有明确的部门划分。司马迁写道："天下归舜。而禹、皋陶、契、后稷、伯夷、夔、龙、倕、益、彭祖自

———————

　① 弗朗西斯·福山：《政治秩序的起源：从前人类时代到法国大革命》，广西师范大学出版社 2014 年版，第 25–26 页。

　② 弗朗西斯·福山：《政治秩序的起源：从前人类时代到法国大革命》，广西师范大学出版社 2014 年版，第 95 页。

　③ 弗朗西斯·福山：《政治秩序的起源：从前人类时代到法国大革命》，广西师范大学出版社 2014 年版，第 109–110 页。

尧时而皆举用，未有分职。"（《史记·五帝本纪》）

而且，帝舜继承了非人格化的尚功尚贤选举原则，规定每隔三年考核一次，九年考核三次。根据考核成绩，奖励提拔政绩卓著者，惩罚罢免昏庸无能的官员，"三载考绩，三考黜陟幽明"——这深深影响了后世中国的选举制度，从秦汉一直持续到当代。

四千多年前，帝舜打造了中国现代国家体制的基本形态，这是怎样伟大的业绩啊！所以司马迁评价帝舜说："天下明德皆自虞帝始。"

难怪史官不惜笔墨，详细描述当时设官分职的情形。

**原文：**

二十有八载①，帝乃殂落②。百姓如丧考妣③，三载，四海遏密八音④。月正元日，舜格于文祖⑤，询于四岳⑥，辟四门⑦，明四目，达四聪。

咨，十有二牧，曰："食哉惟时⑧！柔远能迩⑨。惇德允元⑩，而难任人⑪，蛮夷率服。"

舜曰："咨，四岳。有能奋庸熙帝之载⑫，使宅百揆⑬，亮采惠畴⑭？"

佥曰⑮："伯禹作司空⑯。"帝曰："俞！咨禹，汝平水土，惟时懋哉⑰！"禹拜稽首，让于稷、契暨皋陶。帝曰："俞，汝往哉！"

帝曰："弃，黎民阻饥⑱，汝后稷⑲，播时百谷"⑳。

帝曰："契，百姓不亲，五品不逊㉑，汝作司徒㉒，敬敷五教㉓，在宽㉔。"

帝曰："皋陶㉕，蛮夷猾夏㉖，寇贼奸宄㉗。汝作士㉘，五刑有服㉙，五服三就㉚。五流有宅㉛，五宅三居㉜惟明克允㉝。"

**注释：**

① 二十有八载：舜帝禅位后二十八年。

② 殂（cú）落：死亡。

③ 百姓：百官。考妣：多数书籍认为是亡故的父（考）母（妣），从本篇看，考妣当指在世的父母。如果将考妣理解为亡故的父母，"如丧考妣"当翻译为好像亡故的父母去世一样。亡故的父母当然已经去世了，所以此处考妣指的是在世的父母。

④ 四海：泛指全国。遏：禁绝。密：多理解为静默，此处翻译为亲近更为合理。八音：金、石、丝、竹、匏、土、革、木八种材质做成的乐器，此处泛指音乐娱乐活动。

⑤ 格：到。

⑥ 询：谋。

⑦ 辟：开。

⑧ 食：衣食，指解决生存生活等基本问题。时：时节，指制定并执行高质量的历法。

⑨ 柔：安抚。能：顺从、满足。

⑩ 惇（dūn）：厚待。德：贤能之人。允：信任。元：善。

⑪ 难：疏远。任人：品行不端的人。

⑫ 奋：振作。庸：功业。熙：光大。载：事。

⑬ 宅：居，指担任一定官职。百揆：众多政务或事务。

⑭ 亮：辅助。采：事务。惠：顺。畴：类。

⑮ 佥：皆，都。

⑯ 司空：平水土之官。

⑰ 时：通"是"，代词，指担任司空职务。懋（mào）：勉励其努力。

⑱ 黎：众。阻：艰难、困厄。

⑲ 后：主持。稷：粟，也泛指五谷，此处指农业。

⑳ 播：播种。时：通"莳"，移植。

㉑ 五品：指君臣、父子、夫妇、长幼、朋友五种伦理关系。逊：顺。

㉒ 司徒：负责教化的职务。

㉓ 敬：恭谨。敷：传播。五教：指父子有亲、君臣有义、夫妇有别、长幼有序、朋友有信五种道德规范。

㉔ 在：取决于。

㉕ 皋（gāo）陶（yáo）：帝舜时期的大臣。

㉖ 蛮夷：南方少数民族。猾：扰乱。夏：中国之人。

㉗ 宄（guǐ）：奸，作乱。

㉘ 士：狱官之长，主管狱讼之事。

27

㉙ 五刑：指墨、劓（yì）、剕（fèi）、宫、大辟（bì）五种肉刑。服：用。

㉚ 五：五刑。服：用，执行。就：介词，表示执行五刑的朝、野、市等场所。

㉛ 五流：五种流放之刑。宅：名词，居所。

㉜ 五：五流。宅：动词，居住。居：居所。

㉝ 允：公允恰当。

**语译：**

　　舜帝禅位二十八年后，尧帝去世。广大官民如父母离世一样悲伤，守丧三年，全国上下自发不演奏不听闻音乐。守丧期满的正月初一，舜帝召集四方诸侯首领在尧帝太庙集会，共商国是。大开明堂四门，明察四方政务，广泛听取四方意见。舜对十二位州牧说："颐养天下，让四方安定，使核心地区亲善，最重要的是颁布准确的历法，不误农时。其次是用人，要提携重用有功有能之人，堵住巧言令色之徒的晋升之路，四方蛮夷就会拥护你们。"

　　天下非一人之天下，治国理政当贤能共治。舜帝和四岳协商提拔贤能参政。他对四岳说："谁能发奋建功立业，光大尧帝事业？你们推荐上来，让他们参与治理，推进各项事业进步。"大家都说"大禹可做司空，负责治理水土。"舜帝说："很好，禹，你出任司空之职，带领大家平定水土吧，你要再接再厉呀！"禹叩头辞让，认为稷、契、皋陶是更好的人选。舜帝说："不要谦虚了，还是你出任此职吧。"四岳还推荐了弃、契、皋陶、垂、益、伯夷等人。

　　舜帝命弃主持农业工作，他说："弃，现在万民困于饥荒，你负责农业种植之事，教导大家种植五谷吧。"

　　舜帝命契负责人伦教化工作，他说："契，现在万民互不亲善，君臣、父子、夫妇、长幼、朋友五种伦理关系不和谐，你出任司徒之职，在认真传播普及五教时，要坚持宽厚原则。"

　　舜帝命皋陶负责狱讼之事，他说："皋陶，现在南方少数落后部族侵扰华夏，杀人越货，外患又引发内乱，你出任大法官之职，工作中要根据罪行大小慎重运用五种刑罚，执行五刑时要选择合适的行刑地点。甲兵大刑要在

28

原野行刑，个人刑罚选择市、朝内行刑。公开行刑，可以警示万民守法。执行五种流放之刑，要有比较固定的流放之地，流放地根据罪行大小有远近三个不同地方。流放地之所以要固定，是因为随着时间延续，流放者会形成聚落，共同开发此地。你要明察秋毫，审案公正。”

# 八、超越“现代国家”——大一统中华治道

**经义：**

美国政治学者弗朗西斯·福山在其《政治秩序的起源：从前人类时代到法国大革命》一书中认为，中国最早完成了现代国家建构，但并非善政。因为在他看来，中国虽然最早完成了国家建构，却没有法制和负责制政府（西方民主是负责制政府的典范），一个成功的政治模式是国家建构、法制与负责制三者间的平衡，缺一不可。

所以，用西方学术的逻辑看中国，始终是危险的。即使日裔背景的福山努力摆脱欧洲中心主义，以中国为坐标，仍然会跌入“西是中非”的欧洲中心论陷阱。

福山意识不到，即使没有强大的宗教力量，仍会产生法治；负责制的表现形式也不一定最终体现为多党竞争、多数决定的民主制——如同没有上帝的神启，东亚社会依然有伦理道德一样。

事实上，我们无法用西方现代国家概念描述绵延数千年的中华大一统治道。表面上东西方现代政治都是超越了亲属关系的中央集权，但西方政治的基础是个人主义和地方自治，而中国自尧舜时代就逐步建立起了强大的、代表社会整（集）体的中央政府，军事、经济、社会、文化、教育等方方面面都统一于政治中枢。《韩非子·扬权第八》总结为：“事在四方，要在中央。”

中华大一统治道强调政治与教化的统一。这与西方宗教社会“上帝的归上帝，凯撒的归凯撒”迥然不同。大一统治道具体表现为以政统教，以教辅政——政府要承担教化人民的责任，教化人民的目的是实现有效治理。这同时要求政治家不仅承担政治责任，也要承担起道德榜样和社会教化的责任，不仅要“为之君”，还要“为之师”。

大舜王朝的九个部门中，契的司徒一职、伯夷的秩宗一职、夔的典乐一职、龙的纳言一职，都与社会教化直接相关，皆统一于中央政府。若加上刑教，即皋陶的士一职，与教化相关的部门竟达半数以上，足见教化在中央政府中的核心地位！

舜任命契时，提到五种伦理关系（五品），以及支撑五种伦理关系的五种道德规范（五教），分别是：父子有亲、君臣有义、夫妇有别、长幼有序、朋友有信。这是战国时代中华道德体系的先声。1993年湖北省荆门市郭店一号楚墓出土的《六德》，完整提出了夫、妇、父、子、君、臣六位，六位后面的率人、从人、教人、受人、使人、事人六职，以及实现六职的道德规范智、信、圣、仁、义、忠六德。不难看出，从《尧典》到《六德》之间存在明显的继承和发展关系。

夔任典乐，负责教育。为何由乐官主持教育工作呢？同西方传统重视绘画、雕塑、建筑等艺术形式不同，我们的先贤更重视音乐、诗歌、舞蹈的教育作用，认为绘画、雕塑、建筑只是工匠的事。清代学者俞正燮《癸巳存稿·卷二》甚至断言："通检三代以上书，乐之外无所谓学。"

典乐也叫乐正，《荀子·成相篇》有："得后稷，五谷殖；夔为乐正，鸟兽服。"《礼记·王制》记载乐正的职责是："乐正崇四术，立四教，顺先王诗、书、礼、乐以造士。春秋教以礼、乐，冬夏教以诗、书。"

据《礼记·王制》，乐正还负责为国家举荐优秀生（进士），国家再根据每个人的特长试用。从中我们看到教育与政治的直接联系——"仕而优则学，学而优则仕"（《论语·子张》），清晰表述了中华文化的政教关系。

目前严重的问题是：国内大学所教授的都是西方资本主义学术，这种学术不能很好地解释中国历史和现实，更不用说指引未来。在21世纪实现政治与教化的统一，是我们必须完成的历史任务！


**原文：**

帝曰："畴若予工①？"佥曰："垂哉！"帝曰："俞！咨垂，汝共工②。"垂拜稽首，让于殳、斨暨伯与③。帝曰："俞！往哉，汝谐④。"

帝曰："畴若予上下草木鸟兽⑤？"佥曰："益哉！"帝曰："俞！咨益，

汝作朕虞<sup>⑥</sup>。益拜稽首，让于朱虎熊黑<sup>⑦</sup>。"帝曰："俞！往哉，汝谐。"

帝曰："咨！四岳。有能典朕三礼<sup>⑧</sup>？"佥曰："伯夷。"帝曰："俞！咨伯。汝作秩宗<sup>⑨</sup>。夙夜惟寅<sup>⑩</sup>，直哉惟清<sup>⑪</sup>。"伯拜稽首，让于夔、龙。帝曰："俞，往，钦哉！"

帝曰："夔！命汝典乐<sup>⑫</sup>，教胄子<sup>⑬</sup>。直而温，宽而栗，刚而无虐，简而无傲。诗言志，歌永言<sup>⑭</sup>，声依永，律和声<sup>⑮</sup>。八音克谐<sup>⑯</sup>，无相夺伦<sup>⑰</sup>，神人以和<sup>⑱</sup>。"夔曰："于！予击石拊石<sup>⑲</sup>，百兽率舞<sup>⑳</sup>。"

帝曰："龙！朕堲谗说殄行<sup>㉑</sup>，震惊朕师。命汝作纳言<sup>㉒</sup>，夙夜出纳朕命，惟允。"

帝曰："咨！汝二十有二人，钦哉，惟时亮天功<sup>㉓</sup>。三载考绩，三考黜陟幽明<sup>㉔</sup>。"庶绩咸熙，分北三苗<sup>㉕</sup>。

舜生三十征庸<sup>㉖</sup>，三十在位，五十载陟方乃死<sup>㉗</sup>。

**注释：**

① 畴：谁。若：善。工：掌管百工事务之官。

② 共，通"恭"，恭敬。

③ 殳（shū）、斨（qiāng）、伯与：人名，同为帝舜时期的大臣。暨：同"及"。

④ 谐：通"偕"，一同去。

⑤ 上：山上。下：低洼有草有水的地方。

⑥ 虞：掌管山泽事务之官。

⑦ 朱虎熊黑（pí）：有两说：一说是朱虎、熊黑为二人名，一说是朱、虎、熊、黑为四人名。两说均通。

⑧ 典：主持。三礼：指天事、地事、人事之礼。

⑨ 秩：序。宗：祖庙。

⑩ 夙：早。夜：晚。寅：敬。

⑪ 直：正直。清：清明。

⑫ 典乐：负责音乐教化之职。

⑬ 胄子：稚子，指年轻人。

⑭ 永：同"咏"，歌唱，曼声长吟。

⑮ 律：标准音。和声：歌唱的声音。

⑯ 八音：一切音乐演奏。谐：和。

⑰ 夺：侵夺，此处含有干扰之意。伦：次序。

⑱ 和：喜悦。

⑲ 击、拊：敲击。石：石质乐器，当属磬类。

⑳ 率：循，跟随。

㉑ 聖（jí）：憎恶。谗说：谗言。殄（tiǎn）行：败行。

㉒ 纳言：官名，听下言纳于上，受上言宣于下。

㉓ 时：承受。亮：辅助。

㉔ 黜：废，罢免。陟（zhì）：升，提拔。幽：暗，昏庸。明：贤能。

㉕ 北：同"背"，别。

㉖ 征庸：被任用。

㉗ 陟（zhì）：升，登上。方：方岳，四岳为四方之岳，此处指南岳衡山。

**语译：**

　　舜帝向四岳咨询，谁适合掌管百工之事？大家都推荐垂。舜说："很好，垂呀，你就承担起百工之职吧。"垂叩头推辞说，殳、斨和伯与才是合适人选。舜帝说："好吧，你们一同负责此项工作。"

　　舜帝问四岳："谁擅长协助我管理山丘林泽的草木鸟兽之事呢？"四岳一致推荐益。舜帝说："很好，你就为我担任虞的职务，管理山林草泽吧。"益叩头推辞，认为朱虎、熊罴二人最合适。舜帝说："好吧，既然你认为此二人合适，那就让这两人配合你负责此项事务吧。"

　　舜帝问四岳说："四岳呀，谁能协助我主持三礼之事呢？"四岳一致推荐伯夷。舜帝说："很好，伯夷呀，你就担任秩宗，掌管祭祀之事吧。祭祀之事最根本的是每天都要保持恭敬心，内心正直清明。"伯夷叩头，辞让于夔、龙。舜帝说："伯夷不要谦虚推辞了，夔、龙还有其他的工作安排，你就出任此职吧。努力工作！"

　　舜帝对夔说："我想命你担任乐官，掌管音乐，负责教化青少年。要将青少年教育好，让他们为人正直而温和，处事宽厚而明辨，意志刚毅而不暴躁，态度质朴而不傲慢。诗词是用以表达感情的，歌唱是通过吟咏的方式把感情表达出来，歌唱的声音既要符合表达的感情，又要符合音律。各种乐器一起演奏要和谐，不要弄乱相互次序。这样人神听后，都会喜悦。"夔说："好的，我接受您的任命。我会尽职，敲击石磬，演奏音乐，感化无知的动物们都依着音乐节奏舞蹈起来。"

舜帝对龙说："龙呀，我憎恨谗言败行，这些极端言行，让人民感到惊恐不安。我任命你担任纳言之职，每天负责向我汇报下情，传达我的命令。做好纳言工作的前提是要诚信。"

舜帝最后对所任命的官员们说："你们二十二位，对工作要有敬畏心呀。要时刻警醒自己，认识到本职工作是上天赋予我们的神圣使命并完成之。你们的工作，我每隔三年考核一次，九年考核三次。根据考核成绩，奖励提拔政绩卓著者，惩罚罢免昏庸无能的官员。"此后，各项事业都兴旺发达起来。舜帝还让三苗离开故地，流放远方。

舜三十岁被征召为官，三十年后接替尧为帝，五十年后在考察南方时去世。

# 皋陶谟

## 一、中国民主（民之主）观念更符合人类政治生活实际

**经义：**

皋陶（gāo yáo），也作咎繇，偃姓，是大舜王朝主管司法的"士"（理官），被后世尊为"中国司法始祖"。其后代被封于英、六一带（今安徽省六安市），当地至今仍存皋陶墓。

《皋陶谟》是舜、禹、皋陶君臣三人讨论为政之道。文章开始，作者开宗明义：如何实现德政，如何能够"明明德于天下"？

其逻辑同《尧典》类似，都是通过修身齐家，最后达到治国平天下的目

标，明确提出由近及远的原则。这里我们更清楚地看到：《大学》三纲，明明德、亲民、止于至善。明明德不是本，而是末，德行、德政、"允迪厥德"才是目标。宋儒的解释颠倒了本末次第，错误地认为修养从明明德开始、再亲民，最后达到止于至善的境界。

皋陶认为治国理政的关键是如何选拔人才，选拔人才的关键在于了解下级，知人。知人、任人（官人）、安民，这是治国理政不可分割的三个方面。"知人则哲"，"哲，智也"，领导者能够发现德才兼备之人是领导者智慧的体现；"安民则惠"，能将社会治理好，百姓安居乐业是政治家的功德。大禹指出，如果能在内圣方面达到智慧的境界，外王方面惠及百姓，那么任何内外的不稳定因素和敌人都用不着担心——因为政府是民心所向，民心所归，受到人民的普遍拥护。"知人则哲，能官人。安民则惠，黎民怀之。能哲而惠，何忧乎驩兜？何迁乎有苗？"

"由近及远"是内在修养与事业成就的共通准则。不仅内在修养要从修身（心）开始，一统天下，成就王霸大业也要由近及远。后来这成为《管子》王霸术的核心思想，即中国古典外事理论三原则：先内而后外，先近而后远，先文而后武——对于中国古典外事理论的详细阐述，可参阅拙著《智慧简史：从旧石器到人工智能》丙编第二章《平天下策——〈管子〉古典外事理论三原则》，该书由华龄出版社 2021 年出版。

从尧舜时代起，中国政治的核心就是选出能为百姓作主的"民之主"，而不是西方政治所追求的抽象民主——因为在现实生活中，随着社会组织的规模越来越大，普通民众不可能直接参与国家治理，人民不可能直接当家作主，最现实可行的途径只能是选拔出合格的"民之主"。在此意义上，中国古典政治学的民主（民之主）观念，更符合人类政治生活实际。

所以从四千多年前的尧舜时代起，中国文化中政治论题的核心就是如何实现选贤与能，而非自由公民全民参与的民主。

其实，对于公民只有几万人的希腊城邦直接民主经验，西方哲人也多持否定态度。

柏拉图《理想国》有名的船长隐喻，以航海家的航海术比喻国家治道，一针见血地指出了西方抽象民主观念的核心问题，即西方社会不将政治当作一种专业技艺，乃至否定这一技艺，事实上航海术如同治国之道，并不与民众赞成不赞成直接相关。《理想国》借苏格拉底之口说："其实，真正的航海家必须注意年、季节、天空、星辰、风云，以及一切与航海有关的事情，如果他要成为船只的真正当权者的话；并且，不管别人赞成不赞成，这样的人是必定会成为航海家的。"①

21世纪的西方现代民主国家，没有任何治国理政经验的演员、商人都可以成为一州之长、一国元首，不是因为这些人德才兼备，仅仅因为他们是民选的。这类人掌舵国家之船存在巨大制度风险。

**原文：**

曰若稽古①，皋陶曰②："允迪厥德③，谟明弼谐④。"禹曰："俞⑤！如何？"皋陶曰："都⑥！慎厥身⑦，修思永⑧。惇叙九族⑨，庶明励翼⑩，迩可远在兹⑪。"禹拜昌言曰⑫："俞！"

皋陶曰："都！在知人，在安民。"禹曰："吁！咸若时⑬，惟帝其难之⑭。知人则哲⑮，能官人。安民则惠⑯，黎民怀之。能哲而惠，何忧乎驩兜？何迁乎有苗？何畏乎巧言令色孔壬⑰？"

**注释：**

① 曰若稽古：下面内容根据古代史家严谨的口耳相传之事整理。曰：词，引申为下面的话。若：顺，引申为根据。稽：考，引申为严谨。古：古代史家口耳相传之事。

② 皋陶：帝舜时期大臣，掌司法狱讼之事。

③ 允：副词，诚然，果真。迪：进，前进。厥：其，代词，指帝尧。德：功德、事业。

④ 谟：谋划，指治国方略。明：成。弼：辅，指大臣们。谐：团结一致。

⑤ 俞：感叹词，表示肯定、应允。

⑥ 都：感叹词，皋陶以感叹词"都"开始自己的发言，表示皋陶对发言内容

① 柏拉图：《理想国》，郭斌和，张竹明译，商务印书馆，2017年，237–238页。

的重视和强调。

⑦ 慎：谨慎。身：身体，泛指人的身心。

⑧ 修：治，指治国理政。思：虑。永：长，久远。

⑨ 惇：厚。叙：次序。九族：有二说，一是父族四、母族三、妻族二等异姓亲族。一说是以自己为本位，上自高祖、曾祖、祖父、父亲，下至子、孙、曾孙、玄孙等同姓亲族。尧舜时代父权制家庭尚未形成，二说均以今释古，不当。先秦时期的九，主要形容众多，故九族在此是自己的宗族。

⑩ 庶：众。明：通"萌"，甿，民义。庶明：庶民，与九族相对。励：勉力。翼：助。

⑪ 迩：近。兹：此，指前面的方法。

⑫ 昌言：美言，善言。

⑬ 咸：皆。若：顺从，指前面的方法都做到。时：通"是"，代词，指能知人、安民。

⑭ 惟：通"虽"，即使义。帝：古代圣王，指帝尧。

⑮ 哲：智。

⑯ 安：安定，安适。惠：仁爱，恩惠。

⑰ 巧言：颠倒黑白、文过饰非之人。令色：阿谀奉承之人。孔：甚。壬：奸佞之人。

**语译：**

　　此文是根据古代史家严谨的口耳相传内容整理而成，绝非杜撰，并非民间传说故事。在口耳相传和整理成文时，文风可能有变化，但其所言之事当为信史。

　　帝舜召集大臣皋陶和禹等开会，讨论治国理政的战略方针。第一个发言的是皋陶，皋陶认为，如果要继承帝尧的事业，将帝尧开创的事业推向更高的水平，必须解决两个问题，一是制定明确的战略方针；二是大臣们要团结一致，灵活执行所达成的战略方针。禹回应说："同意你的看法，能更加详细地讲讲吗？"因为自己观点得到禹的积极回应，皋陶接着说："首领们对于自己的道德境界和治理能力不能懈怠，要不断提高；关于治国理政，要从全局和长远角度加以谋划。首领们要毫不含糊地管好所领的部族，这样族外的民众也会主动拥护你，因为他们通过事实认可了你的道德境界和治理能力。如果这样做，首领们的影响力就会由近及远，逐渐扩大。"禹十分赞同皋陶的观点，说："你的观点很正确。"

皋陶说："核心治理能力，表现在两个方面，一是发现选拔人才，一是为民众解决实际问题，让民众生活得更好。"禹说："两个方面都做好，恐怕像帝尧也觉得困难吧。能够将德才兼备之人发现选拔出来，这是领导者的智慧。智慧的领导人能任用人才为民众服务。能为民众解决困难，让他们生活得更好，这是领导者对民众的恩惠，是其仁爱之心的表现。民众坚决拥护这样的领导者。若能够知人善任，执政为民，就不必担心驩兜，不必迁徙流放苗民，更不必担忧自己被巧言令色和宵小之辈所误导或围猎。"

## 二、国人再也不能模糊家庭与社会的界线

**经义：**

与现代政治学去道德化，将权力作为政治学基础不同，中国古典政治学区分了家庭伦理与政治伦理，将政治建基于坚实的伦理道德之上。

相对于家庭伦理道德，政治伦理道德要求社会治理者执两用中，践行中道，该宽则宽，该严则严，一般时候宽严适中；而不是单纯的父义、母慈、兄友、弟恭、子孝，即《尚书·尧典》中的"五教"。因为家庭中恩情为重，尽其情、尽其心就可以了，而在社会生活中，光有家庭中的恩情远远不够，还要恩威并施，德刑并用，所以《礼记·丧服四制》说："门内之治恩掩义，门外之治义断恩。"郭店楚简《六德》作："门内之治恩掩义，门外之治义斩恩。"就是说，在家庭内部恩情高于公义，在家庭生活之外，天下为公，为了社会公义可以不顾个人恩情，大义灭亲。

本节皋陶提及的合格社会管理者九种德行分别是：宽而栗，柔而立，愿而恭，乱而敬，扰而毅，直而温，简而廉，刚而塞，强而义。九德放在现代语境中，要求领导者豁达、广交朋友，又能谨守自己的主张；能与广大民众打成一片，又能卓尔不群；有为民众服务的志向，又能做到不自大；具有

拨乱反正的能力，又有敬畏之心；尊重民意满足人们的诉求，又能坚持整体长远利益；提出解决问题的方案光明正大，又为不同人群所接受；能从宏观长远的战略高度认识问题，又能从细处着眼实现战略目标；处理问题坚决果断，又踏实不鲁莽；虽然掌握强大的权力，又能践行公义。

据《尚书·尧典》，乐官夔在大舜王朝主管教育，对青少年的德行教育目标是：直而温，宽而栗，刚而无虐，简而无傲。其中"直而温，宽而栗"都在九德之中，可见从青少年时代起，时人就注重国家治理人才的培养。

遗憾的是，后世学人多重家庭伦理，而忽视了家庭之外的政治道德；多重自我完善，而忽视了贡献社会所需的德行，这是中华文明泛（家庭）道德化的根本原因。有人甚至将"亲亲相隐"绝对化，认为可以为亲情牺牲公共利益，长辈即使杀人越货也不能举报——这是文明的倒退，自私自利的小人主张！

战国纵横家苏代与燕昭王论家庭伦理道德与政治伦理道德的不同，可谓入木三分：即使像曾参、孝己那样孝顺，也不过奉养双亲罢了。像尾生高那样守信，不过不欺骗别人罢了。像鲍焦、史鲚那样廉洁，不过不偷别人钱财罢了。仁义，只是自我完善的法则，并不是在世上进取的手段。《战国策·燕策一·苏代谓燕昭王》记载："孝如曾参、孝己，则不过养其亲耳。信如尾生高，则不过不欺人耳。廉如鲍焦、史鲚，则不过不窃人之财耳……仁义者，自完之道也，非进取之术也。"

1973年出土的马王堆汉墓帛书《战国纵横家书》记此为苏秦事，可以参阅。他说："孝如曾参，乃不离亲，不足而（通以——笔者注）益国。信如尾生，乃不诞（意为欺骗——笔者注），不足而益国。廉如伯夷，乃不窃，不足以益国。臣以信不与仁（此字当为'人'——笔者注）俱彻（通达——笔者注），义不与王皆立……仁义所以自为也，非所以为人也。自复（自复犹言保守复旧——笔者注）之术，非进取之道也。"

任何社会都离不开治理，政治伦理道德是社会治理的基础，国人再也不能模糊门内与门外、家庭与社会的界线，否则世界上只会有更多烂好人，好好先生，而稀缺合格的治国之才！所以孔子才说："乡愿，德之贼也。"（《论语·阳货篇》）

**原文：**

皋陶曰："都！亦行有九德①。亦言其人有德，乃言曰②，载采采③。"
禹曰："何？"皋陶曰："宽而栗④，柔而立⑤，愿而恭⑥，乱而敬⑦，扰而毅⑧，
直而温⑨，简而廉⑩，刚而塞⑪，强而义⑫。彰厥有常⑬，吉哉！"

"日宣三德⑭，夙夜浚明有家⑮。日严祗敬六德⑯，亮采有邦⑰。翕受敷
施⑱，九德咸事⑲，俊乂在官⑳，百僚师师㉑，百工惟时㉒，抚于五辰㉓，庶
绩其凝。㉔"

**注释：**

① 亦：大凡。行：行为，指治国理政的实践。九德：九种处事的能力或境界。

② 乃：同"考"，考察。言曰：言论。

③ 载：行为，做。采：事情。

④ 宽：宽厚。栗：威严。

⑤ 柔：性情温和。立：不畏强暴，坚持自己的主张。

⑥ 愿：愿望、志向。恭：不自以为是。

⑦ 乱：治，能拨乱反正。敬：敬畏。

⑧ 扰：顺从。毅：果决、刚强。

⑨ 直：正直。温：温和。

⑩ 简：大，指心存高远。廉：收敛，检点。

⑪ 刚：刚正。塞：实。

⑫ 强：无所屈扰，指强行坚持推广。义：善，指符合多数人的共同和长远利益。

⑬ 彰：彰显。常：长久，稳定。

⑭ 宣：徇，表现。三德：九德中的三个。

⑮ 夙：早。夜：晚。浚：恭敬。明：努力。有家：指卿大夫。

⑯ 严：通"俨"，矜持、庄重的样子。祗（zhī）：敬。

⑰ 亮：辅助。采：事。有邦：指诸侯国。

⑱ 翕（xī）：含。翕受：指含三德与六德而并用。敷：普遍。施：推行。

⑲ 九德：指具有九种德之一的人。咸：都。事：从事，指担任职务。

⑳ 俊乂（yì）：德才卓越过人者。

㉑ 百僚：指百官。师师：相互学习。

㉒ 百工：指低于百僚的士。时：善，能力。

㉓ 抚：顺从。五辰：金木水火土五星，指天气和历法等。

㉔ 庶：众。绩：功绩。凝：完成，成就。

**语译：**

皋陶指出知人善任是治理者的核心能力，他说："大凡选拔人才，要从九个方面，即九个标准考察其境界和能力。评价一个人是否符合九个标准，不仅要考察其言论，更要根据其实践表现加以判断。"禹说："你所提及的发现选拔人才的九个标准是什么呢？"皋陶说："这九个标准分别是：一、豁达、广交朋友，又能谨守自己的主张（宽而栗）；二、能与广大民众打成一片，又能卓尔不群（柔而立）；三、有为民众服务的志向，又能做到不自大（愿而恭）；四、具有拨乱反正的能力，又有敬畏之心（乱而敬）；五、尊重民意满足人们的诉求，又能坚持整体长远利益（扰而毅）；六、提出解决问题的方案光明正大，又为不同人群所接受（直而温）；七、能从宏观长远的战略高度认识问题，又能从细处着眼实现战略目标（简而廉）；八、处理问题坚决果断，又踏实不鲁莽（刚而塞）；九、虽然掌握强大的权力，却能践行公义（强而义）。考察是否贤能，就要看其言行能否长期表现出上述九种德行。"

"日常工作生活中，其言行符合上述九条中的三条，并且每天认真努力用这三条指导实践，这样的人可以任命他担任卿大夫，他肯定能治理好自己管辖的地域和人民。每天能庄重恭敬地用九条标准中的六条指导言行，可以让他担任诸侯，他肯定能协助帝治理好他的诸侯国。如果能够把符合三条标准和六条标准的人才都选拔出来，让但凡能够践行"九德"的人都参与治理，各类贤能之士都被任用，百官相互学习，公职人员都很称职，能够根据自然环境特点和历法指导社会工作生活。因为人尽其用，各项工作会都取得很好的成绩。"

# 三、中国民本观念比西方公民观念更为普世

**经义：**

本节"天"的意义和"帝"一样，都是上帝之意，《尚书》中二者常互换使用。

天是主宰一切的至高力量。与西方全知全能、远离人间的上帝不同，先贤将天（帝）融入了人的生活，与人构成一个互动的、有机的整体，人在其中的位置是主动的、根本的，人为神本——这构成了中华文化的底色，也是人类文明的巨大突破，人取代神成为宇宙观念的中心。

文中说："天工，人其代之。""天聪明，自我民聪明。天明畏，自我民明威。"武王伐纣《泰誓》词中说："民之所欲，天必从之。"天与人同体，人替天行道，是这种世界观的具体体现。天地生万物，人最贵，政治上表现为《尚书》确立的民本思想。相对于西方排他性的自由公民观念，中华政治文化中的人、民观念更具有普世的特点，因为所有人都是平等一致最为宝贵的，没有公民与非公民之别。今天有学者用中国民本思想比附西方民主观念，岂不荒诞！

先哲从哲学角度推理论证了人何以最贵。

在中国古典逻辑学名学中，侔是通过事物间并列比较进行论证的方法。《荀子·王制第九》有："水火有气而无生，草木有生而无知（知觉——笔者注），禽兽有知而无义；人有气、有生、有知，亦且有义，故最为天下贵也。"

孔子的弟子曾子将动物分为五类，长毛的毛虫，有羽毛的羽虫，长壳的介虫，有鳞的鳞虫，既没有毛和羽，也没有介和鳞的倮（同"裸"）虫。毛虫和羽虫为阳气所生，介虫和鳞虫为阴气所生，只有人作为倮虫由阴阳和合之气所生，所以为阴阳之精，天地之灵。《大戴礼记·曾子天圆》上说："毛虫毛而后生，羽虫羽而后生，毛羽之虫，阳气之所生也；介虫介而后生，鳞虫鳞而后生，介鳞之虫，阴气之所生也；唯人为倮匈（luǒ xiōng，意思是无毛羽鳞甲蔽体——笔者注）而后生也，阴阳之精也。"

人在天地中最贵，所以人能与天、地并列为三，辅助天地，参与天地的

化育。天地之间唯我独尊，这种伟大的人文精神将人提升到至高的位置。中国自古以来没有奴隶制，因为我们从来不将"最高贵的人"看成会说话的动物，并剥夺他们一切社会关系和权利。

西方自由公民观念起源于奴隶制，所以其排他性、非公平的缺点始终无法消除。如美国人类学家大卫·格雷伯（David Graeber）指出的那样："古时候，在每个地方，'自由'最初、最重要的意义就是不充当奴隶。因为奴隶制意味着消除所有的社会联系，并有能力再造它们，因此自由也就意味着作出并信守对他人道德承诺的能力。例如，英语单词'free'（自由）来源于德语词根，意为'friend'（朋友），因为自由意味着能够交朋友，能够信守承诺，能够生活在平等的社会中。这就是为什么罗马重获自由的奴隶变成了公民；从定义上说，自由意味着定居在公民社会中，拥有所有必要的权利和责任。"[1]

今天，任何一个理性的人都不能设想，美国公民和索马里人民具有平等的权利，因为索马里公民非美国公民——公民观念脱胎于极度不平等的奴隶制，这决定了它不可能具有普世平等的前提条件，因为非公民和公民不可能平等！


**原文：**

"无教逸欲有邦[1]，兢兢业业[2]，一日二日万几[3]。无旷庶官[4]，天工[5]，人其代之。"

"天叙有典[6]，敕我五典五惇哉[7]！天秩有礼[8]，自我五礼有庸哉[9]！同寅协恭和衷哉[10]！天命有德[11]，五服五章哉[12]！天讨有罪，五刑五用哉[13]！政事懋哉[14]！懋哉！"

"天聪明[15]，自我民聪明[16]。天明畏[17]，自我民明威[18]。达于上下，敬哉有土[19]！"

皋陶曰："朕言惠可厎行[20]？"禹曰："俞！乃言厎可绩[21]。"皋陶曰："予未有知，思日赞赞襄哉[22]！"

---

① 大卫·格雷伯：《债：第一个5000年》，中信出版社，2012年，第197页。

**注释：**

① 无：勿，不要。教：使，令。逸：安逸。欲：私欲。有邦：指众多诸侯。

② 兢兢：戒慎，小心谨慎。业业：危惧。

③ 一日二日：指每一天，天天。几：事务，政事。

④ 无：勿，不要。旷：空缺。庶官：众官。

⑤ 工：通"功"，事功，工作。天工：天功，天地的工作是生化万物，人是万物之最宝贵者。

⑥ 叙：秩序。天叙：指人类社会的基本关系。典：常，即五常，一是父义、母慈、兄友、弟恭、子孝五种家族伦理品行。二是君臣、夫妇、父子、兄弟、朋友五种社会伦理关系。

⑦ 敕：谨饰，言行谨慎，引申为必须重视。我：我们，指一起讨论的舜、禹、皋陶等人。惇：厚。

⑧ 秩：次序，指依次排列，制定等差。礼：指天子、诸侯、卿大夫、士、庶人等五礼。

⑨ 自：由。庸：用，指推行五礼。

⑩ 寅：敬。协：和谐。恭：肃，敬。衷：内心中正。

⑪ 德：恩惠，引申为文明。

⑫ 五服：有二说，一是将五服解释为天子、诸侯、卿、大夫、士的五种礼服。二是将五服理解为根据与王畿地区的距离和文明程度划分的甸服、侯服、绥服、要服、荒服。根据原文，五服当指天下秩序，而不是五种礼服，因为《尚书》是治国理政之书，当然要讨论天下秩序，故我们认同后者。章：彰显。

⑬ 五刑：指墨、劓、剕、宫、大辟五种肉刑。

⑭ 懋：勤勉，努力。

⑮ 聪明：听力好，视力好，指听取意见，观察问题。

⑯ 自：从。我民：我们的人民。

⑰ 明：表彰好人。畏：通"威"，惩罚坏人。

⑱ 威：通"畏"。

⑲ 土：国土，国家。

⑳ 朕：我。惠：顺。厎（zhǐ）：致，得到。

㉑ 乃：你。厎（zhǐ）：致，执行。绩：成绩。

㉒ 日：每天，天天。赞：佐。襄：治理。

**语译：**

"治理邦国的诸侯们不要贪图安逸，不要把私欲凌驾于邦国之上，他们当兢兢业业，日理万机，因为每天都有很多事情需要处理。不要任用不称职的人，选拔人才必须坚持上述九条标准。天地宇宙之大道是生化哺育万物，万物之中人最高贵，因为人能体认天道，践行天道。治国理政作为极为庄严神圣的事业，源于其是在替天行道。

"世俗文明不同于神道文明，世俗文明追求现实生活的美好，现实生活的基本组织是家庭。维系家庭和家族组织的基本伦理规则是父义、母慈、兄友、弟恭、子孝。为了推进世俗社会的稳定发展，我们必须重视推广家庭家族伦理规则，促进社会接受认同并践行之。在家庭家族之上，还有社会政治组织——天子、诸侯、卿大夫、士、庶人的政权机构，规定他们权利义务关系的是五礼，我们要积极推广践行五礼，君臣之间相互尊重，同心同德，团结一致，把治理工作做好。从核心地区到边远地区，社会发展水平存在差异，根据发展水平，不同地区为国家承担的义务不同，所以我们用甸服、侯服、绥服、要服、荒服来确定他们对国家的义务。对于危害整体利益的非法行为，必须加以整治，为此就要充分运用军事力量和法律武器，打击犯罪，保障社会稳定和发展。国家治理工作艰巨复杂，我们要努力呀。

"我们崇敬上天，上天根据其视听形成其意志，而上天的视听来自民众的视听，上天的意志也是民众的意志。上天表彰贤能之人，惩罚宵小之辈的根据是民众的判断。上天的意志和民众的意志相一致，所以不要轻视民众的感受和判断。我们只有敬畏上天，敬畏民众，才能治理好自己的国家。"

皋陶最后说："自认为我的观点是从天意民心出发的，不知大家是否认同？我的观点是否具有可行性？"禹说："十分赞同你的见解，如果按照你的高论治理国家，定会取得良好效果。"

皋陶谦虚地回应禹的认可："其实，我能力一般，也没啥见识，只是每天都在考虑如何配合各位同仁治理好国家。"

## 四、中国特色市场经济发端于尧舜时代

**经义：**

世人习惯将市场经济等同于资本主义，事实上市场经济不过是以货币为媒介进行交换的制度体系，与资本尽乎垄断一切、追求钱生钱的资本主义是两回事。

从尧舜时代到 21 世纪的中国历史告诉我们：一个社会可以拥抱市场经济，同时反对资本主义，反对资本与政治勾结进而转化为政治权力。具体表现为政府直接参与到市场之中，节制资本，维持经济的健康均衡发展。

美国人类学家大卫·格雷伯谈到王莽时代以来中国政府积极、多样的经济干预政策时，认为这是长时期内中国人维持全球最高生活水平的重要原因。他写道："我们习惯于将这种官僚干预（尤其是垄断和管制）看作是国家对'市场'的约束。这是由于一种流行的偏见，即把市场看作是自发出现的准自然现象，而政府只扮演压榨市场的角色。我已经反复指出这种想法是多么错误，中国就提供了一个尤为突出的例子。儒家政府也许拥有世界上最大和最持久的官僚制度，但它积极地鼓励市场发展。这样做的结果是，中国的商业生活很快变得比世界其他任何地方都要复杂，市场也更为发达。"[1]

大卫·格雷伯不知道，中国政府从尧舜时代就开始干预经济生活，从国土整治，到农业技术，再到市场培育。

中国特色市场经济发端于尧舜时代！大禹治水不仅是功盖千古的国土整治，还建立起了完善的财政体系。中央政府派专人（伯益和后稷）管理狩猎和农业，同时发展市场经济，即本节的"懋迁有无，化居"。

《史记·夏本纪》部分取材于《尚书·皋陶谟》，司马迁显然将"暨稷播奏庶艰食鲜食"一句，在"鲜食"两字前断句，并解释"鲜食，懋迁有无，

---

① 大卫·格雷伯：《债：第一个 5000 年》，中信出版社，2012 年，第 248 页。

化居。烝民乃粒，万邦作乂"说："食少，调有余补不足，徙居。众民乃定，万国为治。"

司马迁抓住了中国古典经济学轻重术的基本原则，通过"调有余补不足"，实现百姓均平。《老子·七十七章》将之哲学化："天之道，其犹张弓欤！高者抑之，下者举之，有余者损之，不足者与之，天之道损有余而补不足。"

遇到灾年，政府常常用移民就食，或运粮济民的方法"调有余补不足"，达到平衡市场，稳定社会的目的。据《孟子·梁惠王上》，梁惠王告诉孟子，河内之地有了饥荒，政府就把那里的民众迁移到河东、把河东的粮食运到河内去，河东饥荒时则反向操作。上面说："河内凶，则移其民于河东、移其粟于河内，河东凶亦然。"

在轻重术核心经典《管子》轻重诸篇中，有国家运用市场规律更为完善的救荒措施。但万变不离其宗，都是"调有余补不足"，稳定市场。

事情是这样的：齐国西部因水灾导致人民饥荒，齐国东部五谷丰足粮价低廉。西部的粮价每釜百钱，每鏂（五鏂一釜）二十钱。东部的粮食每釜十钱，每鏂只二钱。管仲下令向每人征税三十钱，并要求用粮食缴纳。这样，齐国西部每人出粮三斗就可以完成，东部则要拿出三釜。结果国家储备了大量便宜的齐东粮食。再用这些粮食救济西部百姓，无本者国家贷予陈粮，无种者国家贷予新粮。这样，东西两地互补互助，全国市场就调节平衡了。《管子·轻重丁》记载："桓公曰：'齐西水潦而民饥，齐东丰庸而粟贱，欲以东之贱被西之贵，为之有道乎？'管子对曰：'今齐西之粟釜百泉，则鏂二十也。齐东之粟釜十泉，则鏂二钱也。请以令籍人三十泉，得以五谷菽粟决其籍。若此，则齐西出三斗而决其籍，齐东出三釜而决其籍。然则釜十之粟皆实子仓廪，西之民饥者得食，寒者得衣；无本者予之陈，无种者予之新。若此，则东西之相被，远近之准平矣。'"

中国特色市场经济是国家参与其中的市场经济。古代是这样，今天还是这样。

**原文：**

帝曰："来，禹！汝亦昌言[①]。"禹拜曰："都！帝，予何言？予思日孜

46

孜<sup>②</sup>。"皋陶曰："吁！如何？"禹曰："洪水滔天，浩浩怀山襄陵<sup>③</sup>，下民昏垫<sup>④</sup>。予乘四载<sup>⑤</sup>，随山刊木<sup>⑥</sup>，暨益奏庶鲜食<sup>⑦</sup>。予决九川距四海<sup>⑧</sup>，浚畎浍距川<sup>⑨</sup>；暨稷播，奏庶艰食<sup>⑩</sup>。鲜食<sup>⑪</sup>，懋迁有无<sup>⑫</sup>，化居<sup>⑬</sup>。烝民乃粒<sup>⑭</sup>，万邦作乂<sup>⑮</sup>。"皋陶曰："俞！师汝昌言<sup>⑯</sup>。"

**注释：**

① 昌言：善言，美言。

② 日：每天，天天。孜孜：勤勉，不懈怠。

③ 怀：包围。襄：漫上。

④ 昏：没。垫：下陷。

⑤ 四载：四种交通工具，引申为对平原、湖泽、河流、山地进行了系统考察。

⑥ 刊木：砍削树枝作为路线标识。

⑦ 暨（jì）：连词，及，和。益：人名，即伯益。奏：进，引申为传授。庶：众民。鲜：有二义，一是缺少，一是新鲜，此处鲜食当为新鲜的肉食。

⑧ 决：疏通。九川：九州之川。距：至，到达。

⑨ 浚：深挖。畎（quǎn）：田间的小水沟。浍：水渠。

⑩ 艰：艰难。艰食：难于获得食物。

⑪ 鲜：有二义，一是缺少，一是新鲜，此处鲜食当理解为缺少食物。

⑫ 懋：同"贸"，贸易。

⑬ 化：易，转化。居：蓄。

⑭ 烝（zhēng）：众多。粒：以谷米为食。

⑮ 万邦：指众多诸侯国。乂：治。

⑯ 师：效法、学习。昌言：善言、美言。

**语译：**

　　听完皋陶的汇报，帝舜说："禹，现在你来讲讲治理的高见吧。"禹拜谢之后说："皋陶说得太好了，我没啥可说的。我每天所思考的是如何孜孜不倦地工作以治理水土。"皋陶说："那就谈谈你是怎样做的吧。"禹说："洪水滔天，包围了高山，淹没了丘陵，天下黎民深受其害。舜帝命我主持治理水患。为了治理水患，我借助四种交通工具全面系统地考察了平原、湖泽、河流和山地，弄清了河流走向、生物资源、土壤资源的分布，了解了水患的成因，清晰了治理思路。我们一方面疏通多条江河的干流，使之从山地绵延下来，直通大海。在平原低地开挖和疏通大大小小的渠沟，使之与江河干流相连，形成了一个江河干流从高至低通大海，小沟通渠，渠通江河干流的完整的河流体系，解决了泄洪问题。另一方面，结合不同地区的情况发展经济，山地、丘陵、沼泽地带，发展渔猎，我和伯益将加工保存和食用肉类的方法教给民众。在合适种植的地区，我和后稷向民众宣传普及农业种植和食用粮食的方法。引导人们将多余的产品通过贸易相互交换，满足彼此的需求。因为农业、渔猎的发展，广大民众的生存压力缓解，众多诸侯国安定下来。"皋陶说："你的这些做法太好了，我们要认真学习你的经验和方法。"

## 五、中国政治体制自古就不是威权、专制

**经义：**

要了解中国政治体制特点，首先要了解中国人的思维方式——他们如何看待世间万物。

中外学者注意到，中国人的思维方式与西方人迥然有别。中国人将世界看成一个相互联系的有机整体，而不是如西方人那样，注重事物间统属性的因果联系。英国汉学家葛瑞汉（Angus Charles Graham, 1919-1991）精彩地总结道："中国人看待世界的思维方式倾向于：相互依存，而不是各自孤立；整中有分，而不是部分的集合；对立的双方相互补充，而不是相互矛盾；认为万物是变化的，而不是静止的；看重物之用，而不是物之质；关心相互感应，而不是因果关系。"（葛瑞汉：《中国的两位哲学家：二程兄弟的新儒学》，程德祥等译，大象出版社 2000 年版，第 17 页。）

这种思维方式投射到政治领域，先贤认为君与臣，上级与下级的关系不是对立，而是相互联系、相互依存、相互补充的整体。他们常以身体说明君臣、君民的关系，二者不是简单机械的统治与被统治关系，而是承担不同社会职分、相辅相成。常见的比喻是以心为君，以耳目四肢为臣下。《礼

记·缁衣》引孔子言："民以君为心，君以民为体。心庄则体舒，心肃则容敬。心好之，身必安之。君好之，民必欲之。心以体全，亦以体伤。君以民存，亦以民亡。"

本节可能是最早将臣下比作耳目四肢的经典。"臣作朕股肱耳目"，臣下的职能相当于大腿、手臂、耳朵、眼睛，其职能分别是"汝翼""汝为""汝明""汝听"。不仅臣下要完成自己的职分，作为天子也要"慎乃在位""安汝止"，"止"通"职"，意为职分。所以，在中国古典政治学中，天子也是一种职位。代表汉朝基本观念，班固等人根据公元79年朝廷经学辩论结果撰集而成的《白虎通义》开篇即说："天子者，爵称也。爵所以称天子者何？王者父天母地，为天之子也。"

如同心对四肢不是单纯的支配关系，元首对下级也不是单纯的支配关系，这样的政治体制怎么可能是威权专制？古代无论国君还是臣下，都要在符合天道的礼义法度内行事，国君又怎么可能超越法律而独裁呢？

美国政治学者弗朗西斯·福山认为中国古今都是"高品质的威权政府"。[①]"因为中国没有强大的体制性宗教，无从确立独立于国家之外的裁判系统和权力机构，把最高权力者与老百姓一样变成了神的子民，受宗教法规的约束。因而中国不可能产生法治。"福山忘记了，中国没有超越性神权观念，却有最高的天道观念。"道生法"，道不变，法亦不变，中华本土法治来源于此！《黄帝四经·经法》上说："道生法。法者，引得失以绳，而明曲直者也。故执道者，生法而弗敢犯也，法立而弗敢废也。"

至此，我们再也不能用西方中世纪的封建专制君主观念看待中国传统政治体制，那样不仅不利于理解古代中国政治体制，更不利于理解当代中国政治体制。因为现实是历史的因革损益，现实不可能脱离历史文化而存在！

**原文：**

禹曰："都！帝，慎乃在位。"帝曰："俞！"禹曰："安汝止[①]，惟几惟

---

① 弗朗西斯·福山：《政治秩序的起源：从前人类时代到法国大革命》，广西师范大学出版社2014年版，第283页。

康②。其弼直③，惟动丕应④。徯志以昭受上帝⑤，天其申命用休⑥。"

帝曰："吁！臣哉邻哉⑦！邻哉臣哉！"禹曰："俞！"

帝曰："臣作朕股肱耳目⑧。予欲左右有民⑨，汝翼⑩。予欲宣力四方⑪，汝为。予欲观古人之象⑫，日月星辰山龙华虫作会⑬；宗彝藻火粉米黼黻絺绣⑭，以五采彰施于五色作服⑮，汝明⑯。予欲闻六律五声八音⑰，在治忽⑱，以出纳五言⑲，汝听。予违汝弼⑳，汝无面从，退有后言。钦四邻㉑。"

"庶顽谗说㉒，若不在时㉓，侯以明之㉔，挞以记之㉕，书用识哉㉖，欲并生哉㉗。工以纳言㉘，时而飏之㉙，格则承之庸之㉚，否则威之㉛。"

禹曰："俞哉㉜！帝光天之下㉝，至于海隅苍生㉞，万邦黎献㉟，共惟帝臣㊱，惟帝时举㊲。敷纳以言㊳，明庶以功㊴，车服以庸㊵。谁敢不让㊶，敢不敬应㊷？帝不时㊸，敷同日奏㊹，罔功。"

**注释:**

① 安：安心，专注。止：通"职"，职分。

② 惟：思考。几：危机，危险。康：和乐。

③ 弼：辅佐，指大臣。直：正直。

④ 惟：凡。动：指重大政治举措。丕：大。应：响应。

⑤ 徯：待。志：志愿，引申为有志于治国理政的人。昭：明。

⑥ 申：重复，再三。命：使命。用：因为。休：美好。

⑦ 邻：近。

⑧ 朕：我，指帝舜。股：腿。肱（gōng）：手臂。股肱耳目：指大臣是帝舜的手足耳目，形容大臣和帝舜的密切关系。

⑨ 左右：帮助引导。有：保护。

⑩ 翼：辅佐。

⑪ 宣：传播，扩大。力：力量，指帝舜所部的文明。

⑫ 观：展示。象：图像。

⑬ 绘：画。

⑭ 宗彝：宗庙祭器上常装饰有虎和长尾猿的形象，此处宗彝指虎和长尾猿。藻：水草。粉米：白米。黼（fǔ）：斧形。黻（fú）：两弓相背的形状。絺

50

（zhǐ）：刺绣。

⑮ 五采：五种颜色。彰：显示。施：用。五色：五个等级。

⑯ 明：成，完成。

⑰ 六律：古代有十二乐律，单数为阳律，称为六律，双数为阴律，称为六吕。
五声：指宫商角徵羽。八音：指用金、石、木、土、革、匏、丝、竹八种材
质加工而成的乐器。

⑱ 在：观察。治：有秩序。忽：怠慢。

⑲ 五言：五方之言。

⑳ 违：违背。弼：辅佐。

㉑ 钦：敬。四邻：指辅佐大臣们。

㉒ 庶：众。顽：愚，坚固，指固执己见的人。谗：歪曲事实的坏话。

㉓ 若：如果。在：察。时：善。

㉔ 侯：箭靶。古人以射礼区分贤能与不肖，宵小之人不能参加射礼。明：彰
明。之：代词，指散布谗言的人。

㉕ 挞：用鞭棍打。记：记住，使印象不消失。

㉖ 书：把过错写在木片上让犯错者佩戴，或者把过错写在犯错者衣服上。简
言之，即将过错记录下来。

㉗ 生：有二说。一是生命，指惩罚非死刑，能让犯过错者生存。二是进，指
让犯过错者悔过自新。

㉘ 工：指百官。纳：采纳，上传下达。

㉙ 时：善。飏：同"扬"，宣扬。

㉚ 格：正。承：进。庸：用。

㉛ 否（pǐ）：闭塞。威：惩罚。

㉜ 俞：感叹词，表示肯定、应允。

㉝ 帝：帝舜，从本质上看，帝舜是当时具有中央集权性质的部落联盟代表，
其所指当为中央集权政府。光：有二说：一是光照；一是广，指中央集权的
影响范围之大，此说更为恰当。

㉞ 隅：角落。

㉟ 万邦：指众多部落或诸侯国。黎：多。献：贤能之人。

㊱ 惟：是。
㊲ 惟：只。时：善，指贤能之人。举：任用。
㊳ 敷：同“溥”，普遍。
㊴ 明：分辨。庶：众。功：事功。
㊵ 车：轮式交通工具，轮式交通工具是从东欧草原传入中国，在当时属于高技术产品。服：服饰，指礼仪服饰，中国以华夏自称，先进的丝织、纺织业是制作服饰的基础。车服均属于当时的高科技产品。以：根据。庸：效果、贡献。
㊶ 敢：能。让：谦让，指全心认同接受帝舜的领导。
㊷ 应：承。
㊸ 时：善。
㊹ 敷：普遍。同：不加区别。奏：进，指任用。

**语译：**

汇报完自己的工作，禹又对帝舜谈如何做最高领导人。他说：“伟大的舜帝，您的职责既大且重，更须谨慎。”帝舜说：“是呀。”禹说：“您要清醒认识到帝之职责的重要性，不要让个人和集团利益影响您尽职尽责。国事纷繁复杂，您的所思所言所行系天下之治乱，您要居安思危。任用贤能，重大举措要考虑民众的需要，民众才会支持响应。重大决策要听取那些有志于治国理政之士的建议，保持决策团队正大光明，做出正确的决策，这样才能长久不失民心。”帝舜说：“你说的对，你们这些正直的大臣是我最亲密最信任的人，但愿我身边的人都如同你们一样。”禹说：“我们共同努力。”

听取完皋陶、禹等人的发言，帝舜说：“你们这些贤能之臣是我治理国家的左膀右臂，治理工作需要你们。我的治理目标是教化万民，抚养万民，这需要你们的辅佐。我计划壮大我们的国家，让更多地区和民众分享我们的文明成果，需要你们积极主动大有作为。在遥远的古代，我们的先民用日、月、星、辰、龙、华虫、白米等符号以及红白黑等色彩表达对天地自然、宇宙万物和创造了文明的祖先的尊重，我打算将这些神圣符号与色彩复活，以生动形象的方式用在丝织品和礼服制作上，我相信你们能做好这件事。歌舞是民众表达生活现状、情绪情感、爱恨情仇的独特方式，我想通过歌舞所表现出来的民众爱恨来考察治理得失，接受民众的意见。你们应该能理解我为何重视歌舞吧。如果我们君臣之间见解不同，你们认为我的主张错误，你们要坦诚地提出来，不能当面不说，背后乱说，各位大臣要清楚这一点。"

帝舜十分清楚国家治理队伍鱼龙混杂，存在两面派和投机分子。他说："治理队伍中有一些狡猾阴险之人，散布谗言以谋取私利。谁是这样的人，你们这些正直之臣十分清楚。如果狡猾阴险之辈不识大体，仍不收敛。我们可以通过很多措施加以整顿。教化惩戒他们要注意方法，尽量不要危及生命，比如可以取消他们参加重要礼仪活动的资格以警醒之；可以用鞭打惩罚他们；可以向社会公开其犯罪行为，揭穿其真实面目，让民众认清他们，监督他们。百官要广泛听取民众意见，有的建议虽不合时宜，只要初衷善良，就应该肯定。要接受采纳正确可行的建议。如果官员不符合上述要求，就要加以惩罚。"

禹说："我们赞同您的观点。舜帝呀，因为您的正确领导，国家更加巩固和繁荣，四海之内的广大民众，众多诸侯国中的贤能，都支持拥护您。今天的繁荣局面，是因为您唯贤能是举，普遍采纳他们的建议，又授予其实际职权，通过事功考核百官，奖励那些功勋卓著者。这样谁还能不拥护您的领导呢，谁能不认真执行您的政策呢。如果没有您的知人善任，如果没有您以功绩奖惩百官，国家治理不可能这样好。"

## 六、全球化时代必须走出西方战略思维陷阱

经义：

当代西方主流战略思维方式是以实力和利益为基础的均势理论，它将狭隘的民族国家利益放在第一位，以民族国家间的实力均衡维系国际和平——这种没有重心的平衡极不稳定，正是近代西方民族国家战乱不断的根本原因。

在一个产业链延伸到世界每个角落、资讯高度发达的全球化世界，均势理论与时代的鸿沟越来越深，如何实现公正持久的和平和有效的全球治理，

成为摆在人类面前的重大课题。

中国古典外交理论以整个世界（天下）为出发点，主张先内后外、先近后远、先文后武的外事原则，对于我们保持战略定力，反对霸权主义，维护世界和平具有非凡意义。

本节中，三苗部族不配合大禹治理洪水和国土整治的艰巨历史任务。帝舜的处理方式并不是先用兵，而是导之以德——"迪朕德"，努力实现不战而屈人之兵。

《礼记·中庸》将《礼记·大学》的修身、齐家、治国、平天下细化为治理天下国家的九条原则，即"为天下国家有九经"。据《孔子家语·哀公问政第十七》，可知这是鲁哀公向孔子询问治国之道，所以孔子的回答重在治国层面，"九经"分别是：修养自身，尊崇贤人，亲爱亲族，敬重大臣，体恤群臣，爱民如子，招纳工匠，怀柔藩国，安抚诸侯。"修身也，尊贤也，亲亲也，敬大臣也，体群臣也，子庶民也，来百工也，柔远人也，怀诸侯也。"其中安抚诸侯是实现天下一统的关键，具体做法是：延续断绝的世系，复兴灭亡的国家，治理祸乱，扶危救困，按时接受朝见，走时赏赐丰厚，来时纳贡微薄。"继绝世，举废国，治乱持危，朝聘以时，厚往而薄来，所以怀诸侯也。"

数千年来，这一国际关系准则为历代王朝所遵奉，一直到清朝。它奠定了东亚世界持久和平的基础，今人将之弃如敝屐，何其愚蠢！

《管子·小匡》详细论述了齐桓公如何"继绝世""治乱持危"，"厚往而薄来"。比如鲁庄公夫人姜氏与鲁庄公庶兄庆父作乱，导致鲁国大乱，先后两个国君（子般和闵公）被杀，绝嗣没有后代。桓公知道后，就派高子去鲁国稳定政局，使他们男女不相杂，牛马齐备。鲁君手持玉器来拜见桓公，请求作齐国的关内侯，但桓公并没有因贪图其领土而答应他；狄人攻伐邢国，桓公修筑夷仪城封赐邢君。使他们男女不相杂，牛马齐备。邢君手持玉器请求作齐国的关内侯，桓公也没有答应。《管子·小匡》记载："鲁有夫人庆父之乱，而二君弑死，国绝无后。桓公闻之，使高子存之。男女不淫，马牛选具。执玉以见，请为关内之侯，而桓公不使也；狄人攻邢，桓公筑夷仪以封之。男女不淫，马牛选具。执玉以见，请为关内之侯，而桓公不使也。"

这种做法，与两千多年后清高宗乾隆针对新疆沿边政权的方针如出一辙。清朝平定准噶尔后，新疆沿边的哈萨克、布鲁特以及中亚浩罕等部相继上表北京朝廷，言辞恳切请求内附，乾隆拒绝了这些政权，只是视其为外藩，而非自己的臣民。

桓公知道诸侯归附他，但他并没有像西方贪婪无度的殖民者一样榨取别国财富，而是少收进见的礼物并多加回敬。所以天下诸侯用瘦马犬羊为礼币，齐国则用良马回报；诸侯用素绡和鹿皮四张为礼币，齐国则用花锦和虎豹皮回报。各国使者总是空囊而来，满载而归。齐桓公真正做到了"厚往而薄来"。

对于要内附的新疆沿边政权，乾隆采取了类似的态度，他说："朕惟期尔部安居乐业，俾游牧各仍旧俗，即贡献亦从尔便，如遣使入觐，朕自优加赏赉（shǎng lài，意为赏赐——笔者注）。"[1]

事实上1762年伊犁将军府设立后，清朝仍没有从新疆榨取经济利益，新疆反而享受着诸多来自内地的财政补贴（如协饷）和经济援助。

在国际关系理论领域，我们应像齐桓公一样，让世界人民"怀其文而畏其武"，先文后武。一味学习西方，按殖民地时代盛行的地缘政治逻辑看待中国历史与现实世界，只会让我们丧失真知，丧失和平。


**原文：**

帝曰："无若丹朱傲①，惟慢游是好②，傲虐是作③。罔昼夜额额④，罔水行舟⑤。朋淫于家⑥，用殄厥世⑦。予创若时⑧。"

"予娶涂山⑨，辛壬癸甲⑩。启呱呱而泣，予弗子，惟荒度土功⑪。弼成五服⑫，至于五千。州十有二师，外薄四海，咸建五长⑬。各迪有功⑭，苗顽弗即工⑮，帝其念哉！"帝曰："迪朕德，时乃功惟叙⑯。皋陶方祗厥叙⑰，方施象刑惟明⑱。"

---

① 吴启讷：《清朝的战略防卫有异于近代帝国的殖民扩张 ——兼论英文中国史学界中"欧亚大陆相似论"和"阿尔泰学派"》，收入汪荣祖主编《清帝国性质的再商榷：回应"新清史"》，中华书局 2020 年出版。

**注释：**

① 无：勿，不。丹朱：帝尧之子。傲：傲慢。

② 惟：只。慢：懈怠。游：玩乐。好：喜欢。

③ 虐：残暴。作：为。

④ 罔：不，没有。額額：形容不停息之状。

⑤ 罔：无。罔水：指浅水。

⑥ 朋：有二说：一是以"风"释朋，风即男女相互引诱；一是朋即群义。

⑦ 用：因此。殄：灭绝。厥：代词，其。世：家族力量上下两代之间的继承。

⑧ 予：我，指帝舜。创：惩罚。若：像。时：通"是"，这。

⑨ 予：我，指禹。涂山：指涂山氏。

⑩ 辛壬癸甲：即连续四天。

⑪ 惟：只是。荒：大。度：成、就。土功：指治水。

⑫ 弼：辅佐，协助帝舜。成：完成。五服：围绕王畿地区按照地理距离、文明程度而形成中央与地方关系，由亲密到疏远五种附属诸侯，即甸服、侯服、绥服、要服、荒服。

⑬ 咸：都。五长：多解释为五服之外每五个方国选定一个较强方国为长。

⑭ 迪：道，导，开展。

⑮ 苗：三苗。顽：强暴，指三苗力量强大，不接受帝舜的统治。弗：不。即：接近，到达。工：官。"弗即工"是说没有将官职授予三苗，因为三苗不接受帝舜的统治，故不能任命他们为官，参与公共管理。

⑯ 时：通"是"，代词，这。乃：你。功：业绩。惟：表示希望、祈使。叙：顺。

⑰ 皋陶：帝舜时负责司法狱讼之事。方：并，表示皋陶应该将服从者和不服从者都重视起来。祗：敬。厥：其。叙：顺。

⑱ 施象刑：形象直观地把五刑刻画在礼器上，起法制宣传作用。明：成，指成功解决三苗问题。

**语译：**

帝舜说："大臣们要以丹朱为诫，不要像丹朱那样骄傲。丹朱对待工作懈怠，只想游玩，戏谑作乐。他享乐起来不分昼夜，白天在浅水中驾船嬉戏，晚上回府聚众纵情歌舞。为此我取消了他继承帝位的资格，丹朱虽是尧之子，该惩戒的还是要惩戒，我对丹朱的惩戒就是这样。"

听了帝舜的提醒，禹说："我和涂山氏的女儿结婚，只休息了四天，便离家前往治水一线。后来儿子启出生，我无法亲自抚养他，因为我全身心投入到治水工作中。治水如果成功，利益天下人。治水的工程量极大，需要各地民众的支持，我将把全国分成五等服役区参与治水，全流域内东西5000里之内的民众为治水形成了整体。全国分成十二个州，每州设置首领。十二州之外远之四海之间地域广大，方国众多，每五个方国选较强方国做诸侯长。他们都能正常开展工作，只有三苗自恃力量强大，极为顽固，不配合治水，不服役，所以没有授予苗部官职。帝舜，希望您慎重筹划一下三苗的问题。"帝舜说："解决三苗问题，根本是让他们分享我们的文明成果。待到治水成功，经济文化发展起来，三苗最终会拥护我们，此问题的解决有你大禹治水的功劳。在具体管理上，皋陶负责司法，既要鼓励表彰那些服从禹领导的方国和民众，对于不服从禹领导的方国和民众，比如三苗，要加强宣传，把反抗的后果告诉他们，软硬两手都要用，三苗事情会办好。"

## 七、文艺政策是中华大一统治道的重要方面

**经义：**

现代人在重大场合奏乐演舞，比如2022年北京冬奥会，盛大的开幕式让人赞叹！

秦汉以前，音乐、舞蹈、诗歌在社会生活中的作用比现代要大，不仅在盛会上起舞奏乐，如本节所述，即使在庄重的政治会议上，仍然要起舞、奏乐、唱诗——诗均入乐，乐多伴舞。《礼记·乐记》谈到诗、歌、舞、乐的关系时说："诗，言其志也。歌，咏其声也。舞，动其容也，三者本于心，然后乐器从之。"

《清华大学藏战国竹简》（壹）有《耆夜》一篇，记载了武王出师平定耆，得胜归周，在文王宗庙举行"饮至"典礼庆功。饮酒中武王和周公作诗唱和，让人如临三千多年前礼乐大盛时代的现场。

三代多上古遗风。民族学文献告诉我们，人类早期音乐、舞蹈、诗歌不分，三者是一个有机整体，并常常用乐来代表。德国艺术史家格罗塞（Ernst Grosse，1862–1927）写道："音乐在文化的最低阶段上显见得跟舞蹈、诗歌结连得极密切。没有音乐伴奏的舞蹈，在原始部落间很少见……埃斯基摩人常用唱歌和打鼓来伴舞，而且音乐还在表演中占着这样重要的地位，使得他们不叫那跳舞的建筑为舞场，而叫为歌厅（quaggi）。明科彼人的舞蹈节，也一样的可以当作音乐节。'他们的准备工作主要是在练习舞蹈时用的独唱和合唱。'澳洲男人们跳'科罗薄利'（corroborry）舞由本族的女人们组织乐队；布须曼人跳舞时运动和合着旁观者打鼓和唱歌的拍子。"[1]

　　谈到诗入乐问题，他说："原始的抒情诗是合乐的，澳洲人的、安达曼人的、或北极人的歌词，常常由一种旋律传出，或者竟可说常常传出一种旋律，因为（相对于）辞句好像还是旋律重要些，为了旋律的缘故，往往把辞句改变或删削得失了原意。最后，叙事诗或至少叙事诗的一部分，也不单单是记述的，是用宣叙调歌唱出来的。舞蹈、诗歌和音乐就这样形成一个自然的整体，只有人为的方法能够将它们分析开来。假使我们要确切地了解并估计这些原始艺术的各个情状及其功能，我们必须始终记得，它们并非各自独立，却是极密切地有机结合着。"[2]

　　可以说，人类早期乐是一切文学艺术的总和。如果我们将三代的乐理解为原始、落后就大错特错了。因为至周代，先贤已将其融入治国理政的核心，与礼制、政令、刑罚并列。

　　如果说礼强调的是差序，那么乐强调的则是和同。二者相辅相成，构成了社会秩序的基础。《礼记·乐记》说："乐者为同，礼者为异。同则相亲，异则相敬。乐胜（胜，过分——笔者注）则流（流，不敬——笔者注），礼胜则离（离，不和——笔者注）。合情饰貌者，礼乐之事也。礼义立，则贵贱等矣。乐文同，则上下和矣。"

　　关于礼、乐、刑、政四者的关系，《礼记·乐记》认为，要用礼制引

---

① 格罗塞：《艺术的起源》，蔡慕晖译，商务印书馆1984年版，第214页。
② 格罗塞：《艺术的起源》，蔡慕晖译，商务印书馆1984年版，第214–215页。

导人们的意志，用音乐调和人们的情感，用政令统一人们的行动，用刑罚防止人们做坏事。礼制、音乐、刑罚、政令，其终极目标都是用来统一民心实现天下大治。上面说："礼以道其志，乐以和其声（《说苑·修文》作"性"——笔者注），政以一其行，刑以防其奸。礼、乐、刑、政，其极一也，所以同民心而出治道也。""礼节民心，乐和民声，政以行之，刑以防之。礼乐刑政，四达（达，贯彻——笔者注）而不悖，则王道备矣。"

乐，文艺是大一统中华治道不可或缺的组成部分。我们当重视之，不可一味学习西方自由主义文艺政策。在中国这样一个世俗化社会，自由主义文艺政策如同抛弃刑法与政府，是极其危险的！

**原文：**

夔曰："戛击鸣球①、搏拊②、琴瑟，以咏。"祖考来格③，虞宾在位④，群后德让⑤。下管鼗鼓⑥，合止柷敔⑦，笙镛以间⑧，鸟兽跄跄⑨；箫韶九成⑩，凤凰来仪⑪。夔曰："於（wū）⑫！予击石拊石⑬，百兽率舞⑭，庶尹允谐⑮。"

帝庸作歌⑯。曰："敕天之命⑰，惟时惟几⑱。"乃歌曰："股肱喜哉⑲！元首起哉⑳！百工熙哉㉑！"皋陶拜手稽首飏言曰㉒："念哉㉓！率作兴事㉔，慎乃宪㉕，钦哉！屡省乃成㉖，钦哉！"乃赓载歌曰㉗："元首明哉㉘，股肱良哉㉙，庶事康哉㉚！"又歌曰："元首丛脞哉㉛，股肱惰哉㉜，万事堕哉㉝！"帝拜曰："俞，往钦哉！"

**注释：**

① 戛（jiá）：敲打。鸣球：石磬。

② 搏（bó）拊（fǔ）：乐器名，形似小鼓，以手掌击打。

③ 祖：指颛顼之神。考：帝尧之神。格：到。

④ 虞宾：帝舜的贵宾，指帝舜前代各帝之后裔作为贵宾。

⑤ 群后：众多诸侯国君。德：升。让：揖让。

⑥ 下：吹管者在堂下。管：竹制乐器。鼗（táo）鼓：两侧有耳以系鼓槌的小鼓，形似现在的拨浪鼓。

⑦ 合：击柷合奏开始。止：击敔演奏停止。柷（zhù）：木制乐器，形如木斗，演奏时以木棒击打底部。敔（yǔ）：木制乐器，外形如虎，虎背部挖空，演奏时用木棒敲击背部或两侧。

⑧ 笙：竹制吹奏管乐器。镛：铜制大钟。间：指笙镛相护交替演奏。

⑨ 鸟兽：由人扮演的鸟兽形象。跄（qiāng）：动。跄跄：指符合节奏的舞蹈。

⑩ 箫韶：帝舜制作的韶乐，又称"九韶"，是远古时代最为成熟的乐舞，孔子称赞其尽善尽美。九成：每次乐曲完结后，再变更另奏，共九次此乐才结束。

⑪ 凤皇：古代传说的神鸟，即凤凰，雄者称凤，雌者称凰。仪：成双成对。

⑫ 於（wū）：感叹词。

⑬ 石：石磬。

⑭ 百兽：由人扮演参加乐舞表演的各种动物。率：循，舞者按照音乐的节奏舞蹈。

⑮ 庶：众。尹：官。允：信。谐：通"偕"，一起。

⑯ 帝：帝舜。庸：乃，于是。

⑰ 敕：谨。

⑱ 时：每时每刻。几：小事。

⑲ 股肱：指左右大臣们。喜：乐于尽忠国家。

⑳ 元首：指帝舜。起：兴起，奋发。

㉑ 百工：百官。熙：振作。

㉒ 拜手：跪下之后，双手拱合于胸前，俯首至手与心平。稽首：叩头至地。
飏：通"扬"，继续。

㉓ 念：思。

㉔ 率：表率。作：工作。

㉕ 慎：谨慎。乃：代词，指帝舜，引申为国家。宪：法度。

㉖ 屡：多次。省：省察。成：成功。

㉗ 赓：继续。载：成，指创作出诗歌。

㉘ 元首：指帝舜。明：明了，指具有治理国家的智慧。

㉙ 良：指大臣们贤能。

㉚ 庶：众。康：安乐。

㉛ 丛脞（cuǒ）：琐碎。

㉜ 惰：懈怠。

㉝ 堕：衰落。

**语译：**

　　会议结束后，大家起舞奏乐，作诗吟唱。夔说："敲起石磬，打起搏拊，弹起琴瑟，我们歌唱吧。"先王们的灵魂降临了，先王们的后裔、帝舜的宾客就位了，众方国的诸侯们登堂相互行礼后，安静下来。堂下的笙箫吹奏起来，大鼓小鼓敲起来，敲柷作为演奏的开始，击敔作为演奏的结束，其间笙和大钟交替演奏。由人扮演鸟兽们伴随着音乐节奏舞起来。韶乐九个乐章结束后，扮演神鸟凤凰的舞队最终登上了舞台。夔高声吟唱号召大家共舞："我敲打石磬，扮演百兽的舞队们上堂跳起舞吧，众位首领官长们也共同舞蹈吧。"

　　在这隆重热烈的气氛中，帝舜即兴作诗："肩负起上天赋予我们的使命，时时事事都要小心谨慎。大臣们愿服务民众，我更要奋发努力，让事业更加兴旺。"皋陶跪拜行礼，应和帝舜："我们要把帝舜的教导牢记心间，率先垂范，未来会更美好。我们要敬畏国家的法度，经常反省自己，严格按照法度治理国家，我们的事业一定能成功。"皋陶继续唱道："帝王具有治国智慧，大臣们德才兼备，国家治理得当民众满意。"皋陶最后从反面提醒大家："如果帝王不能胸怀全局和长远，大臣们懒惰懈怠，国家就会衰落。"帝舜拜谢众臣说："对呀，大家共同努力！"

# 夏 书

## 禹贡

### 一、《禹贡》是四千年前中国人文地理的实录

经义：

国人多已忘记自己有四五千年的人文学术传统，反而将商代以前的历史称为神话、传说。

那些习惯在书斋中闭门造车的学者更是鼠目寸光，以为只有文字才是文明的载体。人类学研究表明，口耳相传远远超过文字，是最重要的知识传递方式之一，越远古越是这样。

从20世纪初开始，学人摆脱了对经学的迷信，却走向了另一个极端。有些学者以"科学精神"怀疑一切的态度对待经典，却没有精心求证。结果中国本土有数千年历史的人文学术被否定，西方学术挟殖民主义浪潮以排山倒海之势引入中国。因为西方历史和文明过于"异类"，导致西方学术之名无法对应中国现状之实，思想混乱，至于今日。

1921年，留美归来的胡适断言："在东周以前的历史，是没有一字可以信的。以后呢？大部分也是不可靠的。如《禹贡》这一章书，一般学者都承认是可靠的。据我用历史的眼光看来，也是不可靠的，我敢断定它是伪的。在夏禹时，中国难道竟有这般大的土地么？四部书里边的经、史、子三种，大多是不可靠的。我们总要有疑古的态度才好！"[1]

---

① 胡适：《研究国故的方法》，《东方杂志》第18卷第16期，1921年。

100 多年过去了，随着考古学的发展，今天我们知道，不仅《禹贡》可靠，夏禹时政治共同体九州的疆域，禹的丰功伟绩都是可靠的，不容轻易否定！

西周中期的燹（xiǎn）公盨（xǔ）铭文就记载有大禹治水的事迹："天命禹敷土，堕山濬川。""禹敷土"与本节全同，"堕山濬川"，李零先生释文作"随山浚川"，[①]与书序同。可见"百篇书序"即使不是孔子所作，其流传亦十分古远。

中国社会科学院考古研究所研究员邵望平女士利用考古材料，证明了《禹贡》中所记九州物产的可靠性。由于环境变冷，很多当地物产今天已不复存在。她由此认为《禹贡》"九州篇"的蓝本可能出自商朝史官之手，是商人对夏代的追记。邵望平女士写道："考古学资料已证明荆、扬二州进贡象犀孔翠，豫、兖二州盛产漆竹蚕桑是真实可信的。此外，'降丘宅土'可能是龙山时代至商代黄河下游地区先民生活的特点；'淮夷蠙珠及鱼'可能是指当时'徐州'特产的厚壳蚌制品及鳄鱼皮；'岛夷卉服'是亚热带气候条件下舟山岛民的风土记录等等，也许有助于说明九州篇是'周汉寒冷期'到来之前，即公元前 2000 年间的中华两河流域人文地理的实录。"[②]

除了认为禹"划分九州"有其考古依据，北京大学考古文博院李伯谦教授还从大禹治水、会诸侯于涂山、定都阳城、禹征三苗等几个方面，论证文献所记大禹事迹的真实性。特别是"涂山之会"，考古学家在安徽蚌埠市禹会村发现了一处面积很大的龙山文化遗址，它不是一般的生产生活遗址，出土遗迹和遗物很特殊，符合各地诸侯会盟的某些特征。其中的陶器，既有属于山东龙山文化的，还有属于河南龙山文化以及南方来的陶器。[③]

大禹从传说再回真实，这是考古学带给我们的重大认知革命。它让我们重新审视历史，以及中国本土人文学术本身。

---

① 李零：《我们的中国》，生活·读书·新知三联书店 2016 年版，第 141 页。

② 邵望平：《禹贡"九州"的考古学研究》，收入苏秉琦主编《考古学文化论集》二，文物出版社 1989 年版。

③ 李伯谦：《在考古发现中寻找大禹》，载《光明日报》2018 年 8 月 5 日 06 版。

**原文：**

禹敷土①，随山刊木②，奠高山大川③。

**注释：**

① 敷：划分。土：舜帝之国所及地区，即中华大地。

② 随：顺着。山：泛指山川。刊：砍伐。

③ 奠：勘定。

**语译：**

禹是中华民族的伟大英雄与领袖，他根据山河走向将中华大地分为九州，依次是：冀州、兖州、青州、徐州、扬州、荆州、豫州、梁州、雍州。划分九州的首要目的是治理洪水，他带领人民开山导河，洪水从高向低，穿越山脉和平原，归入大海。

治理洪水，交通先行，禹根据山脉走向，砍伐森林，修造道路，水路和陆路相互配合，形成了统一的交通网。他考察山川，分类定名。最高的山有五岳，即东岳泰山，西岳华山、北岳恒山、南岳衡山、中岳嵩山。较大的河流有长江、黄河、淮水、济水等。治水修路，发展经济，禹根据各州地理气候条件，发展各具特色的农业和手工业。根据各州特点，确立税收制度，强化中央政府的财政基础。

## 二、政治文明与科学技术的奇迹

**经义：**

任何一个研读过《禹贡》"九州篇"的人，都会为其惊人的地理知识和贡赋体系所折服，考虑到四千多年前人类文明的普遍发展程度，我们不禁要问：先贤经过怎样的地理考察和国土资源调查，才能获得广大黄河长江流域如此翔实的资料啊！

这是政治文明与科学技术的奇迹！

过去一万多年来，地球环境经历了复杂的冷暖变化，从澳大利亚土著到希伯来人的《圣经》，世界上诸多民族都有洪水传说。面对巨大的环境灾难，早期人类普遍臣服于神的意志，在《圣经》中，神以洪水惩罚人，人的得救亦依靠神。

中国的大禹治水则不是这样。面对滔天洪水，大禹带领华夏各族群积极整治国土，对抗水患，最后战胜了洪水，建立起了统一的贡赋体系、统一的政治体系、统一的价值认同。从此，中国人将脚下的土地称为"禹迹"，大禹走过的地方；称自己为夏，直到21世纪的今天，中国人仍以"华夏民族"自称。

不是神，而是人构建了天地自然秩序，这成为中华文明最为突出的特质！

禹以冀州为中心，划分九州，按照中国古典经济学的均平原则，建立了统一的中央财政体系，政治体系，这是东亚大陆政治共同体发展的关键节点，大禹"相地而衰征"，按照土地肥瘠不同，征收不等额的租税，成为后世财政政策的基本原则。

中国古典经济学轻重术核心经典《管子》轻重十六篇之《乘马数》，谈到土地赋税政策（乘马数）时说，郡县上等土地征收相应数量的粮食，中等土地征收相应数量的粮食，下等土地征收相应数量的粮食。按土地好坏确定征收多少则百姓安定；振济贫困补助不足，百姓就对君主满意。所以，国家用上等土地提供的盈余，补下等土地的不足，控制四时物价变化，掌握市场物资的收放，则百姓安居乐业，安定得像把方形之物放在平地上一样。文中说："郡县上臾（同"腴"——笔者注）之壤守之若干，间壤守之若干，下壤守之若干。故相壤定籍而民不移，振贫补不足，下乐上。故以上壤之满补下壤之众，章四时，守诸开阖，民之不移也，如废（意为置——笔者注）方于地。此之谓策乘马之数也。"

在中华大地上各族群团结协作治理水患，建立中央集权的政治经济体系过程中，大一统的价值认同逐步形成。夏不仅是禹建基于九州之上的王朝，更成为一种文明的象征。李零教授谈到中国地理九州概念时说："古书所说的'雅'字，比如《诗经》中《大雅》《小雅》的'雅'，本来都是写成'夏'。可见'夏'不仅是一种地域狭小、为时短暂的国族之名，而且还成为后继类似地域集团在文化上加以认同的典范，同时代表着典雅和正统（雅可训正），与代表'野蛮'的'夷'这个概念形成对照，为古代'文明'的代名词。春秋时代，中原诸夏强调'尊王攘夷'，使'夷夏'的概念更加深入人心。在这方面，秦是一个好例子。这个国家，不但其贵族本来和山东境内或淮水流域的夷人是一家，而且族众也是西戎土著，一直到战国中期的秦孝公时仍很落后，'僻在雍州，不与中国之会盟，夷狄视之'（《史记·秦本纪》），但有趣的是，就连他们也是以'夏'自居。证据有二，一是上面提到的秦公簋，二是睡虎地秦简《法律答问》。后者涉及秦的归化制度（即现在的移民法），规定秦的原住民叫'夏'，归化民叫'真'，只有母亲是秦人，孩子才算'夏子'，如果母亲不是秦人或出生于外国则只能叫'真'不能叫'夏'。所以'九州'不仅是一种地理概念，也是一种文化概念。"①

唐代孔颖达《春秋左传正义》说："中国有礼仪之大，故称夏。"夏作为文明象征的内涵即礼义。这是以所有社会自然秩序——夫妇、父子、上下（级）为基础的、最为普世的人文观念，与基于西方狭隘历史经验的自由、民主、平等之类抽象概念迥异！

用普世的礼义文明为标准，而非以种族、肤色、宗教（信仰）区分不同的人，这是人类文明的伟大进步。

在全球化的今天，如何沟通中西，树立新的文明标杆，仍是摆在我们面前的重大历史课题。

**原文：**

冀州①：既载壶口②，治梁及岐③。既修太原④，至于岳阳⑤；覃怀底绩⑥，至于衡漳⑦。厥土惟白壤⑧，厥赋惟上上错⑨，厥田惟中中⑩。恒、卫既从⑪，大陆既作⑫。岛夷皮服⑬，夹右碣石入于河⑭。

济、河惟兖州⑮。九河既道⑯，雷夏既泽⑰，灉、沮会同⑱。桑土既蚕⑲，是降丘宅土⑳。厥土黑坟㉑，厥草惟繇㉒，厥木惟条㉓。厥田惟中下㉔，厥赋贞㉕，作十有三载乃同㉖。厥贡漆丝㉗，厥篚织文㉘。浮于济、漯㉙，达于河㉚。

海、岱惟青州㉛。嵎夷既略㉜，潍、淄其道㉝。厥土白坟㉞，海滨广斥㉟。厥田惟上下㊱，厥赋中上㊲。厥贡盐絺㊳，海物惟错㊴。岱畎丝、枲、

---

① 李零：《中国古代地理的大视野》，收入《中国方术续考》，东方出版社2000年版。

铅、松、怪石⁴⁰。莱夷作牧⁴¹，厥篚檿丝⁴²。浮于汶⁴³，达于济。

海、岱及淮惟徐州⁴⁴。淮、沂其乂⁴⁵，蒙、羽其艺⁴⁶，大野既猪⁴⁷，东原底平⁴⁸。厥土赤埴坟⁴⁹，草木渐包⁵⁰。厥田惟上中，厥赋中中。厥贡惟土五色⁵¹，羽畎夏翟⁵²，峄阳孤桐⁵³，泗滨浮磬⁵⁴，淮夷蠙珠暨鱼⁵⁵。厥篚玄纤、缟⁵⁶。浮于淮、泗，达于河⁵⁷。

淮、海惟扬州⁵⁸。彭蠡既猪⁵⁹，阳鸟攸居⁶⁰。三江既入⁶¹，震泽底定⁶²。筱簜既敷⁶³，厥草惟夭⁶⁴，厥木惟乔⁶⁵。厥土惟涂泥⁶⁶。厥田唯下下，厥赋下上上错⁶⁷。厥贡惟金三品⁶⁸，瑶琨筱簜⁶⁹、齿革羽毛惟木⁷⁰。岛夷卉服⁷¹，厥篚织贝⁷²，厥包桔柚锡贡⁷³。沿于江、海⁷⁴，达于淮、泗。

荆及衡阳惟荆州⁷⁵。江、汉朝宗于海⁷⁶，九江孔殷⁷⁷，沱、潜既道⁷⁸，云土梦作乂⁷⁹。厥土惟涂泥⁸⁰，厥田惟下中，厥赋上下。厥贡羽、毛、齿、革惟金三品⁸¹，杶、干、栝、柏，砺、砥、砮、丹⁸²，惟菌簵楛⁸³。三邦底贡⁸⁴，厥名包匦菁茅⁸⁵，厥篚玄纁玑组⁸⁶，九江纳锡大龟⁸⁷。浮于江、沱、潜、汉⁸⁸，逾于洛⁸⁹，至于南河⁹⁰。

荆、河惟豫州⁹¹。伊、洛、瀍、涧既入于河⁹²，荥波既猪⁹³。导菏泽⁹⁴，被孟猪⁹⁵。厥土惟壤⁹⁶，下土坟垆⁹⁷。厥田惟中上，厥赋错上中。厥贡漆、枲，絺、纻⁹⁸，厥篚纤纩⁹⁹，锡贡磬错¹⁰⁰。浮于洛，达于河。

华阳、黑水惟梁州¹⁰¹。岷、嶓既艺¹⁰²，沱、潜既道¹⁰³，蔡、蒙旅平¹⁰⁴，和夷底绩¹⁰⁵。厥土青黎¹⁰⁶，厥田惟下上，厥赋下中三错¹⁰⁷。厥贡璆铁银镂¹⁰⁸，砮磬¹⁰⁸，熊罴狐狸织皮¹¹⁰。西倾因桓是来¹¹¹，浮于潜¹¹²，逾于沔¹¹³，入于渭¹¹⁴，乱于河¹¹⁵。

黑水、西河惟雍州¹¹⁶。弱水既西¹¹⁷，泾属渭汭¹¹⁸，漆沮既从¹¹⁹，沣水攸同¹²⁰。荆、岐既旅¹²¹，终南、惇物¹²²，至于鸟鼠¹²³。原隰底绩¹²⁴，至于猪野¹²⁵。三危既宅¹²⁶，三苗丕叙¹²⁷。厥土惟黄壤¹²⁸，厥田惟上上，厥赋中下。厥贡惟球琳、琅玕¹²⁹。浮于积石¹³⁰，至于龙门西河¹³¹，会于渭汭¹³²。织皮¹³³，昆仑、析支、渠搜，西戎即叙¹³⁴。

**注释：**

① 冀州：禹划分的九州之一，相当于现在的河北、山西两省。黄河上游流经

青海、宁夏、甘肃、内蒙古四个省区，中下游流经陕西、山西、河南、河北四省。《禹贡》称中下游山陕段为西河，河南段为南河，河北段为东河。

② 既：尽。载：有开始、完成、事情之义，此处指开凿壶口山以疏通黄河河道。壶口：在今山西吉县和陕西宜川之间，

③ 治：修治。梁及岐：黄河在陕西山西大峡谷中由北向南，因山形成两个关节点，北为壶口，其山为壶口山。南为龙门口，龙门口亦称禹门，位于山西河津和陕西韩城之间，此处有一山梁东西横贯二县，黄河从此山梁穿流，称为龙门口。

④ 既修：已经修治好。太原：大平原，非指今太原市，当指山西太原盆地。山西自北而南有大同盆地、忻定盆地、太原盆地、临汾盆地、运城盆地、长治盆地等六大盆地，其中太原盆地和临汾盆地为汾河流域。汾河西侧为吕梁山，东侧为太岳山，吕梁山和太岳山二山靠近，将汾河流域大平原分割为上游的太原盆地和下游的临汾盆地。汾河在两大盆地之间穿流不畅，这段河流大致在今天山西省汾阳市和霍山市之间，治理好这段河道，汾河畅流，太原盆地的洪水便能解决。

⑤ 岳阳：岳指太岳山，也称霍山，太岳山在临汾盆地的北缘，岳阳指太岳山以南的临汾盆地。

⑥ 覃：今河南省沁阳市。怀：今河南省武陟县。覃怀大致相当于今天河南省焦作市。厎（zhǐ）：致。终止。绩：成，成绩，功业。

⑦ 衡：横，从西向东流的漳河。漳：漳河，由太行山区的两条河流浊漳河和清漳河回流而成，出太行山后呈从西到东流向。

⑧ 厥：代词，其，指冀州。惟：是。白：白色，冀州土壤含盐量高，干旱时地表盐碱结晶，呈现白色。壤：关于壤有两种解释，一是从土质上说，无块曰壤，即土质细腻疏松，介于沙和泥之间。一是从肥沃上说，天性和美，土壤肥沃。《禹贡》按照农业种植标准把全国土地分为九等，冀州白壤是第五等。

⑨ 赋：税收。上上：第一等。错：杂，指间杂第二等。

⑩ 田：耕地。中中：第五等。

⑪ 恒：恒河，今称通天河，是唐河的上游支流。《汉书·地理志》说此河发

源于恒山南麓，恒山即今河北省曲阳县大茂山。卫：卫河，发源于河北省灵寿县，汇入滹沱河。既从：恒河、卫河治理后与漳河一样从西向东流入大海。

⑫ 大陆：大陆泽，远古大陆泽在今天河北省宁晋、隆尧、任县、巨鹿、平乡、南和等县，明朝中期分为南北二泊，北泊是宁晋泊，南泊是大陆泊，今二泊已经缩小干涸。作：动土兴役治理大陆泽。"恒、卫既从，大陆既作"根据文义应在"至于衡漳"后。

⑬ 岛夷：《史记·夏本纪》作"鸟夷"，当从《史记·夏本纪》，指辽东地区的少数民族。皮服：此地区贡物是皮服。

⑭ 夹：巡行。右碣石：指秦皇岛碣石山，鸟夷从北向南沿着渤海西岸南行，碣石山在他们右手边。河：黄河，先秦时期黄河的入海口在今天津市。

⑮ 济：济河，发源于河南省济源的王屋山，其上游称沇水，中下游称济河。其入海口在今山东东营。济河是北方居黄河之次的第二条入海大河，后来黄河入海口南移，夺济河入海，二河合一。济水是兖州与青州、徐州的分界线。河：黄河，指黄河河北段，称为东河，此时黄河入海口在天津市至沧州黄骅一线。东河是冀州和兖州的分界线。兖州：兖州得名于沇水，其地域包括今河北省沧州、衡水，邢台、邯郸东部，河南省濮阳和新乡的东南部，属春秋战国卫国故地。

⑯ 九河：指黄河与济河之间的九条河流，据《尔雅·释水》，具体名称是徒骇河、太史河、马颊河、覆釜河、胡苏河、简河、絜河、钩盘河、鬲津河。因为改道、干涸、改名的原因，今天九河之详细流向、流域甚难详考。既道：既导，已经疏通完毕。

⑰ 雷夏：地名，位置在今河南省濮阳市范县濮城镇与山东省菏泽市鄄城县旧城乡与一带。此地帝舜时期地势低洼，故大禹因势利导，用之蓄水。泽：修堤筑堰，蓄水为泽。

⑱ 灉：黄河下游众多小支流的统称。沮：济水众多小支流的统称。会同：小支流汇入黄河、济河。

⑲ 桑土：兖州地势低平，土质适于桑树生长。既蚕：兖州河流经过治理，人们开始运用桑树资源养蚕。

69

⑳ 是：连词，于是。丘：无石的土山。宅：居住。土：较低的平原。

㉑ 厥：代词，其，指兖州。黑坟：黑色肥沃的土壤，坟是"肥"的假借字。

㉒ 繇：茂盛。

㉓ 条：高大。

㉔ 中下：第六等。上等有三，上上、上中、上下。中等有三级，中上、中中、中下。

㉕ 贞：下下，上、中、下三等各自细分上中下，故下下为第九等。

㉖ 作：指耕作。十有三载：十三年。

㉗ 漆丝：是兖州的特产。

㉘ 厥篚（fěi）：竹筐类的盛器。织文：指竹器上编织有美丽的花纹。

㉙ 浮：指舟行水上。济：济河。漯（tà）：漯河，古时黄河下游的一个支流，今荒废。

㉚ 达：指从一条水路转入另一条水路。河：黄河。

㉛ 海：青州东部为半岛，即今山东半岛，其北面是渤海，东面河南面是黄海。
岱：今泰山，泰山作为鲁中南山区的最高峰，是九州中青州与徐州的分界，是青州的南界。青：九州之青州，青州以色命名，东方为青色，故称青州。青州包括今山东北部，是齐国故地。

㉜ 嵎（yú）夷：指山东半岛最东端的夷族部落。略：治理。

㉝ 潍：潍河，发源于鲁中南山区的中南部，以从南向北汇入渤海。淄：淄河：发源于鲁中南山区的东北部，汇入小清河后流入渤海。道：导，治理。

㉞ 白坟：土壤呈现白色且肥沃。

㉟ 广：多。斥：盐碱地。

㊱ 上下：第三等。

㊲ 中上：第四等。

㊳ 絺（chī）：细葛布。

㊴ 海物：鱼虾等海产品。惟：连词，与。错：用以琢玉的石头。

㊵ 岱畎（quǎn）：泰山的山谷。枲（xǐ）：麻。怪石：泰山文石，一种有纹理的片麻岩。

㊶ 莱夷：东夷的一支，活动于今山东北部。作牧：从事畜牧业。

70

㊷ 檿（yǎn）丝：蚕食山桑叶所吐的丝，这种丝韧性强，适合制作琴弦。

㊸ 汶：汶水。

㊹ 海：黄海，为徐州的东界。岱：泰山，是徐州的北界。淮：淮河，是徐州的南界。

㊺ 沂：沂水，发源于山东省沂源县艾山，向南流经山东省沂水、沂南、临沂、郯城四县，在江苏省睢宁县注入泗水。乂（yì）：治理。

㊻ 蒙：蒙山，位于山东省蒙阴县与平邑县交界处，在曲阜之东，也称东山，孟子所谓“孔子登东山以小鲁”的东山便是此山。羽：羽山，位于山东省临沭县与江苏省东海县交界处。其：将要。艺：种植。

㊼ 大野：巨野泽，在今山东省巨野、梁山、东平一带，清朝干涸。猪：潴（zhū），水流积蓄。

㊽ 东原：今山东省东平县一带。底（zhǐ）：致。平：平坦。

㊾ 埴（zhí）：粘土。坟：通“肥”。

㊿ 包：通“苞”，形容草木丛生。

(51) 土五色：即五色土。

(52) 羽畎：羽山的山谷。夏翟：一种野鸡，羽毛长且五色。

(53) 峄（yì）阳：峄阳山，今名为岠山，位于江苏省苏邳州与睢宁两市的交界处。孤：特出，杰出。桐：梧桐。

(54) 泗：泗水，发源于山东省泗水县陪尾山，先西流，再南流，经山东省曲阜、兖州、鱼台、江苏省沛县、徐州，在淮安市汇入淮河，曾经是淮河的最大支流。滨：水边，靠近水的地方。浮磬：因洪水冲击顺流而下的山石沉积于泗水两岸，音质好的石头可用来制作石磬。

(55) 淮夷：生活于淮河流域的东夷。蠙珠：珍珠。暨：与。

(56) 玄纤：黑经白纬的丝绸。缟：白色丝绸。

(57) 河：河是“荷”之误写，指菏泽水，简称荷水。荷水是济河的支流，荷水的一条支流经过今山东省菏泽市、巨野、金乡，在鱼台县汇入泗水，今已干涸淤平。

(58) 淮：淮海是扬州的北界。海：黄海和东海，是扬州的东界。

(59) 彭蠡：彭蠡泽，是鄱阳湖的前身，彭蠡泽跨安徽、江西两省，主体在长江以北。猪：潴，水积蓄为潴。

⑥⓪ 阳鸟：鸿雁之类的候鸟。攸：助词，所。

⑥① 三江：震泽以西的三跳江。

⑥② 震泽：指今天的太湖。厎（zhǐ）：致。

⑥③ 筱（xiǎo）：小竹，比较细。簜（dàng）：大竹，比较粗。敷：布，普遍。

⑥④ 夭：茂盛。

⑥⑤ 乔：高大。

⑥⑥ 涂泥：含水量和粘性大的细土。

⑥⑦ 下上：第七等。上：即比下上高一等，即中下，第六等。错：间杂。

⑥⑧ 金：金属。三品：三种金属，一般指金、银、铜。

⑥⑨ 瑶琨：美玉。

⑦⓪ 齿：象牙。革：皮革。羽：羽毛。毛：兽毛。惟：连词，与。

⑦① 岛夷：居住于东海岛屿上的夷人。卉服：用草编织的蓑衣或斗笠之类避雨
用品，卉：草的统称。

⑦② 织贝：以贝壳纹理为图案的纺织品。

⑦③ 包：囊橐之类包裹。锡贡：纳贡。

⑦④ 江：长江。海：东海。

⑦⑤ 荆：荆山，位于湖北省西北部的南漳县。荆山呈西北至东南走向，长 150 多
千米。衡阳：衡山之南，衡山位于湖南省中东部。

⑦⑥ 江：长江。汉：汉江。朝宗于海：宗为尊义，江河以大海为尊，此句是说
长江、汉江东流归海。

⑦⑦ 九江：古江名称，具体位置聚讼纷纭，当指鄱阳湖以西的长江支流。孔：
很。殷：盛。

⑦⑧ 沱：长江支流的统称。潜：汉江支流的统称。

⑦⑨ 云土梦作乂：正确顺序为"云梦土作乂"。云梦：云梦泽。土：云梦泽周围
地区。乂：治理。

⑧⓪ 涂泥：含水量和粘性大的细土。

⑧① 毛：牦牛尾。齿：象牙。革：犀牛皮。

⑧② 杶（chūn）：椿树，木可制琴。干：柘木，落叶灌木，木质坚硬，宜做弓

72

箭。栝（kuò）：桧木。砺：粗磨刀石。砥：细磨刀石。砮：制作箭头的石材。丹：朱砂。

㉘ 惟：连词，与。箘（jùn）簬（lù）：竹子，可做箭杆。楛（hù）：木名，可做箭杆。

㉙ 三邦：当指荆州的三个部族。厎（zhǐ）：致。

㉚ 名：名称。包匦（guǐ）：包裹菁茅的盛器。菁茅：古代酒用发酵法制成，酒糟和酒液混在一起，菁茅是一种过滤酒的茅草。

㉛ 玄：黑色。纁（xūn）：红色。玑组：玑指不规则的玉珠，组指将玉珠串起来是丝带，玑组是玉珠串。

㉜ 九江：在今湖北省黄梅县。纳锡：纳贡。

㉝ 江：长江。沱：是长江支流的统称。潜：是汉江支流的统称。

㉞ 逾：从水路转陆路称为逾。洛：洛河。

㉟ 南河：黄河河南段。

㊱ 荆：荆山山脉，是荆州与豫州的分界。河：黄河的河南段。豫州：九州之一，大体相当于今河南省黄河以南之地。

㊲ 伊：伊河，源出河南省栾川县，在熊耳山与陆浑山之间。洛：洛河，源出陕西省蓝田县，在崤山与熊耳山之间。瀍（chán）：瀍河，源出河南省孟津县。涧：涧河，源出河南省陕县。河：黄河。

㊳ 荥（yíng）波：荥波泽，在河南省荥阳市，汉代时期干涸。猪：通"潴"（zhū），水停蓄处。

㊴ 菏泽：菏泽的位置说法不一，多以为在今山东省定陶区。

㊵ 被：当作"陂"（bēi），围湖造堰。孟猪：孟诸泽，位于今河南省商丘市。

㊶ 壤：壤前当脱一个表示颜色的字，此壤是表示土壤最上一层的颜色。

㊷ 下土：第二层土壤。坟：土壤肥沃。垆：黑刚土。北方将上为沙土，下为刚土的土壤称为沙盖垆。

㊸ 枲（xǐ）枲麻，其纤维是纺织麻布的原材料。絺（chī）：细葛布。纻（zhù）：纻麻。

㊹ 纤纩（kuàng）：细丝绵。

㊺ 锡贡：纳贡。

⑩ 华阳：华山之南，是梁州的东界。黑水：四川省阿坝藏族自治州松潘的黑水，即岷江上游的黑水。梁州：梁州称为梁，当与秦岭有关，秦岭东西绵延1600千米，是中国南北方西段的分界线。

⑩ 岷：岷山，北起甘肃省岷县，南到四川省峨眉山。嶓（bō）：嶓冢山，位于陕西省西南角的宁强县，是汉江的源头。艺：种植。

⑩ 沱：长江支流的统称，此处指四川境内的沱江。潜：汉江支流的统称，此处指汉江上游的三条支流沮水、漾水、玉带河。道：导，疏导。

⑩ 蔡：蔡山，位于今四川省雅安市。蒙：蒙山，位于今四川省雅安市。蔡山和蒙山地处岷江的支流青衣江流域。旅：一说以旅为道，指河道。一说以为旅是祭山之礼。平：治理。

⑩ 和夷：居住在和水流域的少数民族，和水，也叫和川水，即今四川雅安的天全河，为青衣江的支流。厎（zhǐ）：致。绩：成绩，成功。

⑩ 青黎：青黑色。

⑩ 下中：第八等。三错：间杂着第七等、第九等。

⑩ 厥贡璆（qiú）：有二说，一说是美玉之名。一说璆即镠（liú），指铜。我们采用后者。镂：硬度较高能够刻镂青铜器的铁。

⑩ 砮（nǔ）：用以制作箭头的石材。

⑩ 熊：黑熊。罴：棕熊。狐：狐狸。狸：狸猫。织皮：指将四种动物的兽皮制作皮裘。

⑪ 西倾：西倾山，位于今青海省河南蒙古族自治县。桓：桓水，即今白龙江，源出四川省若尔盖县的郎木寺镇，此镇位于西倾山东南，若尔盖湿地北。

⑫ 潜：汉江支流的统称，此处指汉江上游的三条支流。

⑬ 逾：汉江与渭河中间是秦岭，从汉江进入渭河，要走汉中翻越秦岭的陆路，故曰逾。沔（miǎn）：沔水，汉江的别称。

⑭ 渭：渭河。

⑮ 乱：横渡黄河。河：黄河的山陕段。

⑯ 黑水：即今党河，党河发源于青海境内祁连山南麓，以东南至西北流向穿行在党河南山和和野马南山之间，至甘肃敦煌折而向北汇入疏勒河，今已断流。西河：黄河的山陕河段。

⑪⑰ 弱水：是今黑河与弱水的统称。

⑪⑱ 泾：今泾河，泾河，源出今甘肃省泾源县。属：流入。渭汭（ruì）：渭河与泾河相汇处，汭为水相入之义。

⑪⑲ 漆：漆水，今石川河的上游支流，沮：沮河，今石川河上游支流。发源于二河发源于陕西省铜川市，相汇后称石川河，汇入渭河。

⑫⑳ 沣（fēng）水：发源今西安市长安区秦岭的沣浴，北流在咸阳市汇入渭河。攸：河水安流之状。

㉑ 荆：荆山，李零认为荆山是今之崤山。岐：岐山，位于陕西省岐山县，是周人崛起之地。旅：一说为导，一说为祭山之礼，均通。

㉒ 终南：终南山，今太白山，是秦岭主峰。惇（dūn）物：惇物山，也曾称作垂山、武功山，即今鳌山，在太白山之西。

㉓ 鸟鼠：今鸟鼠山，位于甘肃省渭源县，是渭河之发源地。

㉔ 原隰（xí）：黄土高原沟壑纵横，地表被切割，高平地称原，地平地称隰。原隰非具体地名。绩：成就、成绩。

㉕ 猪野：猪野泽，汉代称休屠泽，唐代称白亭海，民国改称青土湖，今已干涸，位于甘肃省民勤县东北的西渠镇。

㉖ 三危：三危山，位于甘肃省敦煌市与瓜州县之间。宅：安定。

㉗ 三苗：一般认为此三苗本来居住于洞庭湖与鄱阳湖之间，帝舜时期北迁至三危山地区。北京大学李零认为此三苗非今苗瑶语族的苗族，而是对古羌人的称谓，西夏党项族是羌人后裔，羌人古称弥药，此三苗当为弥药三族。丕：大。叙：顺。

㉘ 黄壤：现代土壤科学称为黄土，是松散黄色的土状堆积物，非砂，非泥，是介于沙和泥之间黄色粉土和尘土，具有细密、疏松、肥沃的特点。

㉙ 球琳：即璆琳，现在称为青金石。琅玕：绿松石。

㉚ 积石：积石山，即今青海的阿尼玛卿山，是黄河的发源地。

㉛ 龙门：黄河山陕河段的龙门。

㉜ 渭汭：黄河与渭河的交汇处。

㉝ 织皮：制作皮裘的兽皮，当在"厥贡惟球琳、琅玕"之后。

㉞ 昆仑：西戎之一部，古人以昆仑为河源，昆仑部族当在黄河河源地区。析

75

支：西戎之一部，生活于青海东南黄河流域的海南、果洛藏族自治州一带。
渠搜：青海黄河流域的羌人。从文义看，"昆仑、析支、渠搜，西戎即叙"当在"三危既宅，三苗丕叙"之后。

## 语译：

黄河的西河、南河、东河之间地区是冀州，冀州作为九州第一州，是帝舜时期华夏文明的核心地区。大禹治水从冀州开始其治水事业。冀州的主要河流有六条：黄河山陕段、汾河、沁河、漳河、恒河、卫河，其中汾河、沁河、漳河汇入黄河，是黄河的支流。禹疏通黄河山陕段北部的壶口和南部的梁山，这是造成黄河水流不畅的两个关节点，开凿壶口和龙门，保证了黄河山陕段主河道的畅通，这样山陕段黄河支流的洪水便能向黄河泄洪。冀州境内的汾河是黄河的一大支流，汾河两岸地势较低，从上游到下游，分别是太原盆地和临汾盆地。将汾河两岸平原分成两个盆地的是吕梁山和太岳山之间的狭长地带。大禹疏通了从今天汾阳市和霍山市之间的这段河道，太原盆地的汾河水更加通畅，流经临汾盆地在龙门之南汇入黄河主干道。

沁河发源于山西省沁源县，向南流经山西省安泽县、沁水县、阳城县，出太行山进入河南省济源，到达河南省沁阳后向东直流在河南省武陟县汇入黄河。覃怀指的是沁河下游的河南省沁阳至武陟段，属于今天河南省焦作市。治理好沁河流域后，大禹又治理漳河流域，漳河发源于山西，上游有两条支流浊漳河和清漳河，两条支流汇聚后，统称漳河，漳河出太行山后，呈从西向东流向。"覃怀底绩，至于衡漳"，说的是大禹治理了沁河流域和漳河流域。发源于太行山的恒河与卫河经过治理后向东穿越华北平原汇入黄河。范围包括今天河北省宁晋、隆尧、任县、巨鹿、平乡、南和等六县的大陆泽也治理了。这样冀州的主要河流治理完毕，这不仅为缓解洪涝灾害奠定坚实的水利基础设施。山川治理促进农业等经济发展，同样山川治理本身就需要全国各地的人力物力的支持，为此统一的中央财政出现了，冀州是当时中央所在，中央的核心职能之一是军事，所以冀州缴纳的用于军事的税收是全国第一，个别项目是全国第二。冀州的土壤是白壤，肥沃程度居全国第五等。

伴随着山川治理，修造了以水路和陆路组成的以冀州为中心连接九州和九州之外周边少数民族的宏大交通体系。冀州东北部的少数民族鸟夷向当时中央进贡特产皮服，他们从辽西入关，沿着渤海西岸南行，碣石山就在他们的右手边，到达天津后，通过黄河水路逆流而上，到达当时中华文明的中心地区——冀州。

黄河河北段即东河与济河之间是兖州。兖州地区的大小河流治理完毕后，又在地势低洼的雷夏地区筑堤修堰以蓄洪水，黄河、济河的众多小支流经过治理后汇入主河道。这样兖州的洪水治理工程基本完成。兖州地势低平，土质适于桑树生长。洪水危害解除后，人们从躲避洪水的土山上移居到较低的平原地带，开始运用桑树资源养蚕，发展丝织业。兖州的土壤呈现为黑色，十分肥沃，所以这里的草茂盛，树高大，其中便有漆树与桑树。兖州的耕地在九州中居第六等，赋税是第九等。因为洪水的影响在耕种了十三年后，才和其他各州一样开始纳税。兖州上交中央的特产是漆器和丝织品，并且用竹筐盛放绘制着美丽花纹的丝绸。人们驾船运输贡品航行在济河与漯河上，然后通过黄河到达冀州。

渤海、黄海与泰山之间地区是青州。青州与兖州的分界是济河，与徐州的分界是泰山，青州三面环海，北面是渤海，东面、南面是黄海。青州除了鲁中南山地与胶东丘陵外主要是平原地带和海滨低地。嵎夷部族居住在青州东部滨海地区，距离华夏文明的核心地带较远，经过小规模战争，大禹安定了嵎夷部族的社会秩序后，治理了发源于鲁中南山地的两大河流，一为淄河，一为潍河。西周以来的齐国便定都在淄河岸边，故称临淄。青州的土壤色白肥沃，沿海地带盐碱地较多。耕地在九州中居第三等，赋税居第四等。青州贡献的特产种类很多，包括海滨地带的海盐、细葛布、鱼虾等，泰山一带要上贡丝、大麻、铅、松树、奇石等。莱夷地带发展畜牧业，要上贡山桑丝，山桑丝韧性强，最合适制作琴弦。这些贡品用船通过汶水转入济河，然后沿着兖州的贡道，通过黄河到达冀州。

徐州州域东到黄海，南到淮河，北至泰山。疏通了淮河、沂水之后，徐州水患基本解决，河流两岸的平原地带可以耕种和居住，人们在蒙山、羽山周围从事农业生产生活。巨野一带地势较低，大禹因势利导，将一些小河引至巨野，以巨野为泽积蓄洪水。这样东原一带的水患得到缓解，成为宜居宜耕的地方。徐州的土质呈现红色，粘性大，但很肥沃，所以徐州的草木等植被丰富茂盛。徐州的土壤在九州中居第二等，赋税居九州的第五等。徐州上交中央的物资众多，其中有五色土、生长禹羽山山谷的野鸡、峄阳山所产独特梧桐树、泗水两岸音质极好的用以制造石磬的原材料。淮河流域的东夷部族还向中央缴纳珍珠和鱼。因为徐州植被丰富，养蚕丝织业也发展起来，所生产的黑经白纬的丝绸和白色丝绸同样是上缴中央的贡品。这些贡品用船走水路，通过淮河、泗水、荷水，进入济河，然后进入青州的贡道，运到冀州。

扬州的北界是淮河，东界是黄海与东海，西界是荆州。彭蠡泽经过治理后开始蓄水，鸿雁之类候鸟栖居于此。震泽西面的三条江水被引入地势较低的震泽，震泽的水害减轻，周边地区可以用来耕种。因为温暖湿润，扬州植被茂盛。大小各种竹子在扬州生长，这里草茂盛，树高大。扬州的土壤特点是含水量大、粘性大，这种土壤不太适宜耕种，所以耕地在九州中居第九等。扬州的赋税主要是第七等，间杂着第六等。扬州地域大，上缴中央的物资特产很多，包括金银铜三种金属、瑶琨等美玉、竹子木材，还有象牙、皮革、鸟的羽毛、兽皮等。居住在扬州的少数民族穿着斗笠蓑衣以避风雨，他们将绘有贝纹的纺织品装在竹筐中，将橘子、柚子等水果用囊包裹好上贡中央。赋税与贡品沿长江顺流而下进入东海，沿海路北上到达淮河入海口，从淮河逆流而上，转入淮河的支流泗水，最终运抵冀州。

北起荆山山脉，南至衡山之南的地区是荆州。经过治理后，长江和汉江东归大海，众多长江支流的河水流入洞庭湖，洞庭湖水势盛大。长江和汉江的很多支流流入地势较低的云梦，云梦泽发挥着蓄积洪水的作用，云梦泽周围的土地便可以耕种了。荆州的土壤主要是泥泞含水量高的细土，耕地在九州中居第八等，上交中央的赋税居九州的第三等。因为荆州资源丰富，上交中央的贡品种类很多，包括鸟的羽毛，牦牛尾、象牙、犀牛皮、三种金属，上贡的木材有椿树、干木、栝木、柏木，上贡的矿物有粗磨刀石、细磨刀石、制作箭头的石材和朱砂丹。上贡物品还有制作箭杆的竹子和楛木。荆州还有三个诸侯国也要上贡其特产，贡品有用于制酒的包装好的菁茅和盛在竹筐中的黑红两色的玉珠串。九江周围地带要上贡大龟。上贡的物品用船运输，通过长江的支流进入汉江支流，然后沿着汉江主流逆流而上。登岸之后再走一段陆路，转入洛河水路，到达黄河，最终运到冀州。

北至黄河河南段，南至荆山山脉之间的地区是豫州。经过治理，伊河、洛河、瀍河与涧河都顺畅汇入黄河，荥波泽开始发挥蓄积调节洪水的作用。菏泽之水疏导后，又在孟诸泽围水造堰。因为洪水冲击，豫州土壤上层是河沙，下层是肥沃的黑刚土，耕地比较好，在九州中居第四等，豫州的赋税是第三等，间杂第四等。豫州要向中央上贡漆、枲麻、细葛布、纻麻，还要把细丝绵装在竹筐中与做好的石磬上贡中央。这些贡品用船走水路从洛河进入黄河，最终到达冀州。

东起华山之南，西至黑水之间地区是梁州。由于疏通了长江上游支流和汉江上游支流河道，江水能够顺利进入长江和汉江干流，这样长江上游岷山和汉江上游嶓冢山周围低平地带的农业发展起来。岷江的另一支流青衣江从蔡山和蒙山流过，两山的河道也被疏通，生活在青衣江支流和水两岸的少数民族也就避免了洪水的危害，经济开始复苏。梁州的土壤呈青黑色，肥力较差，所以梁州耕地在九州中居第七等，赋税是第八等，间杂着第七等和第九等。梁州上贡的特产涉及金属、石材和动物皮毛，金属有镠铁银镂，石材包括制作箭头的砮和制作乐器的磬，还有熊、狐狸、狸猫的皮毛以及制作皮表的各种皮毛等。这些特产通过贡道运到冀州。贡道西起西倾山，通过汉江支流进入汉江主河道。然后通过陆路翻越秦岭，用船走水路从渭河东下，到达潼关后，横渡黄河，运到冀州。

西起党河，东至黄河山陕河段之间地区属雍州。从西至东，大禹依次治理雍州的山川，河流更加顺畅。发源于祁连山南麓的弱水以西北至东南向流动，至青海祁连县转为东南至西北穿过祁连山脉中段的峡谷，流经张掖市西，仍以东南至西北流向到甘肃省酒泉市，至酒泉市后，折向东北，流入居延海。泾河发源于甘肃省泾源县的鸟鼠山，以西北至东南流向穿行于黄土高原，在咸阳东部汇入渭河。发源于陕西省铜川的漆水、沮河向南流动，合流之后称为石川河，石川河向南流动，汇入渭河。泾河、石川河在渭河之北。渭河南岸源于秦岭沣浴的沣水经过治理后较为平静地汇入渭河。这样渭河以北黄土高原的河流汇入渭河，渭河以南秦岭北侧的河流也流入渭河，渭河东向汇入黄河，雍州的河水最终通过黄河归入大海。川源于山，山地接纳降雨，无法渗入地下，于是形成川流。故治水必治山，治理山川必修路。山川治理好后，山脚下的土地便可以耕种。荆山、岐山的治理工程完毕后，然后又治理了终南山、惇物山、鸟鼠山。因为治理了山川后，雍州的高处和低处以及猪野泽的土地资源都可以用以发展经济了。农田水利、交通等技术设施为经济发展奠定了坚实的基础，经济发展之后，人民便能安居乐业。一些少数民族弥药三族定居于三危山周围，其文明水平很快繁荣起来，黄河源头地带的昆仑、析支、渠搜等西戎部族也发展起来。雍州的土地是松散黄色的土状堆积物，这种土壤非砂，非泥，是介于沙和泥之间黄色粉土和尘土，具有细密、疏松、肥沃的特点。雍州的耕地在九州中居第一等，赋税居第五等。雍州上贡的特产有青金石、绿松石，还有制作皮裘的各种皮毛。雍州的贡道起于黄河源头的积石山，依黄河顺流而下，直至山陕河段的龙门。还有一条水路是顺渭河从西至东到黄河与渭河的交汇处，这样雍州的贡物通过黄河水路和渭河水路，最终到达冀州。

## 三、夏朝奠定了中华文明和中国版图的初基

**经义：**

如汉字从甲骨文一直演化到今日简化字一样，中国政治、经济、社会等诸方面也表现出明显的连续性。西欧那样不同社会阶段的划分，基本不适用于中国——大一统的政治理想和架构从四千多年前的尧舜时代绵延至今。

文明的显著连续性使其学术具有层层累积的特点。前代学术成为后代学术发展的基础，后代学术在前代成果的基础上因革损益，中国古典学术如此层层累积而成。

至春秋战国，天下分崩，列国争雄，统一于中央政府的官方学术（王官学）体系亦随之瓦解，这使中国古典学术呈现"同源异流"的特点。同出于

王官学，不仅诸子百家的学术关注点不同，连一些史实也有相异，乃至相左之处。

但能否如 20 世纪初疑古学派某些人主张的那样，认为这些史实是向壁虚造的神话传说呢？显然不是这样，因为这些记载都有深厚的历史现实背景。比如《汉书·艺文志》说："左史记言，右史记事。事为《春秋》，言为《尚书》。"《礼记·玉藻篇》与之相反，说"动则左史书之，言则右史书之"。这很可能是《汉书·艺文志》的误记，吴淑玲《"左史记言，右史记事"考辨》一文论述甚详。[①]

我们不能因为二者所记事实相反，就认为三代没有左右史制度或史官制度。徐旭生先生批评疑古学派学术方法时指出："在春秋和战国的各学派中间所称述的古史，固然有不少歧义、矛盾，可是相同的地方实在更多。比方说，禹治水的传说，尧、舜、禹三人相互的关系，在先秦诸子中，可以说大致是相同的，没有争论的。而疑古学派的极端派却夸张它们的歧义、矛盾，对于很多没有争论的点却熟视无睹、不屑注意！要知道春秋末期和战国时的学术空气是相当自由的，各学派中间的互相驳斥是并不容情的。一家造谣，正诒别家以口实，何以别家全闭口无言，默示承认？"[②]

《尚书·禹贡》记九州及山川河流，极为系统详细，显然经过精心整理。比如九州部分，先讲州域，次讲地理，次讲土田，次讲贡赋，最后讲贡道；本节讲导山、导水，超越了九州分界，主要讲山和水的走向，山分九组，水亦分九组。

关于九州的名称，《禹贡》与《周礼·夏官·职方氏》《吕氏春秋·有始览》《尔雅·释地》略有不同。《禹贡》九州独有梁州，《尔雅·释地》独有营州，《周礼·夏官·职方氏》独有并州。而上博简《容成氏》与传世文献则有较大不同。这当是不同学派流传过程中的变异，《尚书·禹贡》九州之域与西周封建范围接近，包括了当代中国的极大部分省份。（如表1），所以，三代之始夏朝开拓了今日中国核心区域的历史事实不容否定！

---

① 《沈阳师范大学学报》，社会科学版，2006 年第 2 期。
② 徐旭生：《中国古史的传说时代》，文物出版社 1985 年版，第 24 页。

表 1  九州疆域古今对照表

| 九州 | 周十六国 | 秦郡 | 今省和自治区 |
|---|---|---|---|
| 冀州 | 晋、燕 | 雁郡、代郡、太原、河东、上党；广阳、巨鹿、恒山、邯郸、河内；上谷、渔阳、右北平、辽西、辽东 | 山西、河北、内蒙古、辽宁 |
| 兖州 | 卫 | 东郡 | 河北、河南、山东 |
| 青州 | 齐 | 济北、齐郡、胶东、琅琊 | 山东 |
| 徐州 | 鲁 | 薛郡、泗水、东海 | 山东、江苏、安徽 |
| 扬州 | 吴、越 | 会稽、九江、闽中 | 江苏、浙江、安徽、江西 |
| 荆州 | 楚 | 南郡、衡山、长沙、黔中、南海、桂林、象郡 | 湖北、湖南、广东、广西、贵州 |
| 豫州 | 周、郑、陈、宋、曹 | 砀郡、陈郡、颍川、南阳 | 河南 |
| 梁州 | 巴、蜀 | 汉中、巴郡、蜀郡 | 陕西、四川 |
| 雍州 | 周、秦 | 内史、陇西、上郡、北地、云中、九原 | 陕西、甘肃、宁夏、内蒙古、青海 |

数据来源：李零：《我们的中国·茫茫禹迹》，三联书店 2016 年版，第 204—205 页。

香港中文大学中国考古艺术研究中心邓聪教授通过对夏朝重要礼器牙璋的研究也表明，公元前 4000 年前后牙璋在东亚的传布，与《禹贡》所记"禹迹"基本吻合，反映了当时政治共同体"天下"的大致范围。他写道："《尚书·禹贡》记载，大禹治水，足迹所至，画为九州。古人称之为'禹迹'，就是最早华夏的天下。近代史学把'禹迹'作为神话或者传说看待，无从证实。古文献禹迹记载，是否空穴来风？王国维谓：'即百家不雅驯之言，亦不无表示一面之事实。'近二十年考古所发现牙璋分布，竟然比'禹迹'的空间有过之而无不及。今天我们可以把'禹迹'与牙璋扩散事实相提并论，两者覆盖广袤的范围，又与日后中国历史上的政治版图，大致吻合。"①

--------

① 邓聪：《牙璋与初期中国世界秩序的雏形》，收入《牙璋与国家起源：牙璋图录及论集》，科学出版社 2018 年版。

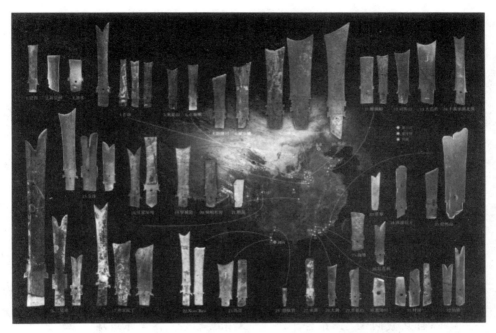

**图 1　东亚牙璋分布（4500~3000bp）及中国世界秩序雏形图**

图片来源：邓聪：《牙璋与初期中国世界秩序的雏形》，收入《牙璋与国家起源：牙璋图录及论集》，科学出版社 2018 年版。

夏朝奠定了中华文明和中国版图的初基，孕育了一个生生不息、持续发展四千年的政治、文化共同体——反观世界各大古文明的历史，这是怎样的奇迹啊！

伟哉——禹迹！

伟哉——华夏！

**原文：**

导岍及岐①，至于荆山②，逾于河③。壶口、雷首至于太岳④。厎柱、析城至于王屋⑤。太行、恒山至于碣石⑥，入于海⑦。

西倾、朱圉、鸟鼠至于太华⑧；熊耳、外方、桐柏至于陪尾⑨。

导嶓冢⑩，至于荆山⑪；内方，至于大别⑫。

岷山之阳⑬，至于衡山⑭，过九江⑮，至于敷浅原⑯。

导弱水⑰，至于合黎⑱，余波入于流沙⑲。

导黑水⑳，至于三危㉑，入于南海㉒。

导河积石㉓，至于龙门㉔；南至于华阴㉕，东至于厎柱㉖，又东至于孟津㉗，东过洛汭㉘，至于大伾㉙；北过降水㉚，至于大陆㉛；又北播为九河㉜，同为逆河㉝，入于海㉞。

嶓冢导漾㉟，东流为汉㊱，又东为沧浪之水㊲，过三澨㊳，至于大别㊴；南入于江㊵。东汇泽为彭蠡㊶，东为北江㊷，入于海。

岷山导江㊸，东别为沱㊹，又东至于澧㊺；过九江㊻，至于东陵㊼，东迤北会于汇㊽；东为中江㊾，入于海㊿。

导沇水(51)，东流为济(52)，入于河(53)，溢为荥(54)；东出于陶丘北(55)，又东至于菏(56)，又东北会于汶(57)，又北东入于海(58)。

导淮自桐柏(59)，东会于泗、沂(60)，东入于海(61)。

导渭自鸟鼠同穴(62)，东会于沣(63)，又东会于泾(64)，又东过漆、沮(65)，入于河(66)。

导洛自熊耳(67)，东北会于涧、瀍(68)；又东会于伊(69)，又东北入于河(70)。

**注释：**

① 导：疏导，开山疏通河道，兼有修路之义，主要是疏通河道。岍（qiān）：岍山，又称吴山、吴岳山、西镇山，属陇山山脉，位于今陕西省陇县。岐：岐山，属于陇山山脉，位于今陕西省岐山县。六盘山脉以西北东南走向纵贯宁夏、甘肃和陕西，南段也称陇山山脉。岍山、岐山属陇山山脉。

② 荆山：崤山，非荆州的荆山山脉。崤山属于秦岭山脉东段，位于今河南灵宝。

③ 逾：越。河：黄河。

④ 壶口：壶口山，属吕梁山脉，位于山西省吉县，黄河壶口瀑布在此山。雷首：雷首山，即今首阳山，居中条山脉西端，位于山西永济。太岳：太岳山，位于山西霍县。

⑤ 厎（dǐ）柱：厎同“砥”，砥柱山，又称三门山，位于河南省三门峡市黄河

河道中，今淹没于三门峡水库中。析城：析城山，位于山西省阳城县。王屋：王屋山，位于河南济源，是济水之源。析城山、王屋山属于王屋山脉。

⑥ 太行：太行山，此指今河北山西交界的太行山脉南段。恒山：太行山脉的北段。碣石：碣石山，居燕山山脉的东端，位于河北秦皇岛，燕山是太行的余脉。

⑦ 海：渤海。

⑧ 西倾：西倾山，属青藏高原，位于今青海东部和甘肃西南部交界处。桓：桓水，即今白龙江，源出四川省若尔盖县的郎木寺镇，此镇位于西倾山东南，若尔盖湿地北，白龙江是嘉陵江的支流。朱圉（yǔ）：朱圉山，属青藏高原，位于甘肃省天水市甘谷县，渭河在甘谷县北流过。鸟鼠：鸟鼠山，属青藏高原，位于甘肃省渭源县，是渭河之发源地。太华；西岳华山，属秦岭山脉，位于陕西省华阴市。

⑨ 熊耳：熊耳山，是秦岭山脉的余脉，大致范围在河南省卢氏县、洛宁县、宜阳县等。外方：外方山，即陆浑山，位于河南省洛阳市，中岳嵩山在陆浑山北。秦岭山脉从陕西省进入河南省后，分为三支，北支是崤山，中支是熊耳山，南支是伏牛山，伏牛山向东北方延伸即陆浑山。桐柏：桐柏山，是淮河发源地，属大别山西脉。陪尾：陪尾山，位于山东省泗水县，是泗水之源。

⑩ 嶓冢：嶓冢山，位于四川盆地陕西省西南角的宁强县，秦岭山脉和大巴山脉的交汇之地，为汉江的源头。

⑪ 荆山：位于湖北省西北部的南漳县。荆山呈西北至东南走向，长150多千米。汉江从此流过，东岸是大洪山，西岸是荆山。

⑫ 内方：内方山，指湖北省钟祥，钟祥市位于大洪山区，大洪山东是长江北岸的支流涢水。大别：大别山，大位于湖北省和安徽省交界处，呈西北至东南走向，发源于大别山南坡的河流入长江，发源于北坡的河流入淮河，大别山是长江和淮河的分水岭。

⑬ 岷山：属青藏高原东部，北起甘肃省岷县，南至四川省峨眉山。白龙江从岷山北麓从西向东流，汇入嘉陵江。岷山南麓是岷江的发源地，从发源地向南流，在四川省灌县出青藏高原，经过峨眉山东后继续向南偏东流，在进入四川宜宾汇入长江。

⑭ 衡山：位于湖南平原之中。湖南省有两大平原，北部是洞庭湖平原，南部是湖南平原，湖南平原北至长沙，东面是罗霄山脉，南面是南岭山脉，西部是云贵高原，衡山居湖南平原中间，湘江从衡山之东向北流，经过长沙，最终汇入洞庭湖。

⑮ 九江：古江名称，具体位置聚讼纷纭，应当指彭蠡泽（鄱阳湖）以西的长江支流。

⑯ 敷浅原：有二说，一说江西省庐山，一说是江西省九江市的德安县，从名字看，敷浅当属鄱阳湖平原。

⑰ 弱水：今黑河与弱水的统称。此河发源于祁连山南麓，流向首先是西北至东南，至青海祁连县改为东南至西北，穿过祁连山中段峡谷，流经甘肃省张掖市西，继续向西北，至甘肃酒泉市金塔境内折向东北，最终北流注入居延海。从发源地经张掖到酒泉段成为黑河，折向东北河段称为弱水。

⑱ 合黎：合黎山，位于甘肃省，呈东北至西南走向，合黎山与祁连山脉中间的谷地便是河西走廊。弱水从合黎山南麓流过。

⑲ 流沙：指内蒙古巴丹吉林沙漠，沙漠西北缘的居延海是弱水终点。

⑳ 黑水：即今党河，发源于青海境内祁连山南麓，以东南至西北流向穿行在党河南山和野马南山之间，至甘肃敦煌折而向北汇入疏勒河，今已断流。

㉑ 三危：三危山，是祁连山脉西段最北边的一道山，位于甘肃省敦煌东南，呈东南至西北走向，党河在三危山的北麓流过。

㉒ 南海：指哈拉湖，党河流至敦煌后分为两支同向北流，东支流入疏勒河，西支汇入哈拉湖，哈拉湖位于甘肃省敦煌西北，现已干涸。

㉓ 河：黄河。积石：积石山，今名阿尼玛卿山脉。黄河河源在青藏高原东部的巴颜喀拉山主峰雅拉达泽峰东侧的约古宗列盆地。巴颜喀拉山脉北边是阿尼玛卿山脉，两条山脉呈从西至东走向，黄河从约古宗列盆地发源后，在两条山脉之间的谷地东流，流至阿尼玛卿山脉东端，绕过阿尼玛卿山脉转为从东南至西北流向，在阿尼玛卿山脉北麓流过。黄河从阿尼玛卿山脉的南麓、东端和北麓流过，所以古人认为黄河发源于积石山。

㉔ 龙门：龙门口，亦称禹门，位于山西河津和陕西韩城之间，此处有一山梁东西横贯二县，黄河从此山梁穿流，称为龙门口。

㉕ 华阴：非今陕西省华阴市，而是华山之北的意思，黄河与渭河在华山之北相会。

㉖ 东：指黄河在山陕峡谷中向南流动，在华山之北渭河注入后，折向东流。
底柱：砥柱山，位于黄河河道中，因修建三门峡水库而淹没。

㉗ 孟津：河南省孟津，是黄河的渡口。

㉘ 洛汭：洛河与黄河的交汇处。

㉙ 大伓（pī）：大伓山，河南省有两座山名大伓山，一位于河南省鹤壁市的浚县，另一个位于河南省荥阳市。考虑到古黄河北流进入大陆泽，此大伓山当指河南省浚县的大伓山。

㉚ 北：古黄河在伊洛河注入后流向从西向东转为从西南向东北。降水：即今漳河。

㉛ 大陆：大陆泽，远古大陆泽在今天河北省宁晋、隆尧、任县、巨鹿、平乡、南和等县，明朝中期分为南北二泊，北泊是宁晋泊，南泊是大陆泊，今二泊已经缩小干涸。

㉜ 九河：黄河从大陆泽流出后，汇入很多支流，共同向北流动，故称九河。

㉝ 逆河：指黄河从南向北流动。

㉞ 入于海：流入渤海。

㉟ 嶓冢：嶓冢山，位于四川盆地陕西省西南角的宁强县，属大巴山脉的西脉米仓山，为汉江的源头。漾：漾水，是汉江三源头之一，《禹贡》认为漾水是汉江正源，发源于嶓冢山。

㊱ 东流为汉：汉水从发源地流出，进入汉中后，呈从西至东流向。称为汉江。

㊲ 沧浪之水：《水经注·汉江》云：武当县西北四十里汉江中有洲，名浪沧洲。武当县属今湖北省丹江口市，汉江流经丹江口市称为沧浪之水。

㊳ 三澨（shì）：澨，河堤之义，三澨，古代地名，或许因为汉江河堤而得名，属今湖北省宜城市。

㊴ 至于大别：笼统地说汉江从大别山西南流过。具体而言在流经湖北宜城后，汉江进入荆山和大洪山间的谷地，大洪山的东北方向是大别山区。

㊵ 江：指长江。

㊶ 东汇泽为彭蠡：长江与汉江汇合向东流，形成彭蠡泽，彭蠡泽是鄱阳湖的

前身。

㊷ 东为北江：江水从彭蠡泽向东北流。经今江苏省镇江入海，这是古长江入海的主河道，称为北江。

㊸ 岷山：岷：岷山，北起甘肃省岷县，南到四川峨眉山。江：长江，《禹贡》以岷江为长江江源，岷江源自岷山南麓，从都江堰进入四川盆地，向南在四川宜宾汇入长江。

㊹ 东别为沱：沱江居岷江之东，是长江的另一支流。岷江从都江堰流出青藏高原后，干流向南从四川宜宾汇入长江，同时在都江堰分出一条支流向东，流至沱江上游汇入沱江。

㊺ 东：指长江出青藏高原进入四川盆地后，继续向东流。澧（lǐ）：澧水，发源于湖南省西北部山区，从武陵山北麓向东进入洞庭湖平原，流入洞庭湖。

㊻ 九江：古江名称，具体位置与名称聚讼纷纭，应当指（彭蠡泽）鄱阳湖以西的长江支流。

㊼ 东陵：具体位置不详，根据《禹贡》的表述，当在九江之东。

㊽ 汇：即“东汇泽为彭蠡”。

㊾ 中江：通过太湖入海的长江支流。

㊿ 海：东海。

(51) 沇（yǎn）水：济水上游称沇水，沇水发源于河南省济源市王屋山。

(52) 东流为济：沇水向东流，称为济水。

(53) 入于河：济水在黄河以北，在河南省武陟县汇入黄河。

(54) 溢为荥：济水汇入黄河后，黄河流量增加，在南岸溢出黄河，形成荥泽。荥泽位于今河南省荥阳市，两汉之际被泥沙淤平。

(55) 东出于陶丘北：济水通过荥泽向东流经陶丘北部。陶丘：今山东省定陶市。

(56) 菏：菏泽，位于今山东省定陶东北。

(57) 汶：汶水，即今大汶河，发源泰莱山区。

(58) 海：渤海。

(59) 淮：淮河。桐柏：桐柏山，淮河发源地，属大别山西脉。

(60) 泗：泗水，发源于山东省泗水县陪尾山，先西流，再南流，经山东曲阜、兖州、鱼台、江苏沛县、徐州，在淮安市汇入淮河，曾经是淮河最大支流。

沂：沂水，发源于山东省沂源县艾山，向南经山东省沂水、沂南、临沂、郯城四县，在江苏睢宁县注入泗水。

⑥ 海：渤海。

⑥ 渭：渭河。鸟鼠同穴：即鸟鼠山，鸟鼠山属青藏高原，位于甘肃省渭源县，是渭河的发源地。

⑥ 沣（fēng）水：发源西安市长安区秦岭的沣峪，北流在咸阳市汇入渭河。

⑥ 泾：泾河，源出今甘肃省泾源县，在西安汇入渭河。

⑥ 漆：漆水，今石川河的上游支流。沮：沮河，今石川河上游支流。二河发源于陕西省铜川市，相汇后称石川河，汇入渭河。

⑥ 河：黄河。

⑥ 洛：洛河，源出陕西省蓝田县，在崤山与熊耳山之间。熊耳：熊耳山，是秦岭余脉，大致范围在河南省卢氏县、洛宁县、宜阳县等，是洛河发源地。

⑥ 涧：涧河，源出河南省陕县。瀍（chán）：瀍河，源出河南省孟津县。

⑥ 伊：伊河，源出河南省栾川县，在熊耳山与陆浑山之间。

⑦ 河：黄河。

**语译：**

　　治水便要凿山，就是导山。导山有两层含义，一是凿开导致河水流通不畅的山体，疏通河道。为此需要动用大量人力物力，为了解决运输问题，要凿山修路，所以导山第二个含义是开山修路。

　　开凿山体，疏通河道的重点是黄河流域，包括其干流和支流。渭河是黄河的最大支流，从西向东，至陕西潼关汇入黄河。渭河源出青藏高原东侧，向东流经六盘山脉（即陇山山脉）和秦岭间的峡谷地带，从第一阶梯进入第二阶梯的关中平原。渭河流域凿山疏通河道主要集中在第一、第二阶梯的过渡地带。岍山—岐山—荆山一系从疏通六盘山脉的岍山开始，向东南疏通岐山，进入渭河，沿着渭河干流一直向东到秦岭东端的荆山，即今天的崤山。疏通崤山后北上，横渡黄河，到达冀州。冀州位于黄土高原东侧，蒙古高原南侧。华北平原的西边，是海拔高、面积大的山区。较大的山脉有山西、河北交界的太行山脉，黄河东岸的吕梁山脉，汾河东岸的太岳山脉，晋南的中条山脉，山脉之间有大同盆地、忻定盆地、临汾盆地、运城盆地等，有河流流过。冀州为九州之首，中华远古文明的核心，也是大禹凿山疏通河道的重点。壶口—雷首—太岳一系位于冀州西部边界，疏通工程起自壶口山，沿着黄河山陕峡谷向南到中条山西南端的雷首山，然后折向西北，通过运城盆地，进入临汾盆地，到达临汾盆地东侧的太岳山，重点疏通了壶口山、雷首山和太岳山。冀州南界是黄河南段，后者北侧是中条山脉与王屋山，在中条山脉和王屋山东面是沁河流域。砥柱—析城—王屋一系位于冀州与豫州交界地带，疏通工程起自黄河的砥柱山，渡过黄河后，沿中条山南麓东进，到达王屋山南麓。王屋东侧是从北向南流的沁河，到此转向西北从王屋山东侧的沁河河谷，经过析城山，到达王屋山主峰。疏通主要集中在砥柱山、析城山和王屋山。此系若沿着沁河河谷北上，便直达太岳山脉，因为太岳山脉是沁河源头所在，这样，壶口—雷首—太岳一系便和砥柱—析城—王屋一系在太岳山交汇在一起。太行—恒山—碣石山位于冀州东部，是中国第二阶梯与第三阶梯的过渡地带，太行山脉、恒山山脉以东，燕山山脉以南是华北平原，碣石山位于燕山山脉东端，继续向东是渤海。太行—恒山—碣石一系的开凿起自太行山脉南端，沿太行山东麓北上，经过恒山继续向北，到达西东走向的燕山山脉，沿燕山山脉南麓东进，到达碣石山，碣石山东便是渤海。这些工程主要集中于雍州和冀州，是北方疏导的第一系列山。

疏导的北方第二系列包括西倾山、朱圉山、鸟鼠山、华山、熊耳山、陆浑山、桐柏山、陪尾山。西倾山—鸟鼠山—朱圉山—华山是第二系列的第一段，集中于梁州西部与雍州西部，西倾山、鸟鼠山、朱圉山属青藏高原东侧，是第一阶梯与第二阶梯的过渡带，西倾山是桓水（白龙江）的发源地，白龙江是嘉陵江的上游支流。鸟鼠山是渭河的发源地，渭河在朱圉山下流过。疏通这几座山主要为疏通渭河上游和嘉陵江上游的河道。第二系类的第二段是熊耳山—陆浑山—桐柏山—陪尾山，包括秦岭的东部余脉、大别山西脉和鲁中南山地。熊耳山呈西南至东北走向，南麓是伊河，北麓是洛河，此山是伊河与洛河的分水岭，两河下游汇入黄河。发源于陆浑山的众多小河是淮河的上游支流。桐柏山属大别山西脉，是淮河的发源地。鲁中南山地的陪

90

尾山是泗水的发源地，泗水是淮河支流。疏通它们目的是让洛河、伊河、淮河、泗水的上游、中游的河道更加通畅。

秦岭山脉和淮河是南方北方的分界，大禹开凿山体疏通河道的南方第一系类是嶓冢山—荆山—内方山—大别山，嶓冢山—荆山属第一段，内方山—大别山属第二段。嶓冢山是秦岭山脉西段，是秦岭山脉和大巴山脉的交汇地带，为汉江的源头。荆山属大巴山脉东缘，发源于荆山的沮水、漳水是长江支流，荆山的一些小河是汉江支流。汉江西岸是荆山，东岸是大洪山。嶓冢山—荆山一段的凿山工程主要为疏导汉江上游中游河道。内方山属大洪山，大洪山东是长江北岸的支流涢水。大别山位于湖北省和安徽省交界处，呈西北至东南走向，发源于大别山南坡的河流流入长江，发源于北坡的河流流入淮河，大别山是长江和淮河的分水岭。大洪山和大别山的凿山工程是为疏导发源于大洪山和大别山众多长江支流的河道。

开凿整治的南方第二系列是岷山—衡山段。岷山位于青藏高原东部，北起甘肃省岷县，南至四川省峨眉山。岷江发源于岷山，从发源地向南流至四川省灌县出青藏高原进入成都平原，继续向南至峨眉山，流向变为向南偏东，至四川宜宾汇入长江。岷山位于九州的梁州西部，开凿岷山是为疏通岷江河道。衡山位于湖南平原之中。湖南省有两大平原，北部是洞庭湖平原，南部是湖南平原，湖南平原北至长沙，东面是罗霄山脉，南面是南岭山脉，西部是云贵高原，衡山居湖南平原的中间位置，湘江从衡山之东向北流，经过长沙，最终汇入洞庭湖。开凿衡山是为疏通湘江河道。

罗霄山脉是湘江流域和赣江流域的分水岭，九江具体是哪九条江，聚讼纷纭，有待深入研究，其大致位置当属于赣江流域或者流入鄱阳湖的长江支流。治理好这些河流，鄱阳湖滨湖平原就可以成为宜居地带了。

治理弱水。弱水发源于祁连山南麓，先以西北至东南方向沿祁连山南麓流，至青海祁连县改流向为东南至西北，穿过祁连山中段峡谷，经甘肃省张掖市西，继续向西北流，而在张掖至金塔河段，弱水北面是合黎山，在金塔地区弱水流出祁连山脉与合黎山间的谷地后，便转向东北流动，最终注入内蒙古巴丹吉林沙漠北缘居延海。

疏导黑水。黑水发源于青海境内祁连山南麓，以东南至西北流向穿行在党河南山和野马南山之间。从两山流出后，进入河西走廊，至敦煌三危山，转为西南至东北走向，沿着三危山北麓流，经过敦煌后向北流入哈拉湖，此湖今已干涸。

疏导黄河。黄河河源在巴颜喀拉山脉主峰雅拉达泽峰东侧的约古宗列盆地。巴颜喀拉山脉北边是阿尼玛卿山脉，两条山脉呈从西至东走向，黄河从约古宗列盆地发源后，在两条山脉之间的谷地东流，流至阿尼玛卿山脉东端后，绕过阿尼玛卿山脉转为从东南至西北流向，在阿尼玛卿山脉北麓流过。此后逐渐转为西南至东北流出青藏高原。出青藏高原后，从贺兰山脉东麓按从南至北方向流到阴山南麓。因为阴山山脉以东西方向的横亘阻挡，黄河在阴山南麓向东，进入山陕大峡谷后向南流。龙门便在山陕峡谷南段。黄河经过龙门后继续向南流至华山之北，渭河汇入，黄河流向转为从西向东，经过砥柱山后仍东流，经孟津和巩义市，在巩义市洛河汇入黄河。黄河流至大伾山转为向北流动，漳河汇入黄河后，黄河向北流入大陆泽。流出大陆泽后，黄河分为九条支流同向北流，最终归入渤海。

疏导汉江。嶓冢山位于四川盆地陕西省西南角的宁强县，属大巴山脉西脉米仓山。汉江三源头之一的漾水发源于嶓冢山，疏导漾水是从源头上疏导汉江。汉江从发源地流出进入汉中后，呈从西至东流向，流至丹江口，丹江从北向南汇入汉江，汉江在此流出山区进入海拔较低的襄阳盆地，这段河道也称为沧浪之水。进入襄阳盆地后，经过宜城，汉江从大别山西南流过。严格来说，汉江从荆山山脉和大洪山之间谷地流过，大洪山的西北是大别山区。流出谷地，汉江进入江汉平原，在汉口汇入长江。江水东流汇成彭蠡泽。江水出彭蠡泽后向东北流动，称为北江，是长江的主河道，通过北江，江水归入东海。

疏导长江。岷山北起甘肃省岷县，南到四川省峨眉山。《禹贡》以岷江为长江江源，岷江源自岷山南麓，从都江堰进入四川盆地，向南在四川宜宾汇入长江。治理长江是从长江源头岷江开始的。沱江居岷江之东，是长江的另一支流。岷江从都江堰流出青藏高原后，干流向南从四川宜宾汇入长江，同时在都江堰岷江分出一条支流向东流，流至沱江上游汇入沱江。长江出青藏高原进入四川盆地后，继续向东流，经过三峡，进入江汉平原。澧水发源于湖南西北部山区，从武陵山北麓向东流入洞庭湖平原，经洞庭湖汇入长江。长江继续东流，又有众多支流汇入长江。经过东陵后，江水汇聚成彭蠡泽。江水出彭蠡泽，进入太湖，出太湖的河段，因为位于从镇江入海的北江的南边，故称中江，是长江入海的支流，最终汇入东海。

疏导济水。济水的上游称沇水，沇水发源于河南省济源县的王屋山，疏导济水是从源头沇水开始的。沇水向东流称为济水。济水在黄河北岸汇入黄河，黄河流量大增，从南岸溢出，形成荥泽。济水出荥泽，向东流经陶丘、菏泽后，转为西南至东北流向，大汶河汇入济水。济水最终北流汇入渤海。

疏导淮河。淮河发源于桐柏山，桐柏山属大别山西脉，治理淮河从上游发源地开始。淮河从发源地流出后，向东流淌。发源于山东省沂源县艾山的沂水，在江苏省睢宁县注入泗水。曾经是淮河最大支流的泗水发源于山东省泗水县陪尾山，在淮安市汇入淮河。最终归入大海。

疏导渭河。疏导渭河从渭河源头鸟鼠山开始，鸟鼠山属青藏高原，位于甘肃省渭源县，是渭河的发源地。渭河流出秦岭和六盘山间的谷地后，进入关中平原，一直向东。发源今西安市秦岭沣峪的沣水，北流在咸阳市汇入渭河。源出于甘肃省泾源县的泾河，在西安汇入渭河。陕西省铜川的漆水和沮河汇合后称石川河，也汇入渭河。渭河在关中平原收纳了南北两岸的河流后，最终在陕西潼关汇入黄河。

疏导洛河。洛河源出陕西省蓝田县，以西南至东北流向在崤山与熊耳山间流出，进入伊洛盆地。熊耳山是秦岭余脉，也是洛河发源地。洛河向东北流，源出河南省陕县的涧河从北向南汇入洛河。发源于河南省孟津的瀍河也从洛河北岸汇入洛河。洛河继续东流，由发源于河南省栾川，在熊耳山与陆浑山间的伊河汇入，两河相并后称伊洛河，伊洛河向东北流至巩义汇入黄河。

# 四、让中国政治威望和文明教化传布全世界

经义：

在人类漫长的冷兵器时代，文化相对落后的族群常常征服文明程度更高的族群，结果却被后者同化。

也不乏这种情况，文化相对落后的族群征服文明程度更高的族群后，整个地区人口构成发生巨大变化，文化也被严重摧残。典型的就是公元 5 世纪欧洲的蛮族入侵，结果辉煌灿烂的罗马文明衰落，城市多成废墟，欧洲跌入长达千年的黑暗中世纪。

魏晋南北朝时期，中国也曾多次遭到北方游牧民族的入侵，这些族群入主中原的结果反而是融入了中华大家庭，中华文明也没有发生根本性改变——中国领土不仅没有四分五裂，还迎来了隋唐天下一统的盛世。

是什么原因造成中国政治—文化共同体如滚雪球一样不断扩大？这是因为中国文化具有超越地方性的世界性特点。古代中国人称其政治共同体为"天下"，而非国家，因为"国"指诸侯国。《孟子·离娄上》说："人有恒言，皆曰天下、国家。天下之本在国，国之本在家。"东汉赵岐注："国谓诸侯之国，家谓卿大夫家也。"

整体上中国是一个无明确边界的文明旋涡，越来越大，从四千多年前的大禹时代到 21 世纪的今天都是这样。

突出表现为中国版图东南部农业区对西北部游猎游牧民族的涵化、融合。北京大学李零教授写道："中国为什么大？原因是它的东南部对西北部有强大吸引力，好像一个巨大的漩涡，总是吸引它的邻居一次次征服它和加入它。中国历史上的征服，一般都是从外征服内，而又归附于内，因而认同被征服者。夏居天下之中，商从东边灭夏，认同夏；周从西边灭商，也认同夏。中国周边地区对核心地区的征服，几乎全都沿用这一模式。他们发起的攻击，一波接一波，每次冲击引起的回波比冲击波还大，一轮轮向外扩散。'夏'的概念就是这样，像滚雪球一样，越滚越大。'禹迹'是一种不断被改造的历史记忆，同时也是一种绵延不绝的历史记忆，难怪成为中国的符号。"①

那么，天下是如何建构？中华文明涵化世界的旋涡如何形成的？其制度设计就是本节中的服制。这是一种以天子所居王畿（帝都）为核心的国家体制，王畿也是政治、经济、文化的中心，中华文明旋涡的中心——整个世界（天下）围绕旋涡中心设计。（见图 2）

---

① 李零：《我们的中国·茫茫禹迹》，三联书店 2016 年版，第 3 页。

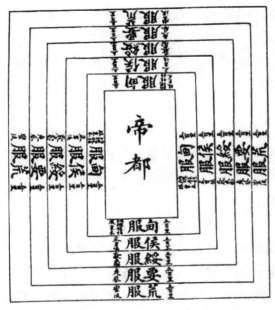

图2　中华文明旋涡的中心图

服制的基本原则是根据距离王畿的远近，因地制宜地收取贡赋、实事求是地采取不同的治理方法，目的是实现稳定的社会秩序、让中华文化遍及整个世界，就是本篇所说的"声教讫于四海"——让中国政治威望和文明教化传布全世界！

经学不是史学，也不是近代科学。经学关键是在阐发义理，经学家用服制将大禹时代的天下秩序抽象化，理想化了。经典关于"服"的数目、名称多有不同。《尚书·禹贡》和《国语·周语上》《荀子·正论》所记都是五服，唯一不同的是《尚书·禹贡》中的"绥服"《国语·周语上》《荀子·正论》写作"宾服"。《国语·周语上》说："夫先王之制：邦内甸服，邦外侯服，侯卫宾服，夷蛮要服，戎狄荒服。"

《周礼·夏官·职方氏》有"九服"，《周礼·秋官·大行人》又有"六服"之说，名称与《尚书·禹贡》多有不同。

如同九州一样，这些相异之处只是不同师说的结果，其阐述的价值原则没有本质上的不同——都是对中华文明旋涡的理想化表达；且也有其历史真实背景。中国社会科学院考古研究所赵春青研究员根据龙山时代聚落考古研究成果，指出《禹贡》五服制度实际分为三大文化圈：内圈甸服，是王畿之地；中圈包括侯服和绥服，是大小诸侯所在地；外圈包括要服和荒服。三大圈恰好与龙山时代考古学文化分布格局基本吻合：分布在洛阳、郑州一带的王湾三期文化大致相当于王畿甸服；环绕王湾三期文化的中原龙山文化诸文化类型包括后岗二期文化、造律台文化、三里桥类型、杨庄二期类型、下王岗类型、陶寺文化等当为侯服和绥服；分布在中原龙山文化东边的海岱龙山文化、南边的石家河文化、西边的客省庄文化和齐家文化、北边的老虎山文化当为要服和荒服。①

过去几千年来，以中华文化为核心中国政治—文化共同体不断涵化周边族群，将东亚的大部分地区融合为一个文明有机体，命运共同体。

历史不会停止。可以想见，涵化了东亚极大部分的中华文明必将涵化整个世界——在全球化风起云涌的当代，这近乎成为唯一超越西式民族国家世界秩序的和平愿景。


**原文：**

九州攸同①，四隩既宅②，九山刊旅③，九川涤源④，九泽既陂⑤，四海会同⑥。六府孔修⑦，庶土交正⑧，底慎财赋⑨，咸则三壤成赋⑩。中邦⑪锡土姓⑫，祗台德先⑬，不距朕行⑭。

五百里甸服⑮。百里赋纳总⑯，二百里纳铚⑰，三百里纳秸服⑱，四百里粟⑲，五百里米⑳。

五百里侯服㉑。百里采㉒，二百里男邦㉓，三百里诸侯㉔。

五百里绥服（25）。三百里揆文教（26），二百里奋武卫㉗。

五百里要服（28）。三百里夷（29），二百里蔡㉚。

五百里荒服（31）。三百里蛮（32），二百里流㉝。

东渐于海㉞，西被于流沙㉟，朔南暨㊱，声教讫于四海㊲。禹锡玄圭㊳，告厥成功㊴。

① 赵春青：《〈禹贡〉五服的考古学观察》，《中原文物》2006 年 05 期。

**注释：**

① 攸：连词，于是。同：和、平，指避免了水患。

② 四隩（yù）：四隅，天下四方边远之地。宅：居住。

③ 九山：非九座山或九条山脉之义，是指九州之内的众多山体。刊旅：砍伐树木，修整道路。

④ 九川：非九条江河之义，指九州之内的众多江河。涤源：从江河的源头开始疏通河道。

⑤ 九泽：非九个湖泽，指九州之内的各大湖泽。陂（bēi）：修筑堤坝，防止湖泽之水泛滥。

⑥ 四海：非具体东海、南海、西海、东海之义，是指从中原地区瞭望四面八方的蛮荒之地，包括九州东面、南面的海岛。

⑦ 六府：指负责征收贡赋的部门。孔：非常好。修：管理。

⑧ 庶：众多。土：并非仅指土壤，指九州各地的资源。交：俱，全。正：适当。

⑨ 厎（zhǐ）：致，获得。慎：谨慎，严格。

⑩ 咸：都。则：根据。三壤：把土壤分成三等。成赋：缴纳赋税。

⑪ 中邦：九州。

⑫ 锡：通"赐"，赏赐。土：土地。姓：家族的姓氏。

⑬ 祗（zhī）：恭敬。台（yǐ）：通"以"，介词。德：贡献，指治水事业。先：首先。

⑭ 距：违背。朕：我，大禹，其实是指当时的中央。

⑮ 五百里：以王的都城为起点，向东西南北四个方向延伸五百里，画成方围，方围的每一个边长一千里，也称方千里。甸服：甸，王田。服，职能，服役。以王城为中心，王城之内称城，城外称郊，郊外称甸，城、郊、甸三种地带合计方千里。甸服是王直接管理的地区。

⑯ 百里：距离王城一百里以内的地区，也就是方二百里。纳总：谷穗和秸秆共同缴纳。

⑰ 二百里：距离王城一百至二百里之内的地区，即方四百里。纳铚（zhì）：收割谷穗的短镰，也指割下的谷穗。

⑱ 三百里：距离王城二百至三百里之间的地区。纳秸：缴纳秸秆。服：衍字。

⑲ 粟：未脱壳的谷子。

⑳ 米：脱了壳的谷子。

㉑ 五百里：以天子直辖的甸服外边界为起点，向四方外推五百里的地区。侯服：具有服侍保卫天子义务。

㉒ 百里：距离甸服边界一百里以内的侯服地带。采：一说是卿大夫的采邑；一说是为天子服役。

㉓ 二百里：距离甸服边界一百里至二百里以内的侯服地带。男邦：男通"任"，对天子承担一定义务的小封国，其受封者或是被天子信任的人，或是诸侯国君的亲族。

㉔ 三百里：并非距离甸服边界的距离，指诸侯封地的纵深是三百里，是距离甸服边界二百里至五百里之间的地带。诸侯：诸侯国君，其地位和权势大于采和男邦，后者主要向天子提供服务性的劳役，诸侯则以武力保卫天子直辖的甸服地区。

㉕ 五百里：从侯服四方边界向外推五百里。绥服：绥，安抚，绥服是说中央对侯服之外五百里纵深地区实行安抚政策。

㉖ 三百里：从侯服外向四方推延三百里纵深的绥服地带。揆（kuí）：掌管，管理。文教：以文化教育怀柔。

㉗ 二百里：绥服中剩余的二百里地带。奋武卫：奋，施展，是说在此二百里纵深地带实行军事武装镇守。

㉘ 五百里：从绥服的外边界向四方推延五百里的地区。要服：南宋蔡沈《书经集传》认为："要者取要约之义，特羁縻之而已"，指中央对此地区实行尊重其风俗的羁縻政策。

㉙ 三百里：从绥服外向四方推延三百里的要服地区。夷：指中央对此地区的管控不多，只要不反对中央即可，因实行夷的政策，此地带的部族亦称夷。
二百里：要服中除去前三百里的剩余地带。

㉚ 二百里：除了三百里之外剩余的二百里纵深要服地带。蔡：减少其赋税。

㉛ 五百里：从要服外边界向四方推延五百里的地区。

㉜ 三百里：从要服外边界向外推延三百里的荒服地带。蛮：慢，礼简怠慢，不讲礼仪文明。

㉝ 二百里：除去前三百里的剩余的荒服地带。流：居无定所，指游牧部落逐

水草而居。

㉞ 渐：入。

㉟ 被：及。

㊱ 朔：北。暨：及，至。

㊲ 声教：华夏文明。讫：到达，至。四海：边缘的蛮荒之地。

㊳ 锡：赏赐。玄圭：天青色的美玉。

㊴ 告；宣告。厥：代词，其，指大禹治水。

**语译：**

　　成功治理洪水后，天灾减轻，人们可以在九州之内安居乐业。砍伐大山的树木，修建道路，祭祀和进贡等可以举行了。九州之内的江河彻底疏通，大湖泊周围筑起了堤防，提高蓄洪功能，保护周围土地免遭水患。蛮荒之地的少数民族也能分享治水福泽。负责征收赋税和贡品的六府管理得非常好，针对九州各地资源状况制定赋税标准和贡品的种类，收取赋税六府极为谨慎，他们把田土分为三等，确定赋税等级，都能按要求缴纳赋税。中央实行功勋制度，将那些在治水中能力强、功劳大，能创造性地完成任务的人选拔出来，赐给他们土地和姓氏，让他们治理九州。

　　大禹治水后，根据能力和贡献选拔众多贤能者出任官员，封土赐姓，广建诸侯国，管理九州广大地区，故有夏朝万国之说。众诸侯国根据距离王畿（即中央直辖地）的距离和文明程度，分成五类，各自承担相应职能以维护中央，中央采取相应的管理政策，这种制度称为五服制度。根据《禹贡》关于五服制度的描述，五服是以王畿为中心，每类地区纵深为一千里的同心方围结构。

　　天子直接管理的地区称为甸服。天子直接控制的地区，包括王城、郊和甸三类，从王城向四方延伸至五百里，就是说天子直接管理的地区方千里。距离王城一百里以内的地带谷穗连同秸秆一起缴纳，一百里至二百里之间的地带缴纳谷穗，二百里至三百里之间的地带缴纳秸秆，三百里至四百里之间的地带缴纳粟，四百里至五百里之间的地带缴纳米。

　　以天子直辖的甸服外为起点向东西南北四个方向外推五百里的地区是侯服，该地区主要向天子提供服务性劳役和保卫甸服地区的兵役。距离甸服边界一百里以内的侯服地带是（供职天子的）卿大夫的采邑，其人有为天子服劳役的义务。距离甸服一百里至二百里之间的侯服地带是地位低于卿大夫的男爵封地，其人要为天子提供劳役服务。剩余三百里纵深的侯服地带是诸侯国君封地，诸侯国君统领军队，有保卫天子，屏藩甸服的军事义务。

以侯服边界向四方推延五百里之内的地区是绥服，天子对这个地区实行教化安抚政策。其内三百里地带，以华夏文明教化此地族群。再外边二百里纵深地带，天子实行军事武装镇守政策。

以绥服边界向四方推延五百里之内的地区是要服，天子实行羁縻政策，尊重要服地区内三百里地带族群的生产生活习惯，对他们管控不多。要服地区外二百里地带的部族只献纳很少贡品，便会得到天子的赏赐。

以要服边界向四方推延五百里之内的地区是荒服，因为远离九州，其文明落后，天子对此地区实行放任政策。生活于荒服内三百里地带的部族文明程度低，质朴而少礼，天子不加干预。荒服外二百里地带自然条件恶劣，蛮人族群在这里自由迁徙，逐水草而居。

东至海岛，西至沙漠，遥远的南部和北部都因大禹治水而受益，华夏文明对这些地区的部族产生了积极影响，大禹将华夏文明推广到九州之外的蛮荒之地。帝舜将美玉制成的高贵玄圭赏赐给大禹，宣告其治水成功。

# 甘 誓

## 一、盟誓制度是早期国家的根本制度

**经义：**

盟誓制度在人类政治演化中占据重要地位。华东师范大学田兆元教授认为中国盟誓制度是早期国家的根本制度，夏商周三代主要是靠盟誓制度维系的。他说："黄帝'合符釜山'，是中国盟誓史上的开山大事。盟誓不是到黄帝的时候才开始的，但是黄帝的主盟，奠定了中华民族共同体的最基本的组织框架。尧舜禹时期，氏族社会已非常成熟，盟誓突破了婚盟的范围，扩展为部落联盟联合处理公共事务的制度手段。尧之时的社会是各部落的联盟，尧实际上是联盟的盟主。《尚书·尧典》中关于他与各部落首领讨论用人，不断否定别人的意见，已经显示他的盟主地位。"①

盟指会盟，《尚书·尧典》中"班瑞于群后"，颁发瑞玉给参会首领以确立自己的盟主地位，就是一种盟会。另据《左传·哀公七年》，"禹合诸侯于涂山，执玉帛者万国"，也是一次著名的会盟。会盟是对政治共同体权威的认证仪式，对违反规定者会给予严肃惩罚，先秦史书记载，涂山之会上，防风氏晚到，竟然被禹斩首示众，目的强调政令及政治权威的严肃性、普遍性。《吴越春秋·越王无余外传》上说："防风后至，斩以示众，示天下悉属禹也。"

誓，指宣誓，当代用于总统就职，入会（党）等多种场合。在中国古代用于军事，指包括申明纪律在内的战前动员。《甘誓》是夏王启与有扈氏大战于甘地前，在军队前作的誓师词。

甘之战是决定夏王朝命运的一场大战，也锚定了后世世袭制的帝位传承原则。据《史记·夏本纪》记载，大禹死于巡狩会稽途中，按照惯例将天下禅位给益，但天下诸侯都希望启居帝位，启即天子位后，有扈氏不服，于是启带兵讨伐，大战于甘，战前他作了《甘誓》。文中说："禹子启贤，天下属意（心归向于他——笔者注）焉。及禹崩，虽授益，益之佐禹日浅（时间不长——笔者注），天下未洽。故诸侯皆去益而朝启，曰'吾君帝禹之子也。'于是启遂即天子之位，是为夏后帝启。有扈氏不服，启伐之，大战于甘。将战，作《甘誓》。"

启开始了家天下的新时代。政治共同体从禅让制到世袭制的演化，可能与大禹治水为集中人力物力资源，中央王朝权势越来越大有关，天下需要一个更稳定的中央政府和政治重心。历史学家徐旭生认为："及至等到大禹身没的时候，形势同从前却完全不同了。大禹因为有治水的大功，人民对他歌舞不衰。同他有差不多同样威望的皋陶已经先死，生存的只有比较后进的伯益，这已经同帝尧、帝舜没时的情形不相同了，并且治水的前后，事务殷

---

① 田兆元：《盟誓制度演进及其引申》，《重庆社会科学》2012 年 01 期。

繁，各氏族间的朝聘会遇自然不像从前的稀少。这样，夏后氏族的所在地，阳城的附近，就渐渐成了当日的全中国的大都会……启承藉他父亲的余荫，继世为中国的宗主。"①

《甘誓》誓词现存三个版本，除了本篇，还有《史记·夏本纪》据本篇转写的文字和《墨子·明鬼下》版本。《史记·夏本纪》因为录自本篇，所以内容基本相同。但《墨子·明鬼下》的文字有不少差异。古代学术除了竹帛文字，多口耳相传，有时为了突出本学派的观点，甚至会强调不同的方面。比如主张兼爱非攻的《墨子》特别强调：与有扈氏拼死决战不是为了利，贪图他的土地宝贝，"予非尔田野葆土（据清代经学家俞樾，'葆土'疑为'宝玉'之误——笔者注）之欲也"。

《墨子·明鬼下》《甘誓》标题作《禹誓》，但与《尚书·甘誓》基本内容一致，说明两家所根据的是同一个本子，可能是从王官学中流传下来的初始版本。《甘誓》内容很短，我们将《墨子》中誓词转录如下：

大战于甘，王乃命左右六人，下听誓于中军。曰："有扈氏威侮五行，怠弃三正，天用剿绝其命。'有曰：'日中，今予与有扈氏争一日之命。且尔卿、大夫、庶人。予非尔田野葆土之欲也，予共行天之罚也。左不共于左，右不共于右，若不共命；御非尔马之政，若不共命。是以赏于祖而僇于社。"

**原文：**

大战于甘①，乃召六卿②。

**注释：**

① 甘：在今陕西省鄠邑区（原：户县）西南。

② 六卿：古制天子有六军，六卿是六军的将领。

**语译：**

夏朝在甘地用兵剿灭有扈氏。战前，夏王启组织六卿及其部下召开誓师动员大会。

---

① 徐旭生：《中国古史的传说时代》，文物出版社 1985 年版，第 111 页。

## 二、警惕"以儒解经"——经学儒家化

**经义:**

汉武帝贬斥包括儒家在内的诸子百家,企图以西周王官学六经为核心凝聚民心,塑造文化认同,这一文化政策如此成功,影响了中国长达两千多年之久。

任何政策都有利有弊。汉武帝"罢黜百家,表彰六经"导致了两个意想不到的结果:一是传播经学,"游文于六经之中,留意于仁义之际"的儒家崛起,宋以后开始实际上的"独尊儒术";二是经学作为诸子百家的公共经典、百家之源被人为忽视,经子断裂,经学的地位在政治上提高的同时,在文化上反而降低了。

结果,汉以后经学被严重儒家化,儒家为取青紫专攻经学,极少出现战国时期吞吐百家的大儒——"以儒解经"成为经学研究的不二法门。

夏王启讨伐有扈氏的首要理由是有扈氏"威侮五行"。汉孔安国传和唐孔颖达疏,皆将之解释为一种德性,儒家教化的"仁、义、礼、智、信"五常。孔传释"有扈氏威侮五行,怠弃三正"说:"五行之德,王者相承所取法。有扈与夏同姓,恃亲而不恭,是则威虐侮慢五行,怠惰弃废天、地、人之正道。"孔颖达疏:"五行,水、火、金、木、土也。分行四时,各有其德……王者虽易姓,相承其所取法同也。言王者共所取法,而有扈氏独侮慢之,所以为大罪也。且五行在人为仁、义、礼、智、信,威侮五行,亦为侮慢此五常而不行也。有扈与夏同姓,恃亲而不恭天子,废君臣之义,失相亲之恩,五常之道尽矣,是'威侮五行'也。"

他们只知以儒家观念解经,不知此处"五行"乃五行家之"五行"。水、火、木、金、土"五行",貌、言、视、听、思"五事"是天人相互感应、影响的基点,违背五行即违背天人大道、基本礼法(宪法)——其严重性如此!《尚书·洪范》记载,鲧治水不力,"汩陈(汩陈,扰乱——笔者注)其五行",天帝都震怒了,没有给他治国大法。

有学者认为"阴阳五行说"只在战国、秦汉间流行,不能用这些后来的"水、火、木、金、土"解释夏人观念。[①]这是错误的。五行观念,特别是五

---

① 顾颉刚、刘起釪:《尚书校释译论》第二册,中华书局 2005 年版,第 868–869 页。

行相生观念起源极早，它是原始思维"互渗律"在中国文化中的反映。

20世纪初法国人类学家列维·布留尔（1857-1939年）提出了原始思维的概念，指出早期人类并没有明确的主体与客体界限，也没有今人熟悉的因果关系，他们感兴趣的是存在物之间的神秘联系，以及人和物之间的相互影响相互作用，二者间"互渗"。此一"互渗律"在原始思维中起关键作用，影响其生活的方方面面。他举例说："在大量不发达民族中间，野物、鱼类或水果的丰收，正常的季节序代，降雨周期，这一切都与由专人举行的一定仪式有联系，或者与某位拥有专门的神秘力量的神圣人物和安宁有联系。或者，再举一个例，一个新生婴儿会受到他父亲所作的一切、他父亲的食物等等的影响。印第安人在狩猎中或在战争中，其幸运或者倒霉，得看他的留在帐篷里的妻子吃不吃这种或那种食物，是否戒食某些食物，是否戒除这些或那些行为。"①

有趣的是，竟是司马迁《史记》法文版启发了列维·布留尔研究"原始人"思维的念头——他对《史记》中关于星象与人事关系的记述大为震惊！

如果列维·布留尔读到《汉书·五行志》或《汉书·天文志》，他一定有找到"互渗律之学"的惊奇。但在中国，五行家们利用天人"互渗"观念规范统治者行为，已经升华为一种天大地大的礼法。很可能，大禹时代这种礼法就已流行。因为《尚书·尧典》中舜帝出巡和《尚书·禹贡》中所述九州地理，都是按照五行相生的顺序记述的，这不会是偶然。（见图3）

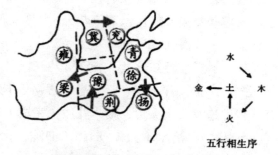

**图3　舜帝出巡方向及《禹贡》九州记述顺序**

图片来源：邓立光：《周易象数义理发微》(附五行探原)》，上海辞书出版社2008年版，第167页。

---

① 列维·布留尔：《原始思维》，商务印书馆1981年版，第71页。

这也是为什么，有扈氏"威侮五行"成为不可原谅的大罪，夏王启替天行道，必须讨伐之！必须消灭之！

我们能在人类最早期文明形态中找到中国文化的根，在当代世界文明形态中找到中国文化的非凡之处——这是中国文化令人叹为观止的魅力所在！

**原文：**

王曰①："嗟！六事之人②，予誓告汝③：有扈氏威侮五行④，怠弃三正⑤，天用剿绝其命⑥，今予惟恭行天之罚⑦。"

**注释：**

① 王：指夏启。

② 六事之人：六卿及其所统领的军队。

③ 誓：军中告诫约束将士的言辞。

④ 有扈氏：一般认为有扈氏是夏的同姓之国，位于今陕西鄠邑区一带。也有学者认为有扈氏乃东夷部落，居住于郑州北部的原阳，亦通。威侮：凌虐侮慢。威疑作"威"。威与蔑通假字。蔑，轻。五行：指五行家意义上的五行，以金木水火土等阐发天人感应规律。

⑤ 三正：关于三正有多种理解，一是天地人之正道，二是三公或三卿，三是指《古文尚书·大禹谟》中的正德、利用、厚生，三者均通。

⑥ 用：因此。剿：杀。

⑦ 惟：仅仅。恭：奉命。行：执行。

**语译：**

夏王启说："全体将士们，我们召开誓师大会，向大家宣告：有扈氏蔑视违背天地社会法则，荒废政事，因此上天决定用武力消灭有扈氏，我们是替天行道惩罚有扈氏。"

## 三、因人情的中华治道比偏执性恶的西方政治更中正成熟

**经义：**

古今中外，指挥官战前动员，申明军纪，是普遍的做法。

本节夏王启在誓师词中讲到赏罚，就有学者认为不符合西周德教观念，因此断言《甘誓》年代在西周前。顾颉刚、刘起釪指出："赤裸裸地以赏罚为号令，纯用威力而不用德教，和殷代以上的奴隶主专政的思想意识完全符合。因为德教观念是到西周统治者在'天命不常'的警惕下才提出来的，可知这篇誓词一定是西周以前的东西。"[1]

这是书斋中学者迂腐地面壁虚造。中华治道礼法不分，出礼入刑，本为常态，哪里会截然两分为西周讲德教、商人讲威力！

自尧舜时代起，中华治道就德刑并用、赏罚兼重。相对于西方基于基督教人性恶的观念，以及只重刑罚的政治、司法实践，中华治道更为中正成熟——奖善惩恶，人性有善有恶的"人情论"长期占据中国文化的主导地位。

17 世纪法国启蒙思想家伏尔泰对中华治道兼重赏罚赞叹不已："在别的国家，法律用以治罪，而在中国，其作用更大，用以褒奖善行。若是出现一桩罕见的高尚行为，那便会有口皆碑，传及全省。官员必须奏报皇帝，皇帝便给应受褒奖者立牌挂匾。前些时候，一个名叫石桂（译音）的老实巴交的农民拾到旅行者遗失的一个装有金币的钱包，他来到这个旅行者的省份，把钱包交给了知府，不取任何报酬。对此类事知府都必须上报京师大理院，否则要受到革职处分；大理院又必须奏禀皇帝。于是这个农民被赐给五品官；因为朝廷为品德高尚的农民和在农业方面有成绩的人设有官职。"[2]

至战国时代，德刑并用、赏罚并用的治国理念已经成熟，韩非子称之为"二柄"，认为这是社会治理的两个抓手，倘若失去了它们，上下秩序会混

---

[1] 顾颉刚、刘起釪：《尚书校释译论》第二册，中华书局 2005 年版，第 875 页。

[2] 伏尔泰，《风俗论》，梁守锵译，商务印书馆 2006 年版，第 251 页。

乱，甚至导致"君反制于臣"的被动局面。《韩非子·二柄第七》上说："明主之所导制其臣者，二柄而已矣。二柄者，刑、德也。何谓刑德？曰：杀戮之谓刑，庆赏之谓德。为人臣者畏诛罚而利庆赏，故人主自用其刑德，则群臣畏其威而归其利矣……今人主非使赏罚之威利出于己也，听其臣而行其赏罚，则一国之人皆畏其臣而易其君，归其臣而去其君矣，此人主失刑德之患也。夫虎之所以能服狗者，爪牙也，使虎释其爪牙而使狗用之，则虎反服于狗矣。人主者，以刑德制臣者也，今君人者释其刑德而使臣用之，则君反制于臣矣。"

当代西方学者也发现社会组织中"赏罚分明"的重要性，这是一种选择性激励（selective incentives）机制，就是对为集团利益作出贡献的个人给予额外的收益，如奖金、红利、荣誉等；对于违背集体利益的行为，则要进行多种形式的惩罚或法办，这样才能更好地增进集团共同利益。整体上，西方学界的这类研究才开始不久，无论在理论上，还是在实践中都无法和中华治道相媲美，但仍值得我们关注和学习。感兴趣的读者可参阅公共选择理论主要奠基者，美国马里兰大学经济学教授曼瑟尔·奥尔森（Mancur Olson, 1932–1998）的《集体行动的逻辑》一书，该书首版于1965年，中文版由格致出版社2014年出版。

**原文：**

"左不攻于左①，汝不恭命②；右不攻于右③，汝不恭命；御非其马之正④，汝不恭命。用命⑤，赏于祖⑥；弗用命，戮于社⑦，予则孥戮汝⑧。"

**注释：**

① 左：车兵有左中右，左兵用弓箭射击。攻：善，引申为有效杀敌。

② 命：一般认为是夏启的命令，理解为天剿绝有扈氏的命令更合适。

③ 右：车兵有左中右，右兵用戈矛击杀敌人。

④ 御：车兵中位是御者。正：治，指驾驭战车的技术。

⑤ 用命：执行或完成。

⑥ 祖：祭祀祖先的宗庙。

⑦ 社：祭祀土地的神社。

⑧ 孥：同"奴"，指降为奴隶。戮：杀。

**语译：**

（夏王启说）"战斗就要开始，战场上左兵要用弓箭杀敌，右兵要用戈矛杀敌，御者要正确驾驶战车。如果你们不努力杀敌，不仅是违背我的命令，更是违背天命。努力杀敌者，我将在祖庙奖赏你们。没有努力杀敌者，等待你们的是在神社前降身为奴，或被刑杀。"

# 商　书

## 汤誓

### 一、中华大一统国家结构形式比西方联邦制更为高度发展

**经义：**

《汤誓》是商王朝建立者商汤灭夏、鸣条决战前的誓师词。同《甘誓》一样，汤也以"天命"名义进行讨伐。在中国文化中，"天命"不是抽象的，而是表现为具体行为——下文商汤历数了夏桀的暴行。

大而言之，中国历史分为两大阶段，一是秦汉以前，夏商周三代是以众多诸侯为地方行政单位的政治—文化共同体；二是秦汉以后诸朝代，是以中央直接统治的郡县为地方行政单位的政治—文化共同体。诸侯与郡县的不同在于：诸侯有相对独立的自治权，政治权力的转移是世袭的。郡县则直接由中央政府任命的行政官员管理，与当代官僚制度相似。

同西方政治组织形态比较，三代诸侯更像当代联邦中的"邦"，不似欧洲中世纪极为独立的"封建诸侯"。因为三代就有了大一统的制度设计，中央政府对地方诸侯有相当大的权力——涉及方方面面。如《虞书·尧典》所示，大舜王朝存在管理各种事务的官员。比如汤的先祖契，辅佐大禹治水有功，所以被封为主管民事教化的司徒。

契的封地在商地，被赐予子姓，这是商朝之所以称商，作为诸侯兴起的起点。司马迁《史记·殷本纪》说："封于商，赐姓子氏。契兴于唐、虞、大禹之际，功业著于百姓，百姓以平。"

据《殷本纪》所记世系，可知汤是契的十四世孙。可见，夏与商并列存在，只不过在夏朝，商是夏的诸侯之一，夏则为政治共同体的核心。

代商的周也是这样，周人的祖先叫后稷，名弃，是帝尧王朝的农师，被帝舜封于邰地，姓姬。

夏、商、周三代空间上并存、时间上继起。商人兴起，夏周则成众多诸侯之一，周人兴起，夏商则为众多诸侯之一。《史记·殷本纪》记述武王伐纣胜利后一系列安抚政策，重要一项就是封商纣王的儿子继承殷人的祭祀，其他商人后代也获封为从属于周的诸侯。因为商朝建立后，分封其子弟，后来这些人以国为姓，包括有殷氏、来氏、宋氏、空桐氏、稚氏、北殷氏、目夷氏。《史记·殷本纪》载："释箕子之囚，封比干之墓，表商容之闾。封纣子武庚禄父，以续殷祀，令修行盘庚之政，殷民大说……而封殷后为诸侯，属周。"

夏商周"诸侯联邦"的政治—文化共同体集权程度取决于中央政权的强弱。我们读《史记·殷本纪》就会清楚地看到，每当中央政府混乱衰弱之际，"殷道衰""殷衰"之时，就会"诸侯或不至""诸侯莫朝"。

《战国策·齐策四》记载："古大禹之时，诸侯万国……及汤之时，诸侯三千。"《吕氏春秋·离俗览·用民》更详细说："当禹之时，天下万国，至于汤而三千余国，今无存者矣。"商末，武王伐纣会于盟津的诸侯就达八百之多，可见三代诸侯林立，并有不断统一的趋势。后经春秋战国，秦汉将中国凝聚为难以裂解的政治—文化共同体，绵延至今！

这是符合人类政治共同体复杂化历史大趋势的——先贤将这种大一统、天下为公的政治形态称为王道、大道，那是数千年来国人不变的理想！

在此意义上，大一统的中华治道符合世界历史发展大势——中华大一统国家结构形式比西方联邦制更为高度发展！

**原文：**

王曰①："格尔众庶②，悉听朕言③。非台小子④，敢行称乱⑤！有夏多罪⑥，天命殛之⑦。"

**注释：**

① 王：商汤，他率军灭夏，两军对决于鸣条，战前召开誓师大会。

② 格：来。尔：你们。众庶：大家，全军将士。

③ 悉：全。朕：我，指商汤。

④ 台（yí）：我。小子：商汤的自谦称谓。

⑤ 称：举，发动。乱：叛乱，造反。

⑥ 罪：祸殃。

⑦ 殛（jí）：诛杀。

**语译：**

　　鸣条之战前，商汤召开誓师动员大会。他说：大家到这里召开誓师大会，都要认真听我讲话。不是我商汤斗胆要灭夏，而是夏桀给人民带来无穷祸患，是上天命令我们终结夏桀的统治。

# 二、"仁民而爱物"的"大人"境界

**经义：**

　　在中国文化中，人的最高境界不仅是"正己"，还要延及鸟兽草木，自然万物，"正物"，这种人被称为"大人"。

　　孟子将人分为四等：一是那些只会取悦权势、逢迎上级的小人，佞臣；二是安定国家的忠臣；三是能够践行正义、走正确路线的"天民"；四是修正自己又泽及万物的"大人"。《孟子·尽心上》说："有事君人者，事是君则为容悦者也；有安社稷臣者，以安社稷为悦者也；有天民者，达可行于天下而后行之者也；有大人者，正己而物正者也。"

　　孟子还对君子、亲戚、百姓、万物的关系作了说明，从中我们能看到中国人生态的、博大的、圆融的人文境界——修身、齐家、治国、平天下、化万物一以贯之。孟子指出，君子对于自然万物，要爱惜节用而不必施予仁德；对于百姓，则普施恩泽但不必视作亲人。君子首先要亲近亲人，进而把恩泽普施百姓；恩泽普施百姓，进而爱惜节用万物。《孟子·尽心上》说：

111

"君子之于物也，爱之而弗仁；于民也，仁之而弗亲。亲亲而仁民，仁民而爱物。"

朱熹《四书集注》解释"物"与"爱"："物，谓禽兽草木。爱，谓取之有时，用之有节。"在先贤的礼义原则和制度设计中，人不仅要"保护环境"，更要"统理天地"，实现人的物欲与自然资源间的动态平衡，维系生态的可持续发展，就是《荀子·礼论》所说的："使欲必不穷于物，物必不屈于欲，两者相持而长，是礼之所起也。"《中庸》也说："唯天下至诚，为能尽其性；能尽其性，则能尽人之性；能尽人之性，则能尽物之性；能尽物之性，则可以赞天地之化育；可以赞天地之化育，则可以与天地参矣。"

商汤是一位既能舍身造福百姓，又能参赞天地化育的伟大圣王——他真正做到了"仁民而爱物"。

战国秦汉间流传着不同的《汤誓》版本，其中《国语·周语上》引《汤誓》"余一人有罪，无以万夫；万夫有罪，在余一人。"根据其他典籍记载，这是商汤在桑林的祈祷。当时商朝刚建立，却遇到大旱，连续五年没有收成。商汤于是来到国都城外的桑林，向上天祈祷："我一个人的罪过，请不要累及万民。天下百姓的罪过，惩罚都加在我身上，不要因我一个人的过失，让天下人受惩罚。"他还以自己做牺牲，断发、以木夹手指，向上天祈福，结果大雨真下来了。《吕氏春秋·季秋纪·顺民》说："昔者商汤克夏而正天下，天大旱，五年不收。汤乃以身祷于桑林曰：'余一人有罪，无及万夫；万夫有罪，在余一人。无以一人之不敏，使上帝鬼神伤民之命。'于是剪其发，枥其手（枥，压挤，枥手是古代的一种刑罚——笔者注），以身为牺牲，用祈福于上帝。民乃甚说，雨乃大至。"

我们能看到商汤牺牲自己，为民请命的大公无私精神。这是真正的"仁民"，而不是对人民施以小恩小惠。灭夏会耽误农时，花费巨大人力物力，自然会遭到一部分人的反对。面对大炮与黄油、军事与民生间的选择，商汤为天下人的长远利益，义无反顾去讨伐夏桀。

《史记》还记载了这样一件事，商汤有一次看到野外有人四面张网祈祷："天上地下的都入我罗网！"他听到后说，这不是一网打尽猎物吗。商汤于是要那人撤去三面网，并祈祷："要向左的向左跑，向右的向右跑，不听命又无主张的，就到我网里来吧！"天下众诸侯听说这件事，都说："汤的德行太伟大了，禽兽都顾及到了。"《史记·殷本纪》载："汤出，见野张网四面，祝曰：'自天下四方皆入吾网。'汤曰：'嘻，尽之矣！'乃去其三面，祝曰：'欲左，左。欲右，右。不用命，乃入吾网。'诸侯闻之，曰：'汤德至矣，及禽兽。'"

后来，"德及禽兽""爱物"发展为中国古典经济学重要的基本原则：自然原则，根据自然的生产能力安排人类的生产生活，节制资本、节制消费、节制欲望——感兴趣的朋友可以参阅拙著《国富新论》第四章"中国古典经济学轻重之术三原则"，该书由中央编译出版社 2013 年出版。

将生态纳入经济生活范畴，让天地万物都生生不息，只有这样，人类社会才能可持续发展——这是中华文明的高明伟大之处，也是她绵延数千年的重要文化基因。

**原文：**

"今尔有众<sup>①</sup>，汝曰：'我后不恤我众<sup>②</sup>，舍我穑事而割正夏<sup>③</sup>？'予惟闻汝众言<sup>④</sup>，夏氏有罪，予畏上帝，不敢不正<sup>⑤</sup>。今汝其曰：'夏罪其如台<sup>⑥</sup>？'夏王率遏众力<sup>⑦</sup>，率割夏邑<sup>⑧</sup>。有众率怠弗协<sup>⑨</sup>，曰：'时日曷丧<sup>⑩</sup>？予及汝皆亡<sup>⑪</sup>。'夏德若兹，今朕必往。"

**注释：**

① 众：众多反对对夏用兵的人。

② 后：王，指商汤。恤：忧虑。

③ 割（hé）：曷，疑问代词，怎么，如何。

④ 惟：表示强调。

⑤ 正：纠正，指灭夏之举。

⑥ 台（yí）：何，什么。

⑦ 夏王：指夏桀。率：相率。遏（è）：绝，禁。众力：民力。

⑧ 率：轻率，肆意。割：剥削。

⑨ 有众：指夏民。率：都，全。怠：倦怠，指夏民不满夏桀的统治。协：和。

113

⑩ 时日：时通"是"，这。日：太阳，以太阳喻夏王。曷：何，什么时候。
　　丧：消失。

⑪ 皆：都，一起。

**语译：**

　　（王说）"我们当中有人反对灭夏义举，他们说：'我王不顾念商人的生产生活，兴兵灭夏会影响农业生产，没有粮食，商人怎么活呢？'我理解反对者的意见，但夏桀的统治让人民身处水深火热之中，结束其统治是上天交给我们的使命，我敬畏上天之命，不敢不兴此义举。反对者会有疑问：'夏桀到底有何罪过？'他屡兴大役，耗尽民力，肆意剥削夏民，人民已经对夏桀丧失信心，不再支持他。夏民们无奈地说：'这残暴的统治何时结束呢！我都想与你同归于尽。'夏桀已站在人民的对立面，这就是他的罪过。灭夏势在必行，一定能胜利！"

## 三、仁者不忘战——外用上磨炼才会提升内在智慧

**经义：**

　　本节商汤誓师前重申军纪，严格赏罚，此古今通例。

　　有儒者天真地认为商汤这样的圣王一出，天下就会太平，哪里用什么战略战术、奴役刑杀。这种"道德万能论"影响极大——仿佛人只要内在修养（内圣）就行了，外在功业（外王）自然会来，不需求取、谋划。殊不知，内外不二，只有在外用上磨炼，才会不断提升内在智慧。

　　这种偏见从孟子就开始了，其负面影响极大。

　　冷兵器时代，大规模战争十分残酷，死伤也大，有时血流成河，简直能浮起捶衣捣物的木杵，史官就曾用"血流漂杵"形容周灭商牧野之战的残酷。但孟子却认为仁者一出，天下就没有对手，周武王那样极仁道的人去讨伐商纣王这样极不仁道者，必如秋风扫落叶一般，怎么会血流漂杵呢？所以他对《尚书》中相关记载大不以为然，认为少信为妙。如果全信《尚书》，还不如没有《尚书》。《孟子·尽心下》记孟子言："尽信《书》，则不如无

《书》。吾于《武成》，取二三策而已矣。仁人无敌于天下，以至仁伐至不仁，而何其血之漂杵也？"

南宋朱熹《四书章句》折中《尚书》和《孟子》，天真地认为是商纣王前面的部队倒戈了，想逃跑，所以不得不杀死后面的人，商人互相残杀，才导致"血流漂杵"，牧野之战中周人的角色仿佛是看客。《四书章句》说："《武成》言武王伐纣，纣之'前徒倒戈，攻于后以北，血流漂杵'。孟子言此则其不可信者。然《书》本意乃谓商人自相杀，非谓武王杀之也。"

至宋代，《逸周书》被排除于《尚书》之外。我们读可能是真《武成》的《逸周书·世俘解》，就知道武王灭商，光灭掉的方国就有99个，杀人近十八万——这还是周人自己提供的数字。

"故国虽大，好战必亡；天下虽安，忘战必危""有文事者，必有武备"，若真"仁者无敌"，徐偃王为何"好行仁义"反而为楚所灭？

但在孟子那里，战争、武备似乎成了大罪！孟子的逻辑是，天下百姓都在等着仁者去征服，哪里还会有抵抗，所以战争不可能发生。他说："有人曰：'我善为陈，我善为战。'大罪也。国君好仁，天下无敌焉。南面而征，北狄怨；东面而征，西夷怨。曰：'奚为后我？'"（《孟子·尽心下》）

史实显示：商汤灭夏做了大量准备工作，战略战术都很高明。鸣条决战也是以征伐昆吾的名义开始的，这当然有益于麻痹夏桀。《史记·殷本纪》说："当是时，夏桀为虐政淫荒，而诸侯昆吾氏为乱。汤乃兴师率诸侯，伊尹从汤，汤自把钺以伐昆吾，遂伐桀。"

另据本篇《书序》："伊尹相汤伐桀，升自陑（ér，具体位置众说纷纭——笔者注），遂与桀战于鸣条之野，作《汤誓》。"孔安国认为此乃迂回战术："汤升道从陑，出其不意。"这让宋儒大为不快，认为"仁义之师，不会用诈术，不应当'出其不意'。"

诸君试想，这样迂腐天真、不识时务的经学观点大行其道——国家怎能不衰弱！

学术乃一代之元气，学术弱则国弱，学术强则国强——吾信之矣！

**原文：**

"尔尚辅予一人①，致天之罚。予其大赉汝②！尔无不信，朕不食言。尔不从誓言，予则孥戮汝③，罔有攸赦④。"

**注释：**

① 尚：尊崇，引申为重视。辅：辅佐。予一人：商汤的自称。
② 赉（lài）：赏赐。
③ 孥：奴隶。戮：诛杀。
④ 罔：不。攸：所。

**语译：**

（王说）"全体将士们，要充分认识到你们协助我亡夏之举的意义。你们不是亡夏，是替天行道。灭夏胜利之后我会重重奖赏你们，决不食言！如果有人违背誓言，消极作战，我或者将其降身为奴，或者用刑惩罚他，绝不宽恕！"

# 盘 庚 上

## 一、神不胜道，妖不胜德——商代人文观念革命

**经义：**

《礼记·表记》中孔子说，商朝人崇信鬼神，国君率领百姓尊奉鬼神，社会生活中重视鬼神然后才重礼，重视惩罚然后才是奖赏，所以殷人政教尊卑有序而血缘宗法不重。"（子曰）殷人尊神，率民以事神，先鬼而后礼，先罚而后赏，尊而不亲"。

加上出土的商代大量甲骨文及青铜礼器，于是一些学者断言：商人迷信鬼神祖先，而周人重视人文道德。

这是对文献资料和考古资料的误读。正是有商一代，先贤明确提出"妖

不胜德"，人类从此在根本上由"以神为本"走向"以人为本"，它是一场伟大的人文观念革命！

事实是，夏商周三代都重视天地鬼神的祭祀，都重视卜筮，并不敢以私心亵渎上天。《礼记·表记》中孔子还说："昔三代明王，皆事天地之神明，无非卜筮之用，不敢以其私，亵事上帝。"说殷人"先鬼而后礼"，只是相对于夏周两朝"事鬼敬神而远之，近人而忠焉"说的，并不是说夏人和周人就不崇信鬼神了。

三代先贤崇敬鬼神，却不迷信鬼神，这是其高明之处。本节中，盘庚迁都是关系商人生死存亡的理性决策，所以根本没用卜筮，也不需要卜筮，所谓"卜以决疑，不疑何卜？"。(《左传·桓公十一年》)

自人类诞生之初直到三代以前，人类社会本质上都是"以神为本"的社会，是神，而非人才是社会的中心——21世纪的今天，这仍是世界其他文明的普遍特点。正是商代先贤，明确提出"妖不胜德"的观念，这里的"德"，指治道，社会治理路线。

据《史记·殷本纪》，商代中兴之主太戊时期，首都朝堂上有怪异的桑树和穀树长在一起，一晚上就长成双手合围那么粗。太戊很害怕，就询问宰相伊陟。伊陟说："我听说妖魔鬼怪无法战胜良好的德行，难道是您的政教还有缺点吗？您努力修正治道、德行才是。"太戊听从了他的建议，那怪树就枯死消失了。文中说："帝太戊立伊陟为相。亳有祥桑穀共生于朝，一暮大拱。帝太戊惧，问伊陟。伊陟曰：'臣闻妖不胜德，帝之政其有阙（阙同"缺"，缺点、过失——笔者注）与？帝其修德。'太戊从之，而祥桑枯死而去。"

春秋时，先贤进一步提出"神不胜道，妖不胜德"的概念。《新序·杂事二》记载，春秋五霸之一的晋文公重耳有一次外出打猎。开路的人报告："前方有一条大蛇，如堤坝一样高大，横在路上过不去了。"文公认为这是上天用大蛇来警告自己，就下令掉转车头回去。开路的人很奇怪，为何不把那条蛇赶走呢？文公说："不是这样的。神灵不会凌驾于有道之君，妖孽不会凌驾于有德之人。殃祸还没有发生，还是可以化解的。"（晋文公原话："不然，夫神不胜道，而妖亦不胜德，祸福未发，犹可化也。"）于是他回到都城，斋戒三天，改掉恶习，施行诸多善政，结果负责看守大蛇的官吏梦见上天杀死了大蛇，醒来一看大蛇已经腐烂发臭了。

故事有些传奇、甚至有太多神话色彩，但其表现的人道重于天道，人重于神的观念是明确的。

"神不胜道""妖不胜德"观念是人类人文理性觉醒的重要里程碑。在此意义上，商人的贡献是巨大的——包括《尚书·盘庚》在内的商代历史告诉我们，有商一代到处闪烁着人文精神的光芒！

## 原文：

盘庚迁于殷①，民不适有居②，率吁众戚出矢言③。曰："我王来，既爰宅于兹④，重我民，无尽刘⑤。不能胥匡以生⑥，卜稽曰其如台⑦？先王有服⑧，恪谨天命⑨，兹犹不常宁⑩；不常厥邑，于今五邦。今不承于古⑪，罔知天之断命⑫，矧曰其克从先王之烈⑬！若颠木之有由蘖⑭，天其永我命于兹新邑⑮，绍复先王之大业⑯，底绥四方⑰。"

## 注释：

① 盘庚：商汤十世孙，商朝的第二十任君王，为躲避水患，将国都迁移到殷地。殷：盘庚以后的国都，今河南省安阳市殷墟。

② 适：喜欢。有居：新国都殷，有是虚词，无实义。

③ 率：因此。吁（yù）：呼。戚：贵戚。矢：陈述。

④ 爰（yuán）：易。兹：代词，此，指殷地。

⑤ 刘：杀。

⑥ 胥：互相。匡：救助。

⑦ 卜稽：占卜。曰：语助词。其如台（yí）：那又能怎样？

⑧ 服：法令制度。

⑨ 恪：敬。谨：顺从。天命：指尊重占卜的结果。

⑩ 兹：这样。犹：仍然。宁：安。

⑪ 承：继承。古：以往先王的做法。

⑫ 罔：不。断：裁决、决定。

⑬ 矧（shěn）：何况。曰：语助词。克：能够。烈：功业。

⑭ 颠木：仆倒或枯死的树木，比喻旧都。由蘖：由，枯木生出新枝，蘖，被砍伐树木的残根生出新芽，由蘖比喻新都。

⑮ 永：长。新邑：新都殷。

⑯ 绍：继续，复：复兴。

⑰ 厎（zhǐ）：定。绥：安。

**语译：**

　　商王盘庚为躲避洪水灾害迁都到殷地，筚路蓝缕，劳务繁重，很多人产生负面情绪，抱怨迁都之举。盘庚于是召集贵戚近臣，一起来做民众的思想工作，说道："我们迁徙于此，重建家园，正是为了保护大家免受洪水的伤害，过上更好的生活。但是，现在有些人不团结协作，共克时艰，迷信占卜是不对的！占卜了又怎样？历代先王们敬畏天命，重视占卜，仍无法安居要不断迁都，至今已有五次。可见，面对重大困难，先王们更依赖自己的战略战术，而不是盲目迷信占卜。今天，我们不继承先王们善于谋划随机应变的精神，不安心建设新家园，又怎会知道离旧地迁新都就是天命呢？不迁新都，我们会长期困于水患，何谈发扬先王的功业？如同朽木会生新枝，此地亦大有希望，上天将助我们在新都国运绵长，光复先王事业，安定四方百姓！"

## 二、理解中国社会的三把钥匙：元首、官员、民众

**经义：**

　　过去一百多年来，西方学术在中国泛滥成灾——学人习惯用基于欧洲经验的西方人文知识体系解读中国现实，由于欧洲历史和中国历史各自的特殊性，导致这种解读驴唇不对马嘴，误人误国甚深。

　　欧洲历史上没有形成中国这种吸纳社会各阶层的强有力中央集权体制，即使从公元前30年屋大维消灭埃及托勒密王朝开始的、长达200年的罗马和平（拉丁语：Pax Romana）时期，各地仍有很大自治权，且大量奴隶处

119

于非公民地位；公元476年西罗马灭亡后欧洲长期处于分裂之中，地方以封建诸侯或民族国家形态各自为政，战火连绵，直到21世纪俄乌战争如火如荼。

欧洲缺乏强有力的中央集权，导致其政治和生产资料难以分开，政治家很容易成为地主或资产阶级的代言人，剥削压迫广大农民、工人。这样，一个社会两分为统治者与被统治者，剥削阶级和被剥削阶级——二者常处于冰火两重天的生活状况，处于冰火不相容的斗争中！

中国长达数千年的大一统中央集权体制不是这样，它包括三个维度：元首、官员、民众。元首是代表社会整体利益（人民、社稷）的最高政府首脑；官员是相对独立的，不直接占有生产资料的职业官僚集团；民众则是从事社会生产交换的农、工、商，以及知识分子阶层。把握这三个阶层的特点及三者间的有机联系，是理解中国社会的钥匙。

对于大一统社会中的官僚集团的特点，李晓鹏博士指出："这个集团并不能仅仅看成是地主或资本家的奴仆，他们会产生自己独立的利益，反过来控制经济体系而不是被经济体系所控制。他们并不是被动地等着地主或商人来送钱，然后提供服务。他们可以把没有背景的地主或商人送进监狱，然后自己来兼并土地和控制商业，在这个过程中完全占据主动和主导的地位。"[1]

数千年来，先贤强调官僚集团治理的核心地位，特别要防止行政官员与各类资本结合，导致社会失衡，剥削（兼并）兴起，国家社会的分裂败亡。这是过去两千年朝代兴亡的教训，李晓鹏博士总结道："西汉、东汉亡于贵族豪强（门阀地主），唐朝亡于军事豪强（军阀藩镇），宋明亡于文官豪强（文官与大地主大资本的结合）。虽然有差别，但本质是差不多的，核心都是官僚体系（勋贵、武将、文官）失去控制，不再满足于从合法的政府税收中获得收入，而是自己去控制经济体系，获得独立的经济基础，形成对上抗拒皇权、对下欺压百姓的豪强权贵集团，使民不聊生、国家分裂、王朝灭亡。"[2]

---

① 李晓鹏：《从黄河文明到"一带一路"：王朝覆灭的历史宿命》，中国发展出版社2016年版，第393页。

② 李晓鹏：《从黄河文明到"一带一路"：王朝覆灭的历史宿命》，中国发展出版社2016年版，第392页。

本节中商王盘庚严厉警告贵戚大臣不能出于私心为谋私利而妖言惑众，也是节制官僚集团，防止其演化为特殊利益集团，进而反对长治久安的迁都大事。战国时，韩非子将以"治吏"为关键的中华治道总结为："故吏者，民之'本''纲'者也，故圣人治吏不治民！"（《韩非子·外储说右下》）

中国数千年演化的大一统政治组织形态有其特殊性，不能照抄基于西方历史经验的社会治理方法和学术分析方法——那不是实事求是的态度。

## 原文：

盘庚斅于民①，由乃在位②，以常旧服，正法度③，曰："无或敢伏小人之攸箴④。"王命众，悉至于庭⑤。

王若曰："格汝众⑥，予告汝训汝，猷黜乃心⑦，无傲从康⑧。

"古我先王，亦惟图任旧人共政⑨。王播告之脩⑩，不匿厥指⑪，王用丕钦⑫。罔有逸言⑬，民用丕变⑭。今汝聒聒⑮，起信险肤⑯，予弗知乃所讼⑰！非予自荒兹德⑱，惟汝含德⑲，不惕予一人⑳。予若观火㉑，予亦拙谋㉒，作乃逸㉓。

"若网在纲㉔，有条而不紊㉕。若农服田力穑㉖，乃亦有秋㉗。汝克黜乃心㉘，施实德于民㉙，至于婚友㉚，丕乃敢大言㉛，汝有积德！乃不畏戎毒于远迩㉜，惰农自安㉝，不昏作劳㉞，不服田亩，越其罔有黍稷㉟。"

"汝不和吉言于百姓㊱，惟汝自生毒㊲。乃败祸奸宄㊳，以自灾于厥身㊴。乃既先恶于民㊵，乃奉其恫㊶，汝悔身何及！相时憸民㊷，犹胥顾于箴言㊸，其发有逸口㊹，矧予制乃短长之命㊺！汝曷弗告朕而胥动以浮言㊻，恐沈于众㊼，若火之燎于原，不可向迩㊽，其犹可扑灭？则惟汝众自作弗靖㊾，非予有咎㊿！"

## 注释：

① 斅（xiào）：教导。

② 由：通"迪"，导，开导。在位：众贵戚大臣。

③ 正：整顿。

④ 无：勿，不允许。或：有的人。伏：隐匿。小人：普通民众。攸：所。箴（zhēn）：规诫。

⑤ 庭：商王的宫殿。

⑥ 格：来。

⑦ 猷：为了。黜（chù）：除去。乃：你们。心：指私心。

⑧ 傲：傲慢。康：安逸。

⑨ 惟：助词，强调语气。图：谋划，考虑。旧人：世代做官的人。共政：共理政事。

⑩ 王：历代先王。播告：治国政令的公布。修：治理。

⑪ 匿：隐瞒。厥：代词，指先王。指：通"旨"，旨意。

⑫ 用：因此。丕（pī）：大。钦：敬重。

⑬ 罔：没有。逸：错误。

⑭ 变：化。

⑮ 聒聒（guō）：大喊大叫。

⑯ 起：兴，编造。信：通"伸"，申述。险：邪恶之言。肤：肤浅之言。

⑰ 乃：汝，你们。讼：争论。

⑱ 荒：乱，败。德：政令的真正意图。

⑲ 含：有二说，一说通"舍"，舍弃；一说是藏，指错误理解政令的意图。

⑳ 惕：通"施"，实行。

㉑ 观：通"爟"（guàn），火炬。

㉒ 拙：通"灶"（zhuō），烟气盛而火不旺，比喻谋事不明。

㉓ 作：导致。乃：你们。逸：放纵。

㉔ 纲：系网之大绳。以网喻臣，以纲喻君。

㉕ 紊：乱。

㉖ 服：治，指劳作。力：尽力。穑：收获庄稼，指农业生产。

㉗ 乃：才。亦：语助词。秋：秋天，指秋季丰收。

㉘ 乃心：你们的私心。

㉙ 施：实行。实德：实实在在的事情。

㉚ 婚：婚姻，指亲戚。友：僚友，指同僚。

122

㉛ 丕乃：乃，才。大言：理直气壮地说。

㉜ 乃：你们。戎：大，严重。毒：害。迩：近。

㉝ 惰：懒惰。农：农事。安：安逸。

㉞ 昏：通"暋"（mǐn）：努力。

㉟ 越：有二说，一是语助词，一是介词在，均通。其：代词，指农田。罔：不。

㊱ 和：宣。吉言：好话，指支持迁都的话。

㊲ 惟：是。

㊳ 乃：你们。败：败露。祸：灾祸。奸宄（guǐ）：作恶在外为奸，在内为宄。

㊴ 灾：害。厥身：你们自己，指贵族大臣们。

㊵ 乃：你们。先恶于民：先，引导。引导恶事到民众，相当于"导民于恶"。

㊶ 乃：你们。奉：承受。恫：痛苦，惩罚。

㊷ 相：看。时：通"是"，那些。憸（xiān）民：小人。

㊸ 犹：尚且。胥：相。顾：顾忌。箴言：规谏之言。

㊹ 其：表示假设的连词，即使。逸：过错。

㊺ 矧：何况。制：操纵，掌握。乃：你们。短长之命：即命之短长。

㊻ 曷：何。朕：指盘庚主张迁殷的真正意图。胥：相。浮言：肤浅之言。

㊼ 恐：恐惧，混乱。沈：深，严重。

㊽ 向：朝着，对着。迩：近。

㊾ 惟：因为。靖：善。

㊿ 咎：过错。


**语译：**

　　商王盘庚教化民众，选择从身居官职的贵戚大臣着手，以维持优良传统，整肃法度秩序。他郑重宣告："不能让少数人歪曲了我对民众的劝诫！"并命令贵戚大臣们到王庭开会，发表重要讲话：

　　"今天召集大家，首先有两点告诫：第一，要去除私心，尽职为公；第二，不可傲慢懈怠，贪图安逸。

　　"我朝历代先王，均亲近重视贵族旧人，委任他们官职，共同治理国家。过去的贵族官员不歪曲先王旨意，不发表错误言论，认真执行各项政令，使民生大为改善，受到先王敬重。现如今你们却对迁都议论纷纷，出言随意，肤浅又险恶，我实在无法理解你们的诉求和理由。迁都势在必行！不是我盘庚败坏先王德政，而是你们枉顾迁都大义，曲解政令，不执行我的重大决定。我对此洞若观火，只是之前未做计较，致使你们言行放逸。

"君臣关系犹如网之于纲，网只有系在纲上才不会打结，臣子只有团结拥护君上，国家治理才会有条不紊。农民只有在春天辛勤播种耕作，才能在秋天获取丰收。你们只有克己奉公，切实为普通民众和亲友们纾困解难，才有底气说自己做出了贡献，积累了德行。现在你们空口妄议，毫不顾忌即将到来的严重后果。若民众受你们影响，贪图安逸，荒废农事，不辛勤劳作，不努力耕种，哪里来的收成呢？

"你们之前不好好做民众的思想工作，故意扰乱民心，自埋祸根。如今恶行败露，恶果显现，终将引火上身。你们理当受罚，后悔无用！看看那些普通小民，他们虽然也说过一些不当的话，但还会顾及我的训诫，你们为何还不如他们？何况我握有生杀大权！你们不向民众传达解释我的指示，反而妖言惑众，操纵民意来对抗迁都的决定。民心动荡如星火燎原，一旦造成不可收拾的严峻局面，那也是你们多行不义，咎由自取，不是我的过错！"

## 三、依法治国——商朝以黄老、法家精神治国

**经义：**

无论亲疏，循名责实，赏功罚罪，依法治国，一断于法，这种法家精神，在本节中展现得淋漓尽致！

据《史记·殷本纪》，商代开国谋臣伊尹曾对商汤"言素王及九主之事，汤举任以国政"，显然，"素王""九主"思想在商代兴起灭夏的过程中起了重要作用。但到底什么是"素王"及"九主"，长期以来学人只能猜想。比如南朝宋裴骃《史记集解》引西汉刘向《别录》称："九主者，有法君、专君、授君、劳君、等君、寄君、破君、国君、三岁社君，凡九品，图画其形。"司马贞《索隐》还做了进一步阐释，今天看来，多属臆测。

直到 1973 年长沙马王堆汉墓出土帛书《九主》，我们才知道，《九主》的核心思想是黄老—法家，九主实际上只有七个名称，即法君、专授之君、劳君、半君、寄主、破邦之主、灭社之主。后两种"破邦之主"与"灭社之主"各有两类，合起来称为"九主"。

中国法治的来源与宗教无关，而是来自对宇宙人事普遍法则的遵从。什么是法君？《九主》说："法君者，法天地之则者。""主法天，佐法地，辅臣法四时，民法万物，此谓法则。"

除了法君，其余八种通称为"八商"，即八种应当指责、批判的对象，按错误类型分为"过在主者""罪在臣者""臣主同罪者"。这些过错都与臣下被授予特权（专授），政出私门，导致中央集权弱化有关。黄老经典《管子》对于"专授"论述详细。《管子·明法》认为它会导致社会大失序："所谓治国者，主道明也；所谓乱国者，臣术胜也。夫尊君卑臣，非计亲也，以势胜也；百官识，非惠也，刑罚必也。故君臣共道则乱，专授则失。"《管子·明法解》进一步阐释国家领袖大权旁落、政出多门之祸："夫生杀之柄专在大臣而主不危者，未尝有也。故治乱不以法断而决于重臣，生杀之柄不制于主而在群下，此寄生之主也。故人主专以其威势予人，则必有劫杀之患，专以其法制予人，则必有乱亡之祸，如此者，亡主之道也。故《明法》曰：'专授则失'。"

中国历史的一个基本教训是：官僚集团蜕化为尾大不掉的特殊利益集团，法制混乱，中央衰弱，这是朝代灭亡的开始！

至于素王，汉代一般指具有帝王之德而未居帝王之位者，如孔子。具体说，就是尧那样的无为而治者。《庄子·天道》指出："夫虚静恬淡、寂漠无为者，万物之本也。明此以南乡（乡通"向"——笔者注），尧之为君也；明此以北面，舜之为臣也。以此处上，帝王、天子之德也；以此处下，玄圣素王之道也。"《周易·系辞下》也说："黄帝，尧舜，垂衣裳而天下治。"

帛书《九主》和刘向《别录》都记载《九主》有图示，马王堆汉墓竟然出土了"九主图"残片，现存长 19.6 厘米，宽 22.5 厘米。从中只能看清"灭社之主"等少量文字。但它仍十分珍贵，如图 4：

**图 4 马王堆汉墓"九主图"残片图**

图片来源：陈松长：《帛书"九主图残片"略考》，《文物》2007年第4期。

素王及九主的精神实质是以黄老－法家治国，是商朝兴盛的基础。难怪韩非子将伊尹看作与管仲、商鞅并列的法家人物，《韩非子·奸劫弑臣第十四》中说："治国之有法术赏罚，犹若陆行之有犀车良马也，水行之有轻舟便楫也，乘之者遂得其成。伊尹得之，汤以王；管仲得之，齐以霸；商君得之，秦以强。此三人者，皆明于霸王之术，察于治强之数。"《太平御览》卷四七二引太史公《素王妙论》："管子设轻重九府，行伊尹之术，则桓公以霸。"

韩非的老师荀子指出"刑名从商"，刑罚之名取法于商朝，足见商朝在我们法制史上的重要地位。商朝政治有明显的法家特征。蒙文通先生指出："非子以伊尹、管仲、商君为皆尚法术，则法家之从商，不亦宜乎……则《管子》《商君》并法伊尹，故韩非以伊、管并言，以为法术之士。则法家之自托于从商，推祖伊尹，犹墨家之法夏从禹，其事明矣。"[1]

法家，及法家所本的黄老皆与商朝政治密切相关。如墨家法夏、儒家法周，说法家法商还是有一定道理的。

儒家是中华立教之本，黄老—法家是中华立政之本——商朝在中国政治发展中的作用不容忽视，希望今后学人加强这方面的研究。

**原文：**

"迟任有言曰[1]：'人惟求旧，器非求旧，惟新。'古我先王暨乃祖乃父[2]，胥及逸勤[3]，予敢动用非罚[4]？世选尔劳[5]，予不掩尔善。兹予大享于先王[6]，尔祖其从与享之。作福作灾，予亦不敢动用非德。[7]"

"予告汝于难[8]，若射之有志[9]。汝无侮老成人[10]，无弱孤有幼[11]，各长于厥居[12]，勉出乃力[13]，听予一人之作猷[14]。

"无有远迩[15]，用罪伐厥死[16]，用德彰厥善[17]。邦之臧[18]，惟汝众；邦之不臧，惟予一人有佚罚[19]。

"凡尔众，其惟致告[20]：自今至于后日，各恭尔事[21]，齐乃位[22]，度乃口[23]。罚及尔身，弗可悔！"

**注释：**

① 迟任：古代贤人。

② 暨：与。乃：你们。祖：祖父。父：父亲。

③ 胥：相互。及：与。逸：安乐。勤：勤苦。

④ 敢：岂敢。非罚：不合法度的惩罚。

⑤ 选：通"纂"，继。尔劳：你们祖先的功劳。

① 蒙文通：《古学甄微》巴蜀书社 1978 年版，第 230–231 页。

⑥ 享：祭祀。

⑦ 非德：没有道理的赏赐或惩罚。

⑧ 难：艰难。

⑨ 志：标靶，指射中标靶。

⑩ 无：不要。侮：欺侮。老成人：老年人与成年人。

⑪ 弱孤：轻视。有幼：年轻人。

⑫ 厥居：新居住地。

⑬ 勉：尽力。力：力量。

⑭ 予一人：指盘庚。作猷：或行或止。

⑮ 无有：不论。远迩：关系的亲疏。

⑯ 用：以。罪：刑罚。伐：惩罚。死：死亡，此处指错误。

⑰ 德：奖赏。彰：表彰。善：善行。

⑱ 臧：好。

⑲ 佚：过失。

⑳ 致告：转告。

㉑ 恭：奉。

㉒ 齐：整，严肃认真。位：职位，职责。

㉓ 度：通"杜"，杜塞。

## 语译：

"古代贤者迟任说过：'对人，要不忘恩情，多用故人；对器物，则不能抱残守缺，要开发创新。'历史上我的先王和你们的祖辈父辈，同甘共苦，合力奠定商朝基业。我岂敢忘恩负义，滥用刑罚呢？你们先辈们的善行功业，传承至今，我没有掩盖忽视。所以在举行国家祭祀大典时，诸位祖辈之灵也随历代先王同享祭拜。赐福或降祸，皆依天理法度，我也不敢擅自赏赐。

"我告诉你们什么是真正的艰难，就像射箭，开弓放箭容易，难的是射中靶心。我们迁都也是一样，要光大先王事业，不容易呀！所以首先要尊重民众，不要欺侮年长的人，也不要轻视年轻的人；其次要踏实下来，竭尽所能建设新家园；最后要服从我的统一指挥。

"不论亲疏，有失者受惩罚，有功者行奖赏。国家发展得好，功劳在你们大家，发展得不好，过错在我一人。

"所有人都要相互转告：从今以后，大家都要做好本职工作，严肃认真，管住自己的嘴，不非议不妄议。否则，等到刑罚临头，悔之晚矣！"

# 盘庚中

## 一、从中国古典政治学角度看，西方民主并非善政

**经义：**

据《尚书·盘庚》序，可知商王盘庚率领民众第五次迁都殷时，人们多埋怨他，于是后人写作《盘庚》三篇。"盘庚五迁，将治亳殷，民咨胥怨。作《盘庚》三篇。"

为何这样？因为一般民众常常只能看到眼前利益，而看不到长远利益；只看到暂时的安逸，而看不到长远危险。所以本节盘庚批评那些不愿迁都的民众："汝不谋长以思乃灾，汝诞劝忧。今其有今罔后，汝何生在上？"你们只顾眼前暂时的安逸，不谋划长远发展，不思考如何减少灾害，只是徒增烦恼。如果不迁都，眼下生活还能维持，但以后呢？希望在哪里？如果不迁都，水灾频繁，你们在这里怎么生活？

盘庚雄才大略，成为商人世世代代怀念的君王，直到周初依然如此。武王灭商后，让周公旦问殷商遗老，大家喜欢什么，希望什么，这些人都说："人民希望恢复盘庚时的政策"《吕氏春秋·慎大览》记载："命周公旦进殷之遗老，而问殷之亡故，又问众之所说（说通"悦"——笔者注），民之所欲。殷之遗老对曰：'欲复盘庚之政。'"

"论至德者，不和于俗；成大功者，不谋于众"。盘庚爱护民众，却不迎合民众，和他的先人一样"保民"，却不"适民"（迎合民众），这是中国重要的政治传统，也是当代东西方政治的重要分野所在！

129

西方政治社会常常在两极间摇摆。中世纪贵族垄断权利，人民几乎没有任何政治权利。17、18世纪欧洲启蒙运动时期，英国的霍布斯和洛克、法国的鲁索等人提出主权在民的观念，主权是公意的具体表现。这成为近代西式民主的理论基础。

问题是，一般民众并没有决策能力。为了竞选成功，候选人必须想办法迎合公众心理，这导致西方国家政策的短视，不惜为反对而反对，乃至流为民粹主义。

想一想，若当年盘庚一味迎合民众，历史还会有著名的"盘庚之政"吗？

早在两千多年前，伟大的政治思想家韩非子就注意到了近代社会心理学揭示的问题：民众作为整体存在时，智商会降低，和孩子一样，呈现情绪化、单纯和低智商等特征。哪怕是为了民众好，民众也不理解，如同给婴儿治病时，婴儿总要哭喊不停，因为孩子不懂一时的小痛苦能使他一生康乐。民众也常常看不到长远利益所在，只顾眼前利益，哪怕是长治久安之策，因为有损民众利益，他们也会反对。所以要寻求伊尹、管仲那样的圣明通达之士治国，如果处理政事时指望迎合民众，将是祸乱的开始。《韩非子·显学》说："欲得民之心而可以为治，则是伊尹、管仲无所用也，将听民而已矣。民智之不可用，犹婴儿之心也。夫婴儿不剔首（剔首，针刺头顶的穴位——笔者注）则腹痛，不揊痤（揊痤，pì cuó，割开毒疮——笔者注）则寖益（寖益，逐渐加重——笔者注）。剔首、揊痤必一人抱之，慈母治之，然犹啼呼不止。婴儿子（婴儿子，指幼儿——笔者注）不知犯其所小苦、致其所大利也。今上急耕田垦草以厚民产也，而以上为酷；修刑重罚以为禁邪也，而以上为严；征赋钱粟以实仓库，且以救饥馑、备军旅也，而以上为贪；境内必知介（介，铠甲，指军事——笔者注）而无私解（解，解除，免除兵役——笔者注），并力疾斗，所以禽（禽，通'擒'——笔者注）虏也，而以上为暴。此四者，所以治安也，而民不知悦也。夫求圣通之士者，为民知（知通'智'——笔者注）之不足师用。昔禹决江浚河，而民聚瓦石；子产开亩树桑，郑人谤訾；禹利天下，子产存郑人，皆以受谤；夫民智之不足用亦明矣。故举士而求贤智（贤智，指脱离实际的儒生——笔者注），为政而期适民，皆乱之端，未可与为治也。"

从中国古典政治学的角度看，当代西方民主政治并非善政，这是我们必须清楚的。

失去自己的判断，空谈普世价值——邯郸学步，必将匍匐而归！

**原文：**

盘庚作①，惟涉河以民迁②。乃话民之弗率③，诞告用亶④。其有众咸造⑤，勿亵在王庭⑥，盘庚乃登进厥民⑦。

曰："明听朕言⑧，无荒失朕命⑨。呜呼！古我前后⑩，罔不惟民之承保⑪。后胥戚鲜⑫，以不浮于天时⑬。殷降大虐⑭，先王不怀厥攸作⑮，视民利用迁⑯。汝曷弗念我古后之闻⑰？承汝俾汝⑱，惟喜康共⑲，非汝有咎比于罚⑳。予若吁怀兹新邑㉑，亦惟汝故㉒，以丕从厥志㉓。今予将试以汝迁㉔，安定厥邦㉕。

"汝不忧朕心之攸困㉖，乃咸大不宣乃心㉗，钦念以忱㉘，动予一人㉙。尔惟自鞠自苦㉚，若乘舟，汝弗济㉛，臭厥载㉜。尔忱不属㉝，惟胥以沈㉞。不其或稽㉟，自怒曷瘳㊱？汝不谋长以思乃灾㊲，汝诞劝忧㊳。今其有今罔后㊴，汝何生在上㊵？

"今予命汝一㊶，无起秽以自臭㊷，恐人倚乃身㊸，迁乃心㊹。予迓续乃命于天㊺，予岂汝威㊻，用奉畜汝众㊼。"

**注释：**

① 作：盘庚即位为商王。

② 惟：谋划。涉：渡。河：黄河。

③ 乃：于是。话：会合善言，开会宣传正确的主张。率：循，服从。

④ 诞：大。告：告诉。用：以。亶（dǎn）：真诚。

⑤ 咸：都。造：到达。

⑥ 勿亵：不安貌。

⑦ 登进：靠近。

⑧ 明：勉，尽力。

⑨ 荒：荒废。失：轻视。

⑩ 古：古代。我前后：我们的历代先王。

⑪ 罔：无。承：顺。保：安。

⑫ 后：商王。胥：通"谞"，知道。戚：亲戚，指商民。鲜：鲜明。

⑬ 浮：惩罚。

⑭ 降：降临，遭遇。虐：灾难。

⑮ 怀：安。厥：代词，指先王。攸：所。作：建造，制作，指先王的宫室宗庙。

⑯ 视：根据。民利：民众的利益。用：以。迁：迁徙。

⑰ 曷：何，为什么。念：想一想。古后：先王。闻：口耳相传的旧事。

⑱ 承：顺。俾：从。

⑲ 惟：只。喜：希望。康：安。共：同，都。

⑳ 咎：过错，指反对迁徙。比：类。罚：惩罚。

㉑ 若：这样。吁：呼吁，要求。怀：安。兹：这。新邑：指殷。

㉒ 惟：是。

㉓ 丕：大，真正。从：顺从。厥：你们，指反对迁徙的人。志：心愿。

㉔ 试：尝试，引申为坚定，必须。以：用。

㉕ 厥邦：指商朝。

㉖ 忧：忧虑，引申为体谅。攸：所。困：困难，引申为苦衷，苦心。

㉗ 乃：你们。咸：都。大：完全。宣：明白。乃心：你们的内心。

㉘ 钦：恭敬。念：观念。忱：真诚。

㉙ 动：感动。予一人：盘庚自称。

㉚ 惟：只是。鞠：穷。

㉛ 济：渡。

㉜ 臭（chòu）：指腐烂。厥：代词，其，指船。载：一般认为指船上的货物，我们认为指舟船。

㉝ 尔忱不属：倒装句，正常语序是"不属尔忱"。属：独。忱：通"沉"，沉没。

㉞ 惟：语助词，无意义。胥：都。

㉟ 稽：考察，此处指不反思沉没的原因。

㊱ 曷：何。瘳（chōu）：本义是病愈，引申为补益。

㊲ 谋长：谋划长远。思：思考。乃灾：避免你们的灾祸。

132

㊳ 诞：大。劝：增加。忧：忧虑。

㊴ 今：现在，当下。罔：无。后：以后，未来，指未来没有活路。

㊵ 上：土地上，指旧都的土地上。

㊶ 一：皆，同，指反对迁都者要与盘庚保持一致。

㊷ 秽：脏东西。臭：嗅。

㊸ 倚：同"掎（jǐ）"，偏引，指被欺骗利用。

㊹ 迁：邪。

㊺ 迓（yà）：迎接。续：接续，延续。

㊻ 曷：哪里。威：威胁。

㊼ 用：以。奉：帮助。畜：养育。

**语译：**

　　盘庚即位后，便谋划把都城从黄河南岸迁到黄河北岸高地以躲避水患。因为有部分民众不愿迁徙，盘庚就将反对迁徙的民众召集起来，真诚地做他们的思想工作。大家都来到王庭，惴惴不安地等待盘庚出场，盘庚走进民众开始讲话。

　　盘庚说："你们要用心听我的发言，不要无视或轻视迁都令。哎，古代我们的先王们，向来满足民众的愿望，让百姓过上安定生活。每一位先王都意识到这是王的使命，贵戚大臣们也理解先王的苦心，因为君臣一致，商朝才没有被天灾人祸击垮。每次商朝遭遇重大灾难，先王从不留恋宫室宗庙，而是根据民众的利益决定是否迁徙。你们为何不想想我们历代先王的事迹？我现在同历代先王一样，迁徙之举是为了你们的长远利益，希望你们过上安定的生活，你们虽然反对迁徙，我并没有认为是犯罪而惩罚你们。我这样苦口婆心劝说，完全是为了你们，迁都是从根本上满足你们对美好生活的追求。现在为了国家的新生，必须迁徙到新都去。

　　"你们不理解我的一片苦心，不知道自己到底想要什么？难道你们不希望国家未来美好吗？我知道大家都渴望美好生活，我极为尊重你们，可我对你们的尊敬却只能感动自己，你们反而无动于衷。你们格局太小，那真是自入穷途，自讨苦吃。好比登舟渡河，上了船，却不想过河，最后只能船朽人亡。如果不迁徙新都，不只是你们会毁灭，大家都会毁灭。不去反思毁灭的原因，只是抱怨反对上级，这有用吗？你们只顾眼前暂时的安逸，不谋划长远发展，不思考如何减少灾害，只是徒增烦恼。如果不迁都，眼下生活还能维持，但以后呢？希望在哪里？如果不迁都，水灾频繁，你们在这里怎么生活？

"我现在要求你们与我同心同德，支持迁都。你们不要被似是而非的想法误导，不要被别有用心的人洗脑利用。迁都是为了让你们生活得更好，是上天意志的体现。我哪里是用权势威胁你们，我实在帮助你们、养育你们。"

## 二、无"宗"之教化——超越宗教的礼教

**经义：**

考察宗教习俗，我们发现中国是世界不同类型宗教的大熔炉，从狩猎采集族群的萨满教到种类繁多的民间信仰，从祖先崇拜到一神教，让人目不暇接。

为何千百年来这些宗教和平相处，没有发生欧亚大陆西部那样惨烈的宗教战争呢？这是因为除各种宗教外，中国还有超越宗教的礼义教化。不信仰排他性的至上神，礼义教化以普世社会秩序为根本。《礼记·中庸》指出，遵循宇宙人生大道要从日常的仁和义做起，"修道以仁"。仁是什么，就是爱人，爱亲人是最大的仁；义是什么，就是有智慧、事事做得合宜，尊重贤人是最大的义。爱亲人要分别亲疏，尊贤者要有等级，礼义秩序就这样产生了。"仁者人也，亲亲为大；义者宜也。尊贤为大。亲亲之杀，尊贤之等，礼所生也。"

从礼的角度看，不同宗教只是针对不同人群的教化而已——这些教化不可或缺，用《管子·牧民》中的话说："不明鬼神，则陋民不悟。""明"是尊的意思；陋民，即小民，普通的民众。古代一般民众缺乏接受更多教育的机会，所以要以神道设教，用鬼神威慑、约束他们的行为。

本节盘庚的讲话对象是普通民众，所以多涉及鬼神。他反复警告民众：如果你们反对迁都大计，在天界的祖先就会抛弃你们，不再保护你们。他们对你们的惩罚严厉而恐怖！

《管子·牧民》开篇讲治国总纲，从中能看到中华治道与西方政治极为不同，它的政治经济与社会教化相统一，不似西方那样宗教与世俗分立！

古代政治经济的关键是致力于四时农事，确保粮食储备。国家财力充足，远方的人们就自动迁来，土地开发得好，本国人民就安居乐业，这是经济基础。府库充足，人们就知道礼节；衣食丰足，人们就懂得荣辱。居上位者消费用度合乎制度，六亲就可以相安无事；下位者礼、义、廉、耻四维发扬，政令就可以贯彻推行。因此，减少刑罚的关键，在于禁止奢侈；巩固国家的准则，在于整饬四维。但对于普通民众如何教化呢？就要尊敬鬼神、祭祀山川、敬重祖宗和宗亲故旧，因为不尊鬼神，小民就不能感悟；不祭山川，威令就不能远播；不敬祖宗，老百姓就会犯上；不尊重宗亲故旧，孝悌就不完备。文中说："凡有地牧民者，务在四时，守在仓廪。国多财，则远者来；地辟举，则民留处；仓廪实，则知礼节；衣食足，则知荣辱；上服度，则六亲固；四维张，则君令行。故省刑之要，在禁文巧；守国之度，在饰四维。顺（顺通"训"——笔者注）民之经，在明鬼神、祇（祇，zhǐ，敬——笔者注）山川、敬宗庙、恭祖旧……不明鬼神，则陋民不悟；不祇山川，则威令不闻；不敬宗庙，则民乃上校；不恭祖旧，则孝悌不备。四维不张，国乃灭亡。"

中国是一个高度世俗化国家，由学校承担西方教堂的功能，其主要职责是安顿身心，安身立命，基础是人伦秩序的教育。如同当代西方社会仍遍布教堂一样，中国自夏商周三代起，从基层到国都全部建立起了学校。大体分两类：一类是国学，设于王城及诸侯国都，按学生的年龄与受教育程度可分大学与小学；一类是乡学，即地方学校，按地方行政区划层层设立。二十五家为闾，闾有塾。五百家为党，党有庠。两千五百家为州，州有序。一万两千五百家为乡，乡有校——足见古代教育之发达。《孟子·滕文公上》记载说："设为痒、序、学、校以教之，痒者养也，校者教也，序者射（射，意思是练习射箭——笔者注）也。夏曰校、殷曰序、周曰痒，学（指建于国都的国学名称——笔者注）则三代共之，皆所以明人伦也。"

今天，我们的学校教育生搬硬套现代西式教育，以职业技能培养为中心，失去了道德智慧教育的大本——这是怎样的悲剧啊！

**原文：**

"予念我先神后之劳尔先<sup>①</sup>，予丕克羞尔<sup>②</sup>，用怀尔然<sup>③</sup>。失于政，陈于兹<sup>④</sup>，高后丕乃崇降罪疾<sup>⑤</sup>，曰'曷虐朕民？'汝万民乃不生生<sup>⑥</sup>，暨予一人猷同心<sup>⑦</sup>，先后丕降与汝罪疾<sup>⑧</sup>，曰：'曷不暨朕幼孙有比<sup>⑨</sup>？'故有爽德<sup>⑩</sup>，自上其罚汝，汝罔能迪<sup>⑪</sup>。

"古我先后既劳乃祖乃父，汝共作我畜民<sup>⑫</sup>，汝有戕则在乃心<sup>⑬</sup>，我先后绥乃祖乃父<sup>⑭</sup>，乃祖乃父乃断弃汝，不救乃死。

"兹予有乱政同位<sup>⑮</sup>，具乃贝玉<sup>⑯</sup>。乃祖乃父丕乃告我高后曰：'作丕刑于朕孙！'<sup>⑰</sup>迪高后丕乃崇降弗祥<sup>⑱</sup>。"

**注释：**

① 先神后：指商朝先王。劳：使动词，使……劳。尔先：你们的祖先。

② 丕：大。克：能够。羞：进，献。

③ 用：以。怀：怀念。尔：你们，指反对迁都者。然：通"焉"，祖先。

④ 陈：久。兹：代词，指旧都。

⑤ 高后：商朝先王。丕乃：于是。崇：重。罪疾：惩罚。

⑥ 乃：若，如果。生：使动词，使……生。生：指生存现状。

⑦ 暨：和，与。猷：谋。

⑧ 先后：先王。丕：大，重。与：给。罪疾：惩罚。

⑨ 曷：何。暨：与。朕：指先王。幼孙：指盘庚。比：亲附。

⑩ 爽：差错。

⑪ 罔：无。迪：逃。

⑫ 畜：养育。

⑬ 戕则：通"戕贼"，戕，残。则，贼。戕贼，指邪恶的念头。

⑭ 绥：告诉。

⑮ 乱政：乱政的大臣。同位：在位。

⑯ 具：备，聚敛。贝玉：指钱物。

⑰ 丕：大，重。朕孙：前代大臣的子孙。

⑱ 迪：导。丕乃：于是。崇：重。弗祥：不长，指灭顶之灾。

**语译：**

商王盘庚说："我想到历代先王曾领导劳烦你们的祖先，我作为今王教导你们，这是对你们祖先的真正怀念。现在面临水患的严重威胁，如果因为我不迁都而导致国家灭亡，历代先王一定会降下重灾惩罚我，说：'你为什么要虐待我的民众？'如果是你们安于现状，不努力开创新生活，不和我保持一致，顽固反对迁徙，先王同样会降下重罪惩罚你们，说：'你们为什么不支持盘庚？'迁都的理由已经给你说清楚了，你们要是再执迷不悟，铸成大错，上天就会惩罚你们，想躲也躲不掉。

"我祖先是你们祖先的领导，你们的祖先服从我祖先的指挥，那么大家就是我应该保护的人。我保护你们，你们内心却反对我，我的祖先会告诉你们的祖先，说你们背叛了盘庚。那样你们的祖先会坚决抛弃你们，若再遇困难向他们求救，你们也不会得到祖先的护佑，只有死路一条。

"现在国内有乱政的大臣执掌权柄，大肆聚敛财富。这些人的祖先已经告诉先王说：'您给我的不肖子孙使用重刑吧。'先王接受他们祖先的建议，于是降下重刑让乱政大臣面临灭顶之灾。"

## 三、无为而治要选贤任能、依法赏罚

**经义：**

商朝以黄老、法家精神治国。奖善惩恶，依法赏罚，在《尚书·盘庚》三篇中多有体现，比如《尚书·盘庚》上盘庚两次讲"予亦不敢动用非德"，我也不敢擅自赏赐；还说，治国一断于法，不别亲疏，有过者受惩罚，有功者受奖赏。"无有远迩，用罪伐厥死，用德彰厥善"。

这种治国理念从商立国之初就确立了，除了《史记·殷本纪》中提到的，伊尹建议商汤依法治国，"言素王及九主之事"。西汉刘向编辑的《说苑》中，有商汤与伊尹论为君之道，其中伊尹特别提及不可无法制，不可以主观意愿用人。要做到臣有为，君无为，君主循名责实，依法赏罚、黜陟（罢免和升迁）。汤问伊尹选举官员的办法。伊尹回答，以前尧帝看到人就能了解他，舜帝任用后方能了解，大禹凭作出的功绩来选拔官员。三位君主举用贤才的方法不同却都能成功，但仍有失误的时候，何况不依法度而单凭自己主观意愿用人呢？必会有严重失误！所以君王应让臣下自己贡献出其才能，这样就万无一失了。君王为何要选用德才兼备者？因为君王只有得到贤能的辅佐，才能治理天下。不然即使有尧、舜那样的英明，没有得力重臣，教化恩泽就不能施行。所以明主谨慎地选择官吏，务必求得贤才管理各种机构，使他们爵位尊荣，俸禄优厚。任用德才兼备的人并使他们显赫荣耀，对行为不端的人要黜退他们，让他们去劳动。这样，君主就不会有忧患，臣民中就不会有奸邪，百官能理事，臣下乐于尽职，恩泽遍布众生，甚至能达及草木。从前虞舜左有大禹，右有皋陶，不下朝堂天下就得到治理，这是任用贤能的功效啊！

《说苑·君道》记载："汤问伊尹曰：'三公九卿，二十七大夫，八十一元士，知之有道乎？'伊尹对曰：'昔者尧见人而知，舜任人然后知，禹以成功举之。夫三君之举贤，皆异道而成功，然尚有失者，况无法度而任己，直意用人，必大失矣。故君使臣自贡其能，则万一之不失矣。王者何以选贤？夫王者得贤材以自辅，然后治也，虽有尧舜之明，而股肱不备，则主恩不流，化泽不行，故明君在上，慎于择士，务于求贤，设四佐以自辅，有英俊以治官，尊其爵，重其禄，贤者进以显荣，罢者退而劳力。是以主无遗忧，下无邪慝（tè，罪恶——笔者注），百官能治，臣下乐职，恩流群生，润泽草木。昔者虞舜左禹右皋陶，不下堂而天下治，此使能之效也。'"

历史上舜帝以无为而治闻名。《论语·卫灵公篇》引孔子言："无为而治者其舜也与？夫何为哉？恭己正南面而已矣。"《大戴礼·主言篇》也说："昔者舜左禹而右皋陶，不下席而天下治。"《新序·杂事三》云："故王者劳于求人，佚于得贤。舜举众贤在位，垂衣裳恭己无为而天下治。"总之，无为而治不是什么事也不做，而是要选贤任能、依法赏罚——这才是"大道之行"的治世。

"收孥"，罪犯的妻子、子女依法连坐是三代重要的司法实践。本节盘庚对那些狂妄违法，欺诈奸邪的人严惩不贷，甚至他们的子孙也要连坐，正是商人居乱世，危急时刻用重法的体现。

**原文：**

呜呼！今予告汝不易<sup>①</sup>，永敬大恤<sup>②</sup>，无胥绝远<sup>③</sup>。汝分猷念以相从<sup>④</sup>，各设中于乃心<sup>⑤</sup>。乃有不吉不迪<sup>⑥</sup>，颠越不恭<sup>⑦</sup>，暂遇奸宄<sup>⑧</sup>，我乃劓殄灭之<sup>⑨</sup>，无遗育<sup>⑩</sup>，无俾易种于兹新邑<sup>⑪</sup>。

往哉！生生！今予将试以汝迁，永建乃家。

**注释：**

① 易：变。

② 永：久远，深长，引申为全面深刻。敬：恭敬，敬畏，引申为理解。恤：忧。

③ 胥：相互。绝远：疏远。

④ 分：应当。猷：谋。

⑤ 中：中正之道，指盘庚迁都的决策。

⑥ 乃有：如果有。吉：善。迪：道。

⑦ 颠：狂。越：违法。

⑧ 暂：通"渐"，欺诈。遇：通"隅"，奸邪。奸宄：做坏事。

⑨ 劓：断。殄：灭绝。

⑩ 育：通"胄"，后代。

⑪ 俾：使，让。易：延。

**语译：**

商王盘庚说："啊，我郑重向你们宣告，迁都决定不会改变，你们要深刻理解我最大的牵挂，我们不能相互疏远。你们应彼此支持，在内心深处拥护我的迁都决定。如果你们心怀恶念，不走正路，狂妄违法，欺诈奸邪，胡作非为，我会坚决绳之以法，杀掉你们，还要连及你们的子孙，不让你们的家族在新都生息繁衍。"

"好吧，为了实现未来的美好生活，我们出发吧。我和你们共同迁到新都，在那儿建设我们永久的家园。"

# 盘 庚 下

## 一、商代重视占卜，但绝不迷信占卜

**经义：**

《尚书·盘庚》上篇中，盘庚对占卜持相对否定的态度，说不团结协作共克时艰，迷信占卜是不对的，占卜了又怎样？"不能胥匡以生，卜稽曰其如台？"

本节，盘庚又说"非敢违卜"。表面看来二者有矛盾，实际上商人重大疑难的解决包括多种决策方式，卜筮只是其中的一种——且人谋发挥着基础作用，即使龟卜和蓍筮全都与人谋相反，如果尊重卜筮的结论，只是不作为而已。

《尚书·洪范》是商纣之臣箕子向周武王讲授的治国大法，据说传自夏禹。其中专有一条论如何决策：遇到重大疑难问题，国君先要自己考虑，然后再同卿士商量，再同庶民商量，最后同掌握卜和筮官员商量。如果五者都赞同，叫作大同，最吉祥；如果君主同意，龟卜同意，蓍筮同意，卿士不同意，庶民不同意，还是吉利的；如果卿士同意，龟卜同意，蓍筮同意，而君主不同意，庶民不同意，也吉利。如果庶民同意，龟卜同意，蓍筮同意，而君主不同意，卿士不同意，也是吉利的。如果君主同意，龟卜同意，占筮不同意，卿士不同意，庶民不同意，那么对内则吉利，对外就凶险。龟卜和蓍筮如果都与人谋相反，那么安静不动就吉利，有所举动就凶险——君主、卿士，庶民、卜筮任何一方都无专制和独断权力。

文中说："汝则有大疑，谋及乃心，谋及卿士，谋及庶人，谋及卜筮。汝则从，龟从、筮从，卿士从，庶民从，是之谓大同。身其康强，子孙其逢，吉；汝则从，龟从，筮从，卿士逆，庶民逆，吉；卿士从，龟从，筮从，汝则逆，庶民逆，吉；庶民从，龟从，筮从、汝则逆，卿士逆，吉；汝则从，龟从，筮逆，卿士逆，庶民逆，作内吉，作外凶；龟筮共违于人，用静吉，用作凶。"

大量甲骨文的出土表明，商代重视占卜，但绝不迷信占卜——这也是为什么，盘庚面对灭顶之灾，能够质疑"卜稽曰其如台"。

周代是中国人文精神的大发展时期，处处坚持以人为本。

周文王生活于商朝末年，《逸周书·文酌解第四》记述其行事。周文王主张尊敬神灵，对卜筮则明确指出，龟卜虽吉也可能预示危险，"龟从兆凶"。

《逸周书·史记解第六十一》是周穆王史官记载的前朝败亡教训，特别指出古国玄都氏因为重视鬼神、不重人才、迷信占卜、重用神巫而灭亡。"昔者玄都贤鬼道，废人事天，谋臣不用，龟策是从，神巫用国，哲士在外，玄都以亡。"

另据《史记·齐太公世家》，武王去征讨纣王前，龟卜不吉利，又突然风雨大作。大臣们都很惊惧，只有太公坚决劝说武王出兵，于是武王率军出征，打败了商纣。"武王将伐纣，卜，龟兆不吉，风雨暴至。群公尽惧，唯太公强之劝武王，武王于是遂行。"

《史记》的叙事过于简约。唐代杜佑《通典》卷162引《六韬》，此事记述得极为详尽，且富有传奇色彩：

"武王伐纣，师至汜水牛头山，风甚雷疾，鼓旗毁折，王之骖乘（骖乘，cān chéng，乘车陪坐在右边的人——笔者注）惶震而死。太公曰：'用兵者，顺天之道未必吉，逆之不必凶，若失人事，则三军败亡。且天道鬼神，视之不见，听之不闻，智将不法，而愚将拘之。若乃好贤而能用，举事而得时，此则不看时日而事利，不假卜筮而事吉，不祷祀而福从。'遂命驱之前进。周公曰：'今时逆太岁，龟灼告凶，卜筮不吉，星变为灾，请还师。'太公怒曰：'今纣刳（刳，kū，剖开——笔者注）比干，囚箕子，以飞廉为政，伐之有何不可。枯草朽骨，安所知乎？'乃焚龟折蓍，援枹（枹通"桴"，鼓槌——笔者注）而鼓，率众先涉河，武王从之。遂灭纣。"

"祸福无门，惟人所召"，杜佑此段标题为"推人事破灾异"——可谓得古圣之心！

**原文：**

盘庚既迁，奠厥攸居①，乃正厥位②，绥爰有众③。曰："无戏怠④，懋建大命⑤！今予其敷心腹肾肠⑥，历告尔百姓于朕志⑦。罔罪尔众⑧，尔无共怒，协比谗言予一人⑨。

"古我先王，将多于前功⑩，适于山⑪。用降我凶⑫，德嘉绩于朕邦⑬。今我民用荡析离居⑭，罔有定极⑮。

"尔谓朕曷震动万民以迁⑯，肆上帝将复我高祖之德⑰，乱越我家⑱。朕及笃敬⑲，恭承民命⑳，用永地于新邑㉑。

"肆予冲人㉒，非废厥谋㉓，吊由灵各㉔。非敢违卜，用宏兹贲㉕。"

**注释：**

① 奠：定。厥：代词，其，商朝臣民。攸：所。

② 乃：于是。正：辨正。厥：代词，其，指商王的宫室和宗庙。位：方位。

③ 绥：告谕。爰：介词，于。

④ 无：勿，不要，不能。戏：游戏，追求享乐。怠：懈怠。

⑤ 懋：勉力，努力。大命：指迁都的使命。

⑥ 敷：布。心腹肾肠：指盘庚的真情实意。

⑦ 历：数。百姓：百官。志：意。

⑧ 罔：不。罪：惩罚。

⑨ 协：和。比：同。谗言：指诽谤之言。

⑩ 将：大。多：大。前功：前代人的功劳。

⑪ 适：往。

⑫ 用：因此。降：减少。凶：灾害。

⑬ 德：升。

⑭ 用：因此。荡析：离散。

⑮ 罔：没有。极：止，至。

⑯ 曷：为什么。

⑰ 肆：今，现在。复：复兴。高祖：指商汤。德：功业。

⑱ 乱：治理。越：于。

⑲ 及：通"汲"，急切。笃：诚恳。敬：敬畏。

⑳ 承：续。

㉑ 用：因此。永地：永久居住。

㉒ 肆：今。冲人：年幼之人。

㉓ 厥：代词，其。谋：迁徙之谋划。

㉔ 吊：善，指迁徙之事。灵各：指具有沟通天人，能传达上天旨意到人间的人。

㉕ 宏：宏大。兹：这。贲（fén）：古代王室用来进行兆卜的大龟，此处暗喻决策的正确性。


**语译：**

　　盘庚率领商民迁移到殷地后，首先考察水土，划定臣民各自宜居地区。其次才规划王室宫殿和宗庙建筑。安排妥当后，盘庚向臣民发表讲话。他说："现在我们已迁到新都，每个人都不能贪图享乐，更不能懈怠，我们要努力建设新家园，实现复兴先王事业的使命。现在我开诚布公地将内心所思所想告诉大家，让你们了解我的真情实意。你们当初确有部分人反对迁都，我并没有惩罚那些人。现在既然已迁到此地，建设新家园会面临众多困难和挑战。你们不要幼稚地认为若不迁都就不会有这些困难，不能把愤怒的矛头指向我。

　　"历代先王，都能为国家创造超越前人的功绩，他们远离低洼地带，向高处山地迁徙。避开水灾的侵害，国家综合实力大发展。因为旧地地势低洼，水患严重，民众不得安居，没有固定的长久居所。

　　"你们会问：我为何组织全体民众迁移新都？因为现在上天要求我们治理好国家，全面复兴高祖商汤的伟业。我敬畏天命之情极诚挚，时不我待，我诚惶诚恐地肩负起实现民众幸福的使命。从祖先开始我们便离开低地向山地迁徙。殷地理环境很好，我们必须把这里开发建设好，让子孙后代在此久居。

　　"我刚刚即位，执政经验有限，但我绝不敢漠视历代先王向高地迁徙躲避水患的办法，况且迁都善举是由沟通天人的异能之士传达的上天之意。迁徙虽然没有尊重占卜结果，但是我怎敢违背占卜的精神呢？占卜的精神实质是坚定我们开创伟大事业的信心。我们齐心协力建设好新家园，才是对占卜精神的弘扬。"

## 二、为国理财——经济层面必须"建中立极"

**经义：**

盘庚一再劝告百官，不要敛财，而要使人民安居乐业，"生生"。换言之，当官要为国为民理财，不能为私为己敛财。

先秦圣贤很少将义、利截然对立起来，认为二者相互联系，义是利的根本，以义制利。仲尼执鞭，何尝否定财利。《论语·述而》引孔子言："富而可求也，虽执鞭之士，吾亦为之。"

《易经·乾·文言》说："义者，利之和也。"2015年入藏的《安徽大学藏战国竹简》中有："圣人乐义而美利。"①

先贤反对的，是官员以公权利为自己敛财，不能造福百姓。鲁国大夫孟献子曾说："养了四匹马拉车的士大夫之家，就不要再去养鸡养猪；祭祀用冰的卿大夫家，就不要再去养牛养羊；拥有一百辆兵车的人家，就不要任用搜刮民财的家臣。与其用搜刮民财的家臣，不如用偷盗的家臣。"就是说，一个国家不应单纯以财货为利，更应以仁义为本。做了国君还一心想着聚敛财货，不重视社会公平正义，不能站在普通百姓一边损有余补不足，必定陷入小人的行径。《礼记·大学》中说："孟献子曰：'畜马乘不察于鸡豚，伐冰之家不畜牛羊，百乘之家不畜聚敛之臣。与其有聚敛之臣，宁有盗臣。'此谓国不以利为利，以义为利也。长国家而务财用者，必自小人矣。"

不幸的是，后世儒者多将义、利对立起来。孟子答梁惠王："王亦曰仁义而已矣，何必曰利。"（《孟子·梁惠王上》）到西汉董仲舒那里就成了："夫仁人者，正其谊（谊通"义"——笔者注）不谋其利，明其道不计其功。"（《汉书·董仲舒传》）

---

① 黄德宽：《安徽大学藏战国竹简概述》，载《文物》2017年第9期。

更有甚者，为国理财，搞财政经济的官员都成了与民争利的"聚敛之臣"，中国古典经济学轻重术成为绝学。国家没有强大财力，不富则不强，汉以后国运转弱，这是一个重要的原因。

历史上著名理财家，千百年来多为人所诟病。比如北宋神宗年间能臣吴居厚，通过市场运作，利权归国，不仅本路财用充足，还将大量金钱上交中央，为国家财政军需做出了巨大贡献。其墓志铭中说："公在东土（东土，指京东路——笔者注）累年，处画精审，豪商右姓不得扰开阖之柄，而利归公上，坐收缗钱数百万，赡一路，且输其赢以实中都（中都，京师——笔者注）。"[①]

元丰六年（1083年），神宗皇帝下旨褒奖他："居厚将命一道，不辱使指，无黩乎上，不扰乎下，不谊于闻，而于二三年间坐致财用数百万计，前日县官窘迫，一朝变为宽纾。经费之外，又能应缓急之求。内外理财之臣，未有出其右者。"（《续资治通鉴长编》卷339）

就是这样一位杰出的财政专家，却因雷厉风行被看成"掊克吏""聚敛之臣"，直到21世纪的今天仍然是这样。因为官营盐铁等措施得罪了豪强巨富，竟然有人要将他投入到冶铁炉中烧死。"元丰末，京东剧寇数千，欲取掊克吏吴居厚投之铸冶中，赖居厚觉早，间道遁去。"（《续资治通鉴长编》卷354）

国家拥有强大财力，才能从经济基础上保证社会公义。一味追求"小政府"，只会使大资本、大商人左右市场，剥削人民——"小政府"是汉以后儒家小农主义自由市场经济论者的主张，也是当代自由资本主义的主张，二者本质上都是私人大资本的代言人！

总之，在经济问题上，必须分清公与私的界线。为政者，以"安利元元"，使百姓过上安稳好日子为第一要务。这要求中央政府不仅政治强大，财力上也要强大——经济层面必须"建中立极"。

**原文：**

"呜呼！邦伯、师长、百执事之人[①]，尚皆隐哉[②]！予其懋简相尔[③]，念敬我众[④]。

---

① 葛胜仲：《枢密吴公墓志铭》，《全宋文》第143册，第63页。

朕不肩好货⑤，敢恭生生⑥，鞠人谋人之保居⑦，叙钦⑧。今我既羞告尔于朕志若否⑨，罔有弗钦⑩。无总于货宝⑪，生生自庸⑫，式敷民德⑬，永肩一心⑭。"

**注释：**

① 邦伯：归附于商朝的四方诸侯。师长：众多贵戚大臣。百执事：负责具体事务的百官。

② 隐：度，考虑。

③ 懋：勉。简相：简，阅。相，视。简相有考察检查之意。

④ 我众：众民。

⑤ 肩：任用。好货：敛财。

⑥ 敢：能。恭：举用。生生：使人安居乐业。

⑦ 鞠：养。保：安。

⑧ 叙钦：叙：次序。钦：敬。叙钦，依法重用或奖赏。

⑨ 羞：进献。志：内心。若否：正确和错误。

⑩ 钦：顺从。

⑪ 总：聚敛。

⑫ 庸：功。

⑬ 式：句首语助词，无意义。敷：布。德：恩惠。

⑭ 肩：能够。

**语译：**

（盘庚说）"啊！各位诸侯、大臣，各位官员们，每个人都应认识到建设新都中自身职责之所在。我会严格考察你们的工作，看能否听从我的命令，恭谨地治理民事。

"我不会任用聚敛钱财之人，而会任用那些帮助民众改善生活的人。对于能使民众安居乐业的人，我要根据他们功劳依法重用或奖赏。现在我已经把内心想法坦诚告诉了你们。你们已经清楚什么该做，什么不该做，不要违背我对你们的希望，不要总想着为自己聚敛财富，应该为促进民众幸福而积极建功立业，对民普施恩惠，让他们分享发展成果，永远和人民心连心。"

# 高宗肜日

## 一、三代祭祀具有重要的内政外交意义

**经义：**

本节记祭祀商朝第二十三代王武丁时，野鸡落在鼎耳上高声鸣叫一事。

"国之大事，在祀与戎"（《左传·成公·成公十三年》），祭祀通过敬神礼仪，强调中国选举制度重功勋的原则。尊崇有德行的人，报答有功劳的人——崇德报功。

《礼记·祭法》概括了古人祭祀的范围，祭祀对象都是为社会做出重大贡献的人，"有功烈于民者"，这样的人，死后才被人民怀念。当我们把这种不忘根本的感恩精神延伸到自然界，也要祭祀日月星辰，大地山川，因为这是人民制定历法、获得生产生活资料所必需的。《礼记·祭法》所列的功勋包括：一是为民众树立榜样的先哲；二是为公众献身的烈士；三是为安邦定国立下功劳的人；四是能带领民众抵御大灾害的领袖；五是能救民于水火的英雄。文中说："法施于民则祀之，以死勤事则祀之，以劳定国则祀之，能御大菑（菑同'灾'——笔者注）则祀之，能捍大患则祀之……此皆有功烈于民者也。及夫日月星辰，民所瞻仰也；山林、川谷、丘陵，民所取财用也。非此族也，不在祀典。"

《礼记·祭法》举了诸多历史上被人们怀念祭祀的伟大人物：帝喾能计算星辰的运行，为民众制定计时的方法；尧能尽量使刑法公正，为民作表率；舜为操劳国事而死在苍梧之野；鲧治洪水大功未成而被处死，其子禹能继承父业；商汤以宽厚之道治民，除暴安良；周文王运用文治，武王建立武功，为人民除去纣这个大祸害……

除了内政，夏商周三代祭祀还具有重要的外交意义。据《国语·周语上·祭公谏穆王征犬戎》，三代五服不仅是一种天下秩序，同时也是与祭祀

相联系的财政制度安排。五服决定了距帝都远近不同地域所要尽的助祭义务，具体是：属甸服的供天子祭祀祖考的日祭，属侯服的供天子每月祭祀曾祖和高祖的月祀，属宾服的供天子每季度祭祀远祖宗庙的时享，属要服的供天子每年献享于坛、墠（墠，shàn，古代祭祀或会盟用的场地——笔者注）的岁贡，属荒服的则有新君继位、以当地宝物为见面礼朝见天子（尊天子为王）的义务。文中说："甸服者祭，侯服者祀，宾服者享，要服者贡，荒服者王。日祭、月祀、时享、岁贡、终王，先王之训也。"

犬戎属荒服地区，好大喜功的周穆王却以宾服之礼（不享）责罚犬戎，出兵征讨，所以遭到了祭公谋父的批评。周穆王一意孤行，出兵犬戎，结果荒服诸多族群都不来帝都朝见了——"自是荒服者不至"。

五服诸族群不履行自己的义务会如何呢？首先天子要反省检查各项规章措施，若天子内省检查后还有不履行义务的就依法处置，征讨诛罚不从令者。但对于要服、荒服，由于其距离帝都太远，主要是发布命令、文告谴责，即使他们不听话，也尽量不要劳师远征。文中说："于是乎有刑不祭，伐不祀，征不享，让不贡，告不王；于是乎有刑罚之辟（辟，治理——笔者注），有攻伐之兵，有征讨之备，有威让之令，有文告之辞。布令陈辞而又不至，则增修于德而无勤民于远。"

中国人依照先内后外、先近后远、先文后武的平天下原则，将内省精神应用到外交事务——在全球大争的21世纪，这是怎样宝贵的精神财富啊！

周穆王违背先王训典惨败是个重大事件，所以史官记录了下来。祭公谋父说五服制度出于虞夏时代先人留下的"训典"，很可能，五服制度在三代确实存在！

**原文：**

高宗肜日①，越有雊雉②。祖己曰③：惟先格王④，正厥事⑤。

**注释：**

① 高宗：商朝第二十三代王武丁。肜（róng）日：肜祭之日，商朝祀礼之名，祭祀第二天继续祭祀。

② 越：通"粤"，语助词，无意义。雊（gòu）雉：雄性野鸡弯着脖子用力鸣叫。《论衡·指瑞篇》引《尚书大传》曰："有雉升鼎耳而鸣。"古人以为变异之兆；根据文本，变异当指商王祖庚或许寿命较短。商朝普遍存在兄终弟及的继位方式，原因之一是寿命较短。

③ 祖己：高宗武丁朝大臣，武丁去世后，在武丁之子祖庚朝继续为臣。

④ 格王：格，端正。王，指祖庚。格王是引导祖庚正确认识可能发生的重大变故。

⑤ 正：纠正。厥事：指祭祀之事。

**语译：**

商王祖庚以肜礼祭祀亡父高宗武丁时，突然一只野鸡落在鼎耳上高声鸣叫。时人认为将会发生灾变，担心祖庚夭折，国祚不长。祖己是高宗武丁时的名臣，高宗去世后，他继续辅佐高宗之子祖庚。见此异象，祖己认为，先要打消祖庚关于夭折的顾虑，正确认识生死现象。然后再针对祭祀提出具体建议。

## 二、儒家灾异论不能约束皇权

**经义：**

西汉大儒董仲舒将自然界非常之现象称为异，较小的"异"称为"灾"。他认为灾异是天对皇帝的警告，面对灾害、怪异现象不知修正自己，就会导致国家败亡，这就是影响深远的天人感应灾异论。董仲舒是《春秋》公羊学大家，常常附会《春秋》经传说事："臣谨案《春秋》之中，视前世已行之事，以观天人相与之际，甚可畏也！国家将有失道之败，而天乃先出灾害以谴告之。不知自省，又出怪异以警惧之。尚不知变，而伤败乃至。"（《汉书·董仲舒传》）

自此以后，中国诸多学人天真地相信：董仲舒鼓吹的灾异论是对皇权的有效制约——他们把皇帝看成了很容易被吓唬住的小孩子。历史现实是：自然界灾异出现的时候，皇帝最多下"罪己诏"表表态，塞责的总是那些官员，特别是丞相。灾异论不仅不能有效制约皇权，还常常作为政治斗争的工具。

最有名的一次发生在公元前7年（绥和二年）春，汉成帝在位时出现"荧惑守心"的可怕天象，丞相翟方进为此自杀。事实上这一天象根本没有发生过，因为现代学者用天文学软件可以推算出，当年春天火星不可能进入心宿。这个天象同历史上诸多天象一样是伪造的，目的显然是除掉翟方进。科技史学者黄一农教授写道："但根据推算，绥和二年春天根本未发生'荧惑守心'的天象，显然是有人为了某种政治目的而故意假造的！由于天文现象无法再重复观测验证，所以天象容易作伪，且古人深信天人感应的思想，对伪作的天象，往往无法质疑……在中国古代，灾异原或得以制衡皇权，避免其无限制的膨胀，但是从翟方进因天变自杀的例子看来，实际的功效并未如此，虽然善为星历者或可对天变提出解释，建议应变之道，然而最后的决定权及最大的操控权，却多掌握在皇帝手中。"①

《汉书·五行志》将本篇"雊雉"作为凶兆，西汉今文家的《尚书大传》将其作为吉兆，是远方来朝、天下太平的象征。灾异本身解释的多变乃至相互矛盾，加上儒者装神弄鬼、以天的代言人自居，董仲舒时代灾异论就搞得学林乌烟瘴气。

公元前135年（建元六年）二月，高帝庙发生火灾；四月，高帝陵寝偏殿发生火灾。董仲舒竟然以上天的口吻，要求汉武帝以成就太平之世的公正之心，残酷诛杀亲戚、近臣：在诸侯的亲戚及下属中挑出最专横跋扈的人杀掉，就像我烧掉辽东高庙一样。亲近大臣在国都行旁门左道和那些手握重权不正直的人，要把他们杀掉，就像我烧掉高园殿一样！《汉书·五行志》录有他的对策："故天灾若语陛下：'当今之世，虽敝而重难，非以太平至公，不能治也。视亲戚贵属在诸侯远正最甚者，忍而诛之，如吾燔辽东高庙乃可；视近臣在国中处旁庡及贵而不正者，忍而诛之，如吾燔高园殿乃可'云尔。"

董仲舒的上书还没有定稿，就被主父偃偷走呈送给了汉武帝。汉武帝拿给儒生看，董仲舒的学生吕步舒由于不知作者是谁，认为其言辞荒谬愚蠢。

---

① 黄一农：《社会天文学史十讲》，复旦大学出版社2004年版，第21页。

结果董仲舒被判处死刑，皇帝下诏赦免才逃过一死。吓得董仲舒自此以后再也不敢言天人感应、灾异之事了。《汉书·董仲舒传》记载："先是辽东高庙、长陵高园殿灾，仲舒居家推说其意，草稿未上，主父偃候仲舒，私见，嫉之，窃其书而奏焉。上召视诸儒，仲舒弟子吕步舒不知其师书，以为大愚。于是下仲舒吏，当死，诏赦之，仲舒遂不敢复言灾异。"

西汉儒家方士化、玄秘化、神学化是历史倒退，与人类自我解放的历史大趋势和中国文化"以人为本"的底色相违背，所以早晚会被历史所抛弃。

**原文：**

乃训于王①。曰："惟天监下民②，典厥义③。降年有永有不永④，非天夭民⑤，民中绝命⑥。民有不若德⑦，不听罪⑧。天既孚命正厥德⑨，乃曰其如台⑩？"

"呜呼！王司敬民⑪，罔非天胤⑫，典祀无丰于昵⑬。"

**注释：**

① 王：指商王祖庚。

② 监：监视，考察。

③ 典厥义：考察他是否按道理行事。典：主。义：按照道理行事。

④ 永：长。

⑤ 夭：少壮而死。

⑥ 中：中途。

⑦ 若：顺从。德：恩惠，此处指教化。

⑧ 不听罪：不畏惧惩罚。听：从，此处有畏惧之义。罪：惩罚。

⑨ 孚：有二说，一是罚，二是付，交付。二说均通。德：恩惠，指治国理政措施。

⑩ 其如台（yí）：那应该怎么办呢？

⑪ 司：通"嗣"，即位。

⑫ 胤：后代，指商朝的全体民众。

⑬ 典：常。昵：祢（mí）庙，父庙。

**语译：**

祖己劝导商王祖庚："上天考察下民，主要根据下民是否按照理义行事。上天赋予人的寿命长短不一，对于短寿之人，并非上天要缩短他们的寿命，而是下民言行不合理义。尊敬的王呀，相对于上天而言，你也是下民，要正确理解上天、理义和生死的关系。对于那些既不接受教化，也不畏惧惩罚的人，上天会通过变异之兆提醒他改变自己的言行。这次肜祀的征兆，其实是在提醒你调整国策。既然已看到征兆，父庙的祭品就不要过于丰厚，宁俭毋奢。"

# 西伯戡黎

## 一、世界和平的中国方案——王霸术

**经义：**

夏商周三代同当代世界有相似之处——诸多族群共存，政治共同体林立。

当今世界和平不是靠缺乏权威的联合国维系，而是靠大国间实力的均势——美国这样强大的霸权主义国家起着关键作用，它也利用政治军事优势肆意掠夺别国。

这是可怕的恶性循环，造成了正义的沉沦和秩序的混乱——霸权主义国家不惜为自身利益挑起战争。

中国从尧舜时代到夏商周三代，维系东亚世界和平的是王—霸体制。王族作为世界秩序的中心和重心，与地方诸侯中强大的伯一起，共同维系和平秩序。伯意义同"霸"，当王权衰落，世界失序时，地方霸主可以起来维系天下秩序。

东汉班固编辑的《白虎通义》，详细解释了夏商周三代的五霸及其政治意义：五霸指什么？指昆吾氏、大彭氏、豕韦氏、齐桓公、晋文公。以前三王世道衰微，但五霸为保存政治秩序，率领诸侯朝见天子，修正天下的教化，复兴中国，攘除夷狄，所以称之为霸。昆吾氏称霸于夏朝，大彭氏、豕韦氏称霸于殷朝，齐桓公、晋文公称霸于周朝。还有人说，五霸指齐桓公、晋文公、秦穆公、楚庄王、吴王阖庐。总之，霸就是伯，行使方伯的职权，召集诸侯朝见天子，使之不失臣下的职责，所以圣人也赞成五霸。《白虎通义·卷二·号》中说："五霸者，何谓也？昆吾氏、大彭氏、豕韦氏、齐桓公、晋文公也。昔三王之道衰，而五霸存其政，率诸侯朝天子，正天下之化，兴复中国，攘除夷狄，故谓之霸也。昔昆吾氏，霸于夏者也。大彭氏、豕韦氏，霸于殷者也；齐桓、晋文，霸于周者也。或曰：五霸谓齐桓公、晋文公、秦穆公、楚庄王、吴王阖庐也。霸者、伯也，行方伯之职，会诸侯朝天子，不失人臣之义。故圣人与之。"

"圣人与之"是《春秋》家的观点，孔子也赞成霸道。对于管仲辅佐齐桓公成就霸业，救不绝如缕的中华文明于水火之中，孔子赞叹：管仲辅佐桓公，称霸诸侯，恢复了天下秩序，老百姓到今天还享受到他的好处。如果没有管仲，恐怕我们也要披散着头发，衣襟向左开，如夷狄一样了。"管仲相桓公，霸诸侯，一匡天下，民到于今受其赐。微管仲，吾其被发左衽矣。"（《论语·宪问》）

但在孟子以后，学人将王与霸对立起来，荒唐地认为只要道德高尚，内施仁政，不讲军备武力都行。这种观点经董仲舒等汉儒宣扬，影响深远；世界和平的中国方案、历史证明更能维系持久和平的方案——王霸术，长期以来无人问津！

齐宣王问孟子春秋两位霸主齐桓公、晋文公的事迹，孟子竟然回答：孔子的门徒从不谈论齐桓公、晋文公的事情，因此后世没有流传，我也没听说过。如果非要我说，就说称王的事吧！"仲尼之徒无道桓、文之事者，是以后世无传焉，臣未之闻也。无以，则王乎！"（《孟子·梁惠王上》）

也是在《孟子·梁惠王上》，孟子空谈什么"地方百里而可以王"，他指的当是周文王。历史现实是：周文王（即西伯）本人就是一方霸主，经过多年的征伐（包括这次平定黎国），才夺取了商族人（以下简称商人）的天下盟主地位，成为一代新王。

《诗经·鲁颂·閟宫》说从文王的祖父太公开始，居岐山一带，就开始了灭商的进程，是有一定道理的："后稷之孙，实维大王，居岐之阳，实始剪商。"

当然，文王在"剪商"过程中发挥着关键作用。今天，利用《史记》等资料，经史相参，我们基本能理清周文王的用兵战略和用兵路线。"他先平定自己根据地'岐周'西边的虞、芮，由西向北驱逐了犬戎，回头扫清了东北面近在肘腋的密须，使根据地得到了巩固，这期间大概有一段没有急剧用兵而是积蓄力量、招徕与国，国势渐渐得到壮大和发展，并逐步向东扩张的时期。这时为了取得稳定的环境，而向商王朝妥协，因而有承认商王朝为'大邑商'，表示臣服的时期……但事实上他这时正在准备渡河东进。等到力量一足，就挥师河东，戡定黎国，这时隔着太行山，下临朝歌，已不过二三百里的距离了。"①

文王死后，武王伐纣只是个时间问题了。文王不是"百里而王"，而是经过长期战争"三分天下有其二"之后才为王的！他行的也是先内后外，先近后远，先文后武的王霸术！②

中华治道，自汉以后越发隐而不彰。直到今日，我们还不能恢复这一人类极为古老深厚的哲学社会科学遗产。值此急需新思想资源的大争之世，想来令人痛心！

**原文：**

西伯既戡黎①，祖伊恐②，奔告于王。

**注释：**

① 西伯：指西周文王姬昌，商纣王以姬昌为西部诸侯之长，故称西伯。既：已经。戡：平定。黎：商朝的诸侯国，位于今山西长治，是商朝都城殷的西部军事屏障。

② 祖伊：商朝大臣。

---

① 顾颉刚、刘起釪：《尚书校释译论》，中华书局 2005 年版，第 1065 页。

② 翟玉忠：《平天下策——〈管子〉古典外事理论三原则》，收入拙著《智慧简史：从旧石器到人工智能》，华龄出版社 2021 年版。

**语译：**

西周文王姬昌平定黎国，清除了殷商的西部军事屏障。商大臣祖伊忧心忡忡，急忙向纣王汇报此事。

## 二、中国的"修身俟命"与西方的"有命在天"

**经义：**

如商纣王这样"有命在天"，迷信天命的思想，在中国文化中受到广泛批判。

《史记·殷本纪》中，祖伊对这句话的反应与《尚书·西伯戡黎》不同，从中更能看到他对"有命在天"思想的批判态度："祖伊反，曰：'纣不可谏矣。'"

不是说祖伊反对天命存在。他同诸贤哲一样，将天命看作一种事态。天命并不是由有意识的神决定的，它可以被我们认识。所以本节祖伊从治国理政以及民意的角度，否定纣的天命观。因为纣施政的罪过太多，到了天怒人怨的地步，商朝灭亡已经无法挽回。

有趣的是，《史记·殷本纪》接下来就讲到武王的天命观。事情是这样的：文王死后，武王决心东征伐纣，到盟津，背叛商人来跟周会盟的诸侯有八百之多。诸侯都主张立刻讨伐商纣王。周武王却认为事态还不成熟，时机没到，说这些诸侯不知"天命"，于是带领大军回去了。直到纣王众叛亲离，才开启了灭商的牧野之战。"西伯既卒，周武王之东伐，至盟津，诸侯叛殷会周者八百。诸侯皆曰：'纣可伐矣。'武王曰：'尔未知天命。'乃复归。"

显然，武王才真正认识天命之所在。

早期人类普遍生活在"以神为本"的世界中，神支配着人类生活的方方面面，也决定了人的命运。从古希腊时代起直到今日，"有命在天"是西方文明基本的天命观。

武汉大学赵林教授在谈到希腊的命运观念时写道："它永不出场，但却是不可抗拒的、决定性的。这一点在希腊悲剧里面表现得非常清楚，在希腊悲剧里，那些神和英雄之所以遭遇到悲剧性的结局，都是由于不出场的命运在起作用，甚至连众神之王乌兰诺斯、克洛诺斯、宙斯也对命运束手无策。

赫西俄德在《神谱》里讲到三代神王的更迭，乌兰诺斯被他的儿子克洛诺斯所取代，克洛诺斯又被他的儿子宙斯所取代，每一位神王都知道自己的权力将被一个儿子所取代，他们也采取了防范措施，但是最后都无法避免悲剧的发生。"①

后来基督教接受了希腊悲剧的命运观念，只不过这种命运（救赎）是由上帝安排好的，尽管表面上它将希腊文化看作异教。"在基督教中，上帝从来都不出场，但是他却是整个世界的最后原因和终极根据。所有在场的东西都是上帝创造的，所有的剧情都是上帝事先编排好了的。上帝就是一个永远不出场的导演，但是所有的演员都必须严格按照导演的意图来表演。"②

东西方不同的命运观，决定了其迥异的生活观念——中国人一方面服从事物的自然规律，另一方面又通过人的努力，成就人生。在人与外物，天与人的关系方面，中国先哲表现得理性而中道。他们一方面否定神本世界里"有命在天"的观念，另一方面强调人的主动性，"修身俟命"。《孟子·尽心上》说："夭寿不贰，修身以俟之，所以立命也。"

被困陈蔡的孔子，面对极度的险境，仍对弟子子路宣讲命运的真谛：贤能还是不贤能，在于资质；是做还是不做，在于人；得到赏识还是得不到赏识，在于时机；死还是生，在于命运。现在有人遇不到时机，即使贤能，他能有所作为吗？如果碰到了时机，那还有什么困难呢？所以君子广博地学习、深入地谋划、修养身心、端正行为来等待时机。《荀子·宥坐》记孔子言："夫贤不肖者，材也；为不为者，人也；遇不遇者，时也；死生者，命也。今有其人不遇其时，虽贤，其能行乎？苟遇其时，何难之有？故君子博学、深谋、修身、端行以俟其时。"

中国老百姓用更朴实的话语表述"修身俟命"这一理念："尽人事以听天命""谋事在人、成事在天"。

脱离以神为中心的世界观，命运不再由天（神）定，人成为支配世界的重要力量——这是人类文明重要转折点。

---

① 赵林：《基督教与西方文化》，商务印书馆 2013 版，第 18 页。
② 赵林：《基督教与西方文化》，商务印书馆 2013 版，第 19 页。

如上所述，这种伟大的人文精神不仅为中国先哲所倡导，数千年来也影响着普通百姓的日常生活。

## 原文：

曰："天子！天既讫我殷命①。格人元龟②，罔敢知吉③。非先王不相我后人④，惟王淫戏用自绝⑤。故天弃我，不有康食⑥。不虞天性⑦，不迪率典⑧。今我民罔弗欲丧⑨，曰：'天曷不降威⑩？'大命不挚⑪，今王其如台⑫？"

王曰："呜呼！我生不有命在天？"

祖伊反曰⑬："呜呼！乃罪多参在上⑭，乃能责命于天？殷之即丧⑮，指乃功⑯，不无戮于尔邦⑰！"

## 注释：

① 既：恐怕，大概。讫：终结。殷命：殷商的国运。

② 格人：负责沟通天人的神职人员。元龟：大龟。

③ 罔敢：不能。知：觉察。吉：吉利。

④ 相：帮助。

⑤ 惟：只，完全。王：商纣。用：因此，导致。

⑥ 康：安。

⑦ 虞：揣测。

⑧ 迪：遵循。率典：常典。

⑨ 罔弗欲：无不希望。丧：指商朝灭亡

⑩ 曷：何，为什么。威：威力，惩罚。

⑪ 大命：天命，指上天对商朝的惩罚。挚（zhì）：至，到来。

⑫ 如台（yí）：如何。

⑬ 反：反驳。

⑭ 参：列。

⑮ 即丧：很快灭亡。

⑯ 指：视，看。乃：代词，指商纣。功：事情，纣的治国之策。

⑰ 不无：双重否定，表示肯定。戮：消灭。尔邦：指西周。

**语译：**

祖伊对纣王说："黎国失守，我们都城的西大门洞开，难道这是上天想终结商朝的统治吗？负责沟通天人的神职人员用大龟占卜国运，他们都没能看出什么吉兆。其实不是历代先王在天之灵不想保佑他们的后人，是因为天子您沉溺于享乐，导致上天不再眷顾我们。因为上天要放弃商朝，恐怕此后再不能安享太平了。这全是因为您不能揣摩天命，不遵守法度造成的。当下民众都希望商朝尽快灭亡，他们甚至诅咒说：'上天为什么不惩罚天子？'至少现在在上天还没有降下惩罚，您打算怎么做呢？"

纣王说："啊，我继承天子之位，完全符合天命，民众诅咒能奈我何？"

祖伊不同意商纣王的看法，感叹道："哎，纣王您的过错太多，上天看得十分清楚，天子怎能向上天祈求国运呢？国运是由天子良好的治理来决定的，从您的治理措施看，商朝是朝不保夕，肯定会被西周推翻。"

# 微 子

## 一、国家人民至上、江山社稷至上——微子的大忠

**经义：**

前面说过，夏商周是历史上三个并列的族群。周人灭商后，武王将殷遗民封给商纣王的儿子武庚，并让自己的两个弟弟管叔鲜和蔡叔度辅佐他。武王死后，三人乘机作乱，发兵进攻成王和周公。周公奉命诛杀了武庚，并让微子代替武庚重新立国于宋，作为殷室后嗣继续商宗庙的祭祀。

为何周人选择微子呢？一个重要原因是微子知道天命之所归，明白商的灭亡已无法挽回。武王灭商后，微子曾两手反绑，嘴里衔着玉璧，他的大夫穿着孝服，士抬着棺材，去见武王。见面后武王亲自解开他的捆绑，接受玉璧，还举行扫除凶恶之礼，烧掉他的棺材，并命令他恢复原职。《左传·僖公六年》记载公元前654年许僖公见楚成王时："蔡穆侯将许僖公以见楚子

于武城。许男面缚，衔璧，大夫衰绖，士舆榇。楚子问诸逢伯，对曰：'昔武王克殷，微子启如是。武王亲释其缚，受其璧而祓之。焚其榇，礼而命之，使复其所。'楚子从之。"

微子一向以仁爱贤能著称，所以殷遗民都十分爱戴他。《史记·宋微子世家》上说："微子故能仁贤，乃代武庚，故殷之余民甚戴爱之。"

殷遗民世代以商人自居，孔子的先人来自宋国，也是殷人，他心里一直念念不忘这一点。临死前七天，孔子梦见自己坐在两柱之间，那是殷人的停棺之处，就知道自己要走了。于是对弟子子贡说："天下无道久矣，莫能宗予。夏人殡于东阶，周人于西阶，殷人两柱间。昨暮予梦坐奠两柱之间，予始殷人也。"（《史记·孔子世家》）

孔子从不轻易许人以仁，却说出逃的微子和死于进谏的比干一样是仁人。因为微子识天命、知大势，离开了刚愎自用的商纣王，为殷人保存了香火。《论语·微子篇》记载："微子去之，箕子为之奴，比干谏而死。孔子曰：'殷有三仁焉。'"

面对个人的荣辱安危，微子将国家人民，江山社稷的利益放在了第一位，这是真正的仁和忠，一种超越生死的大仁、大忠！

在齐桓公与公子纠争夺王位的过程中，管仲和召忽辅佐的公子纠失败，公子纠为鲁庄公所杀，召忽为尽人臣之节自杀身亡。但管仲却没有这样做，齐桓公担心管仲不会忠于自己，深知管仲的鲍叔回答，管仲并不是为君主个人才没有二心的，而是因为先人和国家的缘故。"（管仲）非为君也，为先君与社稷之故。"（《管子·小匡第二十》）

孔子因此认为管仲和微子一样，是真正的仁人。子路认为管仲不自杀违背君臣之道，不是仁人，孔子告诉他："桓公九合诸侯，不以兵车，管仲之力也！如其仁！如其仁！"（《论语·宪问篇》）

子贡也曾怀疑管仲的做法。孔子解释说，管仲辅佐齐桓公称霸诸侯，统一匡正了天下，百姓现在还享受着它的好处。没有管仲，我们恐怕要如夷狄一样，披头散发穿左开襟的衣服了。管仲怎会像小老百姓那样守着小信小节，在山沟里自杀而不求闻名于天下呢？《论语·宪问篇》："子贡曰：'管仲非仁者与？桓公杀公子纠，不能死，又相之。'子曰：'管仲相桓公，霸诸侯，一匡天下，民到于今受其赐。微管仲，吾其被发左衽矣。岂若匹夫匹妇之为谅也，自经于沟渎而莫之知也。'"

——平天下、救民于水火，重建天下秩序才是管仲的仁德啊！

微子之后两千多年，北宋范仲淹如是称赞寇准："而能左右天子，如山不动，却戎狄，保宗社，天下谓之大忠。"（《范文正公文集》卷八）

超越君王和臣下的个人私利，超越生死，大公无私的大仁、大忠才是中国人的精神底色！


## 原文：

微子若曰①："父师、少师！殷其弗或乱正四方②。我祖厎（dǐ）遂陈于上③，我用沉酗于酒④，用乱败厥德于下⑤。殷罔不小大⑥，好草窃奸宄（guǐ）⑦。卿士师师非度⑧。凡有辜罪⑨，乃罔恒获⑩，小民方兴⑪，相为敌仇。今殷其沦丧⑫，若涉大水，其无津涯⑬。殷遂丧，越至于今⑭！"

曰："父师、少师，我其发出狂吾家⑮，耄（mào）逊于荒⑯？今尔无指告予⑰，颠隮⑱，若之何其⑲？"


## 注释：

① 微子名启，微是封地，子是爵位。微子启是帝乙的长子，商纣王的同母庶兄。若：这样。

② 其：岂，难道。乱：治理。

③ 我祖：指商汤。厎（zhǐ）：致。遂：成。陈：列。上：指过去。

④ 我：指商纣王。用：由于。沉：淫，多。酗：因醉而发狂。

⑤ 用：由于。乱：淫乱。败：破坏。厥德：商汤以来的治理思想。下：指现在。

⑥ 殷罔不小大：此句为倒装句，正确语序是"殷小大罔不"。

⑦ 草窃：盗贼。奸宄（guǐ）：做坏事。

⑧ 师师：众多官员。度：法度。

⑨ 辜：罪。

⑩ 罔：不。恒：常。获：捕获。

⑪ 方：并。兴：起来反抗。

160

⑫ 其：大概。沦丧：灭亡。

⑬ 津：渡口。涯：河岸。

⑭ 越：于。

⑮ 其：将。发：行。狂：往。吾家：指微子的封地。

⑯ 耄（mào）：年老。逊：遁。

⑰ 指：通"旨"，旨意。

⑱ 颠隮（jī）：坠落，指商朝灭亡。

⑲ 若之何：怎么办。其：语助词，无意义。

**语译：**

微子启这样说："父师、少师呀，我们商朝难道再也没法治理好天下了吗？过去先王商汤能够建功立业，而如今商纣王却沉湎酒色，败坏先王功业。现在商朝官员不论职务高低，都在为非作歹。卿士百官不守法度，各种违法犯罪者不能绳之以法。下层百姓共同反对我们，成为国家的敌人。商朝大概快要灭亡了，我们好像在大河中迷失方向的航船，不知道渡口在哪里，更看不到河岸。到今天这个地步，商朝真没有希望了。"

微子启继续说："父师、少师呀，我将要离开国都，回到自己的封地，在外终老天年。此时此刻，你们对我有何建议？我们商朝就要灭亡了，我到底该怎么办啊？"

## 二、重建中国人伦道德还有很长的路要走

**经义：**

经史相参，经学义理与历史事实相互比照，对于我们研究经文内涵十分重要。因为历史现实能使经义深切显明。

据《史记·宋微子世家》，我们知道殷的"三仁"，商纣王的重要亲信微子、箕子、比干都曾对纣王进行劝谏。比干认为，君主有罪过不能以死直言规劝，百姓将受害，百姓又有什么罪呢！"君有过而不以死争，则百姓何辜！"后来比干"以死争"，激怒纣王惨遭杀害。

箕子劝谏纣，纣不听，有人同样劝箕子逃离，箕子却说：做人臣的向君主进谏，君主置之不理就离他而去，这是张显君主的恶行，哗众取宠于百姓，我不忍心这样做。于是箕子干脆装疯卖傻做了奴隶。"人或曰：'可以去矣。'箕子曰：'为人臣谏不听而去，是彰君之恶而自说（说通'悦'——笔者注）於民，吾不忍为也。'乃被发佯狂而为奴。"

微子也曾多次劝谏纣，纣都不听。最后微子听从了父师、少师的建议离开了。为何微子没有如箕子那样"为尊者讳"选择留下，或如比干那样为百姓利益以死抗争呢？微子的理由是："父子之间是骨肉情，君臣之间以义理连。所以父亲如果有过错，儿子屡劝不听就应随之而号哭；人臣如果屡次规劝，君主不听，从义理上讲人臣应该离开了。"《史记·宋微子世家》原文是："父子有骨肉，而臣主以义属。故父有过，子三谏不听，则随而号之；人臣三谏不听，则其义可以去矣。"

微子的态度，成为中国人处理君臣、上下关系的基本准则，影响深远。《礼记·曲礼下》就说："为人臣之礼，不显谏（显谏，指当众指责国君——笔者注），三谏而不听，则逃之。子之事亲也，三谏而不听，则号泣而随之。"

孟子则将君臣间的关系细分为两类，一类属于王室宗族的公卿，如微子、箕子、比干；一类属于与王族不同姓的公卿。对于属于王室宗族的公卿，国君有重大过错，反复劝谏而不听从就更立国君；与王族不同姓的卿，国君有重大过错，反复劝谏而不听从就离去。这种思想在战国时代极具革命性，从中我们能看到君臣都要承担相应的社会责任，不能履行君或臣的社会职责，就要选择退位或离职。

《孟子·万章章句下》记载了齐宣王与孟子的这段对话：

齐宣王问卿，孟子曰："王何卿之问也？"

王曰："卿不同乎？"

曰："不同。有贵戚之卿，有异姓之卿。"

王曰："请问贵戚之卿。"

曰："君有大过则谏，反复之而不听，则易位。"

王勃然变乎色，曰："王勿异也。王问臣，臣不敢不以正（正，读为'诚'，意为实话——笔者注）对。"

王色定，然后请问异姓之卿，曰："君有过则谏，反复之而不听则去。"

直到南宋以后，那种不顾人民利益，屈从君主（上级），对君主（上级）单向度绝对忠诚的观念才突显出来。已故美国普林斯顿大学宋史专家刘子健先生写道："大家说岳飞精忠报国，这话另有含义，好像是绝对忠君，才能报国。易言之，绝对以君主个人为转移，并非以国家利害为前提。从南宋以来，都是这样的观念，宋明理学也并没有加以修正，也并没有坚决主张合乎道德，合乎法制的以忠报国。那就是说，士以事君为己任，根本不合北宋的理想。"[1]

对等的君臣（上下）、夫妇、父子责任关系没有了，代之以绝对的君权、夫权、父权，这是道德的沉沦，必然导致一方对另一方的压迫——直到20世纪中国革命才将这些窒息社会进步的锁链砸碎。

而我们重建中国人伦秩序、道德规范，还有很长的路要走。

**原文：**

父师若曰："王子！天毒降灾荒殷邦[1]，方兴沈酗于酒[2]，乃罔畏畏[3]，咈其耇长[4]，旧有位人[5]。今殷民乃攘窃神祇之牺牷牲[6]，用以容[7]，将食无灾。降监殷民[8]，用乂仇敛[9]，召敌仇不怠[10]。罪合于一[11]，多瘠罔诏[12]。

"商今其有灾[13]，我兴受其败[14]。商其沦丧，我罔为臣仆[15]。诏王子出迪[16]，我旧云刻子[17]，王子弗出，我乃颠隮[18]。自靖[19]，人自献于先王[20]，我不顾行遁[21]。"

**注释：**

① 毒：重。

② 方：正。

③ 罔：不。畏：敬畏。畏：通"威"，指天命。

④ 咈（fú）：弗，违逆。耇（gǒu）长：老年人。

⑤ 旧有位人：指在位的贵戚老臣。

⑥ 攘窃：盗窃。神：天神。祇：地神。牺：纯毛牲。牷牲：牲体完具。

---

① 刘子健：《两宋史研究汇编》，中国台湾联经出版公司1987年版，"引言"第12页。

⑦ 用：用刑，惩罚。容：宽容。

⑧ 降：下。监：监视。

⑨ 乂（yì）：杀。仇：通"稠"，多，重。敛：赋敛。

⑩ 召：招致。敌仇：指人民反对。怠：懈，缓。

⑪ 合：集。一：指商纣王。

⑫ 瘝：疾苦。诏：告，申诉。

⑬ 其：如果。

⑭ 兴：同。败：祸败。

⑮ 罔：不。臣仆：被征服者成为征服者的奴仆。

⑯ 诏：告诉，劝说。王子：指微子启。迪：行，指逃走。

⑰ 刻子：指箕子。

⑱ 我：指商朝。颠隮（jī）：灭亡。

⑲ 靖：谋划，打算。

⑳ 献：供奉，指表达对先王的尊重和忠诚。

㉑ 顾：考虑，打算。遁：逃亡。

**语译：**

　　父师说："王子呀，纣王沉湎于酒色，对上天失去敬畏，不接受年高老成的贵戚大臣劝诫，这是上天降下重灾以惩罚商朝呀。现在，民众竟然盗窃供奉天地众神的各种祭品，却能得到法律的宽容，吃掉牲口，也不怕灾祸。上天监察着所有商朝人，上至王，下至民。纣王杀戮民众，大规模聚敛财富，导致民众与政权为敌，却不反思自己的治理是否正确。造成所有犯罪的唯一根源是纣王，民众真是有苦无处诉。

　　"假如现在商朝出现大灾，我们大家将共同承受恶果。假如商朝灭亡，我会殉国，绝不当敌国的奴隶。我建议你出逃，离开商朝，这个建议我以前曾向刻（箕）子说过。如果王子不出逃，不但商朝政权会灭亡，历代先王的宗庙祭祀也保不住。你出逃是为了保住先王宗庙祭祀啊。关键时刻每个人都要自行做出选择，以不同的方式向历代先王表达忠诚。我本人不会考虑逃亡，我要以身殉国。"

# 中国人的政治教科书
## 《今文尚书》

## （下册）

翟玉忠　著

华龄出版社
HUALING PRESS

# 周 书

## 牧 誓

### 一、儒家泛道德化导致国势衰败

**经义：**

现代科学给人类带来了巨大的福祉，但科学主义把自然科学技术作为整个哲学的基础，并相信它能解决一切问题。比如 20 世纪初中国学人要"发明"基于科学的伦理道德体系，结果是竹篮打水一场空。

道德也是一样，一切文明社会都有约定俗成的道德体系，但如果我们将之推向极端，不顾制度、环境等条件，将社会的一切都归因于无形的道德，这种思维方式也是极其危险的。

不幸的是，西汉以后，儒家泛道德化成为巨大的历史潮流。迷信道德可以解决从外交到经济的一切问题，人被分为截然对立的君子与小人，王朝灭亡则主要归因于末代君主的道德沉沦。

历史并非如此！武王伐纣是周灭商的决战，《牧誓》是武王大军到达商都附近，周及其盟国的誓师词。当时的战略态势是：由于商纣王花费巨大精力平息东部夷人叛乱，致使国力消耗巨大，后方空虚。周人经过三四代人的"剪商"努力，趁机一举消灭的商朝。所以《左传·昭公十一年》说"纣克东夷而殒其身"。

武王在誓师词中攻击对手，提到"妇言是用"等纣王的过错，我们也能理解。若将商人灭亡的原因归因于纣王的道德，周以后不断添油加醋地夸大纣的恶，这种泛道德化的解释不仅不利于我们理解历史，更妨碍我们找到摆脱王朝更替周期的正确答案。事实上，孔子及其弟子们对泛道德化是高度警惕的，子贡曾说："纣之不善，不如是之甚也。是以君子恶居下流，天下之恶皆归焉。"（《论语·子张》）

北京大学历史系赵冬梅教授在谈到各个朝代所面对的官员选举、君臣关系、兵权收放等制度性问题时写道："令人扼腕叹息的是，在传统时期，这些问题往往被'理乱兴衰'所消解，同时被消解的，还有有关这些问题的宝贵思考——人们习惯了用末代君臣的失德来解释衰亡，然后便若无其事地走进新朝代。即便是现代的历史书写，也习惯了在'朝代末期'大做文章。"[①]

历史人物极端复杂，很难用不道德的小人、道德高尚的君子简单分类。比如北宋王安石用人重视行政能力，合乎三代"选贤与能"的政治标准，但在司马光那样的保守主义者看来，其追随者多是寡廉鲜耻、重利轻义的小人。而反王安石变法的保守主义者则是道德高尚的君子，尽管宋神宗死后，"大多数的新政，不是被废止就是被彻底修改，完全不考虑其中的优点，也毫不顾及恢复许多旧措施的后果。这样的做法里面含有报复性情绪。王安石的著作被丢弃在一旁，好像他从不是一位一流的学者。保守主义者以迅雷不及掩耳之势罢免了新政的支持者并代以自己一派的追随者，徇私实际上比在改革者之中更为广泛。比如，那些负责州学的人仅仅是由高级官员的推荐而得到任命，未如从前一般先经过测试以确认他们的能力。"[②]

在儒家泛道德主义者看来，道德是万能的。它不仅区分了人的好坏，决定了王朝的兴衰，还是治国平天下的不二法门。公元前81年盐铁会议上儒者将义与利、战争与和平对立起来，宣称：天子不言多少，诸侯不言利害，士大夫不言得失。以仁义、德行感化百姓，就能使近者亲附、远者悦服。因此善于克敌制胜者不必打仗，善于打仗者不必领军，善于领军者不必冲锋陷阵。在朝廷上修明政治，就可以使敌人退兵，圣王推行仁政，天下无敌，哪

---

① 赵冬梅：《法度与人心：帝制时期人与制度的互动》，中信出版集团2021年版，第5页。
② 刘子健：《宋代中国的改革：王安石及其新政》，张钰翰译，上海人民出版社2022年版，第155–156页。

里用得着什么军费。《盐铁论·本议第一》："故天子不言多少，诸侯不言利害，大夫不言得丧。畜（畜通'蓄'——笔者注）仁义以风之，广德行以怀之。是以近者亲附而远者悦服。故善克者不战，善战者不师，善师者不阵。修之于庙堂，而折冲还师。王者行仁政，无敌于天下，恶用费哉？"

随着儒家独尊地位的逐步确立，上述观点影响深远。一个国家若不致力于经济繁荣，政治军事强大，空谈道德和仁义，仁者无敌——最后只能是国势的衰败。汉以后中国历史很好地说明了这一点。

中华文化内养外用、内圣外王一贯的主旨亦因此消退，直至今日。

**原文：**

时甲子昧爽①，王朝至于商郊牧野②，乃誓。王左杖黄钺③，右秉白旄以麾④，曰："逖矣⑤，西土之人⑥！"

王曰："嗟！我友邦冢君⑦，御事⑧，司徒、司马、司空、亚旅、师氏、千夫长、百夫长，及庸、蜀、羌、髳、微、卢、彭、濮人⑨。称尔戈⑩，比尔干⑪，立尔矛，予其誓⑫。"

**注释：**

① 时甲子：具体是哪年的甲子日，有多种说法，夏商周断代工程认为是公元前 1046 年。昧爽：黎明时刻。

② 王：指周武王。商郊：当时商朝都城在朝歌，商郊指朝歌之郊。

③ 杖：拿着。黄钺：黄色大钺。

④ 旄（máo）：牛尾。麾：通"挥"，指挥。

⑤ 逖：远。

⑥ 西土之人：西周位于关中平原，在商朝西部，随武王灭商的方国也多来自关中附近地区。

⑦ 冢君：对友邦国君的尊称，友邦指庸等随武王灭商的八个西部方国。冢：大。

⑧ 御事：为王室服务的官员，引申为王室近臣。

⑨ 庸、蜀、羌、髳（máo）、微、卢、彭、濮：指随武王伐纣的八个方国。

⑩ 称：举起。尔：你们。戈：古代主要兵器，木质长柄横刃，可以横击。

⑪ 比：排列好。干：盾牌。

⑫ 誓：约束。

**语译：**

公元前1046年甲子日黎明时分，周武王带领大军到达朝歌郊外的牧野，在此召开誓师大会。周武王左手拿着黄色大钺，右手握着装饰牛尾的白旗，说道："经过长途跋涉，我们从西部终于到达朝歌郊外。"

周武王接着说："大家辛苦啦。各位友好方国的国君，王室近臣，司徒、司马、司空、亚旅、师氏、千夫长、百夫长；庸、蜀、羌、髳、微、卢、彭、濮的将士们。举起你们的戈，排列好你们的盾牌，把你们的矛竖起来，我们现在召开灭商誓师大会，宣布作战纪律。"

## 二、经学义理是中国文化之魂

**经义：**

过去两千多年来，如同当代西方文化对中国影响之巨者，唯古代印度佛教对中国文化的影响。

通过诸多佛教宗派的建立和改造，以及宋明理学引佛入儒，佛教的中国化和中国文化的佛教化至宋明时期已基本完成。中西文化的互动互化则是"进行时"，可能还需要长达数百年，乃至上千年的时间方能基本完成。

可以肯定的一点是，西方文化对中国的影响是巨大且全方位的。我们说牧野之战发生在公元前1046年，也是基于现代天文学的推测，没有现代天文学，学者们很难就这一日期达成广泛共识。

还有对于武王誓师词中"六步、七步""四伐、五伐、六伐、七伐"的理解，经师们多将之解释为端正行列的一致行动，因为在战争中，军阵整齐极为重要。但民族志的记录表明，这也可能是一种战前的军事舞蹈。顾颉刚、刘起釪二先生就持这种看法，他们举例说："云南景颇族世袭山官之间展开掠夺性战争'拉事'之前，选出勇敢战士为先锋，由山官授以绘有恐怖人面图形的野猪皮盾牌。战事开始，任'勒卡总署'的先锋一手舞刀，一手舞盾，作冲杀之状，任'司列'的先锋双手舞一长矛，作向前刺杀之状，其动作都是狂热的舞蹈，并发出模拟老虎的吼叫声，全队即随之冲锋，以锐气压倒敌人取胜。"①

作为古史辩学派的领军人物，顾颉刚先生还曾作《纣恶七十事的发生次第》一文，详尽指出纣的恶是晋代以前，历代层层累加的结果，"他的罪恶的条款因年代的更久远而集叠得更丰富了"。②

最后，纣简直成了"恶府"，而纣的恶，大多是学者凭空想出来的伪史。两千多年前，《淮南子·缪称训》的作者就感叹说："三代之善，千岁之积誉也；桀纣之谤，千岁之积毁也。"

古史辩派有时疑古太过，不过他们对于我们澄清古史，确有贡献。

但令人痛心的是，古史辩派轻下断语说孔子根本没有删述或制作《六经》，将孔子与《六经》分离开来。通过去义理化，中国文化的核心经学被还原成冰冷的史料，《诗经》甚至被打回原始民歌的状态。清华大学哲学系陈壁生教授写道："孔子与六经的分离，对中国学术的现代转型影响至巨者，在'中国哲学史'的学科建构。西来之'哲学'科与中土之'义理'之学相对接，而传统义理之学，实以经学为根本。孔子删削制作之六经，与西汉之经学，皆有义理。而自'钱玄同、胡适之（钱、胡也是古史辩派代表人物——笔者注）们'分离孔、经，后来者翕然和之，于是研究先秦哲学，惟言诸子，研究两汉哲学而不及经传，研究汉魏六朝玄学而罕究经注，研究宋明理学而尽皆舍其经注义理，此为'中国哲学'学科之一大病，不得不归咎于民初之孔、经分离者也。"③

经学义理是中国文化之魂。剥离经学义理的中国哲学，必将成为没有灵魂的僵尸哲学。在此意义上，古史辩派研究历史是买椟还珠——"捡了史实的芝麻，丢了义理的西瓜"！

---

① 顾颉刚、刘起釪：《尚书校释译论》，中华书局 2005 年版，第 1115 页。
② 顾颉刚：《纣恶七十事的发生次第》，收入《古史辩》第二册，海南出版社 2003 年版。
③ 陈壁生：《经学的瓦解》，华东师范大学出版社 2015 年版，第 120–121 页。

**原文：**

王曰："古人有言曰：'牝鸡无晨①；牝鸡之晨，惟家之索②。'今商王受惟妇言是用③，昏弃厥肆祀④，弗答⑤，昏弃厥遗王父母弟⑥，不迪⑦，乃惟四方之多罪逋逃⑧，是崇是长⑨，是信是使⑩，是以为大夫卿士。俾暴虐于百姓⑪，以奸宄于商邑⑫。今予发惟恭行天之罚⑬。

"今日之事⑭，不愆于六步、七步⑮，乃止，齐焉⑯。夫子勖哉⑰！不愆于四伐、五伐、六伐、七伐⑱，乃止，齐焉。勖哉夫子！尚桓桓⑲，如虎如貔⑳，如熊如罴㉑，于商郊。弗迓克奔㉒，以役西土㉓，勖哉夫子！尔所弗勖㉔，其于尔躬有戮㉕！"

**注释：**

① 牝（pìn）鸡：母鸡。无：勿，不该，不会。

② 索：尽，衰败。

③ 商王受：即商纣王。

④ 昏弃：轻蔑。厥：代词，指商纣王。肆祀：对先祖的祭祀。

⑤ 答：问。

⑥ 遗：余。王父母弟：指商纣王的同父异母的兄弟们和叔伯兄弟。

⑦ 迪：任用。

⑧ 逋（bū）：逃。

⑨ 是崇是长：倒装句，本来句序是崇是长是，是：这。崇：尊敬。长：提拔。

⑩ 信：信任。使：使用。

⑪ 俾：使。

⑫ 奸宄：犯法作乱。

⑬ 发：指周武王，周武王姓姬名发。恭：敬奉。行：行使。

⑭ 今日之事：指周武王领兵灭商。

⑮ 愆（qiān）：超过。

⑯ 齐：整齐。

⑰ 勖（xù）：努力。

⑱ 伐：刺杀。

170

⑲ 桓桓：威武状。

⑳ 貔（pí）：豹类猛兽。

㉑ 罴（pí）：大熊。

㉒ 迓（yà）：迎击。克：杀。奔：指前来投奔的商朝军队。

㉓ 役：帮助。西土：指西周。

㉔ 尔：指从征的西周将士。

㉕ 躬：身体。戮：杀。


**语译：**

　　周武王说："古人曾说：'母鸡没有早晨打鸣的，如果母鸡早晨打鸣，预示这个家庭要倾家荡产了。'现在纣王宠信妇人，外戚集团干政，忽略传统政治力量，对先王祭祀漠不关心，更不认同王室成员。与此相反，纣王更重视从各地逃到商朝的罪犯，尊重、相信、任用、提拔这些人。他们被重用后，残暴虐待商朝民众，违法乱纪。现在我姬发敬奉天命，讨伐商朝。

　　"宣布今天的四条作战纪律：首先，作战中，要保持军阵整齐，前进六、七步，就要停下，整齐军阵。其次，刺杀一次至七次，就要停下，整齐军阵。努力作战吧，勇士们，我们要威武雄壮，像虎豹熊罴一样勇猛，在朝歌郊外展示你们的实力。再次，不要迎击杀伤前来投奔的商朝军队，将来需要他们，这一点，你们要注意。最后，也是最重要的一条军纪，如果有人不积极主动杀敌，我就要军法从事，杀掉消极作战者。"


# 洪范


## 一、四千年的根本治国大法，令人惊叹的文化奇迹


**经义：**

　　北京故宫是明清两代的政治中心，皇帝居住和办公的地方。

故宫分两大部分，中央政府的办公区域外朝和帝后居住的地方内廷。

参观雄伟的故宫建筑群，我们会看到外朝三大殿——太和殿、中和殿、保和殿的门楣正中，都悬挂着匾额：太和殿为"建极绥猷"匾；中和殿额题"允执厥中"；保和殿匾额写的是"皇建有极"。

这些匾额代表了20世纪以前中国人对自身政治的基本认识：国家建立一个超越特殊利益集团，代表人民整体利益的强大中央政府——这些观念在《尚书·洪范》中得到了完整阐述，保和殿上的"皇建有极"几个字即来自《尚书·洪范》第五条《皇极》开篇的"皇建其有极"。

如果说《尚书》是"政书之祖，史书之源"，那么《尚书·洪范》则是整个《尚书》之核心，"皇极"又是《洪范》的核心，它阐明了中国政治的基本特点。

《洪范》如此重要，在先秦文献中称引次数达十九次。《洪范》是商末重臣箕子所传的治国根本大法，汉以前多被称为《商书》，如《左传》中的《文公五年》《成公六年》《襄公三年》三篇都称之为《商书》，可见这是春秋时代的共识——汉代今文家才将之列入《周书》。

这当是因为周史官所记的缘故。《洪范》几乎通篇用韵，且用韵细节上与西周用韵完全相合，所以其最初文稿源于西周当没有问题。只是由于今人不掌握商代用韵情况，所以无法确定它是否成文于商代。（顾颉刚、刘起釪：《尚书校释译论》，中华书局2005年版，第1209–1210页）

但从本节记载看，《洪范》实源于更早的夏禹时代，成熟于商代、周代，是三代共尊的治国大法——如果我们考虑到其治国原则直到清末还为国人所尊奉，那么它是中国人四千年一以贯之的治国大法！这是怎样令人惊叹的文化奇迹啊。

事实上，直到21世纪的今天，我们想真正了解中国社会主义建设的"中国特色"，也离不开《尚书·洪范》。因为今天国家依然强调"事在四方，要在中央"，中国共产党"除了工人阶级和最广大人民群众的利益，没有自己特殊的利益"。

据西汉孔安国的传文："天与禹，洛出书。神龟负文而出，列于背，有数至于九。禹遂因而第之，以成九类，常道所以次叙。"可知本篇和《管子·四时第四十》《管子·轻重己第八十五》一样，都是以洛书之图配以文字，用以说明治国大法——洛书中间的"五"同和气有关，这与第五"皇极"大中之道是相通的，都代表中和之气；同洛书数一样，"九畴"相邻的两条也呈阴阳对应关系。"初一五行"和"初二五事"与五行学说中的物象、人事对应，"次三农用八政"和"次四协用五纪"是治国的九种重要政务，"次五建用皇极"和"次六义用三德"都与治国基本原则有关；"次七明用稽疑"和"次八念用庶征"都与决策、征兆有关。

《汉书·五行志》认为"初一"至"次九"这65字是洛书经文凡此六十五字，皆《洛书》本文，所谓天乃锡（通"赐"——笔者注）禹大法九章常事所次者也。南宋学者蔡沈（1167—1230）因此制成"九畴本洛书数图"，只是没有画出"皇极"，我们录在下面，供大家参考：

图 5　九畴本洛书数图

图片来源：蔡沈：《洪范九畴数》第一帙。

**原文:**

惟十有三祀①，王访于箕子②。王乃言曰："呜呼! 箕子，惟天阴骘（zhì）下民③，相协厥居④，我不知其彝伦攸叙。⑤"

箕子乃言曰："我闻在昔鲧陻洪水⑥，汩陈其五行⑦，帝乃震怒，不畀（bì）洪范九畴⑧，彝伦攸斁⑨。鲧则殛死⑩，禹乃嗣兴⑪。天乃锡禹洪范九畴⑫，彝伦攸叙。

"初一曰五行⑬，次二曰敬用五事⑭，次三曰农用八政⑮，次四曰协用五纪⑯，次五曰建用皇极⑰，次六曰乂用三德⑱，次七曰明用稽疑⑲，次八曰念用庶征⑳，次九曰向用五福㉑，威用六极㉒。"

**注释:**

① 惟：发语词。有：又。十有三祀：祀：年；指周文王称王的十三年，周武王即位四年，灭商后的第二年。据李学勤主编的《中国古代文明与国家形成研究》一书，帝乙（商纣之父）时期，商朝封周文王为西伯，西伯晚年，自己加尊号，称文王，称王九年后，周文王去世，周武王继续采用文王纪年。很多《尚书》的白话翻译著作，将文王十三年翻译为周文王建国十三年，把称王理解为建国，不当。

② 王：周武王。访：谋，咨询。箕子：殷商遗老，商纣王的叔叔。

③ 阴骘（zhì）：保护。

④ 相：使。协：和。厥：代词，其，指下民。

⑤ 彝：常。伦：理。攸：所。叙：顺序，引申为具体内容。

⑥ 鲧：禹的父亲，曾以堵塞的方法治理洪水。陻（yīn）：堵塞。

⑦ 汩（gǔ）：乱。陈：列。五行：五行的规律。

⑧ 畀（bì）：给。洪：大。范：法。洪范：大法，根本原则。九畴：治理国家的九大原则。畴：种类。

⑨ 斁（dù）：败坏。

⑩ 殛（jí）死：指鲧在流放中去世。

⑪ 嗣：继承。兴：起，指大禹治理水患。

⑫ 锡：通"赐"，赐给。

⑬ 曰：是。五行：将天下物分为五类，各有自己的运动规律。

⑭ 次：其次之义。敬：谨。用：做好。五事：指人观察思考等需要注意的五个方面。

⑮ 农：努力。八政：治国理政中的八个方面。

⑯ 协：和。五纪：五种计时方法。

⑰ 建：建立。皇：代表国家的君王，引申为大。极：中，引申为最高原则。皇极：指国家治理的大中之道、最高原则。

⑱ 乂（yì）：治。三德：三种治理手段。

⑲ 明：分辨、明了、严明，引申为正确。用：运用。稽疑：决策中有疑难进行卜筮。

⑳ 念：常思虑。庶：众。征：征兆。

㉑ 向：劝导。用：以。

㉒ 威：通"畏"，使人感到畏惧。

**语译：**

周文王称王第十三年，也就是武王灭商后第二年，向殷商遗老箕子咨询治国之道。他对箕子说："哎，箕子，我认为上天保护天下众生，让他们和谐生活在一起，不知治国常理为何？"

箕子说："听说以前鲧采用堵塞之法治理水患，违背天地万物规律，上帝因此愤怒，没有将九种治国大法告诉鲧，因为不懂以常典治国，社会陷入动荡。鲧也受到惩罚，死于流放中。大禹继承父鲧的事业，继续治理水患。因为大禹治水尊重五行运动规律，上天便将治国理政的九类大法赐给他，大禹用九种大法治理国家，社会和谐。"

"第一，正确认识水、火、木、金、土各类事物的规律；第二，从貌、言、视、听、思五个方面下真功夫，提高能力和智慧；第三，尽力做好关系国计民生的八项政务，包括粮食、物资、祭祀、基建工程、教育、司法治安、诸侯朝觐、武装力量；第四，综合运用年、月、日、星辰、历法五种计时方法；第五，明确治国理政的最高准则；第六，适当运用三种治理方式；第七，正确运用卜筮处理有疑难的重大决策；第八，深刻认识各种征兆的政治意义，以调整治理行为；第九，用五福劝人向善，用六极戒人作恶。"

## 二、五行——从天人观念到人的德行

**经义：**

人类文明早期巫术盛行。

英国人类学家、"民族志之父"马林诺夫斯基认为，巫术更近于科学，因为二者都借用某种方法，以达到控制自然的目的。与科学不同，巫术源于某种遍布宇宙的神秘势力，而科学则源于自然力。通过咒语或其他方式，巫术力量能感通外部世界，控制外部世界，人与自然由这种神秘力量联结为一个整体。

他这样写道："科学概念依据自然力，巫术观念则源于神秘而非个人的势力。大多数初民都信这种势力，有些梅兰内西亚（Melanesia，今译作美拉尼西亚——笔者注）人管它叫作摩那（Mana），有些澳洲部落管它叫作阿隆吉他（Arungquiitha），许多美洲印第安人管它叫作瓦坎（wakan），欧伦达（Orenda），或摩尼图（Manitu）。有的地方没有一定名称，然在巫术流行的地方，据说都是几乎普遍的观念。根据上述作家，最原始的民族与一切低级蛮野人，都信一种超自然而非个人的势力来运行蛮野人的一切事物，来支配神圣的范围里面一切真正重要的东西。"①

这种人与自然互相影响的神秘观念也存在于早期中国，尽管三代已不是一个"以神为本"的社会，但汉儒强化了上述观念（这是一种历史倒退），认为君主的仪容、语言、观察、听闻、思考，通过气，能影响天地万物（五行），包括天气。

研究本节，不仅要依据汉代五行家的学说（主要保存在《汉书·五行志》中），理解五行与五事的关系，还要参考《洪范》第八畴"庶征"中的五种好的征兆（休征）和五种坏的征兆（咎征），才能深刻体会《洪范》的天人观念。

---

① 马林诺夫斯基：《巫术、科学、宗教与神话》，上海科学院出版社2016年版，第6–7页。

需要指出的是，这个天人互相感应体系"以人为本"，决定性因素是人，关键是代表整个国家的君主。所以貌、言、视、听、思"五事"，实际是对君主德行智慧的要求——貌恭，把姿态放低，做事情时就能敬畏专注（肃）；言从，语言合乎逻辑经验，就能说服民众，得到群众的认同与支持（义）；视明，透过现象看本质便是智者（哲）；听聪，能听懂弦外之音，言外之意，便具有解急救难的谋略（谋）。思睿，思考能致广大尽精微，就能成功处理各种困难（圣）。

肃、义、哲、谋、圣这五种圣贤境界在《诗经》中亦有表述。《诗经·小雅·小旻》中有："国虽靡止，或圣或否。民虽靡膴，或哲或谋，或肃或艾。"诗中艾通"义"。

《洪范》所述圣贤境界对中国文化产生了深远影响，后来思孟学派的核心观念仁、义、礼、智、圣五行，即源于此。已故的李学勤先生就曾注意到这一点，他将《洪范》与思孟学派重要经典《中庸》《五行》比较，指出三者有相因关系，列表如下：

表2 《洪范》《中庸》《五行》关系表

| | 《洪范》 | 《中庸》 | 《五行》 |
|---|---|---|---|
| 土 | 思曰睿，睿作圣 | 聪明睿知，足以有临也 | 圣 |
| 金 | 听曰聪，聪作谋 | 宽裕温柔，足以有容也 | 仁 |
| 火 | 言曰从，从作义 | 发强刚毅，足以有执也 | 义 |
| 水 | 貌曰恭，恭作肃 | 齐庄中正，足以有敬也 | 礼 |
| 木 | 视曰明，明作哲 | 文理密察，足以有别也 | 智 |

表格来源：李学勤：《简帛佚籍与学术史》，江西教育出版社2001年版，第283页。

对于"听曰聪""聪作谋"的不对应的现象，李先生解释说："《洪范》和《中庸》并非完全符合，最明显的是'听'的一项。这应该是由于'仁'的范畴出现较晚，在《洪范》的时期还不可能包括。"[①]

---

① 李学勤：《简帛佚籍与学术史》，江西教育出版社2001年版，第283页。

《尚书·尧典》帝舜出巡和《尚书·禹贡》记述九州地理，皆按五行生序铺陈，而本篇五行顺序，既非相生，亦非相克，意味着本篇的出现应相当早——这也是《洪范》源于夏禹时代的一个重要证据。

**原文：**

"一、五行：一曰水，二曰火，三曰木，四曰金，五曰土。水曰润下，火曰炎上，木曰曲直，金曰从革①，土爰稼穑②。润下作咸，炎上作苦，曲直作酸，从革作辛，稼穑作甘。

"二、五事：一曰貌，二曰言，三曰视，四曰听，五曰思。貌曰恭③，言曰从④，视曰明⑤，听曰聪⑥，思曰睿⑦。恭作肃⑧，从作义⑨，明作哲⑩，聪作谋⑪，睿作圣⑫。"

**注释：**

① 从：顺。革：变革。从革：指人可以根据需要改变金的形状。

② 爰：通"曰"。稼穑：在土地上可以种植粮食。

③ 恭：低调，不自大。

④ 曰：叫做，引申为标准。从：顺。

⑤ 视：察是非也。明：明白。

⑥ 聪：远听曰聪，指要能听懂语言背后的含义，不能只听言不达意。

⑦ 睿：通达入微。

⑧ 作：产生，表现为。肃：以敬畏专注之心做事。

⑨ 义：治，有秩序，严整。

⑩ 哲：智。

⑪ 谋：谋划。

⑫ 圣：通达，能为成功解决各种问题。

**语译：**

"第一类，生存即科学，生存即哲学，生存、科学、哲学是一而三、三而一的关系。越是文明之初越如此。哲学科学以生存为核心，才不会沦为空疏无物的玄学和教条——五行当如是观。人间万物可略分为五大类并各有其运动特点，这就是五行：第一是水，第二是火，第三是木，第四是金，第五是土。水向下湿润，火向上燃烧，木能够弯曲和伸直，金可以由人改变其形状，土可以种植收获粮食。向下湿润的水可以产生咸味，向上燃烧的火可以产生苦味，能屈能伸的木产生酸味，可以改变形状的金产生辛味，五谷粮食产生甘味。

"第二类是为政者的内圣境界，表现为仪容、语言、观察、听闻、思考五个方面。从这五个方面入手，即为政者内圣修行的入门：在仪容方面，把自己姿态放低，不要居高临下，要平易近人、和蔼可亲。在语言交流上要合乎道理，既要合乎逻辑，又有现实根据。观察问题要做到透过现象看到本质，不为表象迷惑。听闻方面要能感知到弦外之音。思考问题要做到系统且全面。把姿态放低，做事情时就能敬畏专注。语言合乎逻辑与经验，就能说服民众，得到群众的认同与支持。透过现象看到本质便是智者。能听懂弦外之音，言外之意，便具有解急救难的谋略。思考上能致广大尽精微，就能成功处理各种困难。"

## 三、本末并重、士（官）商分业思想的现代意义

**经义：**

在中国文化中，颁历授时是国家权力的重要象征，《尚书·尧典》介绍帝尧的丰功伟绩包括："乃命羲和，钦若昊天，历象日月星辰，敬授民时。""历象日月星辰"讲的就是《洪范》中的"五纪"，各类计时方法，只是更简洁。

《管子·牧民第一》也说："凡有地牧民者，务在四时，守在仓廪。"时间在国家政务中关系重大，特别与生产生活直接相关，所以将"八政"和"五纪"放在一起。

"八政"即国家的八种关键政务，处于第一位、第二位的是食和货。用今天的话说，食就是农业生产，货就是商品物资和货币金融，前者称为本业，后者称为末业，二者在社会生活中不可或缺。所以《汉书》专列《食货志》，其开篇就说："《洪范》的八种政务官员，第一就是管粮食生产的官，

二是管财货的官。食指农民生产的可以吃的好谷，货是指可穿的布帛，以及金刀龟贝等宝物，用来分配财产、均衡利益以通有无。这两者是人民生活的根本，从神农时代就开始兴起。"《洪范》八政，一曰食，二曰货。食谓农殖嘉谷可食之物，货谓布帛可衣，及金刀龟贝，所以分财布利通有无者也。二者，生民之本，兴自神农之世。"

特别需要指出的是，"八政"指国家政务——食、货特指国家管理的农业生产和商业金融，而非私人资本的经济活动。明确这一点极为重要，因为汉以后，一些儒家知识分子常常将本末、义利截然对立，高举"不与民争利""君子不言利"的大旗，反对国有资本，为国理财，他们本质上是私人大资本的代言人！

实际上，在中国古典经济学轻重术中，国有资本的一个重要功能是平衡经济，防止私人大资本垄断国民经济，剥削普通民众。由于挡住了私人大资本的财路，历史上不断有人抹黑反对国有资本，直至今日——在私人垄断资本横行世界的 21 世纪，国有资本显得更加重要！

在公元前 81 年西汉政府的高级政策讨论会（盐铁会议）上，当时的儒家，文学贤良就以"进本退末，广利农业"的名义，反对国营盐铁及诸多国家商业活动。他们肆意扭曲孔子的均平思想以及中国古典政治经济学权力（士）与资本（商）分业的理论，主张"君子不言利""君子不言兵"。他们说，孔子曾经讲过，"诸侯和大夫不必担心土地少，而要注意分配不平均；不必担心财产贫乏，而要注意让人们安分守己。"所以天子不谈论财富的多和少，诸侯不谈论利和害，大夫不谈论得和失。他们满怀仁义教化民众，推广仁德安抚百姓。因此，近处的人都亲近归附，远处的人对他们心悦诚服。所以善于克敌制胜的人不去打仗，善于打仗的人不出动军队，善于统帅军队的人不排兵布阵。只要朝廷政治清明，就可以使敌人不战而退。圣明的君主施行了仁政，就可以无敌于天下，还需要什么费用呢？《盐铁论·本议第一》引研习经学的文学的话："孔子曰：'有国有家者，不患寡而患不均，不患贫而患不安。'故天子不言多少，诸侯不言利害，大夫不言得丧。畜仁义以风之，广德行以怀之。是以近者亲附而远者悦服。故善克者不战，善战者不师，善师者不阵。修之于庙堂，而折冲还师。王者行仁政，无敌于天下，恶用费哉？"

西汉儒生的上述荒唐观念影响深远，过去两千多年一直是儒家的主流思想。它从内部、在经济和军事两个层面弱化了国家实力——这是中国历史和中国文化的悲剧！

实际上，"天子不言多少，诸侯不言利害，大夫不言得丧"不是说国家不管理经济，不经营产业，不平衡市场，而是说必须在资本和权力之间建立防火墙，阻止它们通过"旋转门"互相转化。所以《韩诗外传·卷四》在"大夫不言得丧"后面还有"士不通财货，不为贾道"，就是当官的人不能经商。

在资本近乎垄断一切，金主政治、政商旋转门已成为常态的西方资本主义社会，在我们建设中国特色社会主义的今天，东西方都要汲取中国先哲的本末并重、士（官）商分业思想——只有这样，人类才能回归治道之中，政者之正！

## 原文：

"三、八政：一曰食，二曰货，三曰祀，四曰司空①，五曰司徒②，六曰司寇③，七曰宾④，八曰师⑤。"

"四、五纪：一曰岁，二曰月，三曰日，四曰星辰，五曰历数⑥。"

## 注释：

① 司空：掌管土木工程建筑的官员。

② 司徒：掌管教育教化的官员。

③ 司寇：掌管司法刑狱的官员。

④ 宾：掌管诸侯朝觐的官员。

⑤ 师：掌管军事的官员。

⑥ 历数：历法。

## 语译：

"第三类是选拔称职的官员，处理好八种政务。治国便是治吏，选拔出并监管好官员，以处理好八种政务。一是以粮食生产为核心的政务。二是以商品物资供应和货币金融为核心的政务。三是以祭祀为核心的政务。四是以土木工程为核心的政务。五是以教育教化为核心的政务。六是以司法刑狱为核心的政务。七是诸侯之间往来的外交政务。八是以军事安全为核心的政务。

"第四类是五种计时方法。地球在宇宙中运动的影响涉及地质运动、气候变化和动植物生长等，所以必须综合考察地球、日、月、星辰，使人们的生产生活符合自然规律。一是年，二是月，三是日，四是星辰，五是历法。"

# 四、移入西方理论解释当代中国是缘木求鱼

**经义：**

人类文明史上，治国的基本原则持续四千多年不变，然而当代知识分子迷信西方，企图移入西方理论解释当代中国，简直是缘木求鱼，升山采珠！

这是因为，过去四千多年来，大一统是历朝历代追求的政治理想。集中论述这种大一统治道的就是源于夏禹时代的《尚书·洪范》，它罗列的九条治国大法，又以居中的第五条，本节的"皇极篇"最为重要！"所有臣民都要绝对遵循这'皇极'，这是全文的核心，'九畴'的精髓（第五畴）。"[①]

历史有时会模糊现实，特别是在学术问题上。

在中国长达四五千年的漫长学术传统中，学人对"皇极"的解释包括两大类。一是汉儒释"皇"为大、"极"为中，"皇极"即大中之道。孔安国解释说："皇，大；极，中也，凡立事，当用大中之道。"此为唐代孔颖达《尚书正义》所继承："皇，大也；极，中也。施政教治下民，当使大得其中，无有邪僻。"

到了宋代，理学家分裂道、术，将经学读成论道、心性之书。连"皇极"也被解释为心法。朱熹弟子蔡沈《书经集传序》称："二帝三王（二帝即尧舜，三王即禹汤文武——笔者注）治天下之大经大法，皆载此书，而浅见薄识，岂足以尽发蕴奥？且生于数千载之下，而欲讲明于数千载之前，亦已难矣。然二帝三王之治本于道，二帝三王之道本于心。得其心，则道与治

---

① 顾颉刚、刘起釪：《尚书校释译论》，中华书局 2005 年版，第 1207 页。

固可得而言矣。何者？精一执中，尧舜禹相授之心法也；建中建极，商汤周武相传之心法也。"

治国大道岂能等同于佛家修行。这种内圣化、泛道德化的解释影响深远，大一统的基本原则从此变得模糊不清，直至今日。诸多学人干脆将大一统粗浅地解释为民族国家的领土完整。大一统的核心政教统一——以政统教，以教辅政——却鲜有人提及！

在理学家那里，"皇极"要求人君成为道德模范，感化众生的圣人。"皇极"，国家建立一个代表人民整体利益的权威中央政府这一政治意义，被消解殆尽。蔡沈《书经集传》解释皇极说："皇，君；建，立也。极，犹北极之极，至极之义，标准之名。中立而四方之所取正焉者也。言人君，当尽人伦之至。语父子，则极其亲，而天下之为父子者，于此取则焉。语夫妇，则极其别，而天下之为夫妇者，于此取则焉。语兄弟，则极其爱，而天下之为兄弟者，于此取则焉。以至一事一物之接，一言一动之发，无不极其义理之当然，而无一毫过不及之差，则极建矣。"

汉代，"皇"确有王或君之意，是国家的代表。从《洪范》篇内证，也可见"皇极"指天子、君王之"极"。《洪范》中的"建用皇极"，《尚书大传·洪范五行传》直接写作"建立王极"。汉儒将"皇"释为"大"，显然是取引申义。

不管怎样，我们都不能像朱熹及其弟子那样，将中国政治学的核心概念"皇极"说成："皇指人君，极便是指其身为天下做个样子，使天下视之以为标准。"（《朱子五经语类·卷四十八》）

按理学路数解经，迷信仁人"无术而自胜"，法律制度、军事经济等决策者可以一概不讲，委诸"有司"，结果只能是中华内圣外王大道的沉沦，国家的败亡——这是宋以后历史给我们的血泪教训！

**原文：**

"五、皇极：皇建其有极①。敛时五福②，用敷锡厥庶民③，惟时厥庶民于汝极④，锡汝保极⑤。凡厥庶民，无有淫朋⑥，人无有比德⑦，惟皇作极。

"凡厥庶民，有猷有为有守⑧，汝则念之⑨。不协于极⑩，不罹于咎⑪，皇则受之⑫。而康而色⑬，曰：'予攸好德⑭。'汝则锡之福，时人斯其惟皇之极⑮。无虐茕独⑯，而畏高明。人之有能有为，使羞其行⑰，而邦其昌。凡厥正人，既富方谷⑱。汝弗能使有好于而家⑲，时人斯其辜⑳。于其无好德㉑，汝虽锡之福，其作汝用咎㉒。

　　"无偏无陂㉓，遵王之义㉔；无有作好㉕，遵王之道；无有作恶㉖，遵王之路。无偏无党㉗，王道荡荡㉘；无党无偏，王道平平㉙；无反无侧㉚，王道正直。会其有极㉛，归其有极㉜。

　　"曰皇极之敷言㉝，是彝是训㉞，于帝其训㉟。凡厥庶民，极之敷言，是训是行㊱，以近天子之光㊲。曰天子作民父母，以为天下王。"

## 注释：

① 皇：君王，天子。建：建立。极：最高权威。

② 敛：聚集。时：通"是"，代词，这。五福：指寿、富、康宁、攸好德、考命终五种幸福。

③ 用：以。敷：普遍。锡：施予。厥：其。

④ 惟：只。时：这。于：以……为大。

⑤ 锡：赐予，君王如果对民众五福负起无限责任，那么君王会取得民众支持，民众也会拥护君王。

⑥ 淫朋：邪党。

⑦ 比：相互勾结攀附。德：行为。

⑧ 猷（yóu）：谋略。

⑨ 念：惦记。

⑩ 协：和。

⑪ 罹：遭受，引申为触犯。咎：罪，引申为法律。

⑫ 受：容忍。

⑬ 而：连词，两个"而"后面加形容词，表示并列关系。康：安。色：温润。

⑭ 攸：修。德：恩、福。

⑮ 斯：乃。惟：思。

⑯ 茕（qióng）独：鳏寡孤独，无依无靠的人。

⑰ 羞：进，引申为施展。

⑱ 方：并。谷：禄位。

⑲ 家：国家。

⑳ 时：这。斯：乃，就。辜：罪。

㉑ 于：对于。其：那。无：勿。好：喜欢。德：恩德，引申为有利于大多数人的社会制度。

㉒ 用：为。咎：恶。

㉓ 无：勿，不要。偏：邪，不正。陂（pō）：通"颇"，不平。

㉔ 义：法。

㉕ 无：勿，不要。作：行，为。好：个人偏好。

㉖ 恶：厌恶。

㉗ 党：结党。

㉘ 荡荡：宽广。

㉙ 平平：治理有序。

㉚ 反：违反王道。侧：违背法度。

㉛ 会：聚集，引申为选拔任用。其：那。极：指王道。

㉜ 归：归向。

㉝ 敷：宣布。言：政令。

㉞ 彝：法。训：教导。

㉟ 帝：天帝。

㊱ 训：顺。行：奉行。

㊲ 近：接近。天子之光：君王好的治理效果。

**语译：**

　　"第五类是确立君王代表的中央权威的方法。君王必须对全体人民负责，承担对其福祉的无限责任，让人民满意。这是确立中央权威的群众基础，只有把这方面做好，君王才能得到人民的拥护和支持。为了维护中央权威，君王要求人民不能结党——为私利相互攀附形成小圈子。

　　"首先，君王应了解哪些人有谋略、有能力、有操守，并将他们选拔出来给予重用。君王应清楚人民中那些有谋略、有能力、有操守的人，将他们选拔出来重用。其次对于那些思想观念较为中立，又遵纪守法的人，君王应宽待他们。这样可以减少敌对力量，有利于团结大多数。再次，对那些真心拥护中央的人，君王应重用他们，让他们更加幸福。从次，君王要为鳏寡孤独、无依无靠的弱势群体做实事，帮助他们解决生存和发展问题。要尊重有能有为者，给他们展示能力的空间。在职官员都经过严格选拔和实践锻炼，他们既富且贵，君王要放手任用，让他们有机会为国家效力。最后，对于反对大多数人所拥护的制度，仇恨社会的人，即使赐予富贵也难以唤醒其良知，他们反而会恩将仇报，所以对这些可能成为内奸的人应毫不留情，坚决打击。

"所有官员要注意，不要有邪僻不当的想法，要从全局整体认识问题，坚决执行法律；不要让个人好恶影响方针政策的执行，不在治国理政中塞进私货，便能因地制宜落实治理的各项措施；保持内心坦荡，远离各种错误思想观念影响，就不会结党，这样政策便可以得到普遍尊重和执行；只要不结党，就不会成为利益集团的代言人，就能实事求是地执行政策；只要不走极端，不搞恶意变通，政策就可以落实。治国要在治吏，要按照有利于国家全局和长远发展的原则选拔任用官员，通过以官员为主体的治理体系，引导人民紧密团结在中央的周围。

"总之，以君王为代表的中央颁发各项政策，既是人们要师法遵守的，也是君王对官员民众的教导，这是符合上天旨意的。全体官员民众，应认真奉行中央政策，只有这样决策才会产生积极效果，才能给民众带来福祉。天子如父母疼爱子女一样造福民众，便能成为天下拥戴的领袖。"

## 五、国家必须依法赏罚，否则官员作威作福

**经义：**

《老子·三十四章》说："大道泛兮，其可左右。"道无所不在，可以左也可以右。

社会治理不同于家族生活，有着更高的德行要求。这种德行非如宋儒蔡沈解释"皇极"所讲，将家族道德发挥到极致并为世人所效仿。

除了我们平常说的软、硬两手，还有一种较为中正的、日常的德行，即本节所说的"正直"，适用于平常安定的状态。总之，采用何种德行，要根据具体情况随时变化，这是一种守经达权，无可无不可的境界。

孔子评价古今人物，曾提到一些被历史遗落的人才：不动摇自己的意志，不辱没自己，这是伯夷叔齐吧；柳下惠、少连不顾身份，屈辱自己，但说话合乎伦理，行为合乎人心；虞仲、夷逸过着隐居的生活，说话随便，洁身自爱，出仕与否合乎时宜。孔子则说，自己和这些人不同，为了实现高尚的理想，可以归隐可以入仕；可以降志辱身，也可以坚贞不屈——这就是无可无不可的境界。《论语·微子》记载："子曰：'不降其志，不辱其身，伯夷、叔齐与？'谓柳下惠、少连，'降志辱身矣，言中伦，行中虑，其斯而已矣。'谓虞仲、夷逸，'隐居放言，身中清，废中权。''我则异于是，无可无不可。'"

本节再度提及中央集权的重要性，特别是赏罚之权，必须牢牢掌握在国家手里，若为臣下私欲左右，将导致整个社会的混乱。

伟大的政治思想家韩非子将赏罚之权称为"二柄"，《韩非子》专有一章讨论，题目就叫《二柄》。他指出，君主一旦同时失去刑赏大权而由臣下执掌，这样不导致危亡的情况是没有过的。就好像老虎靠爪牙能制服狗，如果老虎没了爪牙而让狗使用，老虎反而会被狗所制服；并举例说，齐国大臣田常请求君主赐予群臣爵禄，用大斗出小斗进的办法把粮食施舍给百姓，这就使齐简公失去奖赏大权而由田常掌握，最后简公惨遭杀害；宋国大臣子罕告诉宋桓侯，百姓喜欢奖赏恩赐，君王自己施行就好；百姓厌恶杀戮刑罚，干脆就让我代劳吧！结果宋桓侯失去刑罚大权，并被废掉。《韩非子·二柄第七》说："故田常上请爵禄而行之群臣，下大斗斛而施于百姓，此简公失德而田常用之也，故简公见弑。子罕谓宋君曰：'夫庆赏赐予者，民之所喜也，君自行之；杀戮刑罚者，民之所恶也，臣请当之。'于是宋君失刑而子罕用之，故宋君见劫。"

如何恰当行使赏罚呢？要"审合形名"，考察下级的言论和职事，严肃问责。具体说，根据下级言论授予他相应的职事，就其职事责求他的功效。功效符合职事，职事符合言论，就赏；功效不符合职事，职事不符合言论，就罚。《韩非子·二柄第七》说："为人臣者陈而言，君以其言授之事，专以其事责其功。功当其事，事当其言，则赏；功不当其事，事不当其言，则罚。"

要做到"审合形名"，国家领袖就不能任用那些无实际能力的所谓"贤人"，更不能离开法制无原则地提拔官员，否则只会多媚臣、小人；只有遵守法律，取信于天下，以法赏罚，才能实现天下大治。

《商君书·修权》重点也谈赏罚之权，开篇就说："国之所以治者三：一曰法，二曰信，三曰权。法者，君臣之所共操也；信者，君臣之所共立也；权者，君之所独制也，人主失守则危。君臣释（释，舍弃——笔者注）法任私必乱。故立法明分，而不以私害法，则治。权制独断于君则威。民信其赏，则事功成；信其刑，则奸无端（无端，是说无由萌生——笔者注）。"

此真治国之至理！


**原文：**

"六、三德①：一曰正直②，二曰刚克③，三曰柔克④。平康正直⑤。强弗友刚克⑥。燮友柔克⑦。沈潜刚克⑧，高明柔克⑨。

"惟辟作福⑩，惟辟作威，惟辟玉食⑪。臣无有作福作威玉食。臣之有作福作威玉食，其害于而家⑫，凶于而国。人用侧颇僻⑬，民用僭忒⑭。"


**注释：**

① 德：德政，善政，此处指获得善政的方法。

② 正直：正，让直成为正。直，将曲变直。正直引申为普通正常的方法。

③ 刚：刚强，强硬。克：胜。

④ 柔：柔和。

⑤ 平：正。康：安定。正直：指用普通正常的治理方法。

⑥ 强：刚强。友：亲近，指可以教化。

⑦ 燮（xiè）：和。

⑧ 沈潜：处于蛰伏状态的与社会为敌的人。

⑨ 高明：能从全局长远认识问题的人。

⑩ 惟：只有。辟（bì）：君王。作：行。福：富贵寿考等齐备谓之福。

⑪ 玉食：美食，营养健康的饮食。

⑫ 而：代词，指大臣之家。

⑬ 用：因此。侧：偏，不正。颇：偏颇，不正。僻：邪，不正。

⑭ 僭（jiàn）：越轨。忒（tè）：作恶。

**语译：**

"第六类：三种治理方法。根据不同社会风气和不同人的特点，相应的治理方法有三种。一是普通正常的方法，依靠官员执行中央的政策方针。二是以刚强取胜的方法。三是用摆事实讲道理的方法；在社会拥护以君王为代表的中央权威，或者针对拥护中央权威的人们来说，可以采用普通常用的方法。针对缺乏中央认同感的社会环境，或者固执己见难以说服的人，应采用强硬高压的方法。认同中央权威和治理能力，但对某些决策心存疑虑的人，应采用摆事实讲道理的方法；对蓄谋已久暗中反对中央的人，应实行高压强硬措施。对于自作聪明又不反中央、不反社会的人，应采用柔性教化措施，做好他们的思想工作。

"君王代表国家整体利益，中央肩负保障协调各个阶层、各个地区人民福祉的责任，所以中央必须是暴力威慑和赏罚大权的唯一执掌者。由于君王的安危关乎整个国家的利益，所以他必须享有高水平的健康营养和生活保障。而大臣往往只看到局部利益，如果任由他们作威作福，便会出现特殊利益集团独大的情况，危害他方利益，使国家整体失衡，乃至陷入尖锐的阶层对立，造成社会分裂；人民被逼上梁山，揭竿而起，社会大乱。"

# 六、不能脱离具体时代背景理解经学

**经义：**

长期以来，现代人对工业化时代以前人类诸多行为感到疑惑不解，甚至给它们贴上"落后"和"迷信"的标签。随着科学进步，我们发现，诸如公共仪式中的舞蹈和决策中的卜筮，实际是早期人类演化出的重要文明成果。

以卜筮为例，在先民狩猎等活动中，最佳的选择策略往往需要暂时关闭心智识别系统，以免犯守株待兔的错误。因为猎物的出现常常是随机的，如果猎人出于偏见回到以前见过猎物的地点，他很可能空手而归。

和商周时代的猎人一样，加拿大拉布拉多的纳斯克皮人狩猎前，也用动物肩胛骨进行卜筮，以决定去哪里寻找猎物。过程也与商人占卜相似："他们会将肩胛骨在热煤上加热，使肩胛骨上出现裂纹或烧成焦点的图案。这种图案将被解读为一种地图，以保持预先指定的方向。从选取猎捕位置的角度上讲，因为裂纹的结果取决于骨头、燃烧、环境温度以及加热过程等无数细节，所以裂纹的模式（可能）基本是随机的。因此，这些占卜仪式也许提供了一个粗糙而随机化的措施，帮助猎人避免在决策制定上产生偏见。"[1]

更为细致地研究表明，有利于随机选择的某种占卜方法，会在更需要随机选择的地区得到充分发展。印度尼西亚加里曼丹岛的坎图斯人会用鸟类占卜术选择农田位置。它有效实现了对农地选择的随机化，有助于避免灾难性的农耕失败。但此一技术在当地觅食群体以及依靠灌溉的婆罗洲北部人群中很少见到，因为他们并不需要随机选择农地耕种。[2]

《洪范》第七畴"稽疑"，对重大疑难进行决策，卜筮在其中占据重要地位——在理性之外，当理性不能解决疑难时，卜筮是最科学的不受偏见影响的随机策略。

且三代决策过程，仍是以人为中心的——"谋及乃心"处于决策过程的首位！

前面我们讲过，《洪范》第八畴"庶征"与第一畴"五行"，第二畴"五事"高度相关，都是讲人与自然的互相影响，"休征"与"咎征"集中论君主行为对天气影响——这也是人类早期思维的特点，客观上有利于政治共同体领袖德行的提升。

北宋王安石的《洪范传》开始解释"时雨若"的"若"字为如，好像，以为不是如五行家所说的那样，帝王行为引起天气变化，而是一种形容，说帝王如此，对天下苍生就好像某种天气一样。这也影响了当代学者。比如顾

---

[1] 约瑟夫·亨里奇：《人类成功统治地球的秘密》，中信出版集团 2018 年版，第 128 页。
[2] 约瑟夫·亨里奇：《人类成功统治地球的秘密》，中信出版集团 2018 年版，第 129 页。

颉刚、刘起釪在解释"曰休征：曰肃，时雨若；曰乂，时旸若……"时就说："好的行为的征象：君王表现肃敬，就像雨水恰到好处地降下来；君王的政治休明，就像太阳按时普照大地……"①

这显然有"以今释古"之嫌。不能脱离具体时代背景理解经学，否则，我们可能如宋人一样忽视中国文化和印度（印欧）文化之别，以心性解经，陷入"援佛入经"的错误学术路线。

第八畴最后，作者再度强调"皇极"思想，大一统中央集权治道的意义，从君王一直到普通民众（庶民），上下一统是社会秩序的基础。足见"皇极"在夏商周三代，乃至整个中华政治文化中的重要性！

**原文：**

"七、稽疑①：择建立卜筮人②，乃命卜筮：曰雨，曰霁，曰蒙，曰驿，曰克③，曰贞④，曰悔⑤，凡七。卜五，占用二，衍忒⑥。立时人作卜筮⑦，三人占，则从二人之言。

"汝则有大疑⑧，谋及乃心⑨，谋及卿士，谋及庶人，谋及卜筮。汝则从，龟从，筮从，卿士从，庶民从，是之谓大同。身其康强⑩，子孙其逢⑪，吉。汝则从，龟从，筮从，卿士逆⑫，庶民逆，吉。卿士从，龟从，筮从，汝则逆，庶民逆，吉。庶民从，龟从，筮从，汝则逆，卿士逆，吉。汝则从，龟从，筮逆，卿士逆，庶民逆，作内吉⑬；作外凶⑭。龟筮共违于人，用静吉⑮，用作凶。

"八、庶征⑯：曰雨，曰旸⑰，曰燠⑱，曰寒，曰风。曰：时五者来备⑲，各以其叙⑳，庶草蕃庑㉑。一极备㉒，凶；一极无，凶。

"曰休征㉓：曰肃㉔，时雨若㉕；曰乂㉖，时旸若；曰晰㉗，时燠若；曰谋㉘，时寒若；曰圣㉙，时风若。

"曰咎征㉚：曰狂㉛，恒雨若㉜；曰僭㉝，恒旸若；曰豫㉞，恒燠若；曰急㉟，恒寒若；曰蒙㊱，恒风若。

"曰：王省惟岁㊲，卿士惟月㊳，师尹惟日㊴。岁、月、日时无易㊵，百

---

① 顾颉刚、刘起釪：《尚书校释译论》，中华书局2005年版，第1204页。

谷用成<sup>㊶</sup>，乂用明<sup>㊷</sup>，俊民用章<sup>㊸</sup>，家用平康。日、月、岁时既易，百谷用不成，乂用昏不明，俊民用微<sup>㊹</sup>，家用不宁。

"庶民惟星，星有好风，星有好雨<sup>㊺</sup>。日月之行，则有冬有夏。月之从星<sup>㊻</sup>，则以风雨。"

**注释：**

① 稽：考察，认识研究。疑：疑难，重大疑难问题。稽疑指国家重大疑难的决策。

② 卜：以龟甲兽骨预测吉凶称为卜。筮：以筮草预测吉凶称为筮。

③ 雨、霁、蒙、驿、克：占卜时用以判断吉凶的龟甲上出现的兆纹。雨：下雨。霁：雨后天空的云气。蒙：雾气蒙蒙。驿：不连贯的云气。克：云气相侵。

④ 贞：内卦。

⑤ 悔：外卦。

⑥ 衍：推衍，研究。忒：变化。

⑦ 时人：这些人，指通晓卜筮者。

⑧ 则：如果。

⑨ 乃：代词，你，指君王。

⑩ 康强：安康强健。

⑪ 子孙：君王的子孙，引申为国家未来。逢：兴旺。

⑫ 逆：反对。

⑬ 作：作为，举事。内：内部，内政。

⑭ 外：外部，外交。

⑮ 用：采用。静：安静，指等待时机和条件。

⑯ 庶：多。征：征兆，引申为标准。从具体内容看，庶征是指判断一年收成好坏的自然气候条件。

⑰ 旸：晴天。

⑱ 燠（yù）：热，气温高。

⑲ 时：通"是"，代词，这。备：具备。

⑳ 叙：次序。

㉑ 庶：众多。蕃：生长繁茂。庑（wǔ）：同"芜"，丰茂。

㉒ 极：甚。

㉓ 休：美好。

㉔ 肃：恭谨认真。

㉕ 时：按时。若：助词，在句末，表示所表述的情况或状态。

㉖ 乂（yì）：良好的治理。

㉗ 晰：明。

㉘ 谋：谋略。

㉙ 圣：通达权变。

㉚ 咎：恶，坏。

㉛ 狂：狂妄，傲慢。

㉜ 恒：久。

㉝ 僭（jiàn）：差错。

㉞ 豫：安逸。

㉟ 急：急躁，指未经充分社会动员的或超过社会承受限度的治理行为。

㊱ 蒙：昏暗。

㊲ 省：明察治理得失。惟：如，像。

㊳ 卿士：高级官员。

㊴ 师尹：普通官员。

㊵ 易：变异，异常。

㊶ 用：因此。成：收成好。

㊷ 明：清明。

㊸ 俊民：有才能的人。章：显明，引申为任用提拔。

㊹ 微：与"章"相对，指有才能的人未被任用提拔。

㊺ 庶民惟星，星有好风，星有好雨：是说民众如众星，君王卿相如日月，民众围绕着君王卿相，需要君王卿相良好的治理。

㊻ 月：此处指日月。


**语译：**

　　"第七类：对重大疑难进行决策。治国理政中的重大问题，投入大，风险大，针对这些问题如何决策呢？可用卜筮辅助决策。挑选精通卜筮者，用龟甲和筮草占卜。龟卜的兆形有五类，有的像下雨，有的像雨后初晴的云气，有的像朦胧的雾气，有的像不连贯的上升云气，有的像阴阳二气交错。筮草卦象有内卦和外卦两种。二者相加共七种。卜筮者根据兆形和卦象进行推理，得出结论。占卜时要有三人独立进行卜筮，如果两人预测相同，就采信这两人的结论。这是占卜的基本法则。

"卜筮预测只是辅助君王决策，不能也不应迷信卜筮。重大决策事关国家整体利益，君王对重大疑难决策时，首先应做全面系统的调查研究，从民众整体长远利益出发，做出理性的分析和判断。其次再征求官员和民众的意见。卜筮的预测在决策中居第三位。针对重大疑难，要制定多种预案。如果君王所选择的方案，官员和民众支持，卜筮的预测也支持，这叫大同。大同的决策执行起来难度小，君王不必为此纠结焦虑，这样的决策琮会促进国家兴旺发达，所以大同的决策吉祥；如果君王做出决策，卜筮预测的支持，而官员和民众反对，这可能因为官员和民众只考虑部门和当前利益，没有认识到整体的长远的利益，君王可以通过思想工作，取得官员和民众的理解和支持，这样的决策也吉祥；如果最终选择的方案，大臣官员支持，卜筮预测支持，而君王和民众反对，那么这个决策也吉祥，因为毕竟官员是执行主体，他们会竭尽全力落实方案；如果方案得到民众和卜筮预测的支持，而君王和官员反对，这个选择也吉祥，因为方案体现了民众的利益；如果所选择的方案得到君王和龟卜的支持，却为大臣、民众和筮预测的反对，若是内政问题那么这个决断就是吉祥的，因为君王在国内掌握着强大的军事力量，不会出现动乱。若涉及军事外交问题，这个方案就不吉利，因为在国外君王很难直接控制军队；如果卜筮预测都不支持君王大臣和民众所选择的方案，就要等到时机或条件成熟时再有所作为，盲目蛮干可能无助于解决问题。

"第八类：判断年成好坏与社会是否和谐幸福的基本标准是自然气候条件，包括天气的阴晴、气温的高低、风的多少大小。如果风调雨顺，天气的阴晴冷暖与风按时到来，植物生长就茂盛，年成会很好。因为年成好，社会便和谐幸福。如果其中一项过多或过少，不利于植物生长，年成就会不好，民生艰难，容易发生社会问题。

"判断社会是否和谐幸福的另一重要标准是治理水平，可略分为善政和恶政。古人相信天人感应，作为对君王善政的反应，上天报之以风调雨顺，因此善政预示着社会和谐幸福。国家治理恭敬认真，雨水会按时降下；国家治理井井有条，天空便晴朗，日照便充足；国家治理廉洁清明，气候就会变得温暖；国家治理深谋远虑，天气该寒冷时便寒冷；天子在治理上守经达权，实事求是，万物需要风时风便产生。

"君王行恶政，上天会报之以灾害性天气。包括下面几种情形：为政者狂妄傲慢，会出现久雨不晴的天气；国家治理上差错频出，会有久旱不雨的天气；天子贪图享乐，天气会持续炎热；在治理上出现非理性暴政，天气会持续低温寒冷；君王昏庸无能，会有大风扬尘天气出现。

"治国理政还要注意方法，最高领导者宏观上要统领全局，如同以年统领四季。高级官员的重点在中观，如月统领每一天。普通官员重点在微观，要做好具体政务的落实执行。宏观、中观、微观三个层面，上行下达，协调一致，避免治理出现大纰漏，国家治理风清气正，德才兼备者得到任用提拔，家与国便能太平安宁。如果上中下，宏观、中观、微观关系不协调，出现纰漏，便会出现粮食减产、治理昏暗、家国不安等情况。

"民众像众星以日月为核心一样围绕在政府周围，他们需要国家的风雨润泽。日月按规律运行，形成四季，万物生长——民众如众星拱月一样拥护国家，国家要急民众之所急，想民众之所想，如雨露阳光润泽他们。"

## 七、《大学》或可补救当代西方个人主义的过度膨胀

**经义：**

社会风俗的好坏、政治教化的善恶会影响每个人的福祸，这就是本节所说的"五福""六极"。

中国人的幸福观念是世俗性的，所考虑的是寿命的长短、富与贫、安康还是疾病——这与印欧文明重视一种超验的天堂、地狱观念有很大区别。很难想象，一个普通的中国人会如中世纪的穷人一样，用最后一枚铜板购买赎罪券！

我们考察东西方建筑，二者都有表征现代化的高楼大厦，但西方最令人惊叹的建筑艺术仍是代表神权的教堂，而中国最令人惊叹的建筑常常是代表王权的宫廷建筑。可见，东西方文明的最大不同点仍是：西方"以神为本"，中国"以人为本"，前者主张"帝在道先"，后者主张"道在帝先"，撇开这一点谈东西方政治、文化，只会越谈越混乱。可惜的是，直到今天，还有许多中国学人认为西方文明的基础是科学技术而非神学宗教。科学技术只是西方文明的术、工具，宗教才是西方文明的道、安身立命的根。

今天在西方社会大行其道的个人自由主义，其根源仍在宗教，是由神恩推衍而来，因此也带有一神教本质上的排他性。以个人自由主义泛滥的美国为例，早期开拓者是虔诚的清教徒，他们进入北美新大陆，前途未卜，只能勇往直前，不断开拓，这样才能在印第安人世界站稳脚跟。他们认为这种开拓者精神承受着神恩，同时要以自己的行为彰显神的恩典。

客居美国六十余载的史学家许倬云评论道："这一种个人主义如此有恃无恐，这些开拓者才有勇气和决心一步步往前走。可是，从另外一个方面看，这些依仗上帝眷顾的个人，自以为是神的选民，对他们而言，'神的选民'四个字，就让他们自己的地位和其他人有了区隔。异教徒不能蒙受神恩，乃是异类；那些他们认为是野蛮人的原住民，简直是羞以为伍的异类。这些自以为蒙受神恩的个人主义者，可以理直气壮地任意处置他们眼中的'异类'。在美国历史上，正因为这种不成理由的'理由'，百万计的原住民被他们驱赶离开自己的土地——甚至于以近代的武器对付手持弓箭的原住民，对其任意地杀戮和驱赶。从他们手上夺取的资源和土地，白人可以理直气壮地据为己有。这些错失，在今天看来是人类历史上的污点，但是在当时那些开拓者的心目中，却正是以这种理由毫不留情地将新大陆占为己有。"[①]

个人自由主义发展到极端，就是社区生活的解体，个人的原子化，以及人伦道德的崩塌。随着西方教育、文化在近代席卷全球，今天个人主义膨胀已成为一个世界性问题，并没有因信息技术的发达得到解决，反而使人沉迷

---

① 许倬云：《许倬云说美国》，上海三联书店 2020 版，第 225 页。

于虚拟世界，变得越发极端和孤独。

也有西方有识之士意识到中国注重人伦道德的文化可以补救西方个人自由主义的诸多弊端。比如一生三次翻译《大学》的美国意象派诗人埃兹拉·庞德（Ezra Pound，1885–1972），他认为，《大学》主张的修身、齐家、治国、平天下。由自己的内心开始，逐步向外扩张自己的心性，将善行延展到我们的政治共同体，乃至整个世界——而个人只是周遭世界的一部分，个人与外部不是排他性的对立，应是一种和谐共生的关系。

从本节中，我们看到，"五福"中包括"攸好德"，喜好行善、奉献社会；"六极"中包括"恶"，作恶。可见先贤多么重视人伦善行的社会意义——善也是《大学》修身次第的起点。

## 原文：

"九、五福：一曰寿，二曰富，三曰康宁，四曰攸好德①，五曰考终命②。六极③：一曰凶短折④，二曰疾，三曰忧⑤，四曰贫，五曰恶，六曰弱。"

## 注释：

① 攸：所。好：喜好。德：德行，恩泽，引申为奉献。

② 考：老。终命：善终。

③ 极：过分，惩罚，引申为表明社会不幸福的极端现象。

④ 凶短折：早死，短寿。

⑤ 忧：忧愁，抑郁。

## 语译：

第九类：表明社会是否和谐幸福的现象，一个社会和谐幸福，多会有五种现象，称为五福，包括人均寿命长、人民富足、社会安定祥和、人人行善乐于奉献、尽享天年长寿而终。一个社会不和谐不幸福，多存在下面六种现象：人均寿命很短、病患者多、消极悲观情绪盛行、贫富分化加剧、忧愁仇恨情绪充斥、世风萎靡毫无正气。

# 金縢

## 一、中国文化主体是"周孔之道"，而非"孔孟之道"

**经义：**

笔者曾几次赴山东曲阜讲学，几次参观曲阜周公庙。

流连于院落东西"制礼作乐"牌坊和"经天纬地"牌坊之间，我久久不愿离去。

相对于孔庙，周公庙显得过于冷清。今天，我们已经很难理解孔子梦寐以求的周公了，更难以理解何为"制礼作乐"，何为"经天纬地"。

连赵本山在小品里都大谈"孔孟之道"。很少人知道，宋代以前人们习惯于将周公与孔子并称，孔、孟并称是宋以后才有的事。所以严格地说，中国文化主体是代表夏商周三代文明精华的"周孔之道"，而非"孔孟之道"。

司马迁也是受周公、孔子的激励，发扬文明教化，为万世太平奠基而作《史记》的。他的父亲司马谈曾告诉他："自周公死后，经过五百年才有了孔子。孔子死后，到今天也有五百年了，有谁能够继续在太平圣明的时代修正《易传》，续写《春秋》，探求《诗经》《尚书》《礼记》《乐经》诸经的根本呢？"司马谈是将希望寄托在儿子身上，所以才嘱之谆谆！《史记·太史公自序》开篇："先人有言：'自周公卒五百岁而有孔子。孔子卒后至于今五百岁，有能绍明世，正《易传》，继《春秋》、本《诗》《书》《礼》《乐》之际？'意在斯乎！意在斯乎！小子何敢让焉！"

公元 59 年，汉明帝亲自上阵，率领群臣在全国范围内祭祀周公、孔子。在汉人心目中，孟子同荀子、韩非子一样，不过是诸子之一，不可能与周公、孔子相提并论。《后汉书·礼仪志上》："明帝永平二年三月，上始帅群臣躬养三老、五更于辟雍（辟雍，本为周天子所设大学，东汉以后历代设有辟雍——笔者注）。行大射之礼。郡、县、道行乡饮酒于学校，皆祀圣师周公、孔子。"

如果说周武王打败了商纣王，建立了周王朝，那么将周代制度完善并巩固下来的，则是周公。这一制度经孔子承启，直接影响中国长达三千多年。孔子整理的六经，皆源于周代王官之学。难怪孔子感叹："周监（监通'鉴'，借鉴——笔者注）于二代，郁郁乎文哉！吾从周。"（《论语·八佾篇》）

年迈的孔子仍对周公制礼作乐的经天纬地功勋难以忘怀，他也发愿像周公那样在战乱不已的春秋时代恢复太平秩序，尽管孔子不知道，他身后是一个更加混乱的战国时代。他说，我衰老得太厉害了！已经好久没再梦见周公了。"甚矣，吾衰也！久矣吾不复梦见周公"（《论语·述而篇》）

不错，周公是一位伟大的诗人，本篇中也记述，在东征凯旋的路上，周公专门创作一首《鸱鸮》给周成王，出土文献和传世文献收录周公的诗作多篇。更重要的是，周公是一位创立一代制度的伟大政治家。武王打下了天下，坐稳天下的却是周公——这就是周公的制礼作乐。周武王在战胜商人的第三年左右就患重病去世了，当时成王年幼，周公不得不摄政稳定大局。

西汉伏生《尚书大传》总结周公摄政的贡献时说："周公摄政，一年救乱，二年克殷，三年践奄，四年建侯卫，五年营成周，六年制作礼乐，七年致政成王。"是说在成王继位初期，武王的两个兄弟管叔、蔡叔，与纣王之子武庚一起发动叛乱，周公第一年制止住了叛乱蔓延，控制住了局面；第二年平定武庚他们的叛乱；第三年又平定了东夷奄的叛乱；第四年分封弟弟康叔为卫君，令其管理殷墟附近的商朝遗民；第五年为加强对东方的控制，营建洛邑为东都；第六年建立了较完整的国家制度体系。第七年将权力交还给成王，结束摄政。

参阅有"周公遗典"之称，记载西周官制的《周礼》，我们就知道西周制度的现代性与先进性——那是一种建立在天下为公基础上的现代法制化官僚制度！

目前有两个版本的《金縢》，除了《今文尚书》中的本篇，还有《清华大学藏战国竹简》（一）中的《金縢》，原竹简背面有篇题："周武王有疾周公所自以代王之志"。竹简版《金縢》是战国时流传的另一个版本，文字多有不同。传世本《金縢》经过历代经师整理，显得更有可读性，也更完整。

**原文：**

　　既克商二年<sup>①</sup>，王有疾，弗豫<sup>②</sup>。二公曰<sup>③</sup>："我其为王穆卜<sup>④</sup>？"周公曰："未可以戚我先王<sup>⑤</sup>。"公乃自以为功<sup>⑥</sup>，为三坛同墠<sup>⑦</sup>。为坛于南方北面<sup>⑧</sup>，周公立焉。植璧秉珪<sup>⑨</sup>，乃告太王、王季、文王<sup>⑩</sup>。

　　史乃册祝曰<sup>⑪</sup>："惟尔元孙某<sup>⑫</sup>，遘厉虐疾<sup>⑬</sup>。若尔三王，是有丕子之责于天<sup>⑭</sup>，以旦代某之身。予仁若考<sup>⑮</sup>，能多材多艺<sup>⑯</sup>，能事鬼神。乃元孙不若旦多材多艺，不能事鬼神。乃命于帝庭<sup>⑰</sup>，敷佑四方<sup>⑱</sup>，用能定尔子孙于下地<sup>⑲</sup>，四方之民，罔不祗畏<sup>⑳</sup>。呜呼！无坠天之降宝命<sup>㉑</sup>，我先王亦永有依归<sup>㉒</sup>。今我即命于元龟<sup>㉓</sup>，尔之许我<sup>㉔</sup>，我其以璧与珪<sup>㉕</sup>，归俟尔命<sup>㉖</sup>；尔不许我，我乃屏（bǐng）璧与珪<sup>㉗</sup>。"

　　乃卜三龟<sup>㉘</sup>，一习吉<sup>㉙</sup>。启籥见书<sup>㉚</sup>，乃并是吉<sup>㉛</sup>。公曰："体<sup>㉜</sup>！王其罔害<sup>㉝</sup>。予小子新命于三王，惟永终是图<sup>㉞</sup>。兹攸俟，能念予一人<sup>㉟</sup>。"公归，乃纳册于金縢之匮中<sup>㊱</sup>。王翼日乃瘳<sup>㊲</sup>。

**注释：**

① 既：已经。

② 弗豫：不快乐，弗豫是古时天子患病的专称。

③ 二公：指太公和召公。

④ 其：表示商量语气的副词。穆：恭敬。

⑤ 戚：忧虑。

⑥ 功：质，抵押品。

⑦ 坛：祭坛。墠（shàn）：祭祀场地。

⑧ 南方：祭祀场地的南部。北面：祭坛坐南朝北。

⑨ 植：通"置"，摆放。秉：执持。

⑩ 太王、王季、文王：三人依次是周武王的曾祖父、祖父和父亲。

⑪ 史：史官。册：书写册书。

⑫ 惟：发语词，无实义。元孙：长孙。某：指周武王。

⑬ 遘（gòu）：遇到。厉：危。虐：恶。

⑭ 是：这时。丕子：疾病。责：要求。

⑮　仁若：柔和。考：巧。

⑯　能：当为衍字。

⑰　帝庭：上帝之庭。

⑱　敷：普遍。佑：有。

⑲　用：因为。

⑳　祗（zhī）：敬。

㉑　坠：失。降：下。

㉒　依归：指周三王可以享受后代子孙的祭祀。

㉓　即命：接受命令，即，接近。元龟：指占卜。

㉔　之：如果。

㉕　其：则。

㉖　归：回到三王身边。俟：等候。

㉗　屏（bǐng）：收藏。

㉘　三龟：三王祭坛前各置一龟进行占卜。

㉙　一：都。习：重复。

㉚　启：开启。籥（yuè）：同"钥"，锁钥。

㉛　并：皆。

㉜　体：指占卜的兆象。

㉝　罔：无，没有。害：危险。

㉞　永：长。终：长。图：谋。

㉟　兹：这。攸：所。俟：大。念：思念，祝愿。予一人：指周武王。

㊱　縢（téng）：封缄。

㊲　翼：第二天。瘳（chōu）：痊愈。

**语译：**

　　灭商后的第二年，周武王身患重病，十分痛苦。太公、召公说："让我们恭敬地为天子疾病占卜一下可否？"周公说："可以，但占卜时不要提出过分要求，不要让历代先王为难。"周公决心以自己的死换取周武王的痊愈。在祭祀场上筑起三座祭坛，分别是西周先王古公、王季和周文王，祭坛位于祭场的南部，北向。周公面朝祭坛站立。祭坛上供奉着玉璧，周公捧持着玉珪，向三王祝告。

内史官把周公祷告时的祝辞写在典册上，祝辞说："你的长孙患了重病，如果三位先王于天庭身体不适，需要后代前往侍奉的话，那就让我姬旦代替你们的长孙吧。我秉性柔顺、伶俐乖巧、多才多艺，能在天庭侍奉好鬼神。你们的长孙不如我多才多艺，不具备侍奉鬼神的能力。他承担了上天赋予的使命，正在征服天下四方。因为他能够让你们子孙的国家在人间更加强大，所以天下万民都敬畏他。哎，武王承担着上天的使命，千万不要因为疾病而导致使命中断，只有西周发展强大起来，历代先王在天之灵才能永远会享受子孙们的祭祀。现在通过占卜获得先王的旨意，如果先王答应我的请求，我会布置好玉璧和玉珪等礼器，死去回到先王身边。先王如果不答应我的请求，我会把玉璧和玉珪等礼器重新收藏起来。"

于是在三王祭坛前各放一龟进行占卜，占卜结果都是吉兆。又查阅占卜档案，与类似的兆象对比，也都是吉兆。周公说："都是吉兆，武王的疾病没事的。我从三王那里刚受命，要国家的长久。这是我国最重要的事情，三王十分重视武王的健康，武王健康最有利于国家发展。"周公返回后，便将占卜祝辞的书册保存在用金线封缄的柜子中。第二天周武王的身体就康复了。

## 二、周公忍辱负重，舍己奉公的不朽忠魂

**经义：**

在中国文化中，周公是作下级者（臣）的榜样。《金縢》将周公忍辱负重，舍己奉公，忠于国家的精神跃然纸上——也只有周公这样的人，才能将江山社稷托付给他。

就单个王朝来说，商朝是中国历史上持续时间最长的一个王朝，历十七世约六百年的时间，可以用根深蒂固来形容商人的政治基础。地处西部边陲的周族人（以下简称周人）战胜商人后，政治形势极为不稳固。克商第二年，刚刚取得政权的武王又身染重病，这是对周人的巨大打击。难怪周公要用生命代替周武王去死，因为他明白，襁褓中的成王根本不足以领导一个国

家，没有周武王，群龙无首的周王朝很可能成为历史上最短命的朝代之一。

尽管此次武王重病有所好转，但他还是很快去世了。此时只有长期辅佐武王，"用事居多"的周公站出来才行。他明白自己位高权重，功高盖主意味着什么。当兄弟们都开始反对自己的时候，周公告诉重臣太公望和召公奭："我之所以不得不代成王摄行国政，是担心天下反叛周室，那样我将无法向太王、王季、文王等先王交代！经过艰苦努力三王开创这份基业，到今天才算成功。武王早逝，成王年幼，为了完成周的大业，我才这样做啊！"《史记·鲁周公世家》记载："周公乃告太公望、召公奭曰：'我之所以弗辟而摄行政者，恐天下畔周，无以告我先王太王、王季、文王。三王之忧劳天下久矣，于今而后成。武王早终，成王少，将以成周，我所以为之若此。'"

三千年后，晚清名臣林则徐写道："苟利国家生死以，岂因祸福避趋之。"这不正是三千年前周公的心声吗？这是不朽的忠魂，我中华代代相承的民族精神！

汉朝人说：做皇帝的要效法夏禹、商汤、文王，当丞相的要效法周公，推行治国学术方法的要效法孔子，这是千古不变的道理。"夫为君者法三王，为相者法周公，为术者法孔子，此百世不易之道也。"（《盐铁论·刑德第五十五》）

汉武帝临终前，认为霍光可以被委以社稷，专门让人画了周公负成王朝诸侯像赐给霍光，希望他像周公辅佐成王一样辅佐年仅八岁的汉昭帝。《汉书·霍光传》记此事说："（武帝）察群臣唯光任大重，可属社稷。上乃使黄门画者画周公负成王朝诸侯以赐光。后元二年春，上游五柞宫，病笃，光涕泣问曰："如有不讳（不讳，死的婉辞——笔者注），谁当嗣者？"上曰："君未谕前画意邪？立少子，君行周公之事。"

《金縢》十分重要，因为它有太多神话色彩，所以从宋代程颐开始，就不断有学者怀疑其真实性。明代学者王廉作《〈金縢〉非古书》一文，从五个方面论证《金縢》为后世伪书，比如说周公是大圣人，绝对不会如后世僧道那样祭天作法，更不会以威胁的口吻对先王说话。他说："死生有命，周公乃欲以身代武王之死，使周公而然，则为不知命矣。且滋后世刲股（刲股，kuī gǔ，割大腿肉。割股疗亲，古以为孝行；割股祭祀，则表示崇敬之至——笔者注）醮（醮，jiào，指僧道设坛祭神——笔者注）天之俗，周公元圣，岂其然乎？又曰：'今我即命于元龟，尔其许我，我其以璧与珪，归俟尔命；尔不许我，我乃屏璧与珪。'夫人子有事于先王而可以珪璧要之乎？使周公而然，非达孝者矣！"（程敏政编《明文衡》第九）

王廉不知道，周公的做法和口气是典型的萨满巫术行为。早期人类普遍认为死生、疾病为某种灵力所致，这种力量可以互相渗透、感通，特别是在直系亲属之间，这就是为什么巴西印第安人部族波罗罗人婴儿有病时，父亲也吃病儿药的原因。在笔者的河北老家，至今还有"借寿"风俗，认为一个人可以将自己的寿命借给别人，特别是至亲。

研究经学需要全球视野。现代民族志资料为我们打开了理解早期人类思维方式的大门，这是王廉时代不可能具备的条件。

## 原文：

武王既丧，管叔及其群弟乃流言于国[①]，曰："公将不利于孺子。"周公乃告二公曰："我之弗辟[②]，我无以告我先王[③]。"周公居东二年[④]，则罪人斯得[⑤]。于后，公乃为诗以诒王[⑥]，名之曰《鸱鸮》[⑦]。王亦未敢诮公[⑧]。

秋，大熟，未获，天大雷电以风[⑨]，禾尽偃[⑩]，大木斯拔[⑪]。邦人大恐，王与大夫尽弁[⑫]，以启金縢之书，乃得周公所自以为功代武王之说。二公及王乃问诸史与百执事。对曰："信[⑬]。噫！公命我勿敢言。"

王执书以泣，曰："其勿穆卜。昔公勤劳王家，惟予冲人弗及知[⑭]。今天动威，以彰周公之德。惟朕小子其新逆[⑮]，我国家礼亦宜之。"

王出郊，天乃雨，反风，禾则尽起。二公命邦人凡大木所偃，尽起而筑之。岁则大熟。

## 注释：

① 管叔：名鲜，周文王第三子，封于管以监督商朝遗民。群弟：指蔡叔、霍叔，为周文王之子，封于蔡、霍之地以监督商朝遗民。

② 辟（bì）：王，指周公摄政。

③ 告：告慰。

④ 居东：指周公东征。

⑤ 罪人：参加叛乱的管叔蔡叔等人。斯：尽。

⑥ 诒（yí）：赠予。

⑦ 鸱鸮（chī xiāo）：鸟名，俗称猫头鹰，用作诗歌名称。

⑧ 诮（qiào）：责备。

⑨ 以：兴。

⑩ 偃：倒伏。

⑪ 斯：尽。

⑫ 弁（biàn）：礼服。

⑬ 信：确实。

⑭ 惟：只。冲人：年幼之人，周成王自称。

⑮ 亲逆：亲自迎接。

**语译：**

　　灭商后没几年，周武王就去世了，成王年幼即位，周公摄政辅佐成王。被分封于东方震慑商朝遗民的管叔等人却在国内散布谣言说：周公将做不利于成王的事情，发动政变自己称王。周公向太公、召公解释说："成王年幼，政权又不稳定，如果我不摄政，国家会有灭亡的危险。果真如此，我无以告慰先王在天之灵。"周公统帅军队东征，平定管叔等人发动的叛乱，东征第二年，管叔等叛乱者得到应有的惩罚。此后，周公专门创作《鸱鸮》诗，吟咏雌鸟为避开猫头鹰的袭击保护幼雏，表明己心。周成王虽然没有因为流言进一步责备周公，但两代中央领导集体的矛盾并没解决。

　　有一年秋天，庄稼已熟，丰收在望。就在收割之前，却发生了灾害天气。狂风暴雨伴随着雷电，吹倒了庄稼，大树也被连根拔起。周公和成王两代中央领导集体之间的矛盾因为自然灾害被放大，国人陷入政治巨变的恐慌，因为周公统帅的东征军队即将回师镐京。周成王决定考察周公的忠心，然后进行占卜以制定下一步策略。如何考察周公呢？成王和王公大臣们想到了周公曾以自身为人质代替周武王赴死的占卜事件，他们穿上正规礼服，查阅金縢之书，果真找到周公祷告以自己的死换取武王康寿的册书。太公、召

205

公和成王又询问内史官及参与此事的官员。内史官们回答："周公以自身为质替代周武王去死这事确凿无疑，只是当初周公要求我们保守秘密，不要公开。"

成王了解到真相，手捧册书，对周公的疑虑顿然冰释，因惭愧而流涕说："不要占卜了。长期以来，周公一直在为国家辛劳，我年幼无知不能理解他的苦衷。现在因为灾害天气，我们得以亲睹册书，理解了周公，这是上天要彰显其功德。待他东征返回之时，我必须亲自出城迎接，这符合国家的礼仪规定。"

不久，周公东征凯旋。成王出镐京，至远郊，迎接周公。此时突然天降喜雨，风向也变了，倒伏的庄稼又被风吹得直立起来。太公、召公命令国人将曾经被狂风吹倒的树木扶直并培土加固。这一年大获丰收。

# 大　诰

## 一、全球化时代更需要厚德载物、天下一家观念

**经义：**

古今中外，很少有王朝如周人那样，在建立初期如此多灾多难。

周人崛起于中华文化圈的西部边陲，人口少，文化相对落后。历史学家李亚农曾估计，克殷前，整个周族的人口尚未超过七万。[①]

武王借纣伐东夷，商人西部空虚的机会成功取得政权，是真正的"小邦周"战胜"大邑商"。不幸的是，武王克商后三年左右的时间就死了，继位的成王年幼。内部的权力斗争和商人复辟势力叠加在一起，将周人推到了灭亡边缘！

正是在这一背景下，周公作《大诰》，决心平叛。

为何商人复辟势力如此强大？这与周人战胜商人后，采取的怀柔安抚政

① 李亚农：《西周与东周》，上海人民出版社 1956 年版，第 32 页。

策以及没来得及同化殷族人（以下简称殷人）有关。

商纣王死后，对数量庞大的商人采取何种政策重大而紧迫。武王一连征求了三位重要辅臣的意见。姜太公的意见是全部杀掉，以绝后患。他说："我听说过，爱屋及乌。如果憎恨某个人，就连他屋外的篱笆、围墙也厌恶。将敌人全部杀掉，一个不留。"

召公的意见是："有罪的统统杀掉，无罪的给一条生路。"

最后武王问周公，周公说："首先要让商朝百姓安住在自己的房子里，照样耕作，对周的旧臣和新归顺的人一视同仁地任用，只要他们仁爱服务百姓就行。老百姓有罪过，都要君主一人承担责任。"武王听后禁不住感叹："您的胸怀真广大啊，靠这天下能均平安定了。"

《说苑·贵德》记载此事说："武王克殷，召太公而问曰：'将奈其士众何？'太公对曰：'臣闻爱其人者，兼屋上之乌；憎其人者，恶其余胥；咸刘（刘，杀戮——笔者注）厥敌，使靡有余，何如？'王曰：'不可。'太公出，邵公（邵公，即召公——笔者注）入，王曰：'为之奈何？'邵公对曰：'有罪者杀之，无罪者活之，何如？'王曰：'不可。'邵公出，周公入，王曰：'为之奈何？'周公曰：'使各居其宅，田其田，无变旧新，唯仁是亲，百姓有过，在予一人！'武王曰：'广大乎，平天下矣。'"

武王采纳周公的建议，采取了怀柔安抚的政策，对殷人就地安置。据《史记·周本纪》，武王首先将殷政权的核心王畿分为三部分，即邶、鄘、卫。邶分封给商纣的儿子禄父，并让他继续统辖殷的余众。将鄘封给弟弟管叔，卫封给弟弟蔡叔，让他们监督殷民。接着命令召公去释放被囚禁的箕子，命令毕公去释放被囚禁的百官贵族，到贤人商容居住过的里巷去表彰他。命令南宫括散发鹿台的钱财，分发钜桥的积粟，赈济贫弱的民众。

这种厚德载物、以天下为一家的观念深深影响了后世。中国古典政治学经典《黄帝四经》将其高度理论化，分一统天下的过程为七个步骤：执政第一年应遵从当地百姓的风俗，第二年选拔贤能的人授予官职，第三年要使民富足，到了第四年就可以发号令了，第五年可以用法律来治理百姓，第六年人民就会有敬畏心理，第七年便可以指挥百姓出征了……第一年遵从百姓风俗是为顺应民心。第二年选拔贤能是通过施爱于民激发民志。第三年使民富足就要废除山泽之禁及关口市场的征税。第四年要想有效发号施令，须以什伍连坐的方式将人们组织起来，并挑选人才去管理他们，使贤与不贤的人各有等差。第五年以法律治理百姓，有罪必罚，不可姑息。第六年百姓有了敬畏心理便不敢再去触犯刑罚。到了第七年便可以率民出征并战胜强敌，这是因为百姓会出死效力。《黄帝四经·君正》上说："一年从其俗，二年用其德，三年而民有得，四年而发号令，五年而以刑正，六年而民畏敬，七年而可以正……俗者，顺民心也；德者，爱勉之也；有得者，发禁驰关市之征也；号令者，连为什伍，巽贤不肖有别也；心刑正者，罪杀不赦也；可以正者，民死节也。"

目前，一股狂热、肤浅的民族主义盛行。众多学者出身的网红，不知疲倦地点燃亢奋情绪，可这些人除了唱衰西方，自吹自擂外，几乎一无所能。在全球化的 21 世纪，我们更需要传统的厚德载物、天下一家观念，而非狭隘的民族主义——这是周公对殷政策给我们的重要启迪！

**原文：**

王若曰①："猷②！大诰尔多邦③，越尔御事④。弗吊⑤！天降割于我家⑥，不少延⑦！洪惟我幼冲人⑧，嗣无疆大历服⑨。弗造哲迪民康⑩，矧曰其有能格知天命⑪？

"已⑫！予惟小子若涉渊水，予惟往求朕攸济⑬。敷贲⑭，敷前人受命⑮，兹不忘大功！予不敢闭于天降威⑯，用宁王遗我大宝龟⑰，绍天明⑱。即命曰⑲：'有大艰于西土，西土人亦不静。'越兹蠢⑳。殷小腆诞敢纪其叙㉑。天降威㉒，知我国有疵㉓，民不康，曰：予复㉔！反鄙我周邦㉕，今蠢，今翼日民献㉖。有十夫予翼㉗，以于敉宁、武图功㉘。我有大事㉙，休㉚？'朕卜并吉。"

**注释：**

① 王若曰：有二说，一说为"周公曰王若曰"，周公转述周成王所说，王指周成王；一说为王指周公，因为此时周公摄政，代行王权。二说本质上差别不大，即使周公转述成王之言，因成王年幼，周公摄政，也是借成王之口述周

公之意。我们采纳第二说，即王指周公。若，这样。

② 猷（yóu）：发语词。

③ 大：普遍。诰：周时天子对臣下的训示称为诰。尔：你们。多邦：众多诸侯国君。

④ 越：连词，和、与。御事：诸侯的属官。

⑤ 弗吊：不好。

⑥ 割：害。

⑦ 少：稍微。延：间歇。

⑧ 洪惟：发语词，无意义。幼冲人：年幼之人，指周成王。

⑨ 嗣：继。疆：界限。无疆：永恒。历：久。服：事。大历服：指王业。

⑩ 造：通"遭"，遇到。哲：明智之人。迪：导。康：安。

⑪ 矧（shěn）：何况。格：推究。

⑫ 已：感叹词。

⑬ 惟：只能。攸：所。济：渡。攸济，意为解决困难的方法。

⑭ 敷：大。贲（fén）：殷、周时期占卜所用龟的名称。敷贲：大宝龟。

⑮ 敷：布，表达。前人受命：指先王在天之灵通过占卜显示出来的旨意。

⑯ 闭：关闭，不敢闭：意指获得天意的心情极为迫切。

⑰ 宁王：周文王。

⑱ 绍：卜问。天明：天命。

⑲ 即：则

⑳ 越：于是。兹：代词，这，指参加叛乱的人。

㉑ 殷小腆：殷小主，指商纣之子武庚。诞：其，竟然。纪：组织。叙：余绪，引申为商的残余政权。

㉒ 威：害。

㉓ 疵（cī）：病，指周武王去世及弟兄们相互怀疑。

㉔ 予复：商朝政权复辟。

㉕ 鄙：鄙视，看不起。

㉖ 翼：飞动的样子，指追随叛乱的人很多。民献：人民。

㉗ 予翼：倒装句，正确句式为"翼予"，意为辅助我。

209

㉘ 于：前往。敉（mǐ）：完成。宁、武：周文王、周武王。图功：谋划的伟大事业。

㉙ 大事：指战事。

㉚ 休：美、善。

**语译：**

周公说："各位诸侯和属官们，今天我要坦率地告知你们国家的现状和我们的应对措施。目前情况很糟，上天给我们周朝降下一系列灾祸，先是武王离世，成王年幼即位，紧接着叛乱发生，问题越来越严重。我替成王执掌王权，由于我的功德不够，还没有遇到贤人同我一起把国家治理好，让人民过上安康的生活。当然，更谈不上对天命的准确认识了。

"哎，现实对于能力有限的我来说，如同面前横着一条又宽又深的滔滔大河，但必须找到渡河的办法。我想到了用大宝龟占卜天意。大宝龟极富灵性，先王就是借助它卜问天意，承担起灭商使命的！我要正视上天降给周朝的灾难，所以用大宝龟进行占卜，结果是：'周朝会有很大的灾祸，内部也有人不安分。'事实果真如占卜所示，谋求叛乱的人已蠢蠢欲动，殷商的小主武庚竟然图谋复辟。武王刚刚去世，我们内部彼此生疑，民心躁动不安。殷商残余势力低估周朝的力量，孤注一掷妄图复辟。他们叛乱以后，还有不少地方响应。虽然如此，但大家放心，有十多位强有力的贤者支持我们平叛，我会联合他们共同完成文王、武王开辟的统一大业。我们的平叛行动即将开始，而平叛本身的吉凶，我已经占卜过——大吉！"

## 二、中国人的鬼神观与终极关怀

**经义：**

《大诰》也是一篇战前动员讲话，用的是当时的口语——岐山一带周人的方言，所以今人读来特别难懂。不但先秦文献中没有被引用过，司马迁写《史记》时，也只提到了篇名。

《大诰》的一个显著特征是其强烈的天帝鬼神观念。据游唤民先生统计，文中言及"天""天命""上帝"达二十次，言卜达九次，言文王、武王共十三次。<sup>①</sup>周公一再强调，东征是上天的旨意，是巩固上天赋予文王、武王的天命。

中外诸多学者早就注意到，中国文化有明显的世俗性。不似西方《圣经》，中国的经史中很少带有宗教神话色彩，盘古开天辟地这类神话，从未见诸正史。经史，乃至诸子百家都是以政治为中心的，即使祭祀，也显示出维护社会秩序（礼）的现实需要；与西方人普遍膜拜上帝不同，中国人"上帝""天"，非人君不能祭祀，那是皇权的象征——北京的天坛就是明清皇帝祭天的地方。

章太炎先生认为导致这种差异的是中国广土众民，政治治理更为迫切之故。他说："中国自古即薄于宗教思想，此因中国人都重视政治。周时诸学者已好谈政治，差不多在任何书上都见他们政治的主张。这也是环境的关系：中国土地辽广，统治的方法，急待研究，比不得欧西地小国多，没感觉困难。印度土地也大，但内部实分着许多小邦，所以他们的宗教易于发达。中国人多以全力着眼政治，所以对宗教很冷淡。"<sup>②</sup>

世俗性并不意味着中国人没有鬼神观念，没有终极关怀。只不过这种鬼神观念不似基督教那样，认为存在唯一至上神，人生只活一世；终极观念也不重视超验的天堂、地狱及其具体图景。

中国人的鬼神观念和终极关怀有更多萨满文化特征，认为江河山川皆有灵性（神），人死后仍以鬼魂的形式存在，并能够与人相感通（比如通过占卜）。人的终极目的是超越个体，通过修身、齐家、治国、平天下，化育万物，与天地、鬼神和谐共生——这是一种"大人"的境界。

《礼记·祭法》说："大凡生于天地之间者，皆曰命。其万物死，皆曰折；人死，曰鬼。"为什么万物死了叫折呢？因为它们没有知觉；而人是有知觉的，所以人死后称为鬼。《礼记·礼运》孔子论礼的重要意义："是故夫礼必本于天，殽（殽，效法——笔者注）于地，列于鬼神。达于丧、祭、射、御、冠、昏、朝、聘。故圣人以礼示之，故天下国家可得而正也。"东

---

① 游唤民：《周公大传》，湖南人民出版社，2008年，第111页。
② 章太炎：《国学十八篇》，中国华侨出版社2013年版，第4页。

汉郑玄注："圣人则天之明，因地之利，取法度于鬼神以制礼，下教令也。既又祀之，尽其敬也，教民严（严，敬重——笔者注）上也。鬼者，精魂所归，神者，引物而出，谓祖庙、山川、五祀之属也。民知严上，则此礼达于下也。民知礼则易教。"

可见，"敬鬼神"是中华礼制的重要方面，但中国人"敬鬼神"不是为了上天堂，而是为了让世人懂得尊敬长上，通达礼义，实现社会治理。

且"鬼神"只是道、气的一种显现，社会基本秩序礼的根本还在于太一（即大一），在于道。《礼记·礼运》说："是故夫礼，必本于大一，分而为天地，转而为阴阳，变而为四时，列而为鬼神。"就是说礼必定源于形成天地万物的太一元气，分别为天地，转变为阴阳，变化为四时，显示为鬼神之功。

在中国人的观念中，人聚合了鬼神的精气而生。《礼记·礼运》这样定义万物之灵的人："故人者，其天地之德、阴阳之交、鬼神之会、五行之秀气也。"唐代孔颖达解释说："'鬼神之会'者，鬼谓形体，神谓精灵。《祭义》云：'气也者，神之盛也。魄也者，鬼之盛也。'必形体精灵相会，然后物生，故云'鬼神之会'。"

总而言之，在中国人的精神世界中，鬼神只是道的一种显现。形上的道，形下的礼才具有更高的人文价值，这是中国文化对人类早期文明"以神为本"的巨大突破。对于此一伟大文明精神，《老子·第六十章》一言以蔽之："以道莅（莅，对待，治理——笔者注）天下，其鬼不神！"

## 原文：

"肆予告我友邦君[①]，越尹氏、庶士、御事[②]，曰：予得吉卜，予惟以尔庶邦[③]，于伐殷逋播臣[④]。尔庶邦君越庶士、御事罔不反[⑤]，曰：'艰大，民不静。亦惟在王宫、邦君室[⑥]，越予小子考翼[⑦]，不可征。王害不违卜[⑧]？'

"肆予冲人永思艰[⑨]，曰：呜呼！允蠢鳏寡[⑩]，哀哉！予造天役[⑪]，遗大投艰于朕身[⑫]，越予冲人不卬自恤[⑬]。义尔邦君[⑭]，越尔多士、尹氏、御事，绥予曰[⑮]：'无毖于恤[⑯]，不可不成乃宁考图功[⑰]！'

"已[⑱]！予惟小子[⑲]，不敢替上帝命[⑳]。天休于宁王[㉑]，兴我小邦周。宁

212

王惟卜，用克绥受兹命<sup>㉒</sup>。今天其相民<sup>㉓</sup>，矧亦惟卜用<sup>㉔</sup>。呜呼！天明畏<sup>㉕</sup>，弼我丕丕基<sup>㉖</sup>！"

**注释：**

① 肆：故，所以。

② 越：与。尹氏：史官。庶：众多。御事：官吏。

③ 惟：想。以：率领。

④ 于：前往。逋（bū）播：逃亡、叛乱。

⑤ 罔不反：没有不反对的。

⑥ 亦惟在王宫、邦君室：此处指管叔、蔡叔、霍叔等都是周王室成员。

⑦ 考：老，长辈。翼：尊敬。

⑧ 害（hé）：何不。

⑨ 肆：现在。永：长久。艰：目前的困难。

⑩ 允：信，确实。蠢：动。鳏寡：无妻的男人。寡：无夫的女人。引申为孤苦无依的人。

⑪ 造：遭遇。役：役使。天役：为上天所役使，指承担上天赋予的使命。

⑫ 遗、投：文中同义，即降、给。遗大报艰：赋予极为艰难之事。

⑬ 越：发语词，无意义。卬（áng）：自己。

⑭ 义：应该。

⑮ 绥：安慰。

⑯ 无：通"勿"，不要。毖：恐惧。恤：忧虑。

⑰ 宁考：即文考，指周文王。

⑱ 已：感叹词。

⑲ 惟：想。小子：文王之子。

⑳ 替：废。

㉑ 休：美、善。

㉒ 用：因此。克：能够。绥受：绥，继承。受，接受。绥受引申为承担起上天赋予的使命。

㉓ 相民：倒装句，即"民相"。民：指诸侯及其属官。相：帮助。

㉔ 矧：又。惟：表示强调的语气词。用：上天的旨意。

㉕ 天明畏：倒装句，正确语序是"畏天明"。畏：敬畏。天明：天命。

㉖ 弼：帮助。丕：大。基：基业，事业。

**语译：**

"我知道目前意见还不统一，所以我要告诉各位友邦的诸侯、属官们，占卜的结果是吉祥的，我要率领你们去讨伐那些叛乱者。你们当中有人反对平叛，还罗列了不少说辞：'一是周朝刚统一不久，殷商残余势力很大，平定叛乱太难了；二是当前民心不稳；三是叛乱势力也存在于周朝王室和诸侯国内，甚至牵涉到受人敬重的长辈……因此认为不能去平叛，希望违背占卜的结论，取消出征。'

"大家应立足长远来看待当前的困难。我认为：如果兴兵平叛，从现实角度说，确实会加重国家和人民的负担，尤其是那些孤苦无依之人，下一步怎么办？确实纠结。然而从长远的历史高度来看，灭商是上天赋予的伟大使命，我们不应纠结于现实困难和个人安危。我多么希望列位诸侯和属官们安慰我说：'不要为困难所吓倒，大家都支持中央的平叛决定，我们绝不能让文王开辟的伟大事业半途而废。'

"作为三王的子孙，我不能荒废上天交给祖先的使命。上天认可文王的能力德行，让我们一个边疆小国发展兴旺起来。文王通过占卜勇挑上天灭商使命。现在上天要求你们诸侯及其属官们沿着文王的道路继续前行，况且我们通过占卜确认了上天的意图。我们应敬畏天命，团结一致，将三王开辟的基业发扬光大。"

# 三、从"统一以分封"到"统一于郡县"

**经义：**

越来越多的学者认识到，中国大统一文明有机体早在三代，乃至更早就已成形，秦始皇只不过是实现了孔子的梦想，再次实现了周代那样的大一统而已。历史学家李学勤写道："有些人主张秦始皇第一次统一中国，这是不够确切的,因为夏、商、西周已经有了统一的局面,秦不过是在春秋五霸、战国七雄的并峙分立之后,完成了再统一而已。长期的统一,为中国文化带来了相当普遍的共通性, 由中原以至边远,在很大程度上道一风同,这又反过来使政治、经济的统一更加持久巩固,成为中国人凝聚力的基础。"[①]

从国家结构形式的角度,中国历史可以分为前后两大阶段,一是秦以前"统一以分封",即用封土建诸侯的方法,以诸侯联邦的形式实现国家统一;二是秦以后"统一于郡县",即用建立郡县省市的方法,国家直接派官员进行地方管理。后一体制延续至今。

面对商人及其同盟强大的复辟势力,许多周人害怕了,他们希望不要东征平叛,乖乖地将政权交给反叛势力。在生死存亡的关键时刻,我们能看到周公"仁且忍"的圣人境界——他一方面采取怀柔政策仁慈对待降服的商人,另一方面毫不留情地打击那些复辟势力,目的是完成文王武王统一国家的大业。

周公东征战事漫长而惨烈,比消灭商王朝的牧野之战更为困难。据《诗经·豳风·破斧》,战争中连兵器都打残了,"既破我斧,又缺我斨"。最后,用了约十年时间,东方才基本平定下来。

通过东征平叛,周人看到了就地安置商人政策的不足,他们随后改用"分而治之"的新政。在尊重殷人风俗习惯的基础上,将诸族分封给诸侯。历史证明,此举有力促进了各民族的融合。

战败后,首恶商纣的儿子禄父向北逃亡,不知所终。他原来的封地邶被并入召公的封地燕。同时,为安定殷人,封支持周人的商贵族微子于宋,让他继承殷先王的祭祀。

管叔被杀(《逸周书·作雒》说他上吊自杀),蔡叔被流放,封武王和周公的弟弟康叔于卫,掌管了管叔和蔡叔的原辖区,还分给他殷民七族。

被诛杀的还有东方一些邦国的首领,并对其族群进行迁徙。将叛乱的主要势力奄和薄姑赶到了长江以南,把淮夷和徐戎众多部族赶到了淮河流域,一部分徐人进入了汾水和渭水流域。把楚赶到了丹水和汉水。

---

① 李学勤:《中国古代文明十讲》,复旦大学出版社 2003 年版,第 190 页。

对于大量殷贵族，则将他们迁到了东都成周地区，派重兵监视。后来，成周成为周人统治东部地区的大本营。

黄河流域基本平定后，"又在汉水到长江一带分封许多姬姓小国，以监视迁移到那里的徐、楚等国。在长江下游南部，原有'太王'的儿子泰伯、仲雍率领远征军经由汉水迁到今江苏南部的后代所建立的吴国。加上原在西北各地的封国，以及被迁移各族对边数地的开发和发展，于是经过周公在成王支持下领导着周人多年的努力，才使成王时代的周王朝的国势及其力量所及东达到海边，西逾今甘肃，东北至今辽宁，更远至肃慎，南至长江以南……这是秦始皇灭六国以前的统一伟业。周之统一以分封，秦之统一以郡县（春秋战国时期则由分封转入郡县），对此后中华民族的发展壮大是影响很大的。"①

统一，是中国历史的主旋律，是华夏文明持久和平与持续发展的基础。全球化时代，如何实现全人类的和谐共存，已成为摆在世人面前的重大现实问题——无论是基于不同政治共同体（分封），还是基于统一的中央集权架构（郡县），中国五千年文明史都是人类走向未来的重要参照！

**原文：**

王曰："尔惟旧人①，尔丕克远省②，尔知宁王若勤哉③！天閟毖我成功所④，予不敢不极卒宁王图事⑤。肆予大化诱我友邦君⑥，天棐忱辞⑦，其考我民⑧，予曷其不于前宁人图功攸终⑨？天亦惟用勤毖我民⑩，若有疾⑪，予曷敢不于前宁人攸受休毕⑫！"

王曰："若昔朕其逝⑬，朕言艰日思⑭。若考作室⑮，既厎法⑯，厥子乃弗肯堂⑰，矧肯构⑱？厥父菑⑲，厥子乃弗肯播⑳，矧肯获㉑？厥考翼其肯曰㉒：'予有后，弗弃基㉓。'肆予曷敢不越卬敉宁王大命㉔？若兄考㉕，乃有友伐厥子㉖，民养其劝弗救㉗？"

王曰："呜呼！肆哉㉘，尔庶邦君越尔御事。爽邦由哲㉙，亦惟十人迪知上帝命㉚。越天棐忱㉛，尔时罔敢易法㉜，矧今天降戾于周邦㉝，惟大艰

---

① 顾颉刚、刘起釪：《尚书校释译论》，中华书局 2005 年版，第 1289 页。

人 ㉞，诞邻胥伐于厥室 ㉟，尔亦不知天命不易 ㊱！

"予永念曰 ㊲：天惟丧殷。若穑夫 ㊳，予曷敢不终朕亩 ㊴？天亦惟休于前宁人 ㊵，予曷其极卜敢弗于从 ㊶？率宁人有指疆土 ㊷？矧今卜并吉 ㊸？肆朕诞以尔东征 ㊹。天命不僭 ㊺，卜陈惟若兹 ㊻。"

**注释：**

① 尔：你们。惟：是。旧人：曾经辅佐文王的人。

② 丕：大，很。克：能够。省（xǐng）：反省、回顾。

③ 宁王：周文王。若：如何。

④ 閟（bì）：慎重。毖：命令。所：所在，引申为方法。

⑤ 极：急切。卒：完成。宁王：周文王。

⑥ 肆：所以。化：感化。诱：劝导。

⑦ 棐（fěi）：辅助。忱辞：诚信的话，指大宝龟显示的吉兆。

⑧ 考：成。

⑨ 曷：何、为什么。其不于：表示方向目标的介词，引申为致力于。前宁人：指周文王。攸：所。终：实现、完成。攸终：有所完成，引申为使周文王开创基业完成。

⑩ 亦：也。惟：助词。用：因此。勤：劳，引申为经常。毖：命令。

⑪ 若：好像。疾：疾病。

⑫ 攸受：所接受。休：美。毕：完成。

⑬ 若：语助词。逝：往，这句是说周公跟随武王征伐殷商一事。

⑭ 言：谈。艰：困难。思：思想。

⑮ 若：其。考：父亲，指先辈。

⑯ 既：已经。厎：定。

⑰ 厥：其。堂：房基。

⑱ 矧：何况。构：建造房屋。

⑲ 菑：开垦荒地。

⑳ 肯：能。

㉑ 获：收割。

217

㉒ 翼：敬重。其：岂。

㉓ 基：基业。

㉔ 肆：所以。越卬（áng）：在我。籹（mǐ）：完成。宁王：周文王。

㉕ 若：如同。考：终、死。

㉖ 友：群。伐：攻打。厥子：其子，指周成王。

㉗ 民养：民长，指诸侯与属官们。劝：劝阻。

㉘ 肆：尽力。

㉙ 爽：明，指使国家政治清明。哲：智。

㉚ 惟：只。迪：导。

㉛ 越：发语词。棐：辅助。忱：诚。

㉜ 尔：你们。时：是。罔：不。易：侮慢。

㉝ 矧：况且。庋：定。

㉞ 惟：只。大艰人：大罪人。

㉟ 诞：通"延"，延纳，引申为勾结。邻胥：邻，指殷商残余力量。胥：相互，指管叔等串通武庚叛乱。

㊱ 易：改变。

㊲ 永：长时间。念：思考。

㊳ 若：譬如。穑夫：农夫。

㊴ 曷：怎么能。终朕亩：种好自己的田地，引申为做好分内之事。

㊵ 休：赞助，加持。前宁人：指周文王。

㊶ 极：放弃。

㊷ 率：轻率，草率。宁人：指周文王。指：美。

㊸ 矧：况且。并：都。

㊹ 肆：所以。诞：其，将。以：率领。

㊺ 僭：差错。

㊻ 陈：示。惟：只有，必须。若：顺从．兹：语助词，相当于"哉"。

**语译：**

　　周公对诸侯们说："你们都是辅佐文王的老臣，应该认真回顾一下历史，想一想文王是多么勤政呀！现在上天通过占卜为我们指明了成功道路，我不敢不迫切完成文王的功业。所以要诚恳地劝导各位，上天用真诚之言帮助我们，最终要造福百姓。我为何不致力光大文王的事业呢？上天经常向我们发出命令，其心情像病者求愈一样迫切，我怎能不完成上天赋予文王的使命呢？"

周公接着说："回顾往事，我谈谈古公亶父以来几代人致力灭商的事业。灭商的宏大计划，在古公亶父、文王时代就开始谋划，付诸实施的是武王。比如说建造房屋，父辈已经制定了建造方法，而子辈却不肯打造地基，更谈不上盖房子了。父辈已经把荒地开垦，子辈却不肯在父辈开垦出来的地上播种，更谈不上收获了。父辈敬业，而子辈却不能继续努力，如此懈怠，父辈哪有脸面说出'我的后代，是不会毁弃我的事业的'之类的话呢。子辈如此辜负父辈，先王的在天之灵是不会满意的。为告慰先王在天之灵，我必须在有生之年光大先王的事业。武王去世，内外力量联合起来妄想借机颠覆周朝、复辟殷商，作为辅佐过文王的老臣，你们能袖手旁观吗？不能！你们当然要支持周朝兴兵平叛。"

周公最后说："唉，各位诸侯和属官们，要同我一起努力呀！若想政治清明，需任用贤能明智之人，现在已有十人知天命所归，加上上天真诚地支持我们，所以你们不能懈怠。那些叛乱的人勾结武庚等殷商残余力量，企图复辟，此举注定失败。你们知道上天支持周朝的立场坚定不移，叛乱怎能成功呢！

"经过长久慎重考虑，我认为：上天坚定地将灭商使命赋予文王及周朝，作为文王之后，应该像农夫必须种好田地一样，将灭商兴周作为自己的使命。上天始终认可嘉许先祖文王，关于这次是否平叛，我已占卜过，结果是应全力平叛，这也是上天嘉许文王的体现呀！你们因为叛乱者中有周王室中人，便反对平叛，这违背了上天的旨意。作为文王的后代，我无法认同你们，因为你们的主张违背占卜，而占卜是天意的体现，我们不能违背天意。我更不能轻率放弃文王留下来的大好河山，何况这次占卜的结果大吉。所以我将率领你们东征平叛，我们要坚信上天让我们灭商兴周的旨意，占卜所显示出来的神圣天意，我们只有顺从，别无选择。天命不会有错，卜兆必须遵从！"

# 康诰

## 一、治国要德刑并用，西方重刑路线不足为法

**经义：**

《康诰》是《今文尚书》中十分重要的一篇，被传世先秦文献引用次数最多，达三十一次；出土文献如《郭店楚简》中也多次引用。[1]

《康诰》是周王朝册封周文王的儿子，康叔于卫国时的诰辞，时间是周公摄政第四年，平定管蔡及武庚叛乱之后。康叔，即卫康叔，名封，是周武王的同母弟，周公排行第四，康叔排行第九。所以诰辞中称"朕其弟"。

有人认为，本篇有"王若曰：'孟侯，朕其弟，小子封……'"，这是周公旦称王的铁证。实际上"王若曰"是史官整理文献时的习语，周公代王讲话，也曾说"王若曰"，比如《多方》中就有"周公曰：'王若曰……'"

金文材料中，周公未被称为一代王，都是文王、武王、成王这样排列，涉及周公本人时称"周公"，而不是王。"周公摄政但未称王"的说法是有道理的。[2]

据西汉伏生所传《尚书大传》，可知周公摄政七年共干了七件大事，依次是"一年救乱，二年克殷，三年践奄，四年建侯卫，五年营成周，六年制作礼乐，七年致政成王"。基本平定东方后，周公干的第一件事就是在战略要地建立诸侯国，包括将弟弟康叔分封于卫，让他管理叛乱刚刚平息的殷商遗民。

此事关系重大，任务艰巨，而当时康叔年纪尚轻，所以周公嘱之谆谆。除了《康诰》，还有《酒诰》《梓材》，都是对康叔的教诲。据《史记·卫康叔世家》，康叔用这些教导、准则治理封国，安定其民，人民幸福。"康叔之国，既以此命，能和集其民，民大说。"

---

[1] 顾颉刚、刘起釪：《尚书校释译论》，中华书局 2005 年版，第 1291 页。

[2] 游唤民：《周公大传》，湖南人民出版社 2008 年版，第 100–103 页。

周公到底告诉了康叔什么治国原则呢？就是本节文王的"明德慎罚"，德刑并用思想。此一思想深入人心，《左传》中春秋时代的人多有论述：

《左传·僖公二十五年》："德以柔中国，邢以威四夷。"

《左传·宣公十二年》："叛而伐之，服而舍之，德刑成矣。伐叛，刑也；柔服，德也。二者立矣。"

《左传·成公二年》："《周书》曰：'明德慎罚。'文王所以造周也。明德，务崇之之谓也；慎罚，务去之之谓也。"

《左传·成公十六年》："德以施惠，刑以正邪。"

《左传·成公十七年》："乱在外为奸，在内为轨。御奸以德，御轨以刑。不施而杀，不谓德。臣逼（逼，威胁——笔者注）而不讨，不可谓刑。德刑不立，奸轨并至。"

不难看出，德刑并用，不仅适用于国内治理，也适用于处理外事。无论国内或国外，想把事情处理好，都要软硬两手并用。

而后世一些儒者将先德后刑，先礼后法解释成轻刑重德，乃至纯粹以德治国，那是对先贤治国理念的歪曲！在这种错误思潮的影响下，今天人们普遍将"明德慎罚"理解为崇尚道德思想下的慎用刑罚，或"多行恩惠，少用刑罚"。

后世单纯的"以德治国"不可取！那么当代西方国家呢？须知西方基督教国家普遍以宗教为德教，治国路线在性恶论影响下重视法治、依赖刑罚——此亦不足为法，我们不可盲目崇拜亦步亦趋！

总之，赏罚、德刑是治世的阴阳大端，当融合并举，不可偏执其一，单讲以德治国或以法治国，均会导致治理混乱。孤阴不生，独阳不长，西方线性思维极易产生此类"两末之议"，从而走上二元截然对立的邪路，对此我们必须警惕。

**原文：**

惟三月哉生魄①，周公初基作新大邑于东国洛②，四方民大和会③。侯甸男邦④，采卫百工⑤，播民和见⑥，士于周⑦。周公咸勤⑧，乃洪大诰治⑨。

王若曰："孟侯⑩，朕其弟⑪，小子封⑫。惟乃丕显考文王⑬，克明德慎罚<sup>⑭</sup>，不敢侮鳏寡，庸庸<sup>⑮</sup>，祗祗<sup>⑯</sup>，威威<sup>⑰</sup>，显民<sup>⑱</sup>，用肇造我区夏<sup>⑲</sup>，越我一、二邦<sup>⑳</sup>，以修我西土<sup>㉑</sup>。惟时怙冒闻于上帝<sup>㉒</sup>，帝休<sup>㉓</sup>，天乃大命文王殪戎殷<sup>㉔</sup>，诞受厥命越厥邦民<sup>㉕</sup>，惟时叙<sup>㉖</sup>，乃寡兄勖<sup>㉗</sup>。肆汝小子封在兹东土<sup>㉘</sup>。"

**注释：**

① 惟：语助词。哉生魄：每月初始时的月相，表示月初。

② 基：谋划，规划。新大邑：指东都洛邑。洛：洛水。

③ 和：都。

④ 邦：国。侯、甸、男：表示不同级别的诸侯。

⑤ 采、卫：表示不同级别的诸侯。百工：百官。

⑥ 播民：随诸侯前来朝见天子的臣民，此处指殷商遗民。

⑦ 士：服务。

⑧ 咸：都。勤：慰劳。

⑨ 洪：代替。治：治理之道。

⑩ 孟侯：周公之弟康叔。周公平定武庚叛乱后，最先将康叔封于卫，治理殷商遗民，镇守东方。故称康叔为孟侯。孟：长。

⑪ 朕：我，指周公。

⑫ 小子：年轻人，康叔年少于周公，故称小子。封：康叔之名。

⑬ 惟：只。乃：你。丕：大。显：明。考：先父。文王：周文王。

⑭ 克：能。明：成。德：恩惠、幸福。罚：刑罚。

⑮ 庸庸：用用，任用可以任用的人。

⑯ 祗祗：尊敬值得尊敬的人。祗：尊敬。

⑰ 威威：惩罚必须被惩罚的人。威：惩罚、镇压。

⑱ 显：显示。

⑲ 用：因此。肇：开始。区：小。夏：指周朝。

⑳ 越：渡过，跨过，引申为超过。

㉑ 修：治理。

㉒ 惟：语助词，表示强调。时：这。怙：大。冒：勤勉。

㉓ 休：高兴。

㉔ 殪（yì）：死，引申为消灭。戎：大。

㉕ 诞：大。厥：其，指殷商。越：与。

㉖ 时：继承。叙：绪，引申为基业。

㉗ 寡兄：大兄，指周武王。勖：勤奋。

㉘ 肆：所以。兹：这。东土：殷商故地。

**语译：**

  三月初，周公开始在洛水北岸修建东都洛邑的宏大规划，全国各地的臣民都集合到这里，殷商遗民也都来为兴建洛邑出力。周公慰劳他们，并宣讲治理之道。

  周王说："封呀，我的老弟，派你镇守殷商故地，这个任务很艰巨呀！在困难面前，想一想前辈是怎么做的。我们的父亲文王真是伟大英明，一定要好好学习他的治理智慧。他能增进民众福祉，谨慎运用刑罚，保障弱势群体的生存。具体来说，他能任用那些应该任用的人，尊敬那些值得尊敬的人，惩罚那些应该得到惩罚的人，并让普通民众了解他。正是文王奠定了周朝的基础，使我们的盟国从几个增加到天下诸侯的三分之二，周朝和那些盟国都得到很好的治理。上天被文王的贤能和治理功绩感动，将消灭殷商的使命赋予了他，文王不负重托，接替殷商政权，治理殷商旧民。后来文王去世，我们的兄长武王继位，接续了文王的基业。如今虽然实现了灭商的目标，但我们依然面临重重困难，如武王病逝、武庚叛乱等。现在叛乱刚刚平定，局势并不稳定，所以要派你镇守东方殷商故地。"

## 二、周人治国的"为人民服务"思想

**经义：**

  周人治国，"明德慎罚"，刑德并用。本节先讲"明德"，周人是如何尚德保民，服务人民的——这是周人的"为人民服务"思想。

  蟒蛇吞大象，"小邦周"在战胜"大邑商"后，他们如何统治新国家呢？

重要的一点是因俗而治，根据当地的实际状况，采取灵活且现实的政治经济政策。武王克殷后，齐国是最早被封的诸侯国之一。当时东方如此之乱，东夷莱人竟然与太公争夺齐地。幸亏姜太公听了旅店中客人的劝告，连夜赶到齐国，否则还没有就国就已失国。《史记·齐太公世家》记此事说，武王平定商纣，把齐国营丘封给太公。太公东去自己的封国，边行边住，行军速度很慢。客舍中的人对他说："我听说时机难得而易失。贵客睡得这样安逸，恐怕不是去封国就任的吧。"太公听了此言，连夜穿衣上路，黎明就到达齐国。正好莱侯带兵来攻打营丘，想与太公争国。营丘毗邻莱国，莱人是夷族，趁商纣之乱而周朝刚刚安定，无力平定远方，因此要和太公争夺国土。"于是武王已平商而王天下，封师尚父于齐营丘。东就国，道宿行迟。逆旅之人曰：'吾闻时难得而易失。客寝甚安，殆非就国者也。'太公闻之，夜衣而行，黎明至国。莱侯来伐，与之争营丘。营丘边莱。莱人，夷也，会纣之乱而周初定，未能集远方，是以与太公争国。"

面对如此恶劣的战略环境，太公是如何治国的呢？他顺其风俗，简化礼仪，发展工商业。结果齐国很快成为大国。《史记·齐太公世家》上说："太公至国，修政。因其俗，简其礼，通商工之业，便鱼盐之利，而人民多归齐，齐为大国。"

不仅齐国是这样，其他封国也是这样。比如封周公的儿子伯禽于鲁，康叔封于卫，就让伯禽和康叔都沿用商朝的政策，但按周制重新划定疆土。封唐叔于晋阳，那是夏人的故地，就让他沿用夏朝的政策，用戎人的制度来划定疆土。《左传·定公四年》卫国大祝子鱼回忆说：分赐给康叔大路、少白、绪茷、旃旌、大吕，还有殷朝的七个家族，陶氏、施氏、繁氏、锜氏、樊氏、饥氏、终葵氏……用《康诰》来告诫他，而封在殷朝的故城。鲁公和康叔都沿用商朝的政策，但按照周朝的制度来划定疆土。"分康叔以大路、少帛、绪茷、旃旌、大吕，殷民七族，陶氏、施氏、繁氏、锜氏、樊氏、饥氏、终葵氏……命以《康诰》，而封于殷墟。皆启以商政，疆以周索。"

因俗而治，要求周人向当地商人学习，这是本节周公对康叔的教导——只有向商人先王，贤人学习，才能了解实际情况，实事求是地采取正确的治国方法。

总的原则是走群众路线，和人民打成一片，养民，教民，服务人民，让人民安居乐业！使卫地被殷商统治日久的当地人成为周的新子民，"作新民"。

养民、教民、得民心，这是一统天下的关键！

## 原文：

王曰："呜呼！封，汝念哉①！今民将在祗遹乃文考②，绍闻衣德言③。往敷求于殷先哲王④，用保乂民⑤，汝丕远惟商耇成人⑥，宅心知训⑦。别求闻由古先哲王⑧，用康保民⑨。弘于天⑩，若德裕乃身⑪，不废在王命⑫！"

王曰："呜呼！小子封，恫瘝乃身⑬，敬哉！天畏棐忱⑭；民情大可见⑮。小人难保，往尽乃心，无康好逸豫，乃其乂民⑯。我闻曰：'怨不在大，亦不在小；惠不惠⑰，懋不懋⑱。'已！汝惟小子⑲，乃服惟弘⑳。王应保殷民，亦惟助王宅天命㉑，作新民。"

## 注释：

① 念：思考。

② 在：观察。祗：尊敬。遹：循。乃：你，指康叔。文：周文王。考：父亲。

③ 绍：继。闻：旧闻，指关于文王治理的记载。衣：通"依"，依照。德言：文王治国理政的言论。

④ 往：前往，到达。敷：广泛。

⑤ 乂（yì）：治理。

⑥ 丕：大，引申为认真。远：深入。惟：思考。耇（gǒu）成人：商朝的遗老贤者。

⑦ 宅：度，引申为研究。训：顺服。

⑧ 别：另外。闻：往事，古代治国理政的思想和实践。

⑨ 用康保民：倒装句，正确语序是"保民用康"。用：因此。康：安。

⑩ 弘：大。

⑪ 若德：德政。乃身：自己。

225

⑫ 废：废弃。王命：天命，指周朝的统治受命于天。

⑬ 恫（tōng）：痛苦。瘝（guān）：病。乃身：你自己，指康叔。

⑭ 天畏：天威，天命。棐：辅助。忱：真诚。

⑮ 民情：民心。

⑯ 乃其乂民：倒装句，正确语序是"乃乂其民"。乃：才。乂：治理。

⑰ 惠：恩惠，引申为照顾。不惠：没有得到应有关怀的弱势群体。

⑱ 懋：勉力。不懋：指本来可以劳作却不劳作的人。

⑲ 惟：虽然。

⑳ 服：职责。弘：重大。

㉑ 宅：忖度。

## 语译：

  周王说："哎，康叔呀，你要认真思考我的话。现在民众急切地等待观察，就看你是否恭行文王治国传统，你不可违背民意，要沿用文王的路线治理东方，并将之发扬光大。你到达封地后，一要广泛深入研究殷商历代优秀君王的治理之道，用以养民安民；二要虚心向殷商的遗老贤者学习，研究殷商旧民的思想观念，因俗而治；三要访求借鉴虞夏时期古圣王的经验，努力让民众过上美好生活。如果你实行德政，像天地孕育万物那样造福民众，周朝政权就不会被上天抛弃。"

  周王说："啊，康叔呀，你要对殷商故地百姓的痛苦感同身受，这才称得上'敬'。上天会真诚保佑周朝，是以我们造福民生作为条件的。让民众安居乐业绝非易事，所以你到任后要尽心工作，不要贪图安逸享乐。我曾听说：'民怨有大有小，无须太过担心，但要把重心放在民生问题的解决上。解决得好，大怨变小怨，否则小问题也会变成大动荡。所以要特别关心照顾那些容易被忽略的弱势群体，要让那些有劳动创造力的人各安其职，努力工作。'康叔呀，你虽年轻，但肩上的担子很重。我们周朝受天命取代殷商，以造福万民为己任，你要以此高度来认识你的职责，服务改造好殷民，使其成为我们的拥护者和建设者。"

## 三、缘人情而制国法——将道德与法律统一起来

**经义：**

周人以"明德慎罚"治国。上节讲"明德"，从本节开始讲"慎罚"。

施刑要谨慎。周公告诫康叔，首先，必须牢牢掌握生杀刑罚的大权，这是防止刑罚滥用的政治基础。其次，对于重大案件，要反复思量，准确客观，要一而再，再而三地反复研究，不可主观臆断。

无论礼还是法，德还是刑，都不可离开人情、人性。本节开篇即讲要根据人情定罪。对于那些惯犯、累犯，即使是小罪，也要重罚；对于那些过失、偶然犯罪，且诚意悔过的，即使犯大罪，也不可以轻易执行死刑。

累犯一般指前罪与后罪都是故意犯罪，被处刑罚都是有期徒刑以上的罪犯。《中华人民共和国刑法》第六十五条规定：被判处有期徒刑以上刑罚的犯罪分子，刑罚执行完毕或者赦免以后，在五年以内再犯应当判处有期徒刑以上刑罚之罪的，是累犯，应当从重处罚，但是过失犯罪和不满十八周岁的人犯罪的除外。

历史发展规律是因革损益，既有所继承——因，又有所革新——革。大家请看，当代慎罚的法律精神，与三千多年前并无二致，都强调罪犯的主观条件，犯罪动机。因为经是大典大法，是不同族群历史经验的荟萃、结晶，具有超越时空的性质。

所以汉朝人在司法过程中重视"引经决狱"，司法官员审理案件，当适用律令出现空白或模糊时，便引用《诗经》《尚书》《春秋》等经典作为审案依据。因以孔子所作鲁国编年史《春秋》最为常用，故又称"春秋决狱"。

这方面重要的人物是西汉大儒董仲舒，作为公羊学大师，他以引《春秋》断案著称当世。国家有重大政治法律问题时，皇帝甚至让主管司法审判的廷尉前去咨询。《后汉书·应劭传》记载："胶东相董仲舒老病致仕，朝廷每有政议，数遣廷尉张汤亲至陋巷，问其得失。于是作《春秋决狱》二百三十二事，动以经对。"

《春秋决狱》已失传，但其他史籍还保存少量春秋决狱案件。比如《太平

预览》记载：甲父乙与丙相斗，丙以佩刀刺乙，甲举杖击丙救父，误伤了乙。按照汉朝法律规定，儿子殴打父亲，要被枭首示众。儿子甲辩护称："我之所以殴打自己的父亲，完全是无心之失。当时父亲乙和丙正在打斗，我操起一根棍子，本欲打丙，但俩人扭打成一团，不停地翻滚，谁承想打中了父亲。"

对于儿子甲的"殴父"行为，司法官员意见不统一，于是去请教董仲舒。董仲舒认为，因为作为儿子的甲是过失、偶然犯罪，起于天然孝心救父，属无心之过，所以当被赦免，不应被杀。他引用的是《春秋公羊传》许国太子止"弑君"，并非故意而被君子宽恕的例子。"臣愚以为，父子至亲也，闻其斗，莫不有怵惕（怵惕，音 chù tì，意思为恐惧警惕——笔者注）之心，扶杖而救之，非所以欲诟（诟，耻辱，这里指殴打——笔者注）父也。《春秋》之义，许止父病，进药于其父而卒，君子固心赦而不诛。甲非律所谓殴父，不当坐。"（[清]王谟辑《汉魏遗书》辑董仲舒《春秋决事》）

"春秋决狱"实际是《康诰》"敬明乃罚"、缘人情而制国法观念的发展，它将道德与法律统一起来，这也是人类法制文明的一大进步！

最后需要指出的是，考虑犯罪动机，不是为人治大开绿灯，所以文中强调"义刑义杀"，反对凭个人意志断案。


**原文：**

王曰："呜呼！封，敬明乃罚①。人有小罪，非眚②，乃惟终③，自作不典④，式尔⑤，有厥罪小，乃不可不杀。乃有大罪，非终，乃惟眚灾⑥，适尔⑦，既道极厥辜⑧，时乃不可杀⑨。"

王曰："呜呼！封，有叙时⑩，乃大明服⑪，惟民其敕懋和⑫。若有疾，惟民其毕弃咎⑬。若保赤子，惟民其康乂⑭。非汝封刑人杀人，无或刑人杀人⑮。非汝封又曰劓刵人⑯，无或劓刵人。"

王曰："外事⑰，汝陈时臬司⑱，师兹殷罚有伦⑲。又曰："要囚⑳，服念五、六日至于旬时㉑，丕蔽要囚㉒。"

王曰："汝陈时臬，事罚㉓。蔽殷彝㉔，用其义刑义杀㉕，勿庸以次汝封㉖。乃汝尽逊㉗，曰时叙㉘，惟曰未有逊事㉙。已！汝惟小子，未其有若汝封之心㉚，朕心朕德惟乃知㉛。"

**注释：**

① 敬：谨慎。明：严明。罚：刑罚。

② 眚（shěng）：悔过。

③ 乃：却。终：始终。

④ 不典：不合法。

⑤ 式：用，引申为故意。尔：代词，如此。

⑥ 灾：通"哉"，语助词，无意义。

⑦ 适：偶然。

⑧ 道：说。极：穷尽。厥：代词，其，指犯罪者。辜：罪。

⑨ 时：通"是"，代词，这。

⑩ 有：能。叙：顺。时：这。

⑪ 服：顺服。

⑫ 惟：则。敕：劳作。懋：勉力。和：和顺。

⑬ 毕：尽。弃：抛弃。咎：罪。

⑭ 康：安。乂：治。

⑮ 无或：没有。

⑯ 劓：割鼻之刑。刵：割耳之刑。

⑰ 外事：指处理诉讼案件。

⑱ 时：这。臬司：臬，法。臬司，指司法官员。

⑲ 师：效法。伦：法。

⑳ 要囚：幽禁的犯人，引申为重大犯罪。

㉑ 服：思考。

㉒ 丕：乃，才。蔽：断，引申为判决。

㉓ 事：从事。

㉔ 蔽：审判。彝：法律。

㉕ 用：运用。义：宜，应该。

㉖ 勿：不要。庸：运用。次：顺从。汝封：指康叔。

㉗ 乃：如果。尽：完全。逊：顺从。

㉘ 时：代词，这。叙：顺从。

229

㉙ 惟：只。未有：没有。逊：顺，事：指诉讼等政务。

㉚ 若：顺从。

㉛ 乃：才。知：知道，理解。

**语译：**

周王说："唉，康叔呀，对于刑罚你要持谨慎和严明的态度。比如，有人犯罪虽小，却不认错悔过，在犯罪路上越走越远，这说明他在钻法律的空子，蓄意犯罪。其罪虽小也必须正之以法。相反，有的人罪行虽大，却能反省自己的错误并改邪归正，属偶然犯罪，且并非蓄意，此时便不可判其死刑。"

周王说："康叔呀，你若能按照下面的原则进行治理，百姓们一定会诚心拥护，辛勤劳作，和睦相处。你像医治自己的病痛一样去解除百姓的疾苦，百姓们便会远离违法犯罪。你像爱护婴儿一样爱护百姓，百姓便会安康幸福，井然有序。你务必要亲掌刑罚权柄，没有你的命令，谁也不可施刑杀人，没有你的命令，谁也无权割掉犯人的鼻子或耳朵。"

周王说："处理诉讼案件，你要向司法官员公布刑罚标准，要参照殷商的法律来治理百姓，因为这里是殷商故地。"周公接着说："处理重大案件，你要反复研究五六天，甚至十天，只有这样才能准确审理重大案件和要犯。"

周王说："司法官员在审判中，要参照殷商法律标准进行。在量刑上，该判刑的就判刑，该诛杀的就诛杀，均要以法律道德为遵循，而不是你个人的主观意愿。如果将自己的主观意见当作天意，主导司法诉讼，那就违背了刑罚事务的基本原则。康叔呀，你还年轻，无论做什么，都不要主观和自负，只有这样你才能真正理解我对你的用心和期望。"

## 四、割裂法律与道德是近代社会的一大退步

**经义：**

本节讲的法律涉及个人、家庭和政治，周公苦口婆心，一一向康叔说明。

深入研究表明，商代法律制度十分发达，且上上下下都要遵守，即使商王本人也不例外。据《史记·殷本纪》，太甲在继位后"不遵汤法，乱德"，

结果被大臣伊尹流放到桐宫，后来太甲深深悔过，重新遵守汤法，才又回来执政——这反映出人类早期普遍存在的原始民主政治特征。

据《左传·昭公六年》："夏有乱政而作《禹刑》，商有乱政而作《汤刑》，周有乱政而作《九刑》。"可知三代皆制定了法律，但商代在中国法制史上占据十分重要的地位。《康诰》中周公也一再劝诫康叔学习商人的法律制度。

商代法规完善，囊括了社会生活的方方面面。针对官员的法律是太甲时期制定的。《古文尚书·伊训》说伊尹"制官刑，儆于有位"。官刑的具体内容包括懒政，怠政，无功于民众；有罪不举；沉迷于酒色、游猎等等。

商代还有军事法律，在《甘誓》《汤誓》中能看得特别清楚。甲骨文多有"师惟律用"的记载，师律就是军纪军法。

针对百姓的法律，除了本节提出的诸项，还包括妖言惑众、违背王命、囤积居奇，及其他危害公共秩序的法律。

《吕氏春秋·孝行览》引《商书》："刑三百，罪莫大于不孝。"所以我们不能说，孝德相关的法律条文是由周文王最早制定的，尽管文中强调"由文王作罚"。至于长期以来只有周人重德治、商人只重宗教和严刑峻法的观点，更是荒唐——通过《洪范》我们不难理解，德治思想是夏、商、周三代所共有的，不能因为纣不重德治，就认为有商一代都不重德治，否则，何以后人念念不忘盘庚之德！

同时我们不要忘记，周人的德，后面有相应的法律支撑，不似今天多停留在口头上，纳入苍白无力舆论监督的道德说教。

《周礼·地官司徒第二·大司徒》要求大司徒用乡中的八种刑罚纠察万民：一是针对不孝的刑罚，二是针对不和睦九族的刑罚，三是针对不亲爱姻戚的刑罚，四是针对不友爱兄弟的刑罚，五是针对不讲信用于朋友的刑罚，六是针对不救济贫困的刑罚，七是针对制造谣言的刑罚，八是针对暴乱之民的刑罚；用五礼防止万民诈伪并教他们以中正，用六乐防止万民情欲并教他们以平和。凡不服从教化而有争讼的，与地方官一同听取诉讼，触犯刑律的则移交给司法官。文中说："以乡八刑纠万民：一曰不孝之刑，二曰不睦之刑，三曰不姻之刑，四曰不弟之刑，五曰不任之刑，六曰不恤之刑，七曰造言之刑，八曰乱民之刑。以五礼防万民之伪而教之中，以六乐防万民之情而教之和。凡万民之不服教而有狱讼者，与有地治者听而断之，其附于刑者，归于士。"

与西方社会宗教主要负责教化，法律主要负责秩序不同，中国自古以来是一个世俗性国家，政治法律与社会教化高度统一，不可分割，政府既要承担"君"的责任，也要承担"师"的责任。盲目学习西方，割裂法律与道德，这是近代社会的一大退步，身处 21 世纪的我们必须警醒！

**原文：**

凡民自得罪①：寇攘奸宄②，杀越人于货③，暋不畏死④，罔弗憝⑤。

王曰："封，元恶大憝⑥，矧惟不孝不友⑦。子弗祇服厥父事⑧，大伤厥考心⑨；于父不能字厥子⑩，乃疾厥子⑪。于弟弗念天显⑫，乃弗克恭厥兄⑬；兄亦不念鞠子哀⑭，大不友于弟。惟吊兹⑮，不于我政人得罪⑯，天惟与我民彝大泯乱⑰，曰：乃其速由文王作罚⑱，刑兹无赦⑲。

"不率大戛⑳，矧惟外庶子、训人㉑。惟厥正人越小臣诸节㉒。乃别播敷㉓，造民大誉㉔，弗念弗庸㉕，瘝厥君㉖。时乃引恶㉗，惟朕憝㉘。已！汝乃其速由兹义率杀㉙。亦惟君惟长㉚，不能厥家人㉛，越厥小臣外正㉜。惟威惟虐，大放王命㉝，乃非德用义㉞。汝亦罔不克敬典㉟，乃由裕民㊱，惟文王之敬忌㊲，乃裕民㊳。曰：我惟有及㊴，则予一人以怿㊵。"

**注释：**

① 自：由，因为。得罪：指犯罪。

② 寇：盗贼。攘：夺。奸宄：泛指作乱。

③ 越：抢劫。于：取得。货：财务。

④ 暋（mǐn）：强横。

⑤ 憝（duì）：怨恨。

⑥ 大憝（duì）：凶恶。

⑦ 矧：也。惟：是。

⑧ 弗：不。祇：敬。服：治。厥：其，指子。

232

⑨　厥：其，指子。考：父。

⑩　于：为。字：爱。厥：其，指父。

⑪　疾：恶。

⑫　天显：天伦。

⑬　弗：不。克：能。恭：恭敬。厥：其，指弟。

⑭　鞠子：稚子，指弟。哀：痛苦。

⑮　吊：至。兹：这，指前述不孝不友之事。

⑯　于：由。政人：执政者。得罪：获得惩罚。

⑰　惟：则。与：给。彝：法。大：严重。泯乱：破坏。

⑱　乃：你。其：将。由：用。

⑲　刑：惩罚。兹：这。

⑳　率：遵循。戛：法。

㉑　矧：也。惟：是。外庶子、训人：二者是负责教育的官员。

㉒　惟：与。厥：其。正人：行政官员。越：与。小臣：低级行政官员。诸节：掌握符节的官员。

㉓　乃：就。别：另外。播敷：宣布，指另外宣布一套措施。

㉔　造：为，诈。誉：声望。

㉕　念：考虑。庸：用，施行。

㉖　瘝（guān）：病，引申为痛恨。

㉗　时：这。引：助长。

㉘　憝（duì）：厌恶，痛恨。

㉙　由：根据。兹：指上述行为。义：宜，引申为应该。率：法。

㉚　君：国君。长：执政官员。

㉛　能：亲善。

㉜　越：与。小臣、外正：是君、长的属官。

㉝　放：逆，违反。

㉞　乃：这。德：恩惠。义：治。

㉟　罔：不。克：能。典：法。

㊱　乃：你。由：通"猷"，图谋。裕：道。

233

㊲ 敬忌：敬畏。

㊳ 裕：诱导。

㊴ 及：努力。

㊵ 怿：高兴。

**语译：**

　　百姓凡有偷盗抢劫、谋财害命、悍不畏死、犯上作乱等行为，可视为犯罪，所有人都痛恨那些行为。

　　周王说："康叔呀，在所有罪行中，最恶劣的是不孝不友。因为孝友是道德的底线，秩序的基石。儿子不敬父亲，不听教导，尽做些让父亲伤心难过的事；父亲不爱护孩子，反而厌恶嫌弃；弟弟违背伦理，不尊重兄长；哥哥也不顾念弟弟苦衷，不友爱提携弟弟。父子兄弟之间的关系败坏到如此地步，若执政者不动用刑罚，加以惩治整顿，道德将被践踏，社会将生大乱。我要强调的是，对于此类践踏底线的犯罪，你要果断运用文王制定的刑法，严惩不贷。"

　　"次一等的罪行是官员们违反国家律法，包括负责教化的外庶子、训人等官员和负责行政的各级官员。他们违反国家法律私发政令，欺骗民众，哗众取宠，树立个人威望，无视国法威严，拒不遵照执行，且煽动民众仇恨君主。他们如此徇私枉法，会导致更深重的恶行和灾祸，我最痛恨这类人。哎，你应该当机立断，以死刑严惩这些罪犯。第三类违法是一些诸侯国君，他们忽视对家族成员和官员的约束管控，违背天子命令，在当地作威作福。你无法用道德来感化改变这些人，只有通过刑罚来约束他们。你要敬重国法，用法律来教化治理民众，要像文王那样对治国理政始终保持敬畏之心。若你能将文王的治国传统和精神发扬光大，我会十分欣慰。"

## 五、周承商制——商朝对中华文明贡献巨大

**经义：**

　　历史是一个传承、积累和发展的过程，因革损益是事物发展的一般规律。

殷革夏命，周革殷命，是历史革新、革命的一面；殷因于夏礼，周因于殷礼，是历史传承、积累的一面。二者是事物的一体两面，相辅相成。据《论语·为政篇》，子张曾问孔子，今后十代（300年）以后的礼法可以预知吗？孔子回答："殷代承袭夏代的礼制，其中废除和增加的内容是可以知道的；周代继承殷代的礼制，其中废除和增加的内容也可以知道。以后如果有继承周朝的朝代，即使在一百代以后，也可以预先知道。"文中说："子张问；'十世可知也？'子曰：'殷因于夏礼，所损益可知也；周因于殷礼，所损益可知也；其或继周者，虽百世可知也。'"

事实上，无论在德治还是在法治方面，商朝对中华文化的贡献都是巨大的。长期以来形成的商人迷信宗教、只重刑罚的观念，是不准确的，也不利于我们理解"周承商制"的史实。

周人不仅从商代大臣箕子那里继承了传自夏代的治国大法《洪范》，《康诰》中周公还一再劝诫康叔学习商人的德政，本节也说"我时其惟殷先哲王德"——要常常思考研究商先哲圣王的德政！

所以，诸多学人认为敬德思想为周人所独有的论点，是错误的！顾颉刚、刘起釪解释周人"明德慎罚"治国理念时就认为："但和商代只用宗教和严刑峻法这两项统治术已有所区别，提出了与'刑'相对举的'德'的概念，是周代统治者对统治术的一种改进。这是周文王时候提出来的，是作为与商代争胜的一种手段。《左传·成公三年》所说的'明德慎罚文王所以造周也'，正是说的这一胜利。商王朝既灭，周人德的概念更向前发展，郭沫若在《先秦天道观之进展》一文中指出，殷人完全信赖天命而终于灭亡，遂使周人感到'天命不常'，因而提出'敬德'来济'天命'之穷。以为'这种敬德的思想在周初的几篇文章中就像同一个母题的和奏曲一样翻来覆去地重复着。这的确是周人所独有的思想'。"[1]

在法治方面，周人对商人的继承尤其重要，所以《荀子》才有"刑名从商"的说法。《康诰》说"殷罚有伦"，正是因为康叔被封在殷人故地卫，学习了商人先进公正的刑法制度，才使其成为法律方面的专家。成王亲政后，

---

① 顾颉刚、刘起釪：《尚书校释译论》，中华书局 2005 年版，第 1303-1304 页。

即任命康叔为司寇，主管刑狱。《史记·卫康叔世家》："周公旦惧康叔齿少，乃申告康叔曰：'必求殷之贤人、君子、长者，问其先殷所以兴，所以亡，而务爱民。'……康叔之国，既以此命，能和集其民，民大说（说，通"悦"——笔者注）。成王长，用事，举康叔为周司寇。"

顾颉刚、刘起釪甚至认为"《康诰》实际是一篇周公叮咛康叔好好学习殷代统治方法特别是刑法的文件"。[①]

2500多年前，孔子预言百世之后的礼法仍可以预知。今天，还有多少人知道中国普世的、足以为万世法的礼义、法度，德治、法治呢——我们不得不说，这是中华文明的悲剧，人类文明的巨大损失！

**原文：**

王曰："封，爽惟民迪吉康[①]，我时其惟殷先哲王德[②]，用康乂民作求[③]。矧今民罔迪不适[④]，不迪则罔政在厥邦[⑤]。"

王曰："封，予惟不可不监[⑥]，告汝德之说于罚之行[⑦]。今惟民不静[⑧]，未戾厥心[⑨]，迪屡未同[⑩]。爽惟天其罚殛我[⑪]，我其不怨。惟厥罪无在大，亦无在多[⑫]，矧曰其尚显闻于天[⑬]。"

王曰："呜呼！封，敬哉！无作怨，勿用非谋非彝[⑭]，蔽时忱[⑮]。丕则敏德[⑯]，用康乃心[⑰]，顾乃德[⑱]。远乃猷裕[⑲]，乃以民宁[⑳]，不汝瑕殄[㉑]。"

王曰："呜呼！肆汝小子封[㉒]。惟命不于常[㉓]，汝念哉！无我殄享[㉔]，明乃服命[㉕]，高乃听[㉖]，用康乂民。"

王若曰："往哉！封，勿替敬[㉗]，典听朕告[㉘]，汝乃以殷民世享[㉙]。"


**注释：**

① 爽惟：句首语助词，无实义。迪：道。吉：善。

② 时：常常。惟：思考。德：德政。

③ 用：因为。康：安。乂：治。求：最终目标。

④ 矧：况且。适：善。

---

① 顾颉刚、刘起釪：《尚书校释译论》，中华书局2005年版，第1376页。

⑤ 罔政：治理搞不好。罔：不。政：政治，引申为治理。

⑥ 监：视。

⑦ 于：与。

⑧ 静：安定。

⑨ 戾：安。

⑩ 迪屡未同：倒装句，正确语序是"屡迪未同"。屡：多次。迪：道。未同：不同。

⑪ 爽惟：句首语助词，无实义。殛（jí）：杀。

⑫ 惟厥罪无在大，亦无在多：无论罪行的大小和多少。

⑬ 矧：何况。尚：已经。显：显扬。

⑭ 彝：法。

⑮ 蔽：遮蔽。时，代词，指康叔。忱：真诚。

⑯ 丕则：于是。敏：尽力。德：德政。

⑰ 康：安。

⑱ 顾：念。

⑲ 远：深远。猷裕：指治民之道。

⑳ 以：与。

㉑ 瑕：瑕疵，过错。殄（tiǎn）：灭绝。

㉒ 肆：今。

㉓ 命：天命，指周朝的统治。于：有。常：永恒。

㉔ 无我殄享：倒装句，正常语序是"无殄我享"。殄：灭绝。享：祭祀。

㉕ 明：勉力。服命：行使职责。服：行。

㉖ 高：敬。

㉗ 替：废弃。

㉘ 典：常。

㉙ 世享：世世代代统治下去。


**语译：**

　　周王说："康叔呀，只有为民众带来安康生活，才算治国有道。在治理东方时，你要认真研究学习殷商历代圣王的德政经验。我们的最终目标是民众幸福

237

安康，文王的传统要发扬，殷商的好传统也要继承。况且如果不好好带领殷商旧民，他们的生产生活就很难步入正轨，若如此，我们的治理就失败了。"

周王说："康叔呀，必须认识到，治理东方很难，所以我才不厌其烦地强调施德政、行法治。现在东方殷商旧民仍未安定下来，我们虽然很努力，但他们仍未认同周朝，依旧留恋殷商。这是上天的考验，我们不要心怀怨恨。无论殷商遗老旧民的罪行大小多少，我们都应按照前面所说的原则处理，对重犯处以重刑，也不必歉疚，这是他们应受的惩罚，况且那些罪行已经严重到上达天听。"

周王说："哎，康叔，你去东方做最艰苦的工作，要保持恭敬心，不要发牢骚。要依法治国，远离旁门左道，不要让歪理学说和非法行政掩盖了你的诚心。要勤施德政，多为民众谋幸福，送实惠，让他们共享社会发展成果，以获取民心，积累功德。要立足长远谋划治民之道，使民众安享太平，如此便可减少过失，永绝亡族灭种之患了。"

周王说："哎，康叔呀，现在你年轻，要知道你治理东方，乃至周朝治理天下，虽然符合天命，但天命无常，会因我们治理不善而改变，你要深刻认识这一点！要想长治久安，就要谨慎恭敬，虚心听取各方意见，集思广益，尽心尽职。治理之道，要以民生安康为目标。"

周王最后说："好吧康叔，出发吧！不要丢掉谦虚恭敬的作风，不要忘记我的告诫教导。好好治理殷地殷民吧，你们将国祚绵长，流传后世。"

# 酒诰

## 一、六合同风，九州共贯——大一统的政教意义

经义：

学者多将《酒诰》视为一篇戒酒宣言。比如李民、王健两位先生就认为："本篇的内容，都与戒酒有关，故名《酒诰》，是周公命康叔在殷商故地

卫国宣布戒酒的诰词。诰词中，不仅说明了戒酒的重要性，而且还从正反两个方面总结了商初戒酒兴国和商末酗酒亡国的历史经验教训，才颁布了严厉的禁酒令，由此可见商末周初社会风气的一斑。"[①]

这种说法有偏颇，因为《酒诰》通篇只是限制饮酒、群饮，并没有反对在适当场合饮酒，比如祭祀或孝养父母时。所以周公只是限酒、节制饮酒，将饮酒导向礼义、孝道，形成良好的社会风气——周公告诉殷商遗民，不仅要种好庄稼，还要积极从事商业贸易。敬兄事长，家给人足之后，开怀畅饮。

先贤将成功的教化，移风易俗作为社会治理的重要标准。《毛诗序》论诗教，认为诗能够移风易俗，改变社会整体风貌。上面说："故正得失，动天地，感鬼神，莫近于诗。先王以是经夫妇，成孝敬，厚人伦，美教化，移风俗。"风是什么？就是教化的意思："风，风也，教也。风以动之，教以化之。"

中国人千百年来追求大一统的大同理想，其重要内容就是教化的统一——全国各地风俗教化相同、九州之内政令得到贯彻。"《春秋》所以大一统者，六合同风，九州共贯也。"（《汉书·王吉传》）

唐代诗人杜甫不得志、困守长安时，仍念念不忘自己少年时一平天下的报负：辅佐君王超迈尧舜，社会风俗变得淳厚。"致君尧舜上，再使风俗淳。"（杜甫《奉赠韦左丞丈二十二韵》）

酿酒会浪费大量粮食，饮酒过度会产生对酒精的依赖，所以古今中外的禁酒令、限酒令屡见不鲜。《酒诰》甚至将过度饮酒的危害提升到国家生死存亡的高度。《史记·卫康叔世家》记《酒诰》的缘起："（周公旦）告以纣所以亡者，以淫于酒，酒之失，妇人是用，故纣之乱自此始。"

传世资料和金文材料都证实，周人将酗酒作为殷人败亡的重要原因。比如周朝第三任君主周康王时的《大盂鼎》铭文就说："我闻殷坠命，惟殷边侯甸雩殷正百辟，率肆于酒，故丧师矣。"意思是说，殷朝丧失了上天所赐予的大命，因为他们从远方诸侯到朝内大小官员，经常酗酒，所以丧失了天下。

这反映出商人饮酒风气之盛。不仅贵族喜酒，平民也一样。据1969—1977年河南安阳殷墟西区墓地发掘材料，平民墓中最常见的随葬品包括陶

① 李民、王健：《尚书译注》，上海古籍出版社2010年版，第271页。

制酒器觚和爵。第八墓区的五十五座墓中，四十座都出土了觚和爵。

商朝酒的种类也很多，有酒、醴、鬯、果酒、药酒。其中酒由粟酿造，流通最广。鬯（chàng）是一种高档酒，多为贵族在祭祀场合使用。鬯经常用青铜卣（yǒu）盛放，所以商代的甲骨文、金文中每每以"卣"来计量，如"鬯六卣"。鬯又分两种，一种用黍酿造，不加入郁金香，称为秬鬯，另一种加入郁金香酿造，极为贵重，称为郁鬯。

至于果酒和药酒，种类也多，有的可能加入大麻。在河北藁城台西商代中期遗址的酿酒作坊内，出土有成罐的草木樨和大麻籽，应当是酿酒的原料。

酿酒业的发达，催生了种类繁多的酒器，按功用可分为盛酒器、饮酒器、温酒器三类。

殷鉴不远。据本节记载，周文王时周人就提倡节制饮酒，西周后期的《毛公鼎》仍有"毋敢酗于酒"的劝告，可见限酒、节酒是周人一贯的政策，也是中华礼义文明的应有之义。

**原文：**

王若曰："明大命于妹邦①。乃穆考文王②，肇国在西土③。厥诰毖庶邦庶士越少正、御事朝夕曰④：祀兹酒⑤。惟天降命⑥，肇我民⑦，惟元祀⑧。天降威⑨，我民用大乱丧德⑩，亦罔非酒惟行⑪；越小大邦用丧⑫，亦罔非酒惟辜⑬。

"文王诰教小子有正有事⑭，无彝酒⑮。越庶国⑯，饮惟祀⑰，德将无醉⑱。惟曰我民迪小子⑲，惟土物爱⑳，厥心臧㉑。聪听祖考之遗训㉒，越小大德㉓，小子惟一㉔。

"妹土㉕，嗣尔股肱㉖，纯其艺黍稷㉗，奔走事厥考厥长㉘。肇牵车牛㉙，远服贾㉚，用孝养厥父母㉛。厥父母庆㉜，自洗腆㉝，致用酒㉞。

"庶士有正越庶伯、君子㉟，其尔典听朕教㊱。尔大克羞耇惟君㊲，尔乃饮食醉饱㊳。丕惟曰㊴：尔克永观省㊵，作稽中德㊶，尔尚克羞馈祀㊷，尔乃自介用逸㊸。兹乃允惟王正事之臣㊹，兹亦惟天若元德㊺，永不忘在王家㊻。"

**注释：**

① 明：昭告、宣布。大命：指限酒令。妹邦：殷商的都城所在地，后为康叔

的封国，即卫国。

② 乃：你的，指康叔。穆：敬。

③ 肇：开始。

④ 厥：代词，其，指周文王。诰：告诫。毖：慎。庶邦：诸侯国君。庶士：指众官员。越：与。少正：官名。御事：普通事务官员。

⑤ 祀：祭祀。兹：则。

⑥ 惟：语助词，无实义。命：指周政权的建立和统一。

⑦ 肇：初创。

⑧ 惟：只有。元：最大。

⑨ 威：惩罚、灾难。

⑩ 用：因此。丧德：不接受教化。

⑪ 罔非酒惟行：完全是因为酗酒引发的恶行。

⑫ 用：因此。丧：灭国。

⑬ 罔非酒惟辜：全是因酗酒造成的恶果。辜：罪。

⑭ 小子：文王的子孙。有正：具有决策权力的官员。有事：负责具体事务的官员。有正有事泛指众官员。

⑮ 无：勿，不能。彝：常。

⑯ 越：和。庶国：指诸侯国君们。

⑰ 惟：只有。

⑱ 德：恩、福。将：统率。

⑲ 惟：语助词，无实义。迪：引导。小子：后代。

⑳ 土物：土地出产之物，指粮食。爱：爱护、珍惜。

㉑ 厥：其。臧：善良。

㉒ 聪：听觉敏锐，引申为深刻理解祖先遗训。祖考：指周文王。彝：常理。训：尊长对晚辈的教诲。

㉓ 越：和。小大德：指贡献大小不同或官职高低不同的人。

㉔ 小子：指年轻人。惟一：同样。

㉕ 妹土：指卫国民众。

㉖ 嗣：此后。尔：指殷民。股肱：股，大腿。肱：手臂。劳动要依靠人体四

241

肢，股肱可引申为尽力劳动。

㉗ 纯：专心。艺：种植。黍稷：泛指庄稼。

㉘ 事：侍奉。

㉙ 肇：尽快。

㉚ 服：从事。

㉛ 用：以。

㉜ 庆：高兴。

㉝ 洗腆：丰盛。

㉞ 致：得到。

㉟ 庶士、有正、庶伯、君子：指众官员。越：和。

㊱ 其：希望。尔：你们。典：经常。听：学习。

㊲ 尔：你们。大：认真。克：能。羞：献。耇：老，指父兄。惟：和。君：国君。

㊳ 乃：就。

㊴ 丕惟：句首语助词。

㊵ 永：长期。观：观察。省：反省。

㊶ 作：举动。稽：止。中：符合。德：国家和社会的要求。

㊷ 尚：常。克：能。羞：进献，引申为参加。馈祀：国君的祭祀活动。

㊸ 乃：便。介：求。用：行。逸：乐。用逸：行乐，指饮酒。

㊹ 兹：这。允：信。惟：是。正：在位的长官。事：处理具体政务的人员。

㊺ 亦：也。惟：是。天若：天命。元：大。德：恩惠。元德：最大的恩惠，引申为最大的认可。

㊻ 永：永远。王家：指周朝。

**语译：**

　　周王说："你到封地卫国后，要尽快制定执行一套方案以限制酗酒。尊敬的周文王，在殷商西部关中地区创建周朝之初，便十分重视限制酗酒。他认识到酗酒极大削弱了治国理政能力，常常严肃地告诫所属诸侯、卿士和近侍们，只有在祭祀之时，才可以饮酒。上天将统一天下的使命赋予文王，他带领民众草创周朝，只有在举行重大祭祀时，才用酒。上天惩罚我们，因为我们没有治理好国家，民众不服教化，犯上作乱，在殷商故地反叛。之所以如此，和酗酒不无关系。还有一些大小诸侯纷纷覆亡，也是酗酒的恶果。

"文王还告诫其子孙和官员们，不许经常饮酒。各诸侯国只有在祭祀时才能饮酒。祭祀主要是感激神灵与祖先对周朝的恩德，不能以祭祀为借口酗酒，这样就不会醉酒。文王强调，我们要教育后代子孙爱惜粮食，心地淳朴善良。生产粮食为的是解决温饱，而酗酒既败坏世风，又浪费粮食。我们要真诚地听取文王的告诫，不论功劳大小、地位高低，所有人除祭祀外，必须节制饮酒。"

周王提醒康叔，对殷商故民要区别对待，要尊重他们的传统习俗。周王说："卫国民众虽然是殷商故民，但我们不能歧视他们，要尊重他们的习俗。康叔你到任后，要他们尽力劳作，引导他们搞好农业生产，侍奉好长辈兄弟们。农闲时节，要让他们抓紧时间赶着牛车从事远途贸易，增加收入以孝养双亲。他们的父母生活如意，家给人足。父母高兴，自备家宴，享受家庭团聚的欢乐时，要允许他们饮酒。

"卫国众官员们，希望你们常想想我对你们的教导。只要你们认真地向父兄和国君进献酒食，你们便能吃饱喝足。只要你们能够长期反省自己，行为举止符合国家和社会的需要，你们便能正常参加国君举办的祭祀，祭祀中是可以饮酒的。这是因为你们是国君信任的官员，让你们参加祭祀是天命，更是国家对你们的认可——你们的功劳周朝永远不忘。"

## 二、大一统是中国鲜明的政治基因

**经义：**

本节从正反两个方面说明殷人戒酒兴国与纵酒失国的深刻教训。

其中提到了商代官制。官员的职位称为"服"，有服务、服事之意。商王朝的官员分为内服和外服两大类。所谓内服，指核心统治区的百官；外服指外围地区的各类诸侯，包括侯、甸、卫等。本文说："越在外服，侯、甸、男、卫、邦伯。越在内服，百僚庶尹惟亚惟服、宗工越百姓里居。"

侯、甸、男、卫等在甲骨文和金文中也多有反映。侯最初是边境地区设置的武装警卫组织，后成为正式的职官，甲骨文中出现的侯有数十个，如侯告、侯专、侯屯等等；甸也称田，起初是商王派往外地从事屯垦的家族。由于长期在一个地方经营，人口不断繁衍，有了自己的武装，成为一方诸侯；男，即任，甲骨文中的"雀男"，有时就作"雀任"。魏晋学者孔晁注《逸周书·职方篇》时说："男，任也。"卫最初是派驻外地负责实施军事保卫的官员，后来发展为诸侯。甲骨文中有穆卫、兄卫等。

侯、甸、男、卫这些诸侯与西方中世纪的封建诸侯有很大区别，他们是商王的外派官员，与商王间是君臣、上下关系，对商王履行多种义务，包括随商王带兵征讨敌国，守卫边疆和向商王进贡等等。商朝军队的士兵、祭祀用的人牲、占卜用的龟甲，通常也由外服提供。

进而言之，同中世纪以来西方基于地方自治的国家组织形态不同，秦以前中国即是大一统的国家。哲学家牟宗三先生写道："中国所说的'封建'就是'封侯建国'。例如周公的后人封于鲁，姜太公的后人封于齐，封到那里就到那里去建国。建国就经济而言，就是集体开垦。这是'封建'的积极意义，周朝大一统就是如此维持的。此与西方所说的 feudalism（封建）不同。西方所谓的'封建'是罗马大帝国崩溃后，原先统属于罗马帝国的势力就分为各地方的势力；而中国所谓的'封建'则是向上集中于周天子的各地方势力。"[①]

殷商由封建诸侯维系的大一统可以上溯四五千年前的炎帝时代。据《史记·五帝本纪》，神农氏炎帝时诸侯混战，最后由黄帝重新统一了天下。据说黄帝为了平定不服从的诸侯，戎马倥偬，征战一生。"轩辕之时，神农氏世衰。诸侯相侵伐，暴虐百姓，而神农氏弗能征。于是轩辕乃习用干戈，以征不享（不享，诸侯不来朝——笔者注），诸侯咸来宾从……天下有不顺者，黄帝从而征之，平者去之，披山通道，未尝宁居。"

周承商制。后起的周人继承了殷代的封建制。周人官制也包括内服和外服，据西周早期青铜器《令彝》铭文，周公之子明公在成周举行祭祀并受命管理"三事四方"："舍三事令：众卿事寮、众诸尹、众里君、众百工；众诸

---

① 牟宗三：《中国哲学十九讲》，上海古籍出版社 2005 年版，第 131 页。

侯：侯、甸、男，舍四方令。"

大一统是中国文化的最主要特色之一，无论是统一于封建，还是统一于郡县，它都是中国鲜明的政治基因——在不同的时代，有不同的组织形式与运作方式，但大一统的精神内核却一以贯之，中华文明因此得以绵延不绝，成为世界史上的奇迹！

## 原文：

王曰："封，我西土棐徂邦君御事小子①，尚克用文王教②，不腆于酒③，故我至于今，克受殷之命④。"

王曰："封，我闻惟曰⑤：'在昔殷先哲王迪畏天显小民⑥，经德秉哲⑦。自成汤咸至于帝乙⑧，成王畏相⑨，惟御事厥棐有恭⑩。不敢自暇自逸⑪，矧曰其敢崇饮⑫？越在外服⑬，侯甸男卫邦伯⑭。越在内服⑮，百僚庶尹惟亚惟服、宗工越百姓里居⑯，罔敢湎于酒⑰。不惟不敢，亦不暇。惟助成王德显⑱，越尹人祇辟⑲。'

我闻亦惟曰：'在今后嗣王酗身⑳，厥命罔显㉑，于民祇保越怨㉒，不易㉓，诞惟厥纵淫泆于非彝㉔。用燕丧威仪㉕，民罔不盡伤心㉖。惟荒腆于酒㉗，不惟自息乃逸㉘。厥心疾很㉙，不克畏死㉚。辜在商邑㉛，越殷国灭㉜，无罹㉝。弗惟德馨香祀㉞，登闻于天㉟，诞惟民怨㊱，庶群自酒，腥闻在上。故天降丧于殷㊲。罔爱于殷，惟逸㊳。天非虐㊴，惟民自速辜㊵。'"

## 注释：

① 棐徂：往昔。邦君：诸侯国君。御事：王室大臣。小子：姬姓子孙。

② 尚：还。克：能。用：行。

③ 腆：善，引申为喜好。

④ 克：能。

⑤ 惟：有。

⑥ 在：察，考察。哲王：圣明的先王。迪：语气助词，无意义。天显：天命。
小民：民众。

⑦ 经：施行。德：德政。秉：执。哲：恭敬。

245

⑧ 成汤：商汤。咸：都。帝乙：商纣王之父，倒数第二位商王。

⑨ 成：成就。王：王业。畏：敬畏。相：反省。

⑩ 御事：治事，指处理政务的众官员。厥：其，指官员。棐：辅佐。恭：恭敬。

⑪ 暇：闲暇，引申为懈怠。逸：安乐。

⑫ 矧：何况。崇：聚会。饮：饮酒。

⑬ 越：发语词，无意义。外服：指诸侯。

⑭ 侯甸男卫邦伯：指众诸侯。

⑮ 越：发语词，无意义。内服：指中央百官和王室。

⑯ 庶：众。尹：正。惟：与。亚：次。服：事。宗工：指担任官职的宗室成员。百姓里居：指百官中的离职居家者。

⑰ 湎：沉溺。

⑱ 惟：只。成王：成就王业。德：功德。显：显著。

⑲ 越：与。尹：端正，引申为引导。人：民众。祗：尊敬。辟：君主。

⑳ 后嗣王：指商纣王。酣：乐酒。

㉑ 命：天命。显：昭著。

㉒ 祗：语气词，无意义。保：安。越：于。

㉓ 易：改变。

㉔ 诞：大。惟：为。纵：乱。淫：游。泆：乐。彝：法。

㉕ 用：以。燕：通"宴"，宴饮。

㉖ 盡（xì）：伤痛。

㉗ 惟：只。荒：大。腆：喜欢。

㉘ 惟：想。息：停止。乃：其。逸：安乐。

㉙ 厥：其。疾：害。很：戾。

㉚ 克：能。

㉛ 辜：罪，引申为灾难。

㉜ 越：及至。

㉝ 瘝：忧。

㉞ 弗：不。惟：有。德：德政。馨香：芳香。

㉟ 登：上升。

㊱ 诞：大。惟：只。

㊲ 庶群：商朝群臣。

㊳ 丧：灭亡。

㊴ 逸：安乐。

㊵ 虐：暴虐。

㊶ 惟：是。民：商朝民众。辜：惩罚。

**语译：**

周王说："康叔呀，长期以来，我们周朝的诸侯国君、王室大臣和姬姓子孙们，能遵照文王的教导行事，不喜好饮酒，不沉溺享乐，所以才能取代殷商。"

周王说："康叔呀，有人这样评价商朝：'回顾殷商的历史，圣明的商王都敬畏天命和民众，他们秉持恭敬心，施行德政。从第一代君主商汤到商纣王之父帝乙，能成就王业，首先是君主们保持敬畏之心并能省察自身。其次是官员们全心全意辅佐君主。他们不懈怠不追求个人安乐，更不用说聚会饮酒了。商朝中央众官员和宗室成员，还有臣服于商朝的地方诸侯国君，都不沉溺于饮酒享乐，他们不敢如此，也没有闲暇享乐。他们全身心地辅佐君主，促进社会快速发展，时刻不忘引导民众拥护支持君主。'

"还听到有人这样分析商朝的灭亡：'看一看现在，商纣王即位后，其治理水平大幅度下降。纣王沉溺酒色宴饮，没有承担起上天赋予他的使命，民众怨声载道，纣王也不反思改过，仍不顾国法，追求游乐。因为以宴饮为乐，荒废国家礼仪，民众们都深感痛心。纣王深陷酒宴之乐，不思悔改，其内心暴戾，对任何人都充满敌意，肆意乱为，即使商朝灭亡也在所不惜。商朝被带到了毁灭的边缘，而纣王却漠不关心。他没有惠民的德政向上天汇报，也没有祭祀牺牲的芳香上达天庭，因为礼仪都已荒废。上天看到的是民众的怨气，听闻到的是群臣宴饮的喧嚣和腥膻，所以给殷商降下亡国之难。不是上天不爱护商朝，而是商纣王追求享乐，使其失去了上天的眷顾。不是上天有多么残暴要惩罚商朝，而是纣王失去民心，民众希望商朝速亡。'"

# 三、不能抛弃法治空谈以德治国

**经义：**

《酒诰》作于西周立国之初，周公有鉴于商人酗酒败亡的教训，严格要求本族人不得平时聚会饮酒，对违犯者，甚至处以死刑，目的显然是防止周人腐败。圣人在大乱之后，重其轻者，轻罪重罚，用心之苦，千载之后，仍可见一斑！

后世学人多反对法家重其轻者的刑事政策，不知千古圣贤居乱世皆如此。

但对那些违反饮酒令的殷商旧臣百官，周公却采取了先教后诛，先礼义教化后施以刑罚的政策。这影响甚巨，先礼而后刑，反对"不教而诛"，成为后世重要的治国原则。

《荀子·富国》指出，既不能不教育就用刑法诛杀，又不能只教育而不诛杀，更不能诛杀而不奖赏。要礼与法，刑罚与奖赏并用。他说："故不教而诛，则刑繁而邪不胜；教而不诛，则奸民不惩；诛而不赏，则勤励（勤励，勤奋——笔者注）之民不劝。"

孔子直言，不经教化便加以杀戮叫做暴虐。《论语·尧曰》引孔子语："不教而杀谓之虐。"

《大戴礼记·礼察第四十六》论礼义教化与法律刑罚的关系，将礼比作防水的堤坝，礼废弛不修，违法乱纪社会动乱就将发生，这就好比堤坝堵塞，大洪水就要暴发一样。因为礼义因人情节人欲，让各种伦理关系都能和谐相处。文中说："君子之道譬犹防（防，堤防——笔者注）与？夫礼之塞，乱之所从生也；犹防之塞，水之所从来也……故婚姻之礼废，则夫妇之道苦，而淫辟之罪多矣；乡饮酒之礼废，则长幼之序失，而争斗之狱繁矣。聘射之礼废，则诸侯之行恶，而盈溢（盈溢，犹言骄横——笔者注）之败起矣。丧祭之礼废，则臣子之恩薄，而倍死（倍死，同'背死'，不怕死——笔者注）忘生之徒众矣。"

礼与法是相辅相成的，只不过礼禁止于违法行为发生之前，法惩戒于违法行为发生之后，所以法的作用显而易见，礼的功用却不易看到。文中说：

"礼者，禁于将然之前；而法者，禁于已然之后。是故法之用易见，而礼之所为生难知也。"

从西汉时起，一种将礼义教化与法律刑罚对立的观点产生了。一代儒宗董仲舒在给汉武帝的对策中，论述以德教治国而不用刑罚治国时，将阴阳对立起来，认为刑罚属阴，而阴处于空虚不用之地，所以不当用刑罚。这一推理近乎荒唐，离阴阳对立统一、相生相克的本义相差太远。董仲舒写道：天道最大的就是阴阳，阳是德，阴是刑，刑主杀，德主生。所以阳常常处在盛夏，任用是生育养长；阴经常处在严冬，积聚在空虚不起作用的地方。由此可以看出，天是任用德教，不任用刑罚的。王者秉承天意来做事，所以任用德教而不任用刑罚。

《汉书·董仲舒传》记载："天道之大者在阴阳。阳为德，阴为刑；刑主杀而德主生。是故阳常居大夏，而以生育养长为事；阴常居大冬，而积于空虚不用之处。以此见天之任德不任刑也……王者承天意以从事，故任德教而不任刑。"

这一荒诞推理对后世影响非常恶劣。直到今天，还时常看到一些人在各种场合空谈以德治国，片面强调礼义教化，"有治人而无治法"——背离圣贤中道，抛弃以法治国，抛弃法律刑罚，这要不得！

**原文：**

王曰："封，予不惟若兹多诰①。古人有言曰：'人无于水监②，当于民监。'今惟殷坠厥命③，我其可不大监④，抚于时⑤！"

"予惟曰：汝劼毖殷献臣⑥，侯甸男卫⑦，矧太史友、内史友⑧，越献臣百宗工⑨，矧惟尔事⑩，服休服采⑪，矧惟若畴⑫，圻父薄违⑬，农夫若保⑭，宏父定辟⑮，矧汝⑯，刚制于酒⑰。"

"厥或诰曰：'群饮。'汝勿佚⑱，尽执拘以归于周⑲，予其杀⑳。又惟殷之迪㉑，诸臣惟工㉒，乃湎于酒，勿庸杀之㉓，姑惟教之㉔。有斯明享㉕，乃不用我教辞，惟我一人弗恤㉖，弗蠲乃事㉗，时同于杀㉘。"

王曰："封，汝典听朕毖㉙，勿辩乃司民湎于酒㉚。"

**注释：**

① 惟：想。若兹：如此。诰：训诫。

② 监：照视。

③ 惟：想。厥：代词，指殷商。

④ 其：通"岂"。

⑤ 抚：据。时：代词，是。

⑥ 劼（jié）：谨慎。毖：告诫。献臣：遗臣。

⑦ 侯甸男卫：指诸侯国君。

⑧ 矧（shěn）：与。

⑨ 越：与。百宗工：众多尊贵的官员。

⑩ 矧：与。尔：你。事：指事务官。

⑪ 服休：管理国王游宴与休息的近臣。服采：管理朝祭的近臣。

⑫ 矧：与。若：你。畴：同"寿"，公卿，指下文的三个重要官职。

⑬ 圻父：司马，掌管军事之官。薄：迫。违：造反。

⑭ 农夫：司农，掌管农业之官。若：顺。保：安。

⑮ 宏父：司寇，掌管司法的之官。定：制定。辟：法。

⑯ 矧：与。汝：你，指康叔。

⑰ 刚：强。制：禁绝。

⑱ 佚：放纵。

⑲ 执拘：逮捕。

⑳ 予：我。其：将要。

㉑ 迪：引导、教导，引申为归附。

㉒ 惟：与。

㉓ 庸：用。

㉔ 姑：暂且。

㉕ 斯：这。享：劝导。

㉖ 我一人：君王的自称。恤：怜悯。

㉗ 蠲（juān）：免除。

㉘ 时：通"是"，这。

250

㉙ 典：经常。毖：告诫。

㉚ 辩：使、让。司：统治。

**语译：**

周王说："康叔呀，我的告诫已经很多了。古人有句话：'领导人不能仅以水为镜观察自己，更要以民众为镜子反观治国理政之策。'想到殷商因为失去民心而灭亡，我们就会以史为鉴，认真反省自己，提高我们的治理能力。

"我还想说：你一定要严肃告诫这三类人：第一类是与殷商渊源很深的殷商遗臣、众诸侯国君、众史官、众官员们；第二类是你的直属部下、管理游宴休息的近臣、管理朝祭活动的近臣；第三类是负责保卫国家安全的军事大臣司马、负责农业生产的司农、负责制定法律的司寇，当然还包括你自己。你们必须采取严格措施强制禁绝饮酒。

"假如有人向你报告：'现在有人正在聚众饮酒。'你不要扮演老好人，纵容他们，应将聚众饮酒者全部逮捕押送到中央，我将对他们处以死刑；对于从殷商归顺过来的旧臣百官，他们若沉湎于饮酒，可以不处以死刑，先对他们进行教育，给其改过机会。经过这样明确的思想教育，若仍有人不遵从训诫，我将不再同情他们，绝不赦免他们的罪行，将和聚众饮酒者一样处以死刑。"

周王说："康叔呀，你要经常学习我对你的告诫，不要让民众沉湎于饮酒。"

# 梓材

## 一、中国古典政治学是基于法治的智慧之学

**经义：**

《梓材》是周公给弟弟封治理卫国的三篇告诫之一，其他两篇为《康诰》和《酒诰》。为在殷人反叛后稳定东方，周公可谓费尽了心血，多次谈东方

治理问题。仅据《史记·周本纪》："初，管、蔡畔周，周公讨之，三年而毕定，故初作《大诰》，次作《微子之命》，次《归禾》，次《嘉禾》，次《康诰》《酒诰》《梓材》。"实际上《尚书·周书》很大一部分内容都是记载周公的讲话。

本节最突出的一点是：周公强调法律、规矩是包括国王在内的所有人所共同遵守的。同时，他又告诉康叔要宽恕以前诸多犯法者。二者岂不前后矛盾？

原来，卫国是殷人故地，为了稳定局势，必须先实施宽大、安抚的政策，但法治是常理，宽宥犯法者只是一时权变。

我们一定要准确理解中国古典政治理论中的法与权。中国的法观念出自宇宙人生的规则、路线，即"道"，主张"道生法"。任何人，包括代表国家的君王，都在法之下。换言之，作为生法者的圣王君主一旦制定法律，自己也要与他人一起共同遵守，且不能随意更改法律。《黄帝四经·道法》开篇指出："道生法。法者，引得失以绳，而明曲直者也。故执道者，生法而弗敢犯也，法立而弗敢废也。"《鹖冠子·兵政》也说："贤生圣，圣生道，道生法。"

反观西方，"国王在法律之上"的观点可谓源远流长，根深蒂固。14世纪以前，西方普遍流行君权神授的观点，如果君主的权力来自神，那么他显然可以不受人类法律的约束。即使到16—17世纪"主权在民"观念已经产生的时代，政治思想家格劳秀斯和霍布斯还认为，君权来自臣民的授权，但是君主并不受社会契约的束缚，因此，君主享有绝对的权力，主权在君，君主可以不受法律约束。

权是什么？原指称量物体重量的工具，也称"锤"，后来引申为度量、权衡、权变。《孟子·梁惠王上》说："权，然后知轻重；度，然后知长短。物皆然，心为甚。"心地上的权衡、权变，即智慧，《礼记·丧服四制》云："权者，智也。"因此，中国的"权"概念不能译为西方政治学的中"power"，"power"来自拉丁语，指运用意志以达到某种目的的能力。而中国古典政治中的权，指一种权断、权变的智慧，握最高权断之柄是君主的特权（权势）。西晋法学家刘颂所谓："事有时宜，故人主权断。"（《晋书·刑法志》）

在处理权与法的关系上，先贤主张"审法慎权"，就是《论语·尧曰》中说的："谨权量，审法度。"《管子·七臣七主》更明确指出：法律政令是君臣共同建立的，权势才是君主独揽的。君主失其所守则国家危险，官吏失其所守则国家混乱。刑罚由官吏裁决则国家得治，权势由君主控制则君主有威严，法令得人民拥护则人民对国家亲近。因此。明君总是明于法，慎于权，使上下安守其职分。"法令者，君臣之所共立也；权势者，人主之所独守也。故人主失守则危，臣吏失守则乱。罪决于吏则治，权断于主则威，民信其法则亲。是故明王审法慎权，下上有分。"《商君书·权修》中将国家得到治理分为三个要件，分别是法律、诚信、权柄。上面说："国之所以治者三：一曰法，二曰信，三曰权。法者，君臣之所共操也；信者，君臣之所共立也；权者，君之所独制也。人主失守则危。君臣释法任私必乱。故立法明分，而不以私害法，则治。权制（权制，意为权柄，权宜之制——笔者注）独断于君则威。民信其赏，则事功成；信其刑，则奸无端。惟明主爱权重信，而不以私害法。"

相对于西方文化，中国先哲更好地处理了法与权的关系。圣人因道而权变，因权变而制法。《管子·心术上》说："事督乎法，法出乎权，权出于道。"

综上所述，中国古典政治学是基于法治的智慧之学。难怪古人直接称治理国家的路线治道为"道"，"道家"就是治国理政的"君人南面之术"——中华智慧之学由是生焉！

它超越印度佛教与西方基督教偏重离尘出世，升天自利的修行路线，锚定了中国人数千年来于尘世中内养外用，自利利他，圆融智慧的生活方式。


**原文：**

王曰[①]："封，以厥庶民暨厥臣达大家[②]，以厥臣达王惟邦君[③]。汝若恒[④]。越曰：'我有师师[⑤]、司徒、司马、司空、尹、旅[⑥]。'曰：'予罔厉杀人[⑦]。'亦厥君先敬劳[⑧]，肆徂厥敬劳[⑨]！肆往奸宄杀人历人宥[⑩]，肆亦见厥君事戕败人宥[⑪]。"

**注释：**

① 王：指周公。

② 以：由。厥：代词，其，指康叔封地卫国。暨：与。达：至。大家：卿大夫。

③ 以：由。达：至。王：指最高长官。邦君：诸侯。

④ 汝：你。若：顺。恒：常典。

⑤ 越：发语词，无实义。

⑥ 师师：众多长官。司徒：管理农业生产的官员。司马：管理军队的官员。司空：管理工程建筑的官员。尹：正。旅：众多。

⑦ 厉：指杀戮无辜。

⑧ 君：指周天子。敬：尊敬。劳：慰劳。

⑨ 肆徂：赶快，马上。

⑩ 肆往：过去，以前。奸宄：为非作歹。历人：俘虏。宥：宽恕。

⑪ 肆亦：过去。见：刺探情报。戕：残害。

**语译：**

　　周王说："康叔呀，从普通民众、官员至卿大夫，从官员到封地的最高长官，包括你自己，你们都要遵守法律和规矩。你更要重视手下官员，包括司徒、司马、司空以及众大夫，为建立你与众官员之间的信任，要跟他们说：'我不会滥杀无辜。'你要先于周天子对众官员表示尊重和慰劳，到任后就尽快慰劳他们。要宽恕以前那些为非作歹、杀害俘虏的人，也要宽恕那些曾经刺探国家情报的人、那些曾经残害他人的人。"

## 二、不可用西方民主政治比附矮化中国民本政治

**经义：**

　　取篇名《梓材》，是因为周公以加工木材为例，要求康叔未雨绸缪、再接再厉治理好卫国。

　　由于本节的内容与形式与《酒诰》《康诰》有些差别，一些学者就认为

当独立成篇。实际上它们教民、养民的民本思想是一致的。甚至在用词上，《康诰》的"不敢侮鳏寡"也与本节的"至于敬寡，至于属妇"思想内涵相同，都要求政府承担对人民的无限责任，根据"损有余补不足"的原则保证社会公平，扶助弱势群体。《老子·第七十七章》用形象的哲学语言描述道："天之道，其犹张弓（张弓，拉弓射箭——笔者注）与，高者抑之，下者举之，有余者损之，不足者补之。"

孟子甚至说，周文王施政，首先考虑的就是鳏寡孤独这四种穷苦无靠的人。他说："老而无妻曰鳏，老而无夫曰寡，老而无子曰独，幼而无父曰孤。此四者，天下之穷民而无告者。文王发政施仁，必先斯四者。"（《孟子·梁惠王下》）

只有遵循天道，保民，安民，人民安居乐业，一个政权才能长存。文中说："惟曰欲至于万年，惟王子子孙孙永保民。"施政者以民为本，造福人民符合生生不息的天地大德，仿佛是在遵行上天对他下达的指示和命令，所以先贤称为"天命"——由此可见，中国文化中的天命观并没有多少宗教神秘色彩。

西汉伏生《尚书大传》在解释《康诰》"天乃大命文王"时说："天之命文王，非哼哼（哼哼，tūn tūn，呻吟，低声唱——笔者注）然有声音也，文王在位而天下大服，施政而物皆听，命则行，禁则止，动摇而不逆天之道，故曰'天乃大命文王'。"

有人责难东汉学者王充，既然《康诰》上说，天帝降大命给文王，那就证明真的有上天，并且上天也真的授命了文王，不然经典上为何这样记载呢？王充回答："'大命'并不是上天有意授命给文王，而是圣人一举一动，都与天道、天意相符合。因为与天意一致，就像是天指使他的一样。《尚书·康诰》是激励康叔行善政。所以说文王施行道义，上达于天，天就降大命给他。"《论衡·初禀篇》："所谓'大命'者，非天乃命文王也，圣人动作，天命之意也，与天合同，若天使之矣。《书》方激劝康叔，勉使为善。故言文王行道，上闻于天，天乃大命之也。"

不难看出，以养民、教民、安（保）民为特征的中国民本政治不同于西方民主政治，它是一种合乎自然（天）的行政原则、政治理想，而非选举制度。一些人看到"民本"与"民主"在文字上相似，就用民本比附民主，认为中国古代就有西方民主思想的萌芽，这是在明褒实贬，自我矮化，真是无知又荒唐！

中国选举制度的精髓是选贤任能，"从贤"而不"从众"，能力德行是选举的基本标准。而西方现代选举制度是以特殊利益集团角逐为特色的竞选，选票为王，"从众"是选举的基本标准，二者迥然不同。

我们必须把中国实践了数千年的选举制度告诉全世界，否则将永远无法解释自身，永远被抹黑为同西式民主相对立的专制威权政治。这方面，世界历史给我们的一个重要教训是：一个失去话语权的族群不可能屹立于世界民族之林！

## 原文：

王启监①，厥乱为民②。曰："无胥戕③，无胥虐④，至于敬寡⑤，至于属妇⑥，合由以容⑦。"王其效邦君越御事⑧："厥命曷以⑨？引养引恬⑩。自古王若兹监⑪，罔攸辟⑫！"惟曰："若稽田⑬，既勤敷菑⑭，惟其陈修⑮，为厥疆畎⑯。若作室家，既勤垣墉⑰，惟其涂墍茨⑱。若作梓材⑲，既勤朴斫⑳，惟其涂丹雘㉑。"

今王惟曰："先王既勤用明德㉒，怀为夹㉓，庶邦享作㉔，兄弟方来㉕。亦既用明德，后式典集㉖，庶邦丕享㉗。皇天既付中国民越厥疆土于先王㉘，肆王惟德用㉙，和怿先后为迷民㉚，用怿先王受命㉛。已㉜！若兹监㉝，惟曰欲至于万年，惟王子子孙孙永保民㉞。"

## 注释：

① 王：周王，引申为中央。启：设立。监：指诸侯。

② 乱：率，大抵。

③ 胥：相互。戕：残害。

④ 虐：暴戾。

⑤ 敬寡：即鳏寡，无夫无妻的老人。

⑥ 属妇：地位卑下的女性。

⑦ 合：同。由：用，论。容：宽厚。

⑧ 王：泛指最高领袖。效：教导。越：与。

⑨ 命：使命，任务。曷以：什么。

⑩ 引：长。养：养育。恬：安。

⑪ 兹：代词，这。监：治理。

⑫ 辟：邪僻，指叛乱等事。

⑬ 稽田：指耕作农田。

⑭ 既：已经。敷：广布。菑：放火烧荒开垦荒地。

⑮ 陈修：修治。

⑯ 疆：疆界。畎：排水渠。

⑰ 垣：矮墙。墉：高墙。

⑱ 涂：涂抹。墍（xì）：以泥涂抹屋顶。茨：用茅草覆盖屋顶。

⑲ 梓材：上等木材。

⑳ 朴：剥去树皮的木材。斫（zhuó）：开始加工制作。

㉑ 丹腹（huò）：红色油漆，引申为用油漆涂彩装饰。

㉒ 既：已经。勤：勤勉。用：施行。明德：成功的治理。

㉓ 怀：来。夹：辅佐。

㉔ 庶邦：诸侯。享作：纳贡。

㉕ 兄弟：同姓，指姬姓诸侯。

㉖ 后：诸侯国君。式：乃。典：常。

㉗ 享：献，纳贡。

㉘ 付：交给。越：与。

㉙ 肆：现在。

㉚ 和怿：心悦诚服。迷民：曾经叛乱的殷商顽民。

㉛ 怿：长。

㉜ 已：感叹词。

㉝ 兹：代词，这。

㉞ 保：安，引申为治理。

**语译：**

中央设立诸侯国，是为教化万民。教化的主要内容是："劝阻民众好勇斗狠，伤害彼此；和平相处，控制暴戾之气；要爱护鳏夫寡妇以及地位卑下的妇女，他们如果犯罪，要多加宽恕。教化万民，要依靠诸侯和众多官员，优秀的领导人会教育他们说：国家的使命是什么？是长期养育万民，让民众安居乐业。自古以来优秀帝王都是这样治理天下的，所以在其治下不会出现民众起义之类的事件。"实现长治久安需要整体规划，未雨绸缪。举例来说："治国平天下如同开荒种地，第一年放火烧荒之后，就要筹划修治土地疆界、田间道路和排水渠。如同建造房屋，辛勤地完成墙体建造后，马上考虑筹备茅草、泥土覆盖与涂抹屋顶。如同加工名贵木材，开始就要考虑如何为木器图彩装饰。"

现在中央认为："我们的祖先辛勤治国，极为成功。因此天下贤者前来辅佐，众多方国前来纳贡，姬姓诸侯国紧密团结。同样是因为成功的治理，诸侯国君们常常前来朝见周王，他们带来各地稀奇贡品。上天既然已将万民和领土交给先王来治理，那我们现在就有责任施行德政，让曾经支持参与叛乱的殷商遗民心悦诚服地拥护我们，只有赢得他们真心拥护，祖先奉行天命建立的周朝才能长久。哎，应该继承先王的优良传统治理好国家。子孙们只有治理好万民，周朝的基业才能千秋万代延续下去。"

## 召诰

## 一、族群融合是国家长治久安的基石

**经义：**

周人长期生活在西部边陲，夏以后放弃农业，融入当地戎狄族群中，以游牧为生。直到文王的祖父古公亶（音dǎn）父，才开始有意识的改革戎狄风俗，建立起城邑国家，受到百姓爱戴，周由是兴起。《史记·周本纪》上说："古公亶父复修后稷、公刘之业，积德行义，国人皆戴之……于是古公乃贬戎狄之俗，而营筑城郭室屋，而邑别居之，作五官有司。民皆歌乐之，颂其德。"

牧野之战后，如何治理地处中原、人口众多且文化发达的殷人成为生死攸关的大问题。周武王敏感地意识到，在西部宗周治理中原鞭长莫及，只有在今天洛阳附近营建新都才行。《史记·周本纪》说他"营周居于洛邑而后去"。

武王在世时营造工程肯定没有完成，所以才有成王五年，《召诰》所述召公再度营建洛邑一事。洛邑作为副都规模很大，连代表王权的九鼎都迁到了这里。

洛邑有重要的军事、政治、经济意义。后来它成为周朝重要的军事、后勤基地，此地驻有"成周八师"，诸多针对东方蛮夷的战争都从这里出征。更重要的是，通过将大量商人迁移到洛邑，实现了殷人与周人两大族群的融合，促进了天下统一，奠定了周人八百多年基业。

西汉伏生《尚书大传》记载周公摄政的伟大功勋说："一年救乱，二年克殷，三年践（践通"翦"，灭除——笔者注）奄，四年建侯卫，五年营成周，六年制作礼乐，七年致政成王。"

这大体是正确的，据1963年出土于陕西宝鸡的何尊铭文，"唯王初埋（迁）宅于成周……唯王五祀"，"营成周"确实是在成王五年，周公平定殷人的叛乱之后。

克殷之初，武王采取就地安置殷商遗民的政策，并派"三监"去监督，以为这样就天下太平了；周公平息叛乱后，马上调整策略，将殷人迁移到新建的洛邑，施行怀柔、任用、融合殷人的新政并获得成功。从本节中我们也能看到，洛邑的建设也有大量殷人参与。

《逸周书·作雒解》明确记载："俘殷献民（献民，士大夫——笔者注），迁于九里。"晋孔晁注："九里，成周之地。"后世洛阳附近有地名"上商里"，据北魏杨衒之《洛阳伽蓝记》："洛阳城东北有上商里，殷之顽民所居处也。"考古学发现了殷人居成周洛邑的证据。1952年，考古工作者在洛阳东郊挖掘了20座殷人墓葬，时间在西周早期，这些墓葬就属于洛邑的殷人。

对于周公的迁移融合殷人政策及其对后世的影响，游唤民教授评价说："殷贵族中除有少数头头居住在成周城之外，其余大量的则迁至成周东郊，这和秦并六国迁天下富民十二万于咸阳，把可能成为自己敌对势力的放在自己眼皮底下以便监督的情况非常相似，与此同时，特别对殷贵族予以怀柔、利用，自此以后，不但未再见殷人有集体反叛的事情发生，而且化敌对势力为助力，使之成为建设东都成周的一支力量，这说明周公所采取的这一措施是成功的。"①

过去 2000 年的历史实践证明，族群融合是国家长治久安的基石。今天，中国的主体民族汉族本身就是不同族群文化、血缘融合的结果。狭隘的民族主义是短视的，不大可能有光明前景。长远来看，推进世界上不同信仰、不同肤色的族群融合才是建立人类命运共同体的正道！

**原文：**

惟二月既望①，越六日乙未②，王朝步自周③，则至于丰④。

惟太保先周公相宅⑤，越若来三月⑥，惟丙午朏⑦。越三日戊申，太保朝至于洛，卜宅。厥既得卜⑧，则经营⑨。越三日庚戌，太保乃以庶殷攻位于洛汭⑩。越五日甲寅，位成。

若翼日乙卯⑪，周公朝至于洛，则达观于新邑营⑫。越三日丁巳，用牲于郊⑬，牛二。越翼日戊午，乃社于新邑⑭，牛一、羊一、豕一。

越七日甲子，周公乃朝用书⑮，命庶殷，侯、甸、男、邦伯。厥既命殷庶，庶殷丕作⑯。

**注释：**

① 惟二月既望：指周成王七年二月十六日。既望：过了十五日。望：十五日。

② 越：到。

③ 王：指周成王。朝：早晨。周：西周武王时期的都城镐京。

④ 丰：周文王时期西周的都城，文王宗庙在此地。

---

① 游唤民：《周公大传》，湖南人民出版社 2008 年版，第 145 页。

⑤　太保：指召公。

⑥　越若：发语词。来三月：指下一个月便是三月。

⑦　朏（fěi）：新月开始生明，一般是每月初三的代称。

⑧　得卜：得到吉祥的卜兆。

⑨　经营：指测量地基。

⑩　攻：治。位：指城郭、宗庙、宫室的方位。洛汭（ruì）：洛水汇入黄河之处。

⑪　若：到。翼日：第二天。

⑫　达：通，全面。观：视察。

⑬　郊：祭祀天地的礼仪。

⑭　社：立社祭祀土地神。

⑮　朝：早晨。用书：发布命令。

⑯　庶：众多。丕：大。作：动工。


**语译：**

　　周成王七年二月十六日，又过了六天，在乙未日这天，周成王早晨从镐京出发，去往丰邑。丰邑是周文王所建，也是文王宗庙所在。成王此行是为兴建洛邑之事告祭文王。

　　兴建洛邑的主持人是召公，他比周公先到达洛地，勘察修建宫室宗庙的基地。三月初三，新月初露光辉，又过了三天，到戊申日的早晨，召公到达洛地。对选址进行问卜，得吉兆后便开始营造。在三天后的庚戌日，召公带领众多殷商遗民在洛水与黄河汇合处勘察各种建筑的位置。五天以后的甲寅日，此项工作完成。

　　第二天乙卯日早晨，周公到达洛地，全面考查了新建城市的规划和工地。第三天丁巳日，在南郊用两头牛祭祀天地。第四天戊午日，又在新邑立社祭祀土地神，牺牲是牛羊猪各一头。

　　到达洛邑的第七天甲子日早晨，周公向广大殷商遗民和众诸侯们正式发布营建洛邑的命令。众殷商遗民接受命令，洛邑营建全面开工。

## 二、中国的"大一统"不止于西方民族国家的领土完整

**经义：**

近些年，"大一统""天下观"成为学界热点。受西方观念影响，学人不自觉地将它们混同于近代以来西方民族国家的领土完整，这严重干扰了我们对中国文明特色的准确理解。

"大一统""平天下"当然包括领土的完整，更为重要的，二者还要求一个社会政治、经济、文化等多层面实现有机融合，成为命运共同体。特别是文化上的统一，被先哲认为是大一统的重要标志，年轻的杜甫梦想"致君尧舜上，再使风俗淳"，辅助君王超越尧舜的历史功绩，重新使社会教化风尚回归敦厚纯朴。

而自罗马时代以来，西方社会就是以地方自治为基础的。罗马帝国在最强盛的时代也只有约一万名官员，维持庞大的帝国只能依靠地方自治力量。公元 312 年，罗马帝国皇帝君士坦丁改宗，到 4 世纪结束时基督教才成为罗马帝国公认的宗教，并承担道德教化重任。但随着公元 476 年西罗马灭亡，排他性极强的基督教本身也逐步走向分裂。

今天被称为"种族熔炉"的美国也是这样，联邦政府在外交、军事上是统一的，但并没有从经济、政治、文化等角度实现族群深度融合。进入 21 世纪，种族矛盾并未被岁月弥合化解，反而伴随着宗教冲突日益深化，尖锐得难以调和。

历史照进现实，裂解成为西方社会挥之不去的千年魔咒，唯有中国独享统一的幸福常态。因为中国早在尧舜时代就建立起了天下为公的政治共同体，"服于土中""宅兹中国，自之乂民"（何尊铭文）——建立中极，将以中原为重心（中）的天下，打造为有机的文明共同体。从政治到经济再到文化，不同族群间的深度融合，使中华文明成为容纳不同族群、难以裂解的天下。

这是中国成为中国的根本原因。在此意义上，今日之中国不过是具有现代民族国家形式的天下！

中国文化中，"中"和"公"有着丰富的政治、经济、文化内涵。周人建立成周洛邑，目的是连通西部宗周，建立起一个稳固的轴心，用以平衡天下不同地域，不同职业，不同人群（包括弱势群体、"小民"）的利益，这才是（均）平天下、大一统的本质。

比如在经济上，"建立中极"要求国家掌握大量的资源，否则经济重心无法稳固，没有足够力量抵御市场波动，弥合社会分裂，那么物均民安、均平天下就成了空头支票。所以，《史记·周本纪》论及洛邑建设时说："成王在丰，使召公复营洛邑，如武王之意。周公复卜申视，卒营筑，居九鼎焉。曰：'此天下之中，四方入贡道里均。'"

洛邑地理上居天下之中，全天下的物资能够十分方便地集中到这里，周公对此有着清醒的认识。八百多年后，秦汉定都长安，函谷关以东诸侯林立。贾谊对于东部缺乏政治经济中心，天下头重脚轻的局面焦虑万分："古者天子地方千里，中之而为都，输将（输将，物资转运——笔者注）繇使（服徭役的人——笔者注），其远者不在五百里而至。公侯地百里，中之而为都，输将繇使远者不在五十里而至。输将者不苦其劳，繇使者不伤其费，故远方人安其居，士民皆有欢乐其上，此天下之所以长久也。"（《新书·属远》）

"建立中极"如此重要，可从上述经济生活中窥见一斑。至于政治上"建中立极"要求从不同阶层中选贤任能、文化教育上"建中立极"要求普及超越不同文化族群的礼义文化，由于篇幅限制，我们不再进一步讨论。

## 原文：

太保乃以庶邦冢君出取币[①]，乃复入锡周公[②]，曰："拜手稽首，旅王若公[③]。诰告庶殷越自乃御事[④]："呜呼！皇天上帝，改厥元子兹大国殷之命[⑤]，惟王受命，无疆惟休[⑥]，亦无疆惟恤[⑦]。呜呼！曷其奈何弗敬[⑧]？

"天既遐终大邦殷之命[⑨]，兹殷多先哲王在天[⑩]。越厥后王后民[⑪]，兹服厥命[⑫]。厥终[⑬]，智藏瘝在[⑭]。夫知保抱携持厥妇子[⑮]，以哀吁天[⑯]，徂厥亡[⑰]，出执[⑱]。呜呼！天亦哀于四方民，其眷命用懋[⑲]。王其疾敬德[⑳]！

"相古先民有夏[㉑]，天迪从子保[㉒]，面稽天若[㉓]，今时既坠厥命[㉔]。今相

263

有殷，天迪格保㉕，面稽天若，今时既坠厥命。今冲子嗣㉖，则无遗寿耇㉗，曰其稽我古人之德㉘，矧曰其有能稽谋自天㉙。

"呜呼！有王虽小，元子哉，其丕能諴于小民㉚。今休㉛，王不敢后㉜，用顾畏于民嵒㉝，王来绍上帝㉞，自服于土中㉟。旦曰：'其作大邑，其自时配皇天㊱，毖祀于上下㊲，其自时中乂㊳；王厥有成命，治民今休。'王先服殷御事㊴，比介于我有周御事㊵，节性㊶，惟日其迈㊷。

## 注释：

① 太保：指召公。以：与。冢君：诸侯国君。出：出来，离开周公办公地点。币：玉帛之类的礼物。

② 锡：进献。

③ 旅：陈述。王：指周成王。若：在，通过。公：指周公。

④ 庶殷：众多殷商遗民，引申为吸取殷商灭亡的教训。越：与。自：衍字，无意义。御事：王室近臣。

⑤ 改：改易。元子：天子。兹：在，终结。

⑥ 休：美好。

⑦ 恤：忧虑。

⑧ 曷其：同"奈何"，怎么能。敬：谨慎。

⑨ 既：已经。遐：远之，引申为抛弃。终：终结。

⑩ 哲：圣明。

⑪ 越：句首语助词，无意义。厥：代词，其，指殷商政权。

⑫ 兹：斯，连词。服：遵循。厥命：指殷商圣明之王的治理传统。

⑬ 厥终：指商纣王统治时期。

⑭ 智：明智之人。瘝（guān）：与智相对，病，意为邪恶的人。

⑮ 夫：丈夫。知：配偶。保：通"褓"，小儿的衣物。妇子：妻妾之类。

⑯ 吁：呼告。

⑰ 徂：通"诅"，诅咒。厥亡，

⑱ 执：通"垫"，陷阱，引申为苦海。

⑲ 眷：顾。用：以。懋：迁移。

264

⑳ 疾：加速。德：福，恩惠。

㉑ 相：视，研究。

㉒ 迪：因为。从：顺从。子：通"慈"，慈悲。

㉓ 面：勤勉。稽：考。天若：天命。

㉔ 坠：失去。

㉕ 格：通假"假"，嘉，善良。

㉖ 冲子：幼子，指周成王。

㉗ 遗：留下。寿耉（gǒu）：长而有德的贤者。

㉘ 曰：说，引申为公认。稽：考。

㉙ 矧：何况。

㉚ 其：他，指周成王。丕：大。諴（xián）：和协。

㉛ 休：美好。

㉜ 后：推迟。

㉝ 用：因为。顾：顾虑，畏：担心。民嵒：民险，指不拥护西周的殷商遗民。嵒：同"岩"，险。

㉞ 绍：卜问。

㉟ 自：用，因此。服：治理。土中：指洛邑为天下之中。

㊱ 自时：从此。配：配享，指郊祀祭天时以西周始祖后稷配享。

㊲ 毖：谨慎。上下：天神、地祇。

㊳ 中乂：居中治理天下。

㊴ 王：指周成王。先：首先，引申为重视。服：治理，引申为改造。殷御事：殷商遗臣。

㊵ 比介：靠近，接近。比，近。介：当为"尔"，通"迩"，接近。

㊶ 节：节制，引申为培养。

㊷ 惟：乃。迈：进步。


**语译：**

　　营建洛邑的工程全面开工后，召公与众诸侯君长取来玉帛等礼物，再次拜见并将礼物献给周公。由召公代表大家向周公汇报工作，并希望周公将谈

265

话内容转达给成王。召公说："啊，上天改易天子，终结殷商政权，西周才得以建立，现在治理天下的重担已经落在成王肩上。假如能治理好国家，当然是美好的事情。这极不容易，大量工作需要成王思考和谋划，稍有不慎，便可能重蹈殷商覆辙，所以我们必须戒慎恐惧。"

"因为殷商治国失败，上天已经抛弃殷商。商王朝之所以能治理天下长达五百多年，是因为历史上殷商曾经有商汤、盘庚、武丁等圣明天子。他们升天后，其后代尚能坚持他们的治理传统。殷商末期，治理水平下降，贤能之士退隐在野，奸佞当朝，治理混乱，人们无法维持正常的生产生活，甚至出现父亲怀抱着褓褓中的婴儿，丈夫搀扶着贫弱的妻子，流离失所，哭天喊地，诅咒殷商快点灭亡，让他们尽快逃离苦海。哎，上天同情天下万民，用改朝换代的方式护佑民众。殷商不能造福民众，上天便抛弃了它。成王您要尽快推行德政，广布恩泽。

"研究夏朝的历史我们会发现，政权建立初期，上天因为夏朝统治者顺从天意保佑夏朝，夏人考求天意，按照天意治理国家，而现在夏已灭亡了。研究不久之前灭亡的商朝，我们发现建立之初，上天因为其统治者按照天意治理国家保佑它，商人也能勤求天命治理国家，而现在商朝也灭亡了。夏商两代为何灭亡？因为治理者背离了天命。现在成王年幼继位，前朝没有留下足以辅佐成王的贤者，没有谁敢说对历代圣王的德政有深入的研究，更不用说体认天意了。

"啊，天子（成王）虽然年幼，却能如实治理民众，和谐百姓。殷商叛乱平定后东方已安定，在这种有利形势下，成王应抓紧时机，一鼓作气营建洛邑。因为担心殷商遗民不利于我们才建设洛邑，此后我们就要以位于天下之中的洛邑为中心治理天下，这是治理统一国家的一大创新，所以成王祭祀问卜上帝。周公说：'是呀，要尽快完成洛邑工程，此后郊祀皇天时要以我们始祖后稷配享，严肃真诚地祭祀天神地祇。只有天下认同接受西周的历史文化，我们才能实现了居中治理天下的目的。成王已经决定这样做了，我们一定会很成功。'为治理好国家，成王应该重视任用殷商遗臣们，我们周朝诸臣要主动亲近他们，改造他们，不断加深他们对西周的认同感。"

# 三、孟子"性善论"背离中道，偏执一端

**经义：**

宋以后，受佛家"自性"观念的影响，孟子性善论成为主流。今天，随着《三字经》这类普及读物的推广，"人之初，性本善。性相近，习相远"的四言教妇孺皆知，人性本善俨然成为深入人心的常识。

孔子在《论语·阳货篇》中说过："性相近也，习相远也。"是说人的性情本来相近，因为后天环境习染不同，便有很大差别了。但他从未说过"人之初，性本善"。孟子以前，乃至唐代以前，世人还普遍认为性有善有恶，或导向于善，或导向于恶。成书于战国时期《郭店楚简·性自命出》明言："善不善，性也。"

孔子很可能也认为性有善有恶，要不他怎么会说"唯上知与下愚不移"？（《论语·阳货篇》）他的意思是一般人受外界影响既可以成为善人，也可以成为恶人的，性情中包含有善恶。《汉书·古今人表》引用此句的传文解释说："譬如尧、舜，禹、稷、卨（卨，即商人始祖契——笔者注）与（与，参与谋划，这里引申为辅佐——笔者注）之为善则行，鲧（鲧，同"鲧"——笔者注）、讙兜欲与为恶则诛。可与为善，不可与为恶，是谓上智。桀、纣，龙逢、比干欲与之为善则诛，于莘、崇侯与之为恶则行。可与为恶，不可与为善，是谓下愚。齐桓公，管仲相之则霸，竖貂辅之则乱。可与为善，可与为恶，是谓中人。"

另外，孔子弟子或再传弟子，如世硕、宓子贱、漆雕开、公孙尼子都主张物有阴阳，性有善恶的观点，所以这一观点可能源自孔子，它不偏一端，更合中道。《论衡·本性篇》介绍说，周朝人世硕认为人的本性中有善的、恶的两个方面，人的善良本性，通过培养、引导，好的品行就会滋长；人的恶劣本性，加以促发、引诱，坏的品行就会发展下去。这说明，原本性就有善恶，而成善成恶，则取决于培养的方向。所以世硕作《养书》一篇。宓子贱、漆雕开、公孙尼子这些人，也论述过情性，与世硕不尽相同，但都说性情有善恶两个方面。"周人世硕，以为人性有善有恶，举人之善性，养而致

之则善长；性恶，养而致之则恶长。如此，则性各有阴阳，善恶在所养焉。故世子作《养书》一篇。宓子贱、漆雕开、公孙尼子之徒，亦论情性，与世子相出入，皆言性有善有恶。"

孟子"性善论"背离中道，偏执一端，实为孔门中的异类，不幸在宋以后成为主流观念。流弊所及，致内圣外王圆融一贯的中国文化离中失衡，转向内在德性，今日泛道德化乃至道德万能论调聒噪一时，皆滥觞于此。诸君识得此中沉痛，敢不心惊警惕？

"四端"学说是孟子性善论的理论支柱："恻隐之心，仁之端（端，犹言萌芽——笔者注）也；羞恶之心，义之端也；辞让之心，礼之端也；是非之心，智之端也。"（《孟子·公孙丑上》）这些话显然多违反常识之处，"是非之心"，得之何其难也？即使一个成年人，想拥有明辨是非的能力也要不断历练才行；"辞让之心"，更是一般孩子，乃至崇尚竞争的现代人普遍所不具备的，怎会成为人性的内在特征呢？

《召诰》言"性""命""德"，清代以来很多学者注意到这一点。我们从"若生子，罔不在厥初生，自贻哲命"这一观念看，周初人们也认为善是后天习得的结果，并不是人性天生自发的。

## 原文：

"王敬作所①，不可不敬德②。我不可不监于有夏③，亦不可不监于有殷。我不敢知曰④，有夏服天命⑤，惟有历年⑥；我不敢知曰，不其延⑦。惟不敬厥德⑧，乃早坠厥命。我不敢知曰，有殷受天命，惟有历年；我不敢知曰，不其延。惟不敬厥德，乃早坠厥命。今王嗣受厥命，我亦惟兹二国命⑨，嗣若功⑩。

"王乃初服⑪。呜呼！若生子⑫，罔不在厥初生，自贻哲命⑬。今天其命哲⑭，命吉凶，命历年⑮。知今我初服⑯，宅新邑⑰。肆惟王其疾敬德⑱。王其德之用，祈天永命。

"其惟王勿以小民淫用非彝⑲，亦敢殄戮用乂民⑳，若有功。其惟王位在德元㉑，小民乃惟刑用于天下㉒，越王显㉓。

"上下勤恤㉔，其曰㉕：我受天命，丕若有夏历年，式勿替有殷历年㉖。

欲王以小民，受天永命。"

拜手稽首曰："予小臣敢以王之仇民百君子越友民㉗，保受王威命明德。王末有成命㉘，王亦显。我非敢勤㉙，惟恭奉币，用供王能祈天永命。"

**注释：**

① 敬：谨慎。所：而且。

② 德：恩惠。

③ 监：通"鉴"，鉴戒。

④ 敢：表示谦虚的副词。曰：说。

⑤ 服：受。

⑥ 历年；多少年。

⑦ 其：语助词，无实义。延：长久。不延：不长久，引申为灭亡。

⑧ 惟：只。敬：恭敬。厥：代词，其。德：恩惠。

⑨ 惟：思考。二国命：指夏商两代的兴亡。

⑩ 嗣：继。若：其。

⑪ 乃：是。服：任事，指处理政务。

⑫ 若：好像。生子：培养青少年。

⑬ 贻：传授。哲：明。

⑭ 命：赐予。命吉凶，

⑮ 历：久。

⑯ 知：知道。

⑰ 宅：居住。

⑱ 肆：所以。惟：通"唯"，希望。疾：尽快。德：恩泽万民之政。

⑲ 以：使。淫：放纵。用：以。彝：法。

⑳ 亦敢：同"勿敢"，不能。用：以。乂：治理。

㉑ 其：希望。位：立。在：于。德：恩、福。元：首，第一。

㉒ 刑：法。用：行。

㉓ 越：发扬。显：光明，引申为深入人心。

㉔ 上下：指君臣。恤：忧虑，指忧虑如何治理好国家。

㉕ 其：庶几，差不多。曰：说。

㉖ 式：句首语助词，无实义。勿替：不止。有殷历年：指殷商的统治时间。

㉗ 仇民：即殷商遗民。百君子：指殷商遗臣群体。越：与。友民：与殷商遗民相对，指西周的臣民。

㉘ 末：终。成命：指营建洛邑之事。

㉙ 勤：慰劳。

**语译：**

"成王要谨慎对待工作，尤其要以敬畏之心造福民众。我们必须以夏商的兴亡为戒。实事求是地说，我们不知道夏商两代接受天命治理天下到底多少年？更不知道夏商到底啥时候应灭亡？我们只知道其天子不再以敬畏之心福泽民众，他们就失去了天命的支持。现在成王从上天手中接受使命，我们应认真思考夏商两代的兴亡，从中总结经验教训，治理好国家，将历代圣王恩泽万民的事业发扬光大。

"现在成王刚开始亲政。啊，这如同青少年的培养，父母在孩子出生的那一刻便想把正大光明的人生之道传授给他。现在上天已经将正大光明之道、吉祥和健康长寿赐给了成王，这对于刚刚亲政的成王是多么难得呀。上天知晓成王会以洛邑新都为驻地开始亲政，希望他能够尽快推行德政，让天命久长。

"希望成王不要采用超越法治的高压政策对待民众，抛弃极端的思想和行为，把教化放在首位。也不能教条地采用刑杀的方式对待民众。希望成王以造福民众为先，只有这样，天下万民才会主动依法行事，王的恩泽才会深入人心。

"只有我们君臣时常考虑如何治理好国家，福泽民众，才可以说：我们治理天下的时间肯定会如夏朝一样长久，肯定会超过商朝。希望成王和民众共同努力，让周朝长治久安万万年。"

召公行礼之后又说："我和殷商遗民遗臣，以及拥护周朝的臣子庶民，都乐于接受成王庄严的命令，拥护成王的领导，成就成王的德政。成王营建洛邑的功业必定会流传青史。作为臣下，我没有资格慰劳天子，只是恭敬地奉上礼物，以供成王祭祀上天和祖先，祈求周朝政权长久。"

# 洛诰

## 一、中国革命开辟了中华礼义文明的复兴之路

**经义:**

《洛诰》以难读著称,宋代学者宗履祥说:"《洛诰》所记若无伦次。"

原来,《洛诰》是周公和成王往来对答的谈话集,不仅时间跨度长,说话地点也不一,且内容庞杂,所以让人难解。

大致内容是周公摄政七年建成洛邑主要工程后,请成王至洛邑举行盛典,主持国政。事后成王回宗周,周公留守洛邑安抚东部诸侯。

周公继承文王、武王遗志,老成谋国,对年青的成王嘱之谆谆,足见周公的忠义;其所作所为,能够看到周公治国平天下的德行功业。周公摄政七年造就了有周一代的初基——万国来朝,天下太平自周公始!难怪子夏问《尚书》大义,孔子评论《洛诰》"见周公之德焉"。(《孔丛子·论书第二》)西汉伏生《尚书大传》所述更为详细:"吾于《洛诰》,见周公之德,光明于上下,勤施四方,旁作穆穆(穆穆,美好——笔者注),至于海表,莫敢不来服,莫敢不来享(享,祭献,上供——笔者注),以勤文王之鲜光,以扬武王之大训,而天下大治。"

《洛诰》中周公与成王互答,"拜手稽首"出现五次之多。且不仅是臣拜君,君亦拜臣,这在后世看来非同寻常。

要知道,"拜手稽首"是周代最为庄重的礼节。据《周礼·春官·大祝》,周代有九种拜礼,分别是:"一曰稽首,二曰顿首,三曰空首,四曰振动,五曰吉拜,六曰凶拜,七曰奇拜,八曰褒拜,九曰肃拜。"唐代贾公彦解释说,这里"稽"是稽留的意思,"头至地多时则为稽首,拜中最重,臣拜君之拜。"稽首就是跪拜时,头触地,并停留片刻。

如本节所述,成王对周公亦行同等的"拜手稽首"礼,可见三代"拜

手稽首"也是君主拜臣下的礼节，且君臣之间表现出对等的人伦关系。《礼记·燕义》说君主以再拜作为答礼，是因为"礼无不答"，表现了君臣各尽其职，上下亲密和睦的关系。所以说："燕礼者，所以明君臣之义也。"

中国的人伦因应社会的自然分层，夫妇、父子、君臣（上下）三纲犹如相依相生、相辅相成的阴与阳，是三组对等的社会关系，是古今中外一切社会秩序的基础。每个人立足于自身社会位置和社会关系完成好相应的职分，整个社会才会安定。所以齐景公向孔子询问治国理政之要，孔子回答，国君要像个国君，臣子要像个臣子，父亲要像个父亲，儿子要像个儿子。齐景公对此大为赞赏："若是国君不像国君，臣子不像臣子，父亲不像父亲，儿子不像儿子，即使有粮食，我能够吃得上吗？"《论语·颜渊篇》记载："齐景公问政于孔子，孔子对曰：'君君，臣臣，父父，子子。'公曰：'善哉！信如君不君，臣不臣，父不父，子不子，虽有粟，吾得而食诸？'"

《论语·八佾篇》孔子论君臣上下的对等关系更为清楚："君使臣以礼，臣事君以忠。"

君主任用臣子要以礼相待，臣子侍奉君主要忠诚尽职。

这与金元以后，随着北方游牧民族的入侵，君臣关系异化为主仆关系有天壤之别！当君臣对等关系变成绝对的君权专制，臣下甚至连奴才都不如时，夫妇、父子间的对等人伦关系也变成绝对的夫权专制和绝对的父权专制——先秦伟大的中华礼义精神消失殆尽！

五四运动以后，特别是中国共产党人通过激烈的政治革命，一扫千年沉疴，将上下级的关系确立为平等的同志关系；通过妇女解放运动，夫妇间的对等关系得以恢复；通过消灭地方士绅阶层，宗族势力在基层被铲除，父权被大为削弱。

在此意义上，中国革命开辟了中华礼义文明的复兴之路！


**原文：**

周公拜手稽首曰："朕复子明辟①，王如弗敢及天基命定命②，予乃胤保大相东土③，其基作民明辟④。"

"予惟乙卯，朝至于洛师⑤。我卜河朔黎水⑥，我乃卜涧水东⑦，瀍水西⑧，惟洛食⑨；我又卜瀍水东，亦惟洛食。伻来⑩，以图及献卜。"

王拜手稽首曰："公不敢不敬天之休，来相宅⑪，其作周配休⑫。公既定宅，伻来，来视予卜，休，恒吉⑬。我二人共贞⑭。公其以予万亿年敬天之休⑮。拜手稽首诲言⑯。"

**注释：**

① 复：归还。子：指周成王。明辟：指周成王。
② 王如弗敢：王似乎不敢，表示周成王谦虚。及：参与。基：始。定：正。基命定命：指举行成王即位大典。
③ 胤：继。保：指太保召公。相：视察。东土：指洛邑。
④ 其：希望。基：谋。
⑤ 洛师：指洛邑。
⑥ 河：黄河。朔：北岸。
⑦ 涧水：在黄河南岸，洛河北岸。发源于河南渑池，呈西—东流向，在洛阳东汇入洛河。
⑧ 瀍（chán）水：在黄河南岸，洛河北岸。发源于河南孟津，呈西北—东南流向，汇入洛河。
⑨ 洛：指洛河。食：吉兆。
⑩ 伻（bēng）：使。
⑪ 相：勘察。宅：宫室宗庙基址。
⑫ 其：代词，指周公。作：营建。周：指周的旧都宗周。配：匹配。休：美。
⑬ 恒：并。
⑭ 共贞：共同承事。
⑮ 其：希望。以：与。
⑯ 诲言：教诲之言。

**语译：**

周公行跪拜叩头行礼后，告诉周成王："我已将执政大权归还给天子，您却十分谦虚，迟迟不举行即位大典。归政后，我便在召公之后对营建洛邑工程进行了详细考察。洛邑将是周朝治理天下的政治中心，希望您想好如何作一个能够代表民众愿望的伟大天子。

"我在乙卯日早晨到达洛邑，先对黄河北岸的黎水地区进行考察并占卜，那里不适合营建新都。然后我对黄河与洛河中间西起涧水、东至瀍水间进行考察，并占卜，涧水和瀍水间靠近洛河的地方很适合营建新都。我又对瀍水以东地区进行了考察并占卜，这里靠近洛河的地方也可以作为新都的选址。现在您已来洛邑，我献上地图和卜兆等资料，请您过目。"

成王跪拜叩头行礼后说："您尊重上天赐予的信任和使命，到洛邑勘察营建新都的基址，建设足以与旧都相媲美的新都洛邑。您定好基址后，派人送来营建规划和占卜的结果，看过规划和占卜结果后，我认为两者都很好。就让我们共同承担并完成上天赋予的使命吧。但愿我们永远得到上天的信任，为表达我对您教诲的感激，再次给您行跪拜叩头大礼。"

## 二、周公制礼作乐的核心是国家制度体系建设

**经义：**

传世文献和新出土文献都证明，周公是一位杰出的诗人，比如《诗经·豳风·鸱鸮》就是周公所作。

本节记载周公率百官演礼，《尚书大传》说周公摄政"六年制礼作乐，七年致政成王"，看来这并非汉儒的夸大之词，此言真实不虚！

制礼作乐，不单单是演练礼仪和创作诗乐，更主要的是国家内外制度体系的建设——周公此举奠定了西周的初基，中华礼义文明由此走向一个新的阶段。后人感念周公之德，将他与中国文化的代表人物孔子并称为"周孔"。

周公告诫成王，要特别注意那些没有前来贡献天子的诸侯，并仔细考察前来的诸侯是否有恭敬之心。这是因为诸侯纳贡不仅具有财政上的意义，更重要的是敬献贡品是他们服从中央的象征，是天下秩序得以维系的保证。周礼规定，对于不履行这一重要职责的诸侯国要兴兵讨伐。

周穆王时的大臣祭公谋父（祭，zhài，祭公谋父是周公之后——笔者注）回忆这一制度说：先王按离都城远近分天下诸侯为五等，王畿内的诸侯是

甸服，供应每天一次的祭。在王畿外的是侯服，供应每月一次的祀。侯服之外的是宾服，供应每季一次的享。蛮夷地区是要服，供应每年一次的贡。戎狄地区是荒服，有一生一次朝见天子之礼。若甸服不履行日祭义务，天子就应内省自己的对错；侯服不履行月祀义务，天子就要检查自己的命令；宾服不履行时享义务，天子就要检查法律规章；要服不履行岁贡义务，天子就要检查名号尊卑；荒服不履行朝见天子义务，天子就要内省恩泽是否远被，做了上述种种后诸侯如果还有不履行义务的，就动用刑罚甲兵。因此，才有惩罚不祭、攻伐不祀、征讨不享、谴责不贡、告谕不朝的各种措施，才有惩罚的刑法、攻伐的军队、征讨的武备、谴责的严令、晓谕的文辞。对于边远的蛮夷、戎狄，即使发布了相关命令文告仍不尽义务，也要先增进自己的德行功业，不能随意劳师远征。祭公谋父认为这是一统天下的关键。《国语·周语上》记载："夫先王之制，邦内甸服，邦外侯服，侯、卫宾服，蛮、夷要服，戎、狄荒服。甸服者祭，侯服者祀，宾服者享，要服者贡，荒服者王。日祭、月祀、时享、岁贡、终王，先王之训也。有不祭则修意，有不祀则修言，有不享则修文，有不贡则修名，有不王则修德，序成而有不至则修刑。于是乎有刑不祭，伐不祀，征不享，让不贡，告不王。于是乎有刑罚之辟，有攻伐之兵，有征讨之备，有威让之令，有文告之辞。布令陈辞而又不至，则增修于德而无勤民于远，是以近无不听，远无不服。"

这一制度在春秋时代仍有影响。公元前 656 年，齐桓公亲率诸侯攻打楚国，齐人给出的一个重要理由就是楚国没有向周王室进贡苞茅，致使天子的祭祀缺乏物资供应，不能滤酒请神。《左传·僖公四年》："尔贡苞茅不入，王祭不共，无以缩酒，寡人是征。"

祭公谋父是在劝周穆王不要随意征伐犬戎时说上述话的，他说："先王耀德不观兵。"君王要发扬德行，不可随意炫耀武力。中国人重视自我反省以及内政治理，主张兵不得已而用之，反对野蛮的军事强权，这自西周时代已经成为外事的基本准则。

近代世界史告诉我们，强盛一时的大国多因不懂保守自身实力，肆意扩张树敌而迅速衰落，所谓"大国崛起于地区性守成，消失于世界性扩张。"从中，我们能真切感受到先贤外事战略的高明之处！

## 原文：

周公曰："王，肇称殷礼①，祀于新邑，咸秩无文②。予齐百工③，伻从王于周④。予惟曰庶有事⑤。今王即命曰：'记功，宗以功作元祀⑥。'惟命曰：'汝受命笃弼⑦，丕视功载⑧，乃汝其悉自教工⑨。'

"孺子其朋⑩，孺子其朋，其往！无若火始焰焰⑪，厥攸灼叙弗其绝厥若⑫。彝及抚事如予⑬，惟以在周工往新邑⑭，伻向即有僚⑮，明作有功⑯，惇大成裕⑰，汝永有辞⑱。"

公曰："已⑲！汝惟冲子惟终⑳。汝其敬识百辟享㉑，亦识其有不享。享多仪㉒，仪不及物，惟曰不享㉓。惟不役志于享㉔，凡民惟曰不享㉕，惟事其爽侮㉖。乃惟孺子颁㉗，朕不暇听㉘。

"朕教汝于棐民彝㉙，汝乃是不蘉㉚，乃时惟不永哉㉛。笃叙乃正父㉜，罔不若予，不敢废乃命。汝往敬哉！兹予其明农哉㉝。彼裕我民㉞，无远用戾㉟。"

## 注释：

① 肇：开始。称：举行。殷礼：天子接见诸侯的礼仪。

② 咸：皆。秩：秩序。文：通"紊"，乱。

③ 齐：整。百工：百官。

④ 伻（bēng）：使。周：此处指旧都。

⑤ 惟：希望。庶：众。事：指祀于新邑。

⑥ 宗：宗人，官名，主持礼乐之官。以：率领。功：有功之人。作：举行。元祀：大礼。

⑦ 笃：厚，大。弼：辅助。

⑧ 丕：大。视：查阅。载：书。

⑨ 乃：于是，然后。其：表示命令的副词。悉：尽。教工：教百官演习礼仪。

⑩ 孺子：小孩，指周成王。其：希望。朋：指群臣。

⑪ 若：像。焰焰：微弱的火苗。

⑫ 厥：其。攸：所。灼：燃烧。叙：余。绝：断绝。厥若：那个。

⑬ 彝：语气助词，无实义。及：通"汲"，劳碌的样子。抚事：处理政务。

276

⑭ 惟：希望。以：及。工：官。

⑮ 即：就。有僚：友僚，指群臣百官。

⑯ 明：勤勉。

⑰ 惇：厚。裕：宽。

⑱ 辞：通"司"，伺守。

⑲ 已：感叹词。

⑳ 惟：为。冲子：幼子。惟终：思终。

㉑ 其：希望。识：记。辟：诸侯国的国君。享：诸侯国君朝见天子的贡献之礼。

㉒ 享多仪：重视礼仪。

㉓ 惟：语助词，无实义。

㉔ 役：用。志：心意。

㉕ 惟：语助词，无实义。

㉖ 惟：则。事：王事。爽：差错。侮：轻慢。

㉗ 颁：分。

㉘ 暇：空闲。听：听政。

㉙ 棐（fěi）：辅助。彝：法。

㉚ 蔑（máng）：勉力。

㉛ 乃：你。时：时间，指统治的时间。永：长。

㉜ 笃：厚。叙：顺。乃：你的。正父：同姓诸侯。

㉝ 兹：现在。明：勉力。农：与"明"同义，勉力。

㉞ 裕：教导。

㉟ 无：发语词，无实义。用：因此。戾：至。


**语译：**

　　周公说："成王呀，我认为现在应筹备天子接见诸侯的大礼，以便在新都洛邑祭祀先祖文王，这些礼仪要有条不紊地进行。我先率领百官在旧都宗周演习礼仪，待熟练后他们会跟随您前往洛邑举行大礼。我希望您能在洛邑与百官诸侯共同祭祀先祖文王。您现在可以下令：'根据以前的功劳簿，由宗人选择那些功勋卓著的人参加祭祀大礼。'您还需要下令授权给我：'周公

继承先王遗命，全力辅助我。现在就开始由宗人查阅记载功臣功勋的文献，周公全力教导百官演习礼仪吧。'

"成王你依然年轻，应该带领群臣一同前往洛邑，将洛邑作为治理天下的中心。三监之乱已平，洛邑初具规模，这些成绩对于我们治理统一天下而言，仅是开始，好像刚刚点燃的火苗。我们要不断添柴火苗才不会熄灭。你要像我一样不辞劳碌地处理政务，盼望你与旧都镐京的百官们尽快迁往新都洛邑，让两地官员团结起来，勤奋工作，建功立业，优厚地对待宗族力量，政事从宽，这样周就能在你的领导下永保天命。"

周公说："成王呀，你虽年少，但身居王位，应该考虑如何光大先王的事业。你必须仔细考察诸侯们觐见天子时的礼仪和贡品，记住那些没有前来贡献天子的诸侯。觐见天子的贡享之礼应以礼仪为重，有些诸侯献给天子的贡品丰厚，但行礼不恭。虽然贡品多，因为行礼不恭，就跟没有贡献天子一样，因为他们对天子没有恭敬之心。总而言之，诸侯们不敬畏礼法便是不尊重天子，他们贡品丰厚的背后是将天子当作贪财之君。如果贡品丰厚可以取代礼法，那国家政令的权威性何在？政令权威丧失会导致混乱，混乱便无法光大先王的事业。现在国家治理任务繁重，我日理万机，仍有很多政务无暇顾及，希望你尽快成熟起来共同治理国家。

"我已把治理万民的方法告诉你了，如果不努力学习效仿，你的政权不会长久。你应该厚待同姓诸侯，使他们都像我一样，创造性地执行你的命令。迁都洛邑后，你要恭敬谨慎地对待治理工作。从现在开始，只要大家都勤勉工作，教导好百姓，远方民众自然会前来归附。"

## 三、回到三千年前的洛邑，观天下一统的盛典

经义：

列宁说过："统一，这是伟大的事业和伟大的口号！"[①]

人类对统一的追求符合世界历史演进的一般规律。过去一万多年来，开

---

① 列宁：《统一》，载 1914 年 4 月 12 日《真理之路报》。

展合作的群体规模越来越大，社会共同体（政体）的人口数量不断攀升。农业革命以前，人类普遍处于狩猎采集状态，一个社会通常只有几十人，几百人。但随着定居村落的产生，单位土地食物产出的增加，人口规模不断扩大，至公元前一千年，已出现人口达五六千万的王朝。在进化人类学家看来，这是人类在社会复杂性方面超越动物的关键节点。

牛津大学人类学家彼得·图尔钦（Peter Turchin）写道："在公元前的最后一千年里，我们看到了首批巨大帝国的出现……古罗马帝国的人口和中国汉王朝统治下的人口在巅峰时期都增长到 5000 万至 6000 万。这就是我们人类社会超过群居昆虫的节点。在过去两千年里，没有任何地方的动物能够在规模大小和复杂性方面与人类社会竞争。"[1]

中国先贤早就注意到多元共存、族群间合作的重要性，认为政治成功的重要标尺就是"平天下"，将眼界所及族群（天下）纳入同一政治共同体——天下为公，统一大同成为中国人千年不变的价值理想。

洛邑初步建成后，天下大安，周公还政成王，周王朝召集天下一千七百多大小诸侯到洛邑，举行盛大典礼，重新颁布王权的重要象征历法，并制定了新的礼仪制度——它向天下宣告了周王朝中央政府的无上权威！

关于此次盛典，《孝经·圣治章第九》等古籍有记载，但语焉不详。比如《汉书·王莽传》只是说周公摄理政事，在城郊祭天时将始祖后稷配祀天帝，在明堂祭祀时以他的父亲文王配祀天帝。四海之内都各按其职前来朝见，诸侯到者有一千八百之多。"周公居摄，郊祀后稷以配天，宗祀文王于明堂以配上帝，是以四海之内各以其职来祭，盖诸侯千八百矣。"

西汉伏生《尚书大传》对此事的记载却极为详细，从中我们能看到三千年前天下一统、"万国衣冠拜冕旒（冕旒，miǎn liú，古代天子的礼帽和礼帽前后的玉串，这里代指周天子——笔者注）"的盛况——崭新的宗庙建筑，丰富的牺牲，招展的旌旗，感动人心的雅乐，庄严宣告的政令，谦卑严肃朝见的众诸侯……那是怎样激动人心、四海一家的场面啊！《尚书大传》解释

---

[1] 彼得·图尔钦：《超级社会：一万年来人类的竞争与合作之路》，山西人民出版社 2020 年版，第 22 页。

《洛诰》"乃汝其悉自教工"说："当其效功也，于卜洛邑，营成周，改正朔，立宗庙，序祭祀，易牺牲，制礼乐，一统天下，合和四海而致诸侯，皆莫不衣绅端冕以奉祭祀者，其下莫不自悉以奉其上者，其下莫不自悉以奉其祭祀者，此之谓也。尽其天下诸侯之志，而效天下诸侯之功也……太庙之中，缤乎其犹模绣也（这句是说太庙的装饰可观——笔者注）。天下诸侯之悉来，进受命于周公而退见文、武之尸（尸，古代祭祀时代表死者受祭的人——笔者注）者，千七百七十三诸侯，皆莫不磬折（磬折，意思是弯腰、表示谦恭——笔者注）玉音，金声玉色，然后周公与升歌而弦文、武。诸侯在庙中者，伋然（伋然，急促变动貌——笔者注）渊其志，和其情，愀然若复见文武之身，然后曰：'嗟子乎，此盖吾先君文、武之风也夫'"

万千往事如东流之水，湮没于历史长河，但有些事件却在时空中永恒定格，成为不灭的星辰，指引后人前进的道路。周公居洛邑，制礼作乐，一平天下就是这样……

## 原文：

王若曰："公！明保予冲子①。公称丕显德②，以予小子扬文武烈③，奉答天命④，和恒四方民⑤，居师⑥，惇宗将礼⑦，称秩元祀⑧，咸秩无文。惟公德明光于上下⑨，勤施于四方，旁作穆穆⑩，迓衡不迷⑪，文武勤教。予冲子夙夜毖祀⑫。"王曰："公功棐迪⑬，笃罔不若时⑭。"

王曰："公！予小子其退，即辟于周⑮，命公后⑯。四方迪乱未定⑰，于宗礼亦未克敉⑱，公功⑲，迪将其后⑳，监我士师工㉑，诞保文武受民㉒，乱为四辅㉓。"王曰："公定㉔，予往已㉕。以功肃将祗欢㉖，公无困哉㉗！我惟无斁其康事㉘，公勿替刑㉙，四方其世享。"

## 注释：

① 明：勉力。

② 称：举。丕：大。显：显赫。德：贡献、成就。

③ 以：使。扬：发扬光大。文武：指周文王和周武王。烈：事业。

④ 奉：遵奉。答：配。

⑤ 和恒：和悦。

⑥ 师：京师，指洛邑。

⑦ 惇：厚。宗：同族。将：事。

⑧ 称：举。秩：次序。元祀：大祀，指祭祀周文王。

⑨ 光：广大。

⑩ 旁：广泛。穆：美。

⑪ 迓：掌握。衡：权柄。

⑫ 毖：谨慎。

⑬ 棐：辅助。迪：教导。

⑭ 若：顺。时：是。

⑮ 即辟：即天子之位，指周公还政于成王。周：宗周镐京。

⑯ 后：后续，指成王命周公留守洛邑。

⑰ 迪：导致。

⑱ 宗：宗人，主持礼仪的官员。克：能。秡（mǐ）：通"弭"，完成。

⑲ 公功：周公的工作。

⑳ 迪：还。将：主持。后：后续的事情。

㉑ 监：统率。士、师、工：指各类政务官员。

㉒ 诞：大。保：安。文武：指周文王、周武王。

㉓ 乱：率领。四辅：天子身边的辅政大臣。

㉔ 定：止，留下。

㉕ 往：指返回旧都镐京。已：通"矣"，语助词。

㉖ 功：任务。肃：通"速"，迅速。将：主持政务。祇：敬。欢：通"劝"，勉。

㉗ 困：困苦。

㉘ 惟：只。戮：懈怠。康：更，经历，学习处理政务。

㉙ 替：废弃。刑：日常政务。

**语译：**

　　周成王对周公说："您竭尽全力辅助我这个年轻人，立下了赫赫功勋。您支持我继承光大文王、武王开创的事业；您奉行上天的教诲，让四方百姓和悦；您营建新都洛邑，组建新政治中心；您厚待同族，对天下诸侯待之以礼；您高规格祭祀文王，礼仪极为规范，有条不紊。您的功德光照天地，造福四方。您能权衡一切，英明地处理政务而无差错，天下治理得很好，文武百官勤政为民。而我只要每天恭谨地祭祀天地祖先便万事大吉了。"成王继续对周公说："此外您还急切热情地教导我如何治理国家，您的教导我信从无违。"

成王接着对周公说："我就要返回宗周镐京，在那里举行即位亲政大礼，您继续留在洛邑。现在导致四方动荡的诸多问题还没有解决，宗人主持演练的礼仪尚未完成，您要继续负责这里的政务，继续统率众官员，治理好文王、武王从商朝那里接受下来的民众，统领辅政大臣们。"成王继续交代说："您留下来吧，我就返回镐京了，您要恭敬勤勉地处理好政务，不要自认为这样很辛苦，因为我还年轻，治理能力和经验不足，需要您在这里主持政务。我也会不断努力。只要您勤政不懈，天下民众便可受福不尽。"

## 四、中国式中央集权是人类政治文明的伟大成就

**经义：**

周公才兼文武，不仅是一位伟大的政治家，还是一位伟大的战略家。他明确认识到建新都于成周洛邑的重大意义，对周成王说：在居天下之中的洛邑建都治理四方，便利的交通会大幅提升管理效率，实现天下太平，这是您作为天子的最大功绩之一。"自时中乂，万邦咸休，惟王有成绩。"

可以说，兴建洛邑是周初建中立极，打造政治重心，稳定天下的大战略。我们读西汉贾谊的《新书·壹通》《新书·属远》等篇就会清楚，秦汉政治重心在关中，离山东诸侯过远，山东诸侯形成对政权稳定的潜在长期威胁。贾谊甚至认为将贡赋远道运往关中地区，百姓疲敝，是陈胜一起事天下风从的原因。

成周洛邑与宗周丰镐两都实际是连成一体的轴心，周人因此构建君临天下的枢纽。《汉书·地理志》云："初洛邑与宗周通封畿，东西长，南北短，短长相覆千里。"游唤民教授写道："东西两大都紧密连接，西部宗周与东部成周同属西周的政治中心，但其性质与地位尚有所不同，宗周以祭祀为主，重

在'籩豆之事'，而成周以戎为主，重在'军旅之事'……然而在具体的政治作用上（指西周王朝建立后），成周却比宗周重要得多。因为成周地处天下的中心，便于加强对四方诸侯及周围戎狄部族的管辖。"①

如果我们放眼世界，就能看到，三千多年前周人以成周—宗周为轴心建立起中央集权，是怎样伟大的政治成就。

现代国家的重要特征是中央集权的官僚体制，中央掌握政治、军事、外交、财政等重要国家权力；相对于中国，现代西方的中央集权形式仍欠完备，因为多党竞争使中央政府的政策不具有连续性，难以形成稳定的政治重心。试看今日之美国，激烈的党争已经造成社会严重分裂。

而中国式中央集权重视"建中立极"，其军事、外交、财政、学术、教育等方方面面服务于中央政府，中央政府通过吸纳社会各阶层精英建立起稳固的政治中心——这是中国数千年来社会秩序相对稳定的根本原因，也是东亚世界维系持久和平的根本原因。

从历史上看，西方社会在中世纪王国甚至都没有现代意义上的首都，那时只有"旅行君主"或"巡视君主"，君主和朝臣在各个地方巡视，巡视到哪里就在哪里就食，哪里就是中央政府。直到16世纪中叶，西班牙的宫廷和官僚机构依然随国王在各个城市之间游走。

黄艳红教授写道："在政治观念方面，中世纪文明十分粗糙，人们在观念上难以感知抽象的权威，首领如果不亲自现身、其本人若不到场便无法赢得服从。卡佩（卡佩王朝，987–1328——笔者注）早期的国王带着小宫廷穿行在其领地上，因为'只有在君主亲自出现的地方，其统治权才有效。'这种状态维系了很长时间，直到路易十四（1638–1715——笔者注）修建凡尔赛时，法国国王才算最终定居下来。"②

西方人近代以前并没有稳定的中央政府，而我们"建立中极"（《尚书·洪范》"皇极"）的观念在大禹时代就已得到完整阐述——中国人在政治领域的早熟和智慧，让人叹为观止！

---

① 游唤民：《周公大传》，湖南人民出版社2008年版，第143页。
② 黄艳红：《中世纪法国的空间与边界》，载《世界历史》2016年第3期。

**原文：**

周公拜手稽首曰："王命予来承保乃文祖受命民①，越乃光烈考武王弘朕恭②。孺子来相宅，其大惇典殷献民③，乱为四方新辟④，作周恭先⑤。曰其自时中乂⑥，万邦咸休，惟王有成绩。予旦以多子越御事笃前人成烈⑦，答其师⑧，作周孚先⑨。考朕昭子刑⑩，乃单文祖德⑪。

"伻来毖殷⑫，乃命宁予以秬鬯二卣⑬。曰明禋，拜手稽首休享⑭。予不敢宿⑮，则禋于文王、武王。惠笃叙⑯，无有遘自疾⑰，万年厌于乃德⑱，殷乃引考⑲。王伻殷⑳，乃承叙万年㉑，其永观朕子怀德㉒。"

戊辰，王在新邑烝祭㉓，岁㉔，文王骍牛一㉕，武王骍牛一。王命作册逸祝册㉖，惟告周公其后。王宾杀禋咸格㉗，王入太室祼㉘。王命周公后，作册逸诰。在十有二月。惟周公诞保文武受命，惟七年。

**注释：**

① 来：到洛地营建洛邑。乃：你。文祖：指周文王。

② 越：和。乃光：光大。烈：威严。考：父亲。弘：大。朕：遗训。恭：法。

③ 惇典：镇守。献民：众民。

④ 乱：率。四方新辟：四方新封的诸侯。

⑤ 恭：恭谨。先：先导。

⑥ 曰：述说前时之言。时：通"是"。乂：治。

⑦ 以：与。多子：指姬姓众卿。越：与。御：治。笃：厚。烈：功业。

⑧ 答：符合。师：众。

⑨ 孚：信。

⑩ 考：成。朕：指周公。昭：告诉。子：指周成王。刑：法。

⑪ 单：光大。文祖：指周文王。

⑫ 伻（bēng）：使。毖（bì）：慰劳。

⑬ 宁：安。秬（jù）：用以酿酒的黑黍。鬯（chàng）：祭祀所用的香酒。卣（yǒu）：古时的酒具。

⑭ 休：美。享：献，祭祀的贡品。

⑮ 宿：留。

⑯ 惠：仁。笃：厚。叙：顺。

⑰ 遭：遇。疾：疾病。

⑱ 厌：饱。

⑲ 殷：盛。引考：长寿。

⑳ 伻：使。殷：殷商遗民。

㉑ 承叙：承顺。

㉒ 观：像。子：指臣民。

㉓ 烝：冬祀。

㉔ 岁：年终。

㉕ 骍（xīng）：赤色。

㉖ 逸：史官之名。祝册：宣读祷告神灵的册文。

㉗ 王宾：助祭的诸侯。禋：燎祭。咸：都。格：至。

㉘ 祼（guàn）：以酒灌地求神降临之礼。

## 语译：

周公行礼后说："因为您年幼，我承担治理先祖文王从上天那里接受下来的民众的任务，光大武王的遗训大法。这次你亲自来洛邑视察，说明这里已是另一个政治中心了。以洛邑为政治中心极有利于镇守东方，管理殷商遗民。洛邑居中原，也有利于对四方诸侯的领导。治理好殷商遗民，强化对四方诸侯的领导，是需要做好的首要工作。我以前说过，如果以天下之中洛邑为都城治理全国，因为交通便利会提高治理能力，天下太平，这是您作为天子的最大功绩之一。我与众卿大夫、执掌政务的百官们会努力巩固先王开创的伟大事业，尽力满足民众的愿望，始终坚持以诚信为先。只要按照我和你协商好的原则方法治理，我们就能把文王武王的事业推向新高度。

"您派遣使臣前来殷商故地慰问臣民，又送来两卣黑黍酿造的香酒犒劳我，提醒我要用庄严的礼仪和最好的贡品隆重祭祀。我不敢迟疑，马上以禋礼祭祀文王、武王。你宅心仁厚，身心状态肯定健康，民众会长久地享受你治理的福泽，我们真诚地祝福你长寿。你使得殷商故地民众永远支持拥护我们，他们会像故有周民一样感恩天子的功德。"

这年年底戊辰这一天，成王在新都洛邑以烝祭之礼祭祀先王，各以一头红牛为牺牲祭祀文王和武王。周成王命令作册逸宣读祷告神灵的册文，将周公留守洛邑的事报告文王和武王。成王与前来助祭的诸侯共同来到太庙，杀牲燎祭先王。成王走进太室，举行以酒灌地求神降临的大礼。礼毕，成王命令周公继续留守洛邑。从周公摄政到完成营建洛邑工程并留守洛邑，期间共七年。

# 多士

## 一、东西方都要回归"因人情节人欲"的礼义文明

**经义：**

对于《多士》的写作因缘，仅司马迁《史记》就存在两种看法。

《史记·周本纪》认为，周人为了平定东方，调整了周初就地安置殷商遗民的政策，改为异地安置，将部分殷人迁到新都洛邑，周公以王命训导告诫殷商贵族，作了《多士》和下一篇《无逸》。"成王既迁殷遗民，周公以王命告，作《多士》《无佚》（《无佚》即《无逸》——笔者注）。"

《史记·鲁周公世家》则认为，《多士》训诰的对象是周成王。成王年幼时得了病，周公剪下自己的指甲沉入河中，并向神祝告说："成王幼小没有主张，冒犯神命的是我。"事后还把那祝告册文藏于秘府。等到成王临朝听政后，有人说周公坏话，周公被迫逃亡到楚国。成王打开秘府发现周公当年的祈祷册文，感动得泪流满面，赶快派人迎回周公。周公回国后，担心成王年轻，为政荒淫放荡，就写了《多士》《毋逸》（即《无逸》）。《史记·鲁周公世家》还化用了本节第三段原文："自汤至于帝乙，无不率祀明德，帝无不配天者。在今后嗣王纣，诞淫厥佚，不顾天及民之从也，其民皆可诛。"意思是说，自汤至帝乙，殷代诸王无不遵循礼制祭祀，努力造福人民，都能上配天命。到殷纣时，他大为荒淫逸乐，不顾天意民心，百姓都认为他该杀。

从《史记·鲁周公世家》中，我们能看到周初国内外局势的高度复杂性。以周公之圣、之忠，尚难以免除逃亡楚地的命运，何况普通人呢！

通读《多士》可发现，第一种说法显然更符合文义。周人让殷商遗民分赴各诸侯国以及西迁洛邑，普通民众安土重迁，此举必然招致殷民的怨恨。周公向他们说明迁徙原因，宣传安抚政策，指明前途，合乎情理。唐代孔颖达《尚书正义》云："成周之邑既成，乃迁殷之顽民，令居此邑。'顽民'谓殷之大夫、士从武庚叛者，以其无知，谓之顽民。民性安土重迁，或有怨恨。周公以成王之命诰此众士，言其须迁之意。史叙其事，作《多士》。"

考古资料和文献资料表明，在日常生活中，商人重鬼神。《礼记·表记第三十二》引孔子言："殷人尊神，率民以事神，先鬼而后礼。"《多士》周公屡言帝命，以神道设教，从中也可以看出其讲话对象是殷人。

周公引用上古格言"上帝引逸"，这里的"引"是收敛、节制的意思。与下文的"有夏不适逸"中"适"字意义相同。《吕氏春秋·重己篇》有"故圣人必先适欲"，东汉高诱注"适，犹节也。"

看来，因人情节人欲的中华礼义之道流源极远，可以上推到以神为本的时代。上古先民认为，上帝不放纵人欲，让人纵情逸乐；对于逸乐者必然去收敛他，使之无大过。

从"上帝引逸"到"因人情节人欲"的人文礼义——对三千多年前推演天道以明定人事的周人来说，可能是自然而然的发展，但对整个世界文明史来说，却是人类从"以神为本"走向"以人为本"的革命性跨越。

欧洲中世纪禁欲主义盛行，经过文艺复兴和启蒙运动，西方重新发现了人。在宗教与人文的冲突中，今天"以神为本"的宗教仍是西方文明的根基，而其世俗社会却走向了纵欲的极端——资本膨胀、物欲膨胀，这种生产生活方式已严重威胁到人类的可持续发展。

走向中道，走向可持续发展，东西方都要回归"因人情节人欲"的礼义文明——对内节制物欲，对外节制资本！

**原文：**

惟三月①，周公初于新邑洛②，用告商王士。王若曰："尔殷遗多士，弗吊旻天③，大降丧于殷。我有周佑命，将天明威④，致王罚，敕殷命终于帝⑤。肆尔多士⑥，非我小国敢弋殷命⑦。惟天不畀允罔固乱⑧，弼我。我其敢求位⑨，惟帝不畀。惟我下民秉为⑩，惟天明畏⑪。

"我闻曰：'上帝引逸⑫。'有夏不适逸⑬，则惟帝降格⑭，向于时夏⑮。弗克庸帝⑯，大淫泆有辞⑰。惟时天罔念闻⑱，厥惟废元命⑲，降致罚。乃命尔先祖成汤革夏⑳，俊民甸四方㉑。

"自成汤至于帝乙，罔不明德恤祀㉒，亦惟天丕建㉓，保乂有殷㉔，殷王亦罔敢失帝，罔不配天其泽㉕。在今后嗣王，诞罔显于天㉖，矧曰其有听念于先王勤家㉗？诞淫厥泆㉘，罔顾于天显民祗㉙，惟时上帝不保，降若兹大丧，惟天不畀不明厥德㉚。凡四方小大邦丧，罔非有辞于罚。㉛"

**注释：**

① 惟三月：当是为周公摄政七年，成王亲政的第一年。

② 新邑洛：新建成的王城洛邑。

③ 弗：不。旻天：秋天，指上天。

④ 将：奉。

⑤ 敕：帝王的命令。

⑥ 肆：现在。

⑦ 弋（yì）：取，篡夺。

⑧ 畀（bì）：给予。允：信。罔：诬罔。固：通"怙（hù）"，仗恃。乱：暴乱。

⑨ 其：岂。

⑩ 秉：执。为：作为，行为。

⑪ 明畏：圣明威严。

⑫ 引：节制。逸：放纵。

⑬ 有夏：指夏桀。适：节制。

⑭ 格：通"詻（luò）"，严令。

⑮ 向：劝。时：代词，是，这。

⑯ 克：能。庸：用，引申为听取。

⑰ 淫泆：放纵。辞：言语。

288

⑱ 惟时：于是。念：眷念。闻：通"问"，恤问，引申为关心。

⑲ 元命：大命，指夏朝的统治。

⑳ 革夏：更夏之命，代夏建商。

㉑ 俊民：有才能的人。甸：治理。

㉒ 明：勉。恤：慎。

㉓ 丕：大。建：建立。

㉔ 保：安。乂：治。

㉕ 罔不配天其泽：此为倒装句，正确语序是"其泽罔不配天"，泽：恩泽。

㉖ 诞：很。显：敬畏。

㉗ 矧：何况。听：听从。念：顾念。先王勤家：为家国而勤于治理的先王。

㉘ 诞：大。淫泆：放纵淫乱。厥：语助词，无意义。

㉙ 顾：顾念。天显：天命。祇：假借字"疧"（zhī）：病。

㉚ 畀：给予。明：勉力。德：德政，福民之政。

㉛ 辞：罪。

**语译：**

　　周成王亲政第一年的三月，周公刚到达新都洛邑，便以成王的命令训诫殷商旧臣。成王这样说："你们作为殷商遗民，应明白殷商灭亡的原因。其之所以灭亡，是因为纣王不恭敬上天，上天便给你们降下亡国之祸。我们周国佑助上天，奉行上天圣明而威严的旨意，推行王者的诛伐，宣告殷商统治天下的权力被上天终结。现在我要告诉你们，不是我们小小周国胆敢夺取殷商政权，而是上天不肯把治理天下的重任交给那些相信诬罔之言，相信依靠暴力可以治理好天下的人，所以才护佑周国灭商。如果不是天命所加，我们怎么敢安求大位呢？上天圣明且威严，作为上天的下民只能秉承其旨意行事。

　　"我听说过这样的格言：'上天是反对治国者骄奢淫逸的。'夏桀毫无节制的放纵，引起上天的不满，上天便发出严厉的训诫，劝阻夏桀。夏桀不仅不接受劝诫，反而更加骄奢，还说了很多侮慢上天的话。于是上天不再眷顾夏朝，降下致命的惩罚，废除夏朝的统治。上天便命令你们的祖先商汤灭夏建商，任用贤能之士共同治理天下。

"从成汤到帝乙，这些君王都能行福民爱民之政，认真祭祀天地等，所以上天就坚定地护持他们治理殷商，安定天下。商纣王极不敬畏上天，又何谈他能尊重和学习勤于治理家国的先王智慧呢。商纣王十分淫逸放纵，根本不顾天意和百姓的困苦，因此上天便不再保佑他，用亡国失位来惩罚他。因为上天不能将治理天下的使命交给那些不力行爱民之政的君王。你们想一想，所有曾经灭亡的国家，无论大国小国，哪个不是因为治理不佳而招致上天惩罚的呢。"

## 二、战争不是为消灭别国，而是为实现正义

**经义：**

当代由民族国家组成的世界体系有一个重要特点：民族至上，国家第一。一切以民族国家利益为中心，国内政治与外交政策缺乏联系性，乃至大搞双重标准。

而中国古典政治则大不相同，它以全局视角看待整个世界，思考问题的出发点是包容万民的天下。所以其内政与外事政策协调连贯、完整如一，二者都不回避武力，且都为实现正义而动武。《商君书·画策》的作者认为，神农氏以后，社会大乱，以强胜弱，以众暴寡，黄帝为了实现基本社会秩序，"内行刀锯，外用甲兵"，对内使用刑罚，对外用军队征伐，以战止战，以杀止杀。

夏商周三代战争的目的不是为消灭别人，而是为天下正义，合和万邦。西周大司马职掌军政，其职责是使天下大小诸侯国相互维持和谐秩序，对于违背"国际公法"的诸侯进行征伐。用"九伐之法"规正诸侯国：诸侯有以强凌弱、以大侵小的，就削弱他；有杀害贤良和民众的，就讨伐他；有对内暴虐、对外欺凌邻国的，就幽禁他更立新君；有土地荒芜、人民离散的，就削减他的封地；有依仗险固地势不服从中央的，就派兵入其国以示惩罚；有无辜杀害亲族的，就抓起来治罪；有放逐或杀害其国君的，就杀死他；有违犯王令、轻视国法的，就禁止他与邻国交通；有悖乱人伦，行为如同禽兽

的，就诛灭他。《周礼·夏官司马第四·大司马》："均守平则，以安邦国；比小事大，以和邦国。以九伐之法正邦国，冯弱犯寡则眚之，贼贤害民则伐之，暴内陵外则坛之。野荒民散则削之，负固不服则侵之，贼杀其亲则正之，放弑其君则残之，犯令陵政则杜之。外内乱，鸟兽行，则灭之。"

《春秋》大义推崇"兴灭国、继绝世"，恢复被灭亡了的国家，接续已经断绝了的家族。《论语·尧曰》认为这是外事政策的根本，只有这样，才能服天下之心，一平天下。"兴灭国，继绝世，举逸民（逸民，被遗落的人才——笔者注），天下之民归心焉。"

《尚书大传》更详尽地解释说："古者诸侯始受封，必有采地：百里诸侯以三十里，七十里诸侯以二十里，五十里诸侯以十五里。其后子孙虽有罪黜（黜，降职，废除——笔者注），其采地不黜，使子孙贤者守之世世，以祠其始受封之人，此之谓兴灭国，继绝世。"

"兴灭国，继绝世"在春秋时代仍是普遍施行的外事准则。武王灭商后，所做的重要工作就是分封历代名王之后，据《史记·周本纪》，除了将殷商遗民封给商纣的儿子禄父，还"封神农之后于焦，黄帝之后于祝，帝尧之后于蓟，帝舜之后于陈，大禹之后于杞。"后来禄父反叛，周公又封纣王的庶兄微子于宋，让他"代殷后，奉其先祀"。（《史记·宋微子世家》）

"兴灭国，继绝世"的外事准则，在制度上保证了中华大地上文化的多样性。孔子能够考察夏、商两代的礼义制度，就是因为夏、商遗民杞、宋两国还在，其文化得以在某种程度上保存着。尽管去古太远，难尽人意。孔子感慨："夏礼吾能言之，杞不足征（征，即"证"，证实、证明——笔者注）也；殷礼吾能言之，宋不足征也。文献（献，贤人——笔者注）不足故也。足，则吾能征之矣。"（《论语·八佾》）

本节周公自称并没有将殷人视为敌人，自己真正的敌人只是殷商王室，这绝非卖弄辞藻，它代表了先贤对战争及世界秩序的根本看法——战争不是为削弱或消灭别国，而是实现普遍正义！

站在人类道德的崇高立场上，这是多么先进的外事理念啊！

**原文：**

王若曰："尔殷多士，今惟我周王丕灵承帝事①，有命曰：'割殷②，告敕于帝。'惟我事不贰适③，惟尔王家我适④。予其曰：'惟尔洪无度⑤，我不尔动⑥，自乃邑⑦。'予亦念天，即于殷大戾⑧，肆不正⑨。

王曰："猷⑩，告尔多士，予惟时其迁居西尔⑪，非我一人奉德不康宁⑫，时惟天命⑬，无违。朕不敢有后⑭，无我怨。惟尔知，惟殷先人有册有典⑮，殷革夏命。今尔又曰：'夏迪简在王庭⑯，有服在百僚⑰。'予一人惟听用德⑱，肆予敢求于天邑商⑲，予惟率肆矜尔⑳。非予罪，时惟天命。"

**注释：**

① 丕：大。灵：善。

② 割：灭。

③ 事：灭商以及东征等征伐活动。适：敌人。

④ 王家：商朝王室，指商纣王。

⑤ 洪：大。度：法度。

⑥ 我不尔动：倒装句，正确语序是"我不动尔"，动：指周朝没有对殷商遗民进行镇压。

⑦ 乃邑：殷商遗民的封地。

⑧ 戾：定。

⑨ 肆：所以。不正：不绳之以法，指周公不打算惩罚殷商遗民。

⑩ 猷：发语词。

⑪ 惟时：这时，现在。迁居西尔：倒装句，正确语序是"迁居西尔"，尔：指殷商遗民。西：殷的西部，指洛邑。

⑫ 非我一人：指将殷商遗民迁徙到洛邑并不是成王自己的武断决定。奉：遵照。德：德政，引申为国家治理的需要。康宁：安定。

⑬ 时：这。

⑭ 后：迟。

⑮ 册、典：指记录历史的典籍。

⑯ 迪：进用。简：选拔。

⑰ 服：服务。

⑱ 予一人：周成王的自称。

⑲ 肆：所以。敢：敢于。求：招来。天邑商：指殷和朝歌等殷商故地。

⑳ 率：用。肆：缓，赦免。矜：怜悯。

**语译：**

　　周成王继续说："殷商的遗民们，你们要明白，我们所做的一切都是真诚遵照上天的旨意行事，上天命令我们：'夺取商朝，并向上天汇报。'我们便灭亡了商朝。灭商和东征等军事行动的敌人只有一个，那就是殷商王室，我们没有将你们当作敌人。我认为：'你们参与三监之乱，完全是因为你们目无法度，周朝并没有对你们采取任何专政措施，你们却在自己封地内参与三监之乱。'我知道上天要灭亡商朝，现在商朝已亡，大局已定，敌人已经被消灭，你们不是我们敌人，所以我不想对你们参与三监之乱的行为再行惩罚。"

　　周成王说："我要告诉你们这些殷商遗民，现在把你们从殷地迁徙到洛邑，是国家治理的需要，并非盲目决策。这虽然会打乱你们的生产生活秩序，但它符合上天意志，所以不能违背，不能有丝毫拖延，你们抱怨也没有用。大家知道，从殷商建立之初，你们的先王编纂文献，以记录建国和治国的历史。你们应该明白，殷商就是通过灭亡夏朝建立的。现在你们还会说：'商朝确实是通过灭亡夏朝而建立的，但是商朝中央依然选拔任用夏朝的遗民，夏朝的遗民担任各种官职为殷商服务。'你们不要抱有在周朝可以继续为官的幻想，周朝只听取德才兼备之士的建议，只任用德才兼备者。所以我敢于将你们从殷地迁徙到洛邑，这本身就是周朝对你们罪行的宽恕，更是对你们的体谅和关心，你们迁徙到洛邑，可以更好地为周朝服务。你们要知道，迁徙定居洛邑，确实会有暂时的不便和困难，这并不说明迁徙的决定是错的，迁徙这件事合乎天意！"

## 三、先贤是如何打造不同群族命运共同体的

**经义：**

在古代地中海世界，战争通常的做法是：被征服民族降为二等公民，拥有更少的权利并承担更重的税，而战俘则直接沦为奴隶——一直到穆斯林驰骋北非的时代依然是这样。

西方世界长期按种族和宗教分界，平等和自由只限于某一族群或宗教之内。公元439年正式施行的罗马帝国《狄奥多西法典》明确规定，犹太人不得建造新的会堂，不得从事律师、公务员、士兵等行业；"黑命贵"运动在21世纪的美国爆发，反映出种族严重不平等的冰冷现实。

中华世界不是这样。"天生万物，惟人为贵"，人命关天，人命最贵的观念深入人心，任何人，无论尊信何种宗教，无论属于哪个族群，都应获得平等的对待和尊重。反映到战争上，如何将敌对族群纳入统一的政治共同体，使之成为天下的有机组成部分，是历代政治家关注的重要问题。

《逸周书·武称解第六》将安抚敌对民众的政策称为"武之抚"和"武之定"，二者略有区别——战胜了敌人，要发号施令禁止官吏抢劫，不得侵凌强暴民众，不降低敌人的爵位，田地住宅也不减损，让他们各自安定亲属，这样民众自然归服，这是武事的"抚"；普天下归服以后，止息战争兴办文教，平掉险阻工事，毁掉打仗的武器，四方敬畏服从，包有天下，这是武事的"定"。文中说："既胜人，举旗以号令，命吏禁掠，无取侵暴，爵位不谦，田宅不亏，各宁其亲，民服如化，武之抚也；百姓咸服，偃兵兴德，夷厥险阻，以毁其服，四方畏服，奄有天下，武之定也。"

中国古典政治学原典《黄帝四经·国次》主张兼并他国一定要慎重，对于那些当罪当亡的国家解除其武装，却不可随意掠夺，要做到"兼之而勿擅"，这才能实现长治久安。圣人的征伐之道是：兼并他国后，要拆毁它的城郭，焚毁它的钟鼓，均分它的资财，散居其子女后代，分其土地赏赐贤能之人，总之不能独自占有，因为这功绩是天道促成的。如此方能功成不去，没有后患。"故圣人之伐也，兼人之国，堕其城郭，焚其钟鼓。布其资财，

散其子女，裂其土地，以封贤者，是谓天功。功成不废，后不逢殃。"

对照《尚书·多士》，我们发现周公安抚殷人的政策与《逸周书·武称解第六》《黄帝四经·国次》所论若合符节。对于殷商贵族，周公没有采取"包下来"的政策，而是选拔任用其中的贤能之士，"惟听用德"；同时，给普通百姓以出路，分给他们土地田宅，让他们在洛邑安居乐业，就是本节所说的"宅尔邑，继尔居，尔厥有干有年于兹洛"。

政治问题说到底是人事问题。只有选贤任能，将不同阶层、不同族群的人吸纳入政治组织中，才能"建中"，建立稳定的政治共同体核心——中央政府。《尚书·多方》特别指出，对于辛勤耕耘的殷人，周人会赏赐他们，并将这类人选拔到朝廷中来。对于尽心尽职的官员，还要大加提拔。"尔乃自时洛邑，尚永力畋尔田，天惟畀矜尔，我有周惟其大介赉尔，迪简在王庭。尚尔事，有服在大僚。"

从"惟人为贵"的文明观念到战后安抚的高明政策，中国先贤建立了超越西方的理论体系。无疑，它们将成为构建人类命运共同体的宝贵思想资源。

## 原文：

王曰："多士，昔朕来自奄[①]，予大降尔四国民命[②]。我乃明致天罚，移尔遐逖[③]，比事臣我宗多逊[④]。"

王曰："告尔殷多士，今予惟不尔杀[⑤]，予惟时命有申[⑥]。今朕作大邑于兹洛，予惟四方罔攸宾[⑦]，亦惟尔多士攸服奔走[⑧]，臣我多逊。尔乃尚有尔土，尔用尚宁干止[⑨]，尔克敬，天惟畀矜尔[⑩]。尔不克敬，尔不啻不有尔土[⑪]，予亦致天之罚于尔躬[⑫]。今尔惟时宅尔邑[⑬]，继尔居[⑭]，尔厥有干有年于兹洛[⑮]。尔小子乃兴[⑯]，从尔迁。"

王曰又曰[⑰]："时予[⑱]，乃或言尔攸居[⑲]。"

## 注释：

① 奄：地名，今山东曲阜，曾经为商朝都城所在，是周初的东方强大诸侯，参与三监之乱，是东方叛乱的中心之一。

② 降：下达。四国：周初叛乱的管、蔡、商、奄四国殷民。

③ 移：迁徙。遐、逖：二词同义，遥远。

④ 比：亲。事、臣：二词同义，服务。我宗：指周朝。逊：顺从。

⑤ 不尔杀：不杀尔。

⑥ 予惟时命有申：倒装句，正确语序为"予惟有申时命。"有：又。申：申述。时命：上述训诫，指"大降尔四国民命"。

⑦ 四方：天下诸侯。罔：无。攸：所。宾：宾服，朝贡。

⑧ 惟：因为。服：服务。奔走：奔走效劳。

⑨ 尚：仍然。宁：安。干：事，指劳作之事。止：休息。

⑩ 畀：给予。矜：怜爱。

⑪ 不啻：不但。

⑫ 躬：身。

⑬ 惟：思。时：善。宅：安居。

⑭ 居：事业，引申为生产生活。

⑮ 干：劳作。年：丰年。

⑯ 小子：后代子孙。兴：兴旺发达。

⑰ 王曰又曰：此言之义是王将"时予"重复说了两遍。

⑱ 时：顺从。

⑲ 乃或言尔攸居：倒装句，正确语序是"乃言尔攸居或"。乃：才。言：说。攸：长久。居：安居乐业。或：克，能。

**语译：**

周成王说："殷商遗民们，周朝平定了以管、蔡、商、奄为首的叛乱后，加强了对你们的管控和教化。周朝奉行天命平定叛乱，将你们迁徙到远离故地的洛邑，距离我们更近，便于管控，让你们自觉地为周朝服务。"

周成王说："我要强调的是，现在不想杀掉你们，只是再一次向你们申述前面的训诫。目前在洛地兴建城市宫室，一来便于天下四方诸侯朝贡，二来也便于你们为王室奔走效力，你们必须尽心为周朝服务。在这里，你们仍然拥有赖以生存的土地，仍然可以安心劳作和生活。你们要敬事周朝，因为不杀你们是上天对你们慈悲。如果不敬事周朝，再次叛乱，你们不仅会失去

296

土地，我还会以上天的名义惩罚你们。现在你们好好在这里安居，开始新的生活，这才是正途。辛勤劳作，争取好的年成。从迁徙洛邑开始，只要安心劳作，顺从周朝，将来你们的后代子孙会在此兴旺发达起来。"

周成王说："你们要顺从周朝，只有这样我刚才所言——你们会拥有新生活，你们后代会兴旺发达，才能成为现实。"

# 无 逸

## 一、治身与治国的"一理之术"——礼义中道

**经义：**

中国文化不同于世界其他文化的重要特点就是：内在修养与外在事功，治身与治国的理论一以贯之，这种宇宙、人生的大统一理论，是人类文明的最高成就之一。

《吕氏春秋·审分览·审分》说："夫治身与治国，一理之术也。"身心的修治与社会治理是统一的，都归于"因人情、节人欲"的中道——礼义。只有回归礼义，才能实现社会的治理，遵从礼义者也会长寿，所谓"仁者寿""（大德）必得其寿"。

本节周公以商、周二代圣王为例告诫成王，要学习那些体察民间疾苦的贤王节制自身，"无逸"，只有这样方能成就大功，尽享天年。若一味贪图享乐，放纵欲望，最终会害己害国。

《礼记·中庸》孔子以舜为例：舜德行高尚，是个大孝子，其地位是尊贵的天子，财富拥有整个天下，宗庙里祭祀他，子子孙孙都受到庇护。所以说，有大德的人会得到他应得的地位，会得到他应得的财富，会得到他应得的名声，会得到他应得的长寿。"子曰：'舜其大孝也与？德为圣人，尊为天子，富有四海之内。宗庙飨之，子孙保之。故大德必得其位，必得其禄，必得其名，必得其寿。'"

中医认为"上士养心，中士养气，下士养身（形）"，养生关键是培养内在的正气，中气，"正气存内，邪不可干"，这才是养生的根本。一个有仁德的人，能够以礼义节制自己的私欲，以公心、正心服务大众，乐天知命，心静气和，自然能够长寿。反之，那些纵欲无度的人，无论地位高低，都常常短寿——观察现实生活，我们就不难发现纵欲损身的例子。

"仁者寿"出自《论语·雍也》："子曰：知（知，通"智"——笔者注）者乐水，仁者乐山；知者动，仁者静；知者乐，仁者寿。"西汉孔安国注"仁者静"云："无欲故静。"东汉经学家包咸注"仁者寿"云："性静者多寿考"。清代学者刘宝楠《论语正义》进一步解释说："欲即声、色、味、臭、安、佚之欲，仁者所不能无。而云'无欲'者，仁者善制其欲，克己复礼。凡视听言动，自能以礼制心，而不稍过乎欲，故曰无欲。无欲者，无非礼之欲也。《易·象传》：'兼山，艮。君子以思不出其位。'思不出位，故能无欲。"

西汉大儒董仲舒指出，无论是治理天下，还是养生，都要回归中和之道，这样，治国会恩泽天下，治身会尽其天年。"是故能以中和理天下者，其德大盛，能以中和养其身者，其寿极命。"（《春秋繁露·循天之道》）

谈到治气养心之术，董仲舒认为心是根本，仁人所以大多长寿，因为其心平正，气充足且平和（"多且治"）。《春秋繁露·循天之道》说："凡气从心。心，气之君也，何为而气不随也？是以天下之道者，皆言内心其本也。故仁人之所以多寿者，外无贪而内清净，心和平而不失中正，取天地之美以养其身，是其且多且治。"

可惜的是，孔子所传养生之术今天已难得其详，只能从孔子弟子公孙尼子的《养气》残篇中，看到其从身心两个方面节制情欲，培养中和之气的大要。宋代《太平御览》和西汉董仲舒《春秋繁露》都引用过相关内容。《春秋繁露·循天之道》："公孙之《养气》曰：'里藏泰（藏，通'脏'；泰，通'太'——笔者注）实则气不通，泰虚则气不足，热胜则气耗，寒胜则气滞，泰劳则气不入，泰佚则气宛至（宛至，即'郁窒'，气不通——笔者注），怒则气高，喜则气散，忧则气狂，惧则气慑（慑，恐惧——笔者注），凡此十者，气之害也，而皆生于不中和。故君子怒则反中，而自说（说，通

298

'悦'，高兴——笔者注）以和；喜则反中，而收之以正；忧则反中，而舒之以意；惧则反中，而实之以精（精，精神——笔者注）。"

孔子以礼治身，以礼治国，这种内圣外王、内养外用一以贯之的中道，失传太久了。今天我们观其吉光片羽，读来仍让人心动！

## 原文：

周公曰："呜呼！君子所其无逸①。先知稼穑之艰难，乃逸则知小人之依②。相小人③，厥父母勤劳稼穑④，厥子乃不知稼穑之艰难乃逸。乃谚既诞⑤。否则侮厥父母⑥，曰：'昔之人无闻知⑦。'"

周公曰："呜呼！我闻曰：昔在殷王中宗⑧，严恭寅畏⑨，天命自度⑩。治民祗惧⑪，不敢荒宁⑫。肆中宗之享国七十有五年⑬。其在高宗⑭，时旧劳于外⑮，爰暨小人⑯。作其即位⑰，乃或亮阴⑱，三年不言⑲；其惟不言，言乃雍⑳。不敢荒宁，嘉靖殷邦㉑。至于小大㉒，无时或怨㉓。肆高宗之享国五十有九年。其在祖甲㉔，不义惟王㉕，旧为小人㉖。作即其位㉗，爰知小人之依，能保惠于庶民㉘，不敢侮鳏寡。肆祖甲之享国三十有三年。自时厥后立王㉙，生则逸㉚，生则逸，不知稼穑之艰难，不闻小人之劳，惟耽乐之从㉛。自时厥后，亦罔或克寿㉜，或十年，或七八年，或五六年，或四三年。"

周公曰："呜呼！厥亦惟我周太王、王季㉝，克自抑畏㉞。文王卑服㉟，即康功田功㊱。徽柔懿恭㊲，怀保小民㊳，惠鲜鳏寡㊴。自朝至于日中、昃㊵，不遑暇食㊶，用咸和万民㊷。文王不敢盘于游田㊸，以庶邦惟正之共㊹。文王受命惟中身㊺，厥享国五十年。"

## 注释：

① 君子所：君子身居官位。其：副词，表示命令。无：勿。逸：安逸。

② 乃：然后。依：通"衣"，隐痛。

③ 相：观察。小人：从事农业生产的下层民众。

④ 厥：其，指下层民众。

⑤ 乃：就。谚：粗，引申为对人生的认识肤浅。既：与。诞：放肆。

⑥ 否则：否通"丕"，丕则，以至于。

⑦ 无闻知：不知道安逸享乐。

⑧ 中宗：有二说，一说认为中宗为商朝第五代王太戊。一说认为是商朝第七代王祖乙。

⑨ 严：严肃庄重。恭、寅：两字同义，恭敬。恭强调外表，寅强调内心。

⑩ 度：衡量。

⑪ 祇惧：恭敬谨慎。

⑫ 荒宁：懈怠。

⑬ 肆：因此。

⑭ 其：发语词。高宗：商王武丁。

⑮ 时：武丁为太子时。旧：久。劳于外：武丁为太子时，其父小乙让他到基层参加劳动。

⑯ 爰：于是，暨：及，和。

⑰ 作：及，等到。

⑱ 或：有时。亮：信，实。阴：默。亮阴：保持沉默。指武丁即位后，没有马上采取积极有为的国家治理，而是沉下来调查研究。

⑲ 不言：不轻易发言。

⑳ 雍：和。

㉑ 嘉靖：安定。嘉：善。靖：治。

㉒ 小：小民。大：大臣。

㉓ 无时或怨：此谓倒装句，正确语序为"无或怨时"，或：有。时：是，指高宗武丁。

㉔ 祖甲：武丁的儿子帝甲。

㉕ 惟：为

㉖ 旧：久。

㉗ 作：及。

㉘ 保：安。惠：好处。

㉙ 自：从。时：这。立王：在位的商王。

㉚ 则：便，就。逸：安乐。

㉛ 耽（dān）乐：沉溺于享乐。

㉜ 罔：勿。克：能。寿：长寿。

㉝ 太王：周部领袖古公亶父，周朝的奠基者，是周文王的祖父。王季：古公亶父之子，周文王的父亲。

㉞ 抑畏：谨慎小心。

㉟ 卑：贱。服：从事。

㊱ 即：完成。康功：修建平整道路之事。田功：农耕稼穑之事。

㊲ 徽：善良。柔：仁慈。懿：美。恭：敬。

㊳ 怀保：爱护。

㊴ 惠鲜：爱护。惠：爱。鲜：善。

㊵ 朝：早晨。日中：中午。昃：黄昏。

㊶ 遑：闲暇。

㊷ 用：以。咸和：和谐。

㊸ 盘：乐。游田：游猎。

㊹ 以：使。庶邦：臣服周部的方国诸侯们。惟正之共：即共正，共：奉。正：政，指治国理政。

㊺ 受命：接受天命，即称王。中身：中年。


**语译：**

　　周公对成王说："哎，治国理政者不能贪图安逸享乐，因为治理国家责任重大，很辛苦。要想不贪图安逸，首先要切身感受庄稼人的艰辛。如果有对广大民众有感情和担当，即使具备安逸享乐的条件，因为其深知庄稼人的艰辛隐痛，也不会沉溺享乐。仔细观察普通农民，会发现这样的家庭——父母辛勤劳作，而子女却从不参加劳动，不知劳作之艰辛，以为生活就是享乐。这样的子女对人生的认识很肤浅，将肆无忌惮的享乐当作生活的意义，他们蔑视父母，甚至说：'你们已落后于时代了，哪里明白人生的价值在于享乐。'"

　　周公说："我听说：以前殷的中宗，严肃谨慎，小心翼翼，他以上天旨意作为治国理政的指导。以敬畏戒惧之心治理民众，不敢放纵自己贪图享乐

301

安逸。所以在位长达七十五年；高宗武丁是殷商中兴的贤王，做太子时被父王下放基层长期劳动锻炼，他了解基层百姓的生产生活，对基层民众的有朴素而深厚的感情。其即位以后，并没有马上进行大刀阔斧的改革，经常默默进行调查研究，如此长达三年。其间很少出台新政策，但每出一项新政策都取得很好的效果。此后高宗一直不敢贪图安乐，将国家治理得非常出色。下至百姓上到大臣，大家都很满意，所以武丁在位长达五十九年；商代还有一位贤王祖甲，祖甲之兄为太子，其父商王武丁以祖甲贤能，打算废长立少，以祖甲为太子。祖甲认为父王的行为不符规矩，便流亡民间，长期生活于社会底层。待其即位以后，因为体谅普通民众的疾苦，在治理上尽力安定爱护民众，重视保障鳏寡等弱势人群的利益。所以祖甲深得民心，统治时间长达三十三年。此后在位的商王，生来便在安逸的环境中，不了解农业生产之艰难，不知晓基层劳动者的艰苦，一味沉溺享乐。姑且不说他们将国家治理得很差，甚至连寿命也因淫逸不如前几位贤王长久，执政时间短则三四年，长则十年。"

说完商代三位贤王，周公还讲到西周贤王。他说："啊，我们周朝的贤王更加伟大，太王和王季都能以谦逊小心的态度治理国家。文王身为领袖直接深入一线，参加修建道路和农业生产等劳动。他以和蔼柔顺善良的态度对待百姓，带领百姓过上好日子，他尤其关照鳏寡无依者的生活，从早至晚，日理万机，甚至连吃饭的时间都没有，为的是让社会和谐民众幸福。文王从不放纵自己，不以游戏狩猎为乐，指导方国诸侯勤于政务。文王称王已是中年，而他在位则长达五十年。要想健康长寿，享国长久，最好的方法便是认真治理国家呀。"

## 二、人民和政府是一个有机的整体

**经义：**

受二元对立思维方式、人性恶观念及资产阶级崛起历史经验的影响，西方在国家与社会关系的认识上与我们迥异。

西方自由主义传统认为，国家最多是"必要的恶"，需要独立于国家的、非政府的社会力量遏制政权作恶，同时，更多的社会自治意味着人民获得更多的自由和权利，社会也能得到更好的发展。

20世纪80年代，美国总统里根开启了西方新自由主义时代，持续至今。在1981年1月20日里根总统的就职演说中，面对严重的通货膨胀与失业问题，他说出了那句名言："政府的管理不能解决我们面临的问题，政府的管理本身就是问题所在。"

里根的药方是压缩联邦政府的权力，让自由企业主导的市场，而非中央政府去解决问题，因为社会（里根所说的"国家"）才是权力的根本。"我们是一个拥有政府的国家——而不是一个拥有国家的政府。这一点使我们在世界各国中独树一帜，我们的政府除了人民授予的权力，没有任何别的权力。目前，政府权力的膨胀已显示出超过被统治者同意的迹象，制止并扭转这种状况的时候到了。"

将国家与社会对立起来，迷信社会的恶果在2008年的美国次贷危机中表现得淋漓尽致。危机前长期担任美国联邦储备委员会主席的艾伦·格林斯潘（Alan Greenspan，1987–2006年在任）坚信监管已经过时，市场主体能更好地解决问题。但惨烈的事实表明，国家放弃监管责任才是危机爆发的总根源——次贷危机对美国及世界经济的冲击直到今天仍未平息。

中国古典政治理论没有将国家与社会对立起来，而是将二者看作统一的有机整体，先贤常常用身体比喻政府与人民的关系。东汉思想家荀悦（148–209）主张以天为法则，以王为中心，以臣为辅佐，以民为根基。如果说君主是头，那么臣下是大腿和胳膊，百姓是手和足，如果百姓贫穷，而居上位的人尽享富贵，就好比一个人赤着双脚，而头戴冠冕，这是不合礼法的，百姓忍饥挨饿国家也会受到伤害，因为二者是一个整体。他说："天作道，皇作极，臣作辅，民作基。""天下、国、家一体也。君为元首，臣为股肱，民为手足。下有忧民，则上不尽乐；下有饥民，则上不备膳；下有寒民，则上不具服。徒跣而垂旒（chuí liú，古代帝王贵族冠冕前后的装饰，这里代指冠冕——笔者注），非礼也。故足寒伤心，民寒伤国。"（《申鉴·政体第一》）

如果百姓穷困到不畏惧死亡，不感到生活快乐，那么即使是舜的贤臣契和皋陶来治理国家，天下也不能治理好。《申鉴·政体第一》："民不畏死，不可惧以罪。民不乐生，不可劝以善。虽使契布五教，咎繇（即皋陶——笔者注）作士，政不行焉。"

先贤还常常用水与舟的关系说明国家与社会的关系。《荀子·王制》引用古书中的话，指出君主好比是船，百姓好比是水。水能载船，水也能翻船。"传曰：'君者，舟也；庶人者，水也。水则载舟，水则覆舟。'"《荀子·哀公》则称这段话是"丘闻之"，看来这一比喻起源甚早。

周公告诫成王，要体察人民的疾苦，对于百姓的批评和不满，要认真听取并随时完善政策。否则，将人民与政府敌对起来，结果将是国家灭亡。"水则载舟，水则覆舟"的道理，周公可谓嘱之谆谆——数千载之后，我们仍能从《无逸》的字里行间感受到这种真情。

## 原文：

周公曰："呜呼！继自今嗣王①，则其无淫于观、于逸、于游、于田②，以万民惟正之共。无皇曰'今日耽乐'③。乃非民攸训④，非天攸若⑤，时人丕则有愆⑥。无若殷王受之迷乱⑦，酗于酒德哉⑧！"

周公曰："呜呼！我闻曰：古之人犹胥训告⑨，胥保惠⑩，胥教诲，民无或胥诪张为幻⑪。此厥不听⑫，人乃训之⑬。乃变乱先王之正刑⑭，至于小大⑮。民否⑯，则厥心违怨，否，则厥口诅祝⑰。"

周公曰："呜呼！自殷王中宗，及高宗，及祖甲，乃我周文王，兹四人迪哲⑱。厥或告之曰⑲：'小人怨汝詈汝！'则皇自敬德⑳。厥愆㉑，曰'朕之愆！'允若时㉒，不啻不敢含怒㉓。此厥不听，人乃或诪张为幻，曰：'小人怨汝詈汝！'则信之。则若时㉔，不永念厥辟㉕，不宽绰厥心㉖，乱罚无罪，杀无辜，怨有同㉗，是丛于厥身㉘。"

周公曰："呜呼！嗣王，其监于兹㉙！"

## 注释：

① 继自今：从今以后。嗣王：即位的王，指成王及以后的周王。

② 淫：过度。观：观赏。逸：安乐。游：游览。田：狩猎。

③ 皇：汉石经作兄，兄即况，况：且。

④ 攸：所。训：典范，榜样。

⑤ 若：顺。

⑥ 时：是。丕则：于是。愆：过错。

⑦ 无：勿。若：像。殷王受：商纣王。

⑧ 酗于酒德：以酗酒为德。

⑨ 犹：还。胥：相互。训告：告诫。

⑩ 保：安。惠：爱。

⑪ 或：有。诪张：欺诈。幻：惑乱。

⑫ 此：指上述劝诫之言。厥：其，你。听：听从。

⑬ 训：榜样。

⑭ 正：政治。刑，法律。

⑮ 小大：大大小小等各种法律。

⑯ 否：不，指民众无所适从。

⑰ 诅祝：诅咒。

⑱ 迪哲：通达明智。

⑲ 或：有。

⑳ 皇自：更加。

㉑ 厥：其，指上文所提及的贤王。

㉒ 允：信。若：像。时：这。

㉓ 不啻：不仅。含怒：愤怒。

㉔ 则：如果。若：像。时：这。

㉕ 永：长。辟：法度。

㉖ 宽绰：宽宏大度。

㉗ 有：尤。同：合。

㉘ 丛：聚集。

㉙ 监：通"鉴"。兹：这，指上述事实。

305

**语译：**

周公继续说："哎，从今以后，即位之君要高度清醒，不能沉溺于观赏、休闲、游览和狩猎等，要勤于政务，让百姓安居乐业。不要自我安慰说：'今天累了，暂且先享乐放松一下吧！'如果这样找借口，便不能做民众的表率，上天也不会满意这样的行为。如此下去早晚会酿成大祸。所以不要像商纣王那样糊涂乱为，把酗酒当成美德。"

周公说："我听说：古人彼此之间能开展批评和自我批评，相互关心、相互学习，因此民风厚重，百姓没有相互欺诈和蛊惑的现象。由此看来，王者要能听取不同意见，哪怕是批评意见。如果成王您不听取我前面的建议，官员们便会以您为榜样，自以为是，随意变更历代先王的政策和法令。百姓无所适从，动辄得咎，便会心生怨恨，乃至诅咒治国理政者。"

周公说："啊，商代的中宗、高宗、祖甲以及周朝的文王，这四位贤王通达明智。如果有人跟他们说：'有民众在怨恨咒骂你。'他们不会生气，反而会革新图治，努力解决民众不满的问题。如果他们真的错了，会坦率地承认自己的错误。他们真是这样，在听到民众的批评声音后，不仅不生气，反而会急民众之所急，想民众之所想；如果成王您不能虚心接受我前面所言的建议，官风民风就会变得很差，人们会相互欺诈和惑乱。如果有人向您汇报：'民众中有人在怨恨你诅咒你。'因为人与人之间已经失去信任，王会相信这样的话。这时王反而会不敬畏国家法度，不会有广博胸怀与长远眼光，随意惩罚无辜，滥杀无辜。这样民众的不满和怨恨会逐渐累积，聚集起来，直接指向王者，夏商灭亡之际便是如此。"

周公最后说："啊，成王您需要借鉴这些啊。"

# 君奭

## 一、从周初天命观到战国性命之学

**经义：**

天命是周初政治家关注的重要问题，其天命观到战国时期演化为性命之学。

周初三公之一召（shào）公名奭（shì），《君奭》是周公对召公的训诰。开篇即讲了天道与人事的关系——天命问题。

周公一方面主张"念天威"，另一方面又说"天难谌（音 chén，信——笔者注）""天不可信"，强调永保天的护佑，在于人事的治理，发扬为民服务的德行，"惟人""恭明德"。

召公与周公的天命观相似。有学者根据《墨子·非命中》，甚至认为"天不可信"是周公引召公语。[①]

《墨子·非命中》引先代圣王之书证明自己的"非命"观念。主要引用了三本尚书类文献，一是商书《仲虺之告》，即《仲虺之诰》。引文说，我听说夏代的人诈称天命，打着天命的旗帜虐治天下，所以上天痛恨他，让其军队覆灭。"我闻有夏人矫天命，布命于下，帝式是恶，用阙师。"

二是周书《太誓》，即《泰誓》。引文说，商纣很暴虐，不肯侍奉上天，抛弃先人神灵而不祭祀。说："我有命在天！"不努力政事，上天也抛弃了他不去保佑他。"纣夷之居，而不肯事上天，弃阙其先神而不祀也，曰：'我民有命。'毋僇其务，天不亦弃纵而不葆。"

三是周书中的逸书《执令》，上面引用召公的话：要恭敬！不要相信天命。我俩还不能相互劝勉吗？福命并不是凭空自天而降的，而在我们所作所

① 江灏 钱宗武：《今古文尚书全译》，贵州人民出版社 1991 年版，第 347—349 页。

为。"敬哉，无天命！惟予二人，而无造言，不自降天之哉得之。"《执令》实际并没有说"天不可信"，而是说"无天命"，二者语义上还是有区别的。

需要特别指出的是，墨子并没有否定天命的存在。《墨子·天志》中"天志"就是赏善罚恶的天命。一如召公说"无天命"，也不是否定天命的存在。

为何墨子还要提"非命"呢？他反对的是当时社会上流行的宿命论，这在《墨子·非命上》和《墨子·非儒下》中表现得很清楚。墨子说，顽固坚持"有命"的人认为："长寿夭折、贫富、安危治乱，本来就有天命，不能减少增加。穷达赏罚，幸运倒霉都有定数。人的知识和力量是无能为力的。"一些官吏相信了这些说法，就会对分内的事懈怠，普通人相信了这些，就会劳作懈怠。官吏不治理就要混乱，农事懈怠就要贫困，贫困是国家混乱的源头，而有儒者把这些作为教化之道，其实是残害天下人啊！《墨子·非儒下》："有强执有命以说议曰：'寿夭贫富，安危治乱，固有天命，不可损益。穷达、赏罚、幸否有极，人之知力，不能为焉！'群吏信之，则怠于分职；庶人信之，则怠于从事。吏不治则乱，农事缓则贫，贫且乱政之本，而儒者以为道教，是贼天下之人者也。"

或许是因为《墨子·非儒下》中说儒者"强执有命"，就有学者认为儒家主张宿命论，《论语·颜渊》中子夏不是也讲"死生有命，富贵在天"吗？这是断章取义！实际上墨家和儒家主流的天人观——天命观、性命观没有本质区别，都是既畏天命又重人事，主张修身以俟命、尽人事听天命。这些思想的源头皆可上溯到周召二公的天命观。

另据《墨子·鲁问》，墨子告诉弟子，对那些喜好声乐、沉迷于酒的国君，才对他们讲非乐、非命的道理。"凡入国，必择务而从事焉……国家憙音湛湎，则语之非乐、非命。"圣人思想皆治世之良药，无病又何须药？"非命"不过是墨子治天下的一剂大药！

"大道泛兮，其可左右"，圣人无可无不可，何尝执一以废百？圣贤从不以绝对真理自居——观《墨子》，知圣人中道智慧圆融如此，令人赞叹！

**原文：**

周公若曰："君奭<sup>①</sup>，弗吊<sup>②</sup>，天降丧于殷，殷既坠厥命。我有周既受，我不敢知日厥基永孚于休③。若天棐忱④，我亦不敢知日其终出于不祥⑤。呜呼！君已日时我⑥。我亦不敢宁于上帝命，弗永远念天威。越我民罔尤违⑦，惟人。在我后嗣子孙⑧，大弗克恭上下⑨，遏佚前人光在家⑩，不知天命不易⑪。天难谌⑫，乃其坠命，弗克经历⑬。嗣前人恭明德⑭。在今予小子旦非克有正⑮，迪惟前人光，施于我冲子⑯。"

又曰："天不可信，我道惟宁王德延⑰，天不庸释于文王受命⑱。"

## 注释：

① 君：尊称。奭：指召公奭。

② 吊：淑、善。

③ 厥：这个。基：基业。孚：符合。休：美。

④ 棐：辅助。忱：诚。

⑤ 祥：永，长久。

⑥ 时我：指我能担当起治国重任。

⑦ 罔：没有。尤违：怨恨。

⑧ 在：考察。

⑨ 大：假如。上下：指天地。

⑩ 遏：绝。佚：弃。光：光荣传统。家：指周朝。

⑪ 易：容易。

⑫ 谌（chén）：诚、信。

⑬ 历：久。

⑭ 嗣：继承。

⑮ 正：表率。

⑯ 施：延续。

⑰ 宁王：周文王。

⑱ 庸：用。释：弃。庸释，舍去。

## 语译：

周公说："奭呀，因为商纣王不行善政，上天降下亡国之祸，殷商政权

309

已失去上天的护佑。我们能建立周朝，是因为得到上天的护佑，可是我不敢说我们能永远符合上天的要求。即使上天以无限的诚意保佑我们，我还是不敢保证周朝能长治久安。哎，你说过我有能力治理好周朝，即使有你的鼓励，我也不敢坦然安享上天的护佑，而不考虑上天的惩罚。现在万民没有产生强烈的不满情绪，这是因为我们有良好的治理呀。后代子孙若不敬畏天地，放弃先王的良好传统，那是他们不知天命难得。不能迷信上天，上天保佑是因为良好的治理。如果不恭敬谨慎治理国家，上天便会终结这个政权。所以后代子孙要继承前人的优秀传统，真心造福社会。现在我并不想为后代做示范，只是把先王的优良传统加以光大，让年轻的成王继续发扬。"

周公继续说："上天的保佑要求我们先有良好的治理，所以不要迷信上天。只要我们能够把文王的德政发扬光大，上天便不会终止周朝的福命。"

## 二、如何做下级——臣道的现代意义

**经义：**

选贤任能，是中国古典政治理论最根本的选举制度。

一个时代，只有选贤任能，贤能辅政，才能实现社会的良好治理。周公以商、周两代为例，说明这个道理。商朝，因为伊尹、伊陟、臣扈、巫贤等大臣的辅佐，上下一心，远近一体，国家才得以长治久安。周初，由于虢叔、闳夭、散宜生、泰颠、南宫括的辅佐，文王和武王才得以成就大业。

而当一个朝代走向衰落的时候，则首先表现为不能任用挽狂澜于既倒、扶大厦之将倾的贤臣。崔寔是东汉桓帝、灵帝时的大臣，当时政局江河日下，崔寔敏感地注意到这一点。他指出，自尧舜二帝，汤武二王以来，都是靠明智、博学的大臣辅佐的。所以皋陶出谋划策而唐、虞两朝由此兴旺，伊尹、箕子作训诫而商周由此昌盛。那些继承皇位的君主，想建功立业，中兴国家，有谁不靠贤能智士呢？一般来说，天下之所以治理不好，多半是因为承平日久，政风败坏而不能醒悟，政事腐朽也不能改革，习惯了混乱危难又不自知，或者沉溺于享乐，或者听不进劝告，满足于弄虚作假而不实事求是，不知何去何从。或者受信任的大臣，为保持地位而闭口不言，或者君主冷落臣子，臣下言论不被采用。结果是国家法度削弱，仁人志士抑郁终生。他在《政论》中说："自尧舜之帝，汤武之王，皆赖明哲之佐，博物之臣，故皋陶陈谟而唐虞以兴，伊、箕作训，而殷周用隆。及继体之君，欲立中兴之功者，曷尝不赖贤哲之谋乎？凡天下所以不治者，常由世主承平日久，俗渐弊而不寤，政浸衰而不改，习乱安危，逸不自睹。或荒耽嗜欲，不恤万机；或耳蔽箴诲，厌伪忽真；或犹豫歧路，莫适所从；或见信之佐，括囊守禄；或疏远之臣，言以贱废。是以王纲纵驰于上，智士郁伊（郁伊通"郁抑"——笔者注）于下。"

古代以君臣代指上下级。那么身为下级，应该如何作为呢？这就是先哲十分重视的臣道，臣道也称臣术。关键一点是下级要服从上级，就是西汉《说苑·臣术》所说的"人臣之术，顺从而复命（复命，完成使命后向上司汇报——笔者注），无所敢专。"韩非也指出，有德有才的臣子，把自己托付给君主，一心一意忠心事上，没有二心。在朝廷不敢推辞贱事，在军队不敢推辞难事。听从君主的指使，遵从君主的法令，排除私见对待君主的命令，对于上级决定不妄加评论。《韩非子·有度》："贤者之为人臣，北面委质，无有二心。朝廷不敢辞贱，军旅不敢辞难。顺上之为，从主之法，虚心以待令，而无是非也。"

荀子也强调服从政令的重要性。他说，侍奉君主却不服从政令的，是不勤勉；勤勉而不服从政令的，是不恭敬；恭敬而不服从政令的，是因为不忠诚；忠诚而不服从政令的，就没有功劳；有了功劳而不服从政令的，是因为没有品德。所以，将不服从作为行为准则，就会劳而无功，努力工作也没用。所以，君子是不干这种事的。《荀子·臣道》："事人而不顺者，不疾者也；疾而不顺者，不敬者也；敬而不顺者，不忠者也；忠而不顺者，无功者也；有功而不顺者，无德者也。故无德之为道也，伤疾、堕功、灭苦，故君子不为也。"

那么，服从法律、政令是否意味着不能提出自己独立的见解呢？不是的！荀子特别指出谏争在国家生活中的重要作用，并称能够谏争的人为"社稷之臣"，而对内不能领导统一民众，对外不能抵御患难，百姓不亲近他，诸侯不信任他，却灵巧敏捷能说会道，善于博得宠幸，这类阿谀奉承的下级叫"态臣"——"用态臣者亡"。《荀子·臣道》:"内不足使一民,外不足使距难;百姓不亲,诸侯不信;然而巧敏佞说,善取宠乎上,是态臣者也。"

当今市面上谈领导艺术、领导力的书籍汗牛充栋,却很少有人谈及如何做下级,社会缺乏基本的下级德行标准。不能不说,对臣道的误解和轻视,认为君主制灭亡便不再需要臣道,是造成这种状况的重要原因之一。虽然君主制没有了,但社会组织中上下级关系仍在。不光明正大地提倡臣道,不明确下级德行标准,看似在包容下级,实则会伤害下级——他们往往只有服从的义务,而无谏争的权利。此外,上下级职分模糊失衡,还会导致国家治理、企业经营的混乱和低效。在此意义上,臣道仍有十分重要的现代意义!

**原文:**

公曰:"君奭,我闻在昔成汤既受命,时则有若伊尹①,格于皇天②。在太甲时,则有若保衡③。在太戊时,则有若伊陟、臣扈④,格于上帝。巫咸乂王家。在祖乙时,则有若巫贤,在武丁时,则有若甘盘。率惟兹有陈保乂有殷⑤,故殷礼陟配天⑥,多历年所。天维纯佑命则⑦,商实百姓王人,罔不秉德明恤⑧。小臣屏侯甸⑨,矧咸奔走⑩。惟兹惟德称,用乂厥辟⑪。故一人有事于四方⑫,若卜筮罔不是孚⑬。"

公曰:"君奭!天寿平格⑭,保乂有殷,有殷嗣天灭威。今汝永念,则有固命⑮,厥乱明我新造邦⑯。"

公曰:"君奭,在昔上帝割申劝宁王之德⑰,其集大命于厥躬⑱?惟文王尚克修和我有夏⑲。亦惟有若虢叔,有若闳夭,有若散宜生,有若泰颠,有若南宫括⑳。"

又曰:"无能往来,兹迪彝教㉑,文王蔑德降于国人㉒。亦惟纯佑秉德㉓,迪知天威,乃惟时昭文王迪见冒㉔,闻于上帝。惟时受有殷命。哉武王㉕,惟兹四人尚迪有禄㉖。后暨武王诞将天威㉗,咸刘厥敌㉘。惟兹四人昭武王惟冒㉙,丕单称德㉚。今在予小子旦,若游大川,予往暨汝奭其济㉛。小子同未在位㉜,诞无我责?收罔勖不及㉝。耇造德不降㉞,我则鸣鸟不闻㉟,矧曰其有能格㊱!"公曰:"呜呼!君,肆其监于兹㊲,我受命无疆惟休㊳,亦大惟艰。告君乃猷裕㊴,我不以后人迷。"

312

**注释：**

① 时：当时。若：其、那。伊尹：商初大臣。

② 格：升。

③ 保衡：官名，王身边的辅政大臣。

④ 伊陟、臣扈：商朝大臣名。

⑤ 率：大抵。兹：这。陈：道。义：治理。

⑥ 陟：升。

⑦ 纯：大。佑：帮助。则：准则。

⑧ 秉：执。明：勉。恤：谨慎。

⑨ 小臣：中央朝廷官员。屏：并、和。侯甸：地方方国诸侯。

⑩ 矧：况且。咸：都。奔走：效劳。

⑪ 义：治理。厥辟：他们的王。

⑫ 一人：君王、天子。事：政事。

⑬ 孚：信。

⑭ 寿：久。平：使。格：这里指通达天道之人。

⑮ 固：牢固。命：上天的命令。

⑯ 厥：发语词。乱：治。

⑰ 割：通"曷"，为什么。申：重、再。宁王：周文王。

⑱ 集：降下。躬：自身，指周文王。

⑲ 修：治。有夏：周人的自称。

⑳ 虢叔、闳夭、散宜生、泰颠、南宫括：周文王和周武王时期周朝大臣。

㉑ 兹：努力。迪：道、导。彝：常。

㉒ 蔑：无。

㉓ 纯：大。佑：帮助。秉：秉持。

㉔ 时：通"是"。昭：帮助。见：显示。冒：勉力。

㉕ 哉：在。

㉖ 迪：犹。有禄：在世。

㉗ 暨：与。诞：乃。将：奉。

㉘ 咸：都。刘：杀。

313

㉙ 冒：勉力。

㉚ 丕：大。单：通“殚”，尽。称：举。

㉛ 其：或许。济：渡过。

㉜ 同：通“侗”，幼稚无知。未：通“昧”，暗昧，不明事理。

㉝ 收罔：当为“攸罔”，这里有仍然的意思。勖：勉励。

㉞ 耇：年老的人。降：和睦团结。

㉟ 鸣鸟：凤凰的鸣叫声，古人以凤凰鸣叫声为吉祥。

㊱ 矧：况且。格：了解。

㊲ 肆：现在。兹：代词，这种情况。

㊳ 无疆：无限。休：美。

㊴ 猷裕：宽绰。


**语译：**

　　周公说：“爽呀，我听说以前成汤接受天命后，便有伊尹辅佐他成就功业，一统天下，祭祀时配享上天。太甲为王时有保衡辅佐。太戊时有伊陟、臣扈辅佐，因为功业卓著，祭祀时配享上天。巫咸也是辅佐商王治理天下的贤臣。在祖乙时期，有贤臣巫贤，在武丁时期，有贤臣甘盘。大概正因得到这些贤人的辅佐，才使得商代众多先王能把国家治理好，以至于在死后配享上天，商朝政权也因为历代先王的治理而长久。上天只会帮助那些道德高尚的人，商朝百官和同族都能坚持正道，真诚服务国家，以至于小臣和方国诸侯都能主动为国家效劳奔走。各色人等都能忠于职守协助商王治理好国家。所以当君王施政天下号令四方时，民众如信卜筮一样都拥护。”

　　周公说：“爽呀，上天长期以来让通达天命的贤者治理殷商，商纣王却无视上天的威严而招致灭亡。现在你能永远记住殷商亡国的教训，那我们就能固守住天命。明智地治理好我们这个新生政权。”

　　周公说：“爽呀，以前上天为何反复劝诫周文王要行德政，并将取代殷商治理天下的重任交给文王呢？因为只有像周文王这样的人才能把中国治理好。同时也因为有虢叔、闳夭、散宜生、泰颠、南宫括等人辅佐。”

　　周公又说：“如果没有这些贤臣效劳奔走，努力宣扬教化，文王也很难

314

推行德政服务民众。正因为贤臣辅政，引导文王认识天命，始终坚持为民众造福的准则，政绩卓著，因而感动了上天，才将灭商兴周的使命交给文王。武王时期，文王的贤臣仍有四人健在。后来他们和武王一起消灭殷商建立周朝。因为这四人努力辅助武王，才使武王成就了灭商兴周的大业。武王离世后，成王年幼，我孤身辅政，如同渡过凶险的激流，这时候我最需要你与我共渡难关。成王虽然在位，但年幼无知，尚不具备治国能力，正需要我们承担起治国重担呀。恐怕我们竭尽全力去治理国家，仍然会有疏漏。针对目前的局面，作为武王的兄弟、成王的长辈，我们更应团结一致。如果一味内争，神鸟凤凰鸣叫这类太平之兆固然听不到，更谈不上了解上天的旨意了。"周公接着说："奭呀，现在你应该能认识到，我们接受天命，亡商建周，前途光明而道路曲折，希望你胸怀宽广，理解我是为了完成天命和造福天下百姓，而不是为了子孙后代而贪恋禄位。"

## 三、师心自用，擅改经典是对经典最大的亵渎！

**经义：**

武王死后，成王执政，周朝政权已经到了岌岌可危的地步。当时能征善战的太公已死，周公不得不担当起摄政、平叛，制度建设的大任，成为周朝的顶梁柱。

周公位极人臣，功高震主，引起当朝大臣的怀疑乃至不满是正常的，当然也包括文王的庶子召公。

召公是成王时的重臣。据《逸周书·作雒解》，在平三监之乱中，他与周公一道"内弭父兄，外抚诸侯"。召公也是三公之一，以河南陕县为界，镇抚周西部；周公则留守洛邑，镇抚陕县以东广大地区。

如果周、召二公不和，对初生周政权的稳定和发展将是致命威胁。这也是为何周公苦口婆心，劝导召公同心协力成就文王开创的大业的原因。

司马迁对此记载很详细。周成王的时候召公位列三公：自陕地以西，由召公镇抚；自陕地以东，由周公镇抚。当时成王还幼小，周公代他主持朝政，执掌国家大权。所以召公怀疑周公的所作所为，于是周公就作了《君奭》。召公对周公很不满，周公引经据典劝告说，商汤时有伊尹，功德感通了上天；在太戊时，有像伊陟、臣扈那样的贤臣，功德感通了上帝，并有巫咸治理朝政；在祖乙时，有像巫贤那样的大臣；在武丁时，有像甘般那样的大臣：这些人辅佐君王建功立业，殷朝才得以长期安定。召公醒悟，就不再怀疑不满了。《史记·燕召公世家》："其在成王时，召王为三公：自陕以西，召公主之；自陕以东，周公主之。成王既幼，周公摄政，当国践祚，召公疑之，作《君奭》。君奭不说周公，周公乃称：汤时有伊尹，假于皇天；在太戊时，则有若伊陟、臣扈，假于上帝，巫咸治王家；在祖乙时，则有若巫贤；在武丁时，则有若甘般（甘般，即《君奭》中的"甘盘"——笔者注）。率维兹有陈，保乂有殷。於是召公乃说。"

《书序》的记载内容与之相似，但更为简洁："召公为保，周公为师，相成王为左右。召公不说（说，通'悦'——笔者注），周公作《君奭》。"

宋以前无人怀疑"召公不悦周公"事，但宋儒将圣贤理想化，所以认为先贤有不满情绪不合乎标准。苏轼《书传》称："旧说或谓召公疑周公，陋哉！斯言也。方周公摄政。管蔡流言。周公晏然不自疑。当时大臣亦莫之疑者。何独召公也？今已复子明辟（明辟，还政于君——笔者注），召公复何疑乎？"程颐甚至认为召公并不是不悦周公，只是对自己担任的"保"一职不高兴；朱熹的回答更令人莫名其妙，《朱子语类·卷第七十九》："问'召公不悦'之意。曰：'召公不悦'只是小序恁地（恁地，nèn dì，意为如此，这样——笔者注）说，里面却无此意。这只是召公要去后，周公留他，说道朝廷不可无老臣。"朱熹似乎并没有理解《君奭》的文义。

我们研究经学，关键要经子相参，经史相参，不可学宋儒按自己的理解随意增补经文，移易字句——如同朱熹对待《礼记·大学》一样！这种师心自用，擅改经典的做法是对经典的最大亵渎！

在学界中国文化研究已经严重西学化，社会上中国文化宣传已经严重心灵鸡汤化的今天，我们更要注意这一点。


**原文：**

公曰："前人敷乃心①，乃悉命汝②，作汝民极③。曰：汝明勖偶王④，在亶⑤，乘兹大命⑥，惟文王德丕承，无疆之恤⑦。"

公曰："君，告汝，朕允保奭⑧。其汝克敬以予⑨，监于殷丧大否⑩，肆念我天威⑪。予不允，惟若兹诰？予惟曰：'襄我二人⑫，汝有合哉⑬。'言曰：'在时二人。天休兹至，惟时二人弗戡⑭。'其汝克敬德，明我俊民⑮，在让后人于丕时⑯。呜呼！笃棐时二人⑰，我式克至于今日休⑱，我咸成文王功于不怠，丕冒海隅出日⑲，罔不率俾⑳。"

公曰："君！予不惠若兹多诰㉑，予惟用闵于天越民㉒。"公曰："呜呼！君，惟乃知，民德亦罔不能厥初㉓，惟其终㉔。祗若兹㉕，往敬用治㉖。"


**注释：**

① 前人：指周武王。敷：表白。

② 悉：详尽。

③ 极：中、准则。

④ 明勖（xù）：勉励。偶：合，指合力辅佐成王。

⑤ 亶：诚。

⑥ 乘：担当。

⑦ 恤：忧虑。

⑧ 朕：我。允：信。保：太保，官名。

⑨ 其：希望。克：能够。予：我。

⑩ 否：祸患。

⑪ 肆：长久。

⑫ 襄：除了。

⑬ 合：品德相合之人。

⑭ 戡：胜任。

⑮ 明：彰明。俊民：贤人。

⑯ 在：终。丕时：很好地继承。

⑰ 笃：厚。棐：辅助。时：是。

⑱ 式：用。克：能够。休：美好。

⑲ 丕冒：在天的覆盖之下。

⑳ 俾：从。

㉑ 惠：通"慧"，聪明。

㉒ 闵：忧虑。越：和。

㉓ 初：事情的开始。

㉔ 惟：只。终：事情的结尾。

㉕ 祗：敬。兹：这。

㉖ 往：从今以后，敬：恭敬心。用：以。治：治理。

**语译：**

周公说："武王曾经向你表达，他详尽交代，希望你能做万民的表率。武王说：你们要努力辅佐成王，要真正承担起辅佐成王的使命。长远规划周朝未来，因为人无远虑，必有近忧。只有长远打算，才会有将文王传统发扬光大的动力。"

周公接着说："奭呀，说句心里话，我是极为信任你的，希望你认真听取我的意见，吸取殷商灭亡的历史教训，充分而清醒地认识到：上天既可以保佑一个政权，也可以抛弃一个政权。我是真诚的，若不真诚，我会说这样的话吗！我还想问你：'除了我们二人，你还有其他志同道合的人吗'？你肯定会回答说：'正是因为大家真诚合作，上天才给周朝降下很多美好之事。而这样好的局面，难道仅仅是因为有我们两个人？事实上，我们需要更多的优秀人才。'我也希望你能够尊重并选拔德才兼备之人，最终让后代能够继承文王的治理传统。因为我们二人真诚辅佐成王，周朝的发展才会有今天的好势头，让我们永不懈怠地共同推进文王开创的伟大事业，让普天之下的民众都支持拥护我们。"

周公说："奭呀，我不是很有智慧的人，所以才说了这么多话，我最大的担心是天命和民心。"周公继续说："哎，奭呀，你也知道，总的来看，普通百姓做事，在开始时都很认真，但往往不能坚持到底。我们要吸取这个教训，从现在开始要以更加恭敬之心治理国家。"

# 多方

## 一、周朝建立在周公东征士兵的累累战功之上

**经义：**

武王第一次东征伐殷，牧野之战大败商纣王，灭殷立周，是妇孺皆知的史实。但周人第二次东征伐殷，"周公东征"却鲜为人知。

武王在牧野之战的第二年就去世了，继位的成王年幼，尚不能自理政事。内有诸多握有重兵的叔父，外有东部强大的复辟势力，叛乱的发生近乎成为不可避免的事——在这种生死存亡的关键时刻，周公决意东征，经过残酷的战争，不仅挽救了周王朝，还制礼作乐，巩固了周王朝的统治，奠定了有周一代政治、文化的初基。

相对于牧野之战的前后经过，《史记·周本纪》记述周公东征过于简略。谈到《多方》的写作更是寥寥数语：召公担任太保，周公担任太师，他们征伐东方的淮夷，灭掉奄国，将奄国的国君迁徙到薄姑。成王从奄国返回以后，在宗周作《多方》。"召公为保，周公为师，东伐淮夷，残奄，迁其君薄姑。成王自奄归，在宗周，作《多方》。"

这与书序大致相同。《逸周书·作雒解》的记载则详细一些：武王回到宗周以后，第二年十二月在镐京离世，棺椁暂殡于周庙。周公辅佐天子执政，三叔、禄父、殷、东、徐戎、奄国及嬴姓诸国叛乱。周公与召公内安父子兄弟，外抚诸侯方国，成王元年夏六月，安葬武王于毕。成五二年，再度兴师讨伐殷人。殷人大为恐惧，迅速溃散。于是将三叔治罪。王子禄父逃往北方，缢杀管叔，把蔡叔囚禁在郭凌。总共征服嬴氏十七国，虏回九个城邑的人。俘虏殷朝的士大夫，并迁往洛阳附近的九里。"武王既归，乃岁十二月崩镐，殡于岐周。周公立，相天子。三叔及殷、东、徐、奄及熊盈以略（略，当为'叛'字——笔者注）。周公、召公内弭父兄，外抚诸侯。元年夏

六月，葬武王于毕。二年，又作师旅，临卫政殷，殷大震溃。降辟三叔，王子禄父北奔，管叔经而卒，乃囚蔡叔于郭凌。凡所征熊盈族十有七国，俘维九邑。俘殷献民，迁于九里。"

消灭东部重要诸侯奄国，"践奄"是具有里程碑意义的事件，从此周人开始复杂的制度建设——灭奄过程相当艰苦残酷。据西汉伏生《尚书大传》："三年践奄，四年建侯卫，五年营成周，六年制礼作乐，七年致政成王。""遂践奄。践之云，谓杀其身，执其家，潴（潴，zhū，水积聚的地方——笔者注）其宫。"

周公不仅将奄的国君杀死，还将其家人全部缉拿，把宫殿烧掉，挖一个大深水坑灭其迹，让其国从大地上永远消失。这种地方被称为"凶墟"，即使上面长出的蔬菜百姓也不会吃。荀悦《汉纪·平帝纪》记张竦言："臣闻叛逆之国既以诛讨，则潴其宫以为污池，纳垢浊焉，名曰凶墟，虽生菜茹，而民不食。"东汉郑玄《礼记·檀弓》注认为这种做法是为了警告、教化世人，让世人知晓大逆不道的恶果，"明其大逆，不欲人复之也。"

这让人联想到公元前146年，北非的迦太基被罗马灭国。罗马军队占领迦太基后，血洗了城池，放火烧光了迦太基的城市，将男性迦太基人全部阉割送去做奴隶，把女性迦太基人送去做妓女。并在土地上撒盐，让迦太基再也种不出粮食。

现实常常违背道德理想主义者或宗教家的崇高期望，法家"以杀止杀""以战止战"策略似乎适用于所有动乱时代。盛极一时的周朝建立在周公东征士兵的累累战功之上，对于平定东方的重大历史意义，游唤民教授写道："武王克殷虽说占据了中原地区，但远未能控制奄、徐、薄姑等东夷的广大地区。经东征，降服了东夷的许多方国和部落，才把原东夷地区纳入周的版图之内，并通过'授民授疆土'的途径将王室子弟、亲属及异姓功臣分封在此建立诸侯国，在这里进行统治。这才使西周王朝基本上完成统一大业，奠定了周王朝统治的牢固基础。"[①]

---

① 游唤民：《周公大传》，湖南人民出版社2008年版，第122页。

**原文：**

惟五月丁亥①，王来自奄②，至于宗周③。

周公曰："王若曰：猷！告尔四国多方惟尔殷侯尹民④，我惟大降尔命，尔罔不知。洪维图天之命⑤，弗永寅念于祀⑥，惟帝降格于夏⑦，有夏诞厥逸⑧，不肯慼言于民⑨，乃大淫昏，不克终日劝于帝之迪⑩，乃尔攸闻。

"厥图帝之命，不克开于民之丽⑪，乃大降罚，崇乱有夏⑫，因甲于内乱⑬，不克灵承于旅⑭，罔丕惟进之恭⑮，洪舒于民⑯。亦惟有夏之民叨懫日钦⑰，劓割夏邑⑱。天惟时求民主⑲，乃大降显休命于成汤⑳，刑殄有夏㉑。

"惟天不畀纯㉒，乃惟以尔多方之义民㉓，不克永于多享惟夏之恭㉔。多士大不克明保享于民㉕，乃胥惟虐于民㉖，至于百为㉗，大不克开㉘。

"乃惟成汤克以尔多方简㉙，代夏作民主。慎厥丽㉚，乃劝㉛。厥民刑，用劝。以至于帝乙，罔不明德慎罚，亦克用劝。要囚㉜，殄戮多罪㉝，亦克用劝。开释无辜㉞，亦克用劝。今至于尔辟㉟，弗克以尔多方享天之命。呜呼㊱！"

**注释：**

① 惟五月丁亥：具体哪年有周公摄政三年伐奄、摄政七年、成王亲政十一年之说，总体看来是西周初年。

② 王：成王。奄：古国名称，在今山东曲阜地区。

③ 宗周：指西周都城镐京，在今陕西西安。

④ 四国：指管、蔡、商、奄四个诸侯国。多方：指天下众多诸侯国。惟：与。殷：众。指驻守边疆的官员。尹民：治民的百官。

⑤ 洪惟：发语词，是周公代替成王发布命令常用的发端词。图：度，闭塞。

⑥ 寅：敬。祀：祭祀。

⑦ 格：通"詻"，严令。

⑧ 诞：大。厥：其。逸：逸乐，引申为治理随意妄为。

⑨ 慼：忧。

⑩ 克：能。劝：劝勉。迪：开导。

⑪ 开：解除。丽：通"罹"，苦难。

321

⑫ 崇：重。

⑬ 甲：通"狎"，习。

⑭ 灵：善。承：顺从。旅：众。

⑮ 罔：无。丕：不。惟：只。进：财。恭：供给。

⑯ 洪：大。舒：通"荼"，毒害。

⑰ 有夏之民：指夏朝的统治者。叨：贪婪。懫：忿。钦：兴。

⑱ 劓：割鼻的刑罚。

⑲ 惟时：于是。

⑳ 显：光。休：美。

㉑ 刑殄：给予灭亡的惩罚。刑：刑罚。殄：灭亡。

㉒ 畀：给予。纯：大。

㉓ 义民：贤者。

㉔ 恭：通"供"，所任之职。

㉕ 明：勤勉。保：安。

㉖ 胥：皆。

㉗ 百为：无所不为。

㉘ 开：解除。

㉙ 尔多方：指四方诸侯。简：择，为四方诸侯所拥戴。

㉚ 慎：谨慎。厥：其，指人民。丽：通"罹"，苦难。

㉛ 劝：努力。

㉜ 要：细察。

㉝ 殄：灭绝。戮：杀。多罪：罪大恶极。

㉞ 开释：开脱。无辜：无罪之人。

㉟ 尔：你们。辟：王，这里指商纣王。

㊱ 呜呼：感叹词，表示惋惜。


**语译：**

这年五月的丁亥日，周成王从东方奄国回到都城镐京。

周公说："成王这样说：啊！四国诸侯、各国诸侯以及各国治理百姓的官员们，我要发布重要的教令，你们不可漠然视之。夏桀错误理解天命，自认为有天命的保佑，便可任意妄为，不能以恭敬心进行祭祀。所以上天严厉训诫夏朝，夏桀却更加肆意妄为，丝毫不顾忌民心向背，结果政治更加混乱无序。夏桀不能坚守上天的旨意治理国家而亡国，你们对此是清楚的。

"因为错误理解天命，不重视民生，不能让民众幸福，所以上天才让夏朝灭亡，以亡国重罚夏朝。因为夏桀习惯于盲目妄为，没能很好地满足民众的意愿，残暴地搜刮民财，荼毒百姓。夏朝的统治者们贪婪暴戾，日甚一日，上天于是便指定了更称职的领袖，让商汤承担起亡夏兴商这个光荣的使命。

"上天没有赐予你们洪福，使得你们这些众方国中的贤者，不能长久供职于夏朝。因为夏朝众多官员不能努力造福百姓，反而竞相虐待民众，以至于无所不用其极，让万民生活于水深火热之中。

"由于成汤受到你们众多诸侯的拥戴，取代夏朝成为万民的新主。他慎重治理国家，努力救民于水火。成汤积极运用法律惩治犯罪。从成汤到帝乙，每位君王都能造福民众，慎用刑罚。在审理狱讼上，能坚决惩办罪大恶极者，维护无罪者的权利。而商纣王却不能带领你们众位诸侯共享上天的护佑，实在可悲！"

## 二、克念作圣与慎独功夫

**经义：**

通达智慧之人，如果不能固执善念，也会沦为无知狂妄之徒。无知的人只要固执善念，便可成为通达智慧的人。"惟圣罔念作狂，惟狂克念作圣"观念对内圣修行产生了深远影响，特别是慎独功夫。

这里的"圣"与一些宗教完美的圣人不同，指智慧通达之人。南宋理学家朱熹受印度佛教影响，对这句话大惑不解，狂人可以修身成圣，天地完人圣人岂会退化为狂人？这句话只是告诉人们不可不学罢了。他说："上智下愚不移，如狂作圣则有之，既是圣人，决不到作狂，此只是其言不可不学。"（《朱子语类·卷四十七》）

刘起釪先生指出朱子之误："按西周时'圣'字只是作聪明睿智解，与

'狂昧'为相对的概念，并没有发展到战国时代及其后的'圣'字为至高无上的智慧及道德人品非凡，为天地完人的'圣人'的概念。"①

朱子晚年高足蔡沈《书经集传》直接将"克念作圣"解释为"作圣之功"："狂而克念，果可为圣乎？曰：圣固未易为也，狂而克念则作圣之功。"

比较来说，孔传的解释较为平实，更贴近《多方》本义："惟圣人无念于善，则为狂人；惟狂人能念于善，则为圣人。言桀纣非实狂愚，以不念善，故灭亡。"

这里的"善"具体指人间礼乐，人时时刻刻要遵守、践行礼乐，片刻不能违背——从内在心念到外在行为，从个人独处到大庭广众之中，要始终如一。《礼记·中庸》说："道也者，不可须臾离也，可离非道也。"《礼记·祭义》和《礼记·乐记》则作："礼乐不可斯须去身。"

"克念作圣"发展为后儒慎独功夫。慎独即是《礼记·中庸》所说的："诚之者，择善而固执之者也。"北朝著名子书《刘子》专有一章论慎独，开篇指出：善是人行己立身的关键，片刻不能违背，如果可以违背就称不得善了。一个人行善修德如头要戴帽子、脚要穿鞋一样，如果头不戴帽子，就和南越断发纹身的夷人一样了；同理，如果脚不穿鞋，也就不异于蛮夷了。倘若在人看得见的显明处就行善，人看不到的隐微处就作恶，这就像早上戴帽穿鞋，晚上就裸身赤脚一样。《刘子·慎独》："善者行之总，不可斯须离，可离非善也。人之须善，犹首之须冠，足之待履。首不加冠，是越类也；足不躧履，是夷民也。争处显而修善，在隐而为非，是清旦冠履而昏夜倮跣也。"

《刘子·慎独》提到的"蘧瑗（qú yuàn，蘧瑗即卫国大夫，孔子弟子蘧伯玉）不以昏行变节"，是历史上有名的不以"昏夜"改变自己行为的例子。故事是这样的，卫灵公与夫人夜坐，听到外面车马轰鸣，至朝廷宫门前消失了，过宫门后又有了声响。灵公问夫人："知道这是谁吗？"夫人说："定是蘧伯玉。"卫灵公说："你怎么知道？"夫人回答："我听说：按周代礼仪臣子经过宫门应下车徒步而行，途遇君主车马则凭依车上横木，(《礼记·曲礼

① 顾颉刚、刘起釪：《尚书校释译论》，中华书局 2005 年版，第 1629 页。

上》：'大夫士下公门，式路马。'）以此表示对国君的尊重。那些忠臣孝子，不会因为别人能明白看到就改变行为，不因为夜晚黑暗就不按规矩做事。蘧伯玉，卫国的贤大夫啊。仁慈而有智慧，我觉得在尊重国君这件事上，这样的人一定不因黑暗别人看不到而不顾礼节，因此知道是他。"卫灵公派人查看，果然是蘧伯玉。《列女传·仁智篇·卫灵夫人传》："灵公与夫人夜坐，闻车声辚辚，至阙而止，过阙复有声。公问夫人曰：'知此谓谁？'夫人曰：'此必蘧伯玉也。'公曰：'何以知之？'夫人曰：'妾闻礼下公门式（式，通"轼"——笔者注）路马，所以广敬也。夫忠臣与孝子，不为昭昭变节，不为冥冥惰行。蘧伯玉，卫之贤大夫也。仁而有智，敬于事上。此其人必不以闇（闇，通"暗"——笔者注）昧废礼，是以知之。'公使视之，果伯玉也。"

西汉儒家将慎独的"独"理解为："独也者，舍体也。""舍其体而独其心。"（马王堆帛书《五行》），是重视内在心性的思孟学派对慎独观念的进一步发展。

**原文：**

王若曰："诰告尔多方，非天庸释有夏①，非天庸释有殷。乃惟尔辟以尔多方②，大淫图天之命③，屑有辞④。乃惟有夏图厥政⑤，不集于享⑥，天降时丧⑦，有邦间之⑧。乃惟尔商后王逸厥逸⑨，图厥政，不蠲烝⑩，天惟降时丧。

"惟圣罔念作狂⑪，惟狂克念作圣。天惟五年须暇之子孙⑫，诞作民主⑬，罔可念听⑭。天惟求尔多方，大动以威⑮，开厥顾天⑯。惟尔多方罔堪顾之⑰。惟我周王灵承于旅⑱，克堪用德，惟典神天⑲。天惟式教我用休⑳，简畀殷命㉑，尹尔多方㉒。

"今我曷敢多诰㉓。我惟大降尔四国民命。尔曷不忱裕之于尔多方㉔？尔曷不夹介乂我周王㉕，享天之命？今尔尚宅尔宅，畋尔田，尔曷不惠王熙天之命㉖？尔乃迪屡不静㉗，尔心未爱㉘。尔乃不大宅天命㉙，尔乃屑播天命㉚。尔乃自作不典㉛，图忱于正㉜。我惟时其教告之，我惟时其战要囚之㉝，至于再至于三。乃有不用我降尔命，我乃其大罚殛之㉞非我有周秉德不康宁，乃惟尔自速辜㉟"

**注释：**

① 庸：用。释：舍。庸释：弃用。

② 辟：王，指商纣王。以：与。

③ 图：闭塞。

④ 屑有辞：振振有词。

⑤ 图：闭塞。

⑥ 集：止，引申为为了。享：众。

⑦ 时：是，这。丧：祸。

⑧ 有邦：指商朝。间：代替。之：夏朝。

⑨ 商后王：指商纣王。逸厥逸：商纣王行为放纵不守法度。

⑩ 蠲（juān）：清洁。烝：指祭祀。

⑪ 惟：虽然。圣：通达明白。念：思考。狂：愚狂无知。

⑫ 五年：指从文王七年至十一年武王伐纣。须：等待。暇：款暇。子孙：成汤的子孙，指商纣王。

⑬ 诞：延续。民主：民之主，王。

⑭ 罔：不。可：肯。念：思考。听：倾听。

⑮ 大动以威：天降灾异以警告统治者。

⑯ 开：开导，启发。厥：其，指众诸侯。顾：顾念。天：天意。

⑰ 罔堪：不胜任。顾：顾念。之：指天意。

⑱ 旅：众。

⑲ 典：主。

⑳ 式：用。教：致。休：美。

㉑ 简：通"拣"，选择。畀：给予。

㉒ 尹：治理。

㉓ 曷敢：岂敢。

㉔ 曷：何。忱裕：劝导。

㉕ 夹介：亲附。乂：辅助。

㉖ 惠：顺从。熙：光，引申为发扬光大。

㉗ 乃：竟然。迪：作。屡：多次。不静：叛乱之事。

㉘ 爱：顺服。

㉙ 宅：考虑。

㉚ 屑：轻视。播：弃。

㉛ 典：法。

㉜ 图：图谋。忱：诚信。正：执政者。

㉝ 戜：指以武力平叛。要囚：审查犯人。

㉞ 殛：诛。

㉟ 速：召。辜：罪。

## 语译：

成王对众诸侯说："并非上天想舍弃夏朝和商朝，是夏商的亡国之君桀纣和很多方国诸侯，一方面在治国上盲目随意，一方面闭塞上天旨意，还振振有词，文过饰非。正因为夏桀治国无能，不能为民众服务，上天才给夏朝降下亡国之祸，商朝取代夏朝。商朝末期，因为纣王行为放纵，社会黑暗，不能获得上天的支持，商朝也遭遇亡国之祸。

"通达智慧之人，如果不固执善念，也会沦为无知狂妄之徒。无知的人只要固执善念，便可成为通达智慧的人。上天等待商纣王反省悔过长达五年之久，让他继续为王，但纣王不肯思考，不肯倾听天意民心。上天也对你们众诸侯提出同样的要求，希望你们思考研究，甚至用降灾异的方式启发你们认识天意民心。可众位诸侯却不能正确体认。只有周朝先王能够很好地顺应民心，大行德政，真诚祭祀众神和上天，执政秉持天意。上天善意启发指引我们，选择我们接续殷商行使天命，继续治理你们。

"现在我岂敢多说。周灭商后，我周朝便对你们下达命令，要求你们拥护周朝统治。可你们为何不认真以此命令教化你们的民众？为何不亲附和协助周朝共享安定？周朝建立后并没有侵蚀你们的利益，你们依然居住在原来的家园，耕种着原来的田地，你们为何不顺服，和周朝一同维护天下的稳定？竟然多次发动叛乱，根本原因在于你们内心不顺服周朝。不考虑天意与民心，轻视与摒弃天意。你们自为非法之事，妄图以表面虚伪的臣服骗取我们的信任。为此我不得不严肃警告你们，你们叛乱，周朝便用武力平定，囚禁并审判叛乱者。你们屡次叛乱，我们就屡次武装平叛。如果仍不遵守我下达给你们的训诫，我们就用刑罚以至于诛杀惩治你们。造成这种局面的原因不在于我周朝不行德政，不让你们安享生活，完全是你们咎由自取。"

## 三、周公孔子处乱世，皆行霸道

**经义：**

秦汉以前，学人一般认为霸道是王道的补充，当天下失序时地方诸侯（伯，通"霸"——笔者注）以武力维系天下和平就是霸道。这不似孟子以后，特别是宋以后，将王道与霸道截然对立起来。孟子说孔子门徒没有谈论春秋五霸齐桓公、晋文公事情的，（《孟子·梁惠王上》："仲尼之徒无道桓、文之事者，是以后世无传焉。"）这是信口开河，孔子作《春秋》，盛赞齐桓、晋文霸业。孔子本人相鲁，也欲成就霸业，世人皆知。

圣人处乱世必行霸道。不仅孔子如此，周公也是这样。

据《史记·燕召公世家》记载，周成王的时候，以今河南省三门峡市陕州区（原陕县）分界，把西周王朝统治区划分为东、西两大部分，召公镇抚西部；周公留守洛邑，镇抚陕县以东——这就是历史上有名的"分陕而治"。《史记·燕召公世家》："其在成王时，召王为三公：自陕以西，召公主之；自陕以东，周公主之。成王既幼，周公摄政，当国践祚……"

周公除了摄政，还承担着东部方伯（伯，通"霸"——笔者注）的责任，面对东部严重的叛乱，其行霸道，以力服天下是势所必然。比如前面提到的"践奄"，实际是将奄国从地球上抹去，这对于信奉"兴灭国，继绝世"的三代来说，是很不寻常的。

《多方》中，周公极其严厉地警告殷人及众诸侯不服从周人统治的恶果："乃有不用我降尔命，我乃其大罚殛之"，"则惟尔多方探天之威，我则致天之罚，离逖尔土"。这完全是霸者风范。因为当时东部反叛、复辟势力过于强大，远远超过居故国的殷人范围——不能仅凭仁政感化！北宋苏轼读完《多方》后感叹："《大诰》《康诰》《酒诰》《梓材》《召诰》《洛诰》《多士》《多方》八篇，虽所诰不一，然大略以殷人心不服周而作也。予读《泰誓》

328

《武成》，常怪周取殷之易，及读此八篇，又怪周安殷之难也。《多方》所诰不止殷人，乃及四方之士，是纷纷不心服者，非独殷人也。"（《东坡书传》）

南宋吕祖谦更是指出，周公强调刑赏以治天下，明明所行就是霸道。他说："后世以刑赏为霸政，非王者之事。观周公之待多方，先之以介赍（赍，jī；介赍，大加赏赐——笔者注）之赏，后之以离逖（离逖，使远去，引申为流放——笔者注）之刑，申敕（申敕，shēn lài，意思为告诫，宣示诏令——笔者注）明着，炳如丹青，岂亦霸者之事乎？"（《东莱书说》）

孔子执政风格比周公更显强硬。公元前496，鲁定公十四年，五十六岁的孔子由大司寇理国相职务，一上台就"以杀止杀"，诛杀了著名的大夫少正卯，结果三个月鲁国政风大变，搞得邻国齐国很害怕，相信鲁国必称霸，必来兼并自己，所以想送土地给鲁国。后来齐国用计让鲁国君臣政事懈怠，导致孔子出走才得以平安。《史记·孔子世家》记载："齐人闻而惧，曰：'孔子为政必霸，霸则吾地近焉，我之为先并矣。盍致地焉？'黎鉏曰：'请先尝沮之；沮之而不可则致地，庸迟乎！'于是选齐国中女子好者八十人，皆衣文衣而舞康乐，文马三十驷，遗鲁君……"

鲁国的霸业成为梦幻泡影。而孔子出走，周游列国十四年却成就了历史上最为辉煌的文化远征之一——大历史就是这样祸福相依，不可思议。

## 原文：

王曰："呜呼！猷，告尔有方多士暨殷多士①，今尔奔走②，臣我监五祀③。越惟有胥伯小大多正④，尔罔不克臬⑤。自作不和⑥，尔惟和哉⑦；尔室不睦⑧，尔惟和哉。尔邑克明⑨，尔惟克勤乃事。尔尚不忌于凶德⑩，亦则以穆穆在乃位。克阅于乃邑谋介⑪。尔乃自时洛邑⑫，尚永力畋尔田⑬，天惟畀矜尔⑭，我有周惟其大介赉尔⑮，迪简在王庭⑯，尚尔事⑰，有服在大僚⑱。"

王曰："呜呼！多士，尔不克劝忱我命⑲，尔亦则惟不克享⑳，凡民惟曰不享㉑。尔乃惟逸惟颇㉒，大远王命㉓，则惟尔多方探天之威㉔，我则致天之罚，离逖尔土㉕。"

王曰："我不惟多诰，我惟祗告尔命㉖。"又曰："时惟尔初㉗，不克敬于和㉘，则无我怨。"

329

**注释：**

① 有：语助词。暨：和。

② 奔走：效劳。

③ 监：侯国称监，指周朝。五祀：五年。

④ 胥：力役。伯：赋税。小大：指力役和赋税的数量。正：标准。

⑤ 臬（niè）：法度。

⑥ 和：和睦。

⑦ 惟：思。

⑧ 室：家庭。

⑨ 明：努力。

⑩ 不忌于凶德：不打算做坏事。忌：通"蕢（jì）"：谋划。凶德：坏事。

⑪ 阅：通"悦"，高兴。介：美好。

⑫ 乃：如果。时：这。

⑬ 畋（tián）：种田。

⑭ 畀：给，赐。矜：怜悯。

⑮ 大介：意思是大。赍（jī）：赐予。

⑯ 迪：进。简：择。

⑰ 尚：努力。

⑱ 服：事。僚：官。

⑲ 劝：努力。忱：信。

⑳ 享：享受禄位。

㉑ 凡：凡是。惟：语助词，无实义。曰：认为。

㉒ 逸：安逸。颇：邪。

㉓ 远：背离。

㉔ 探：试探。

㉕ 逖（tì）：远。

㉖ 祇：敬。

㉗ 时：善。惟：谋划。

㉘ 于：与。

王说："啊，我要告诉你们四方诸侯和前殷商官员们，你们臣服效劳周朝已经五年了。五年来，中央依法向你们征收力役和赋税，你们也能遵守法律。如果你们方国之间产生隔阂，应该协商弥合矛盾。如果家族内部关系不好，你们应该设法和睦相处。如果你们的人民努力工作热爱生活，说明你们是勤于职守的。只要你们不走邪路，就可以安享现在所拥有的一切，你们治下的民众也可以安居乐业。如果你们想在洛邑生活下去，可以长期耕种那里的土地，上天会同情和怜悯你们，周朝也会大加奖赏，并把你们选拔到朝中任职。你们要做好你们分内之事，只要你们敬业守法，会被委以重任。"

王说："哎，众位诸侯和官员们，如果你们不能发自内心地践行我的训诫，便不能安享现在的禄位，你们治下的民众也不会支持你们。如果你们顽固不化，肆意妄为走邪路，彻底背离中央命令，将会感受到天命的强大威严，我会奉行天命惩罚你们，把你们迁移到蛮荒之地。"

王最后说："实在不想多说了，我只是真诚地向你们晓喻天命。你们从现在开始要好好筹划自己应该如何做，若你们不敬畏天命，不与周朝和睦相处，大难临头之际，就别怨我。"

# 立政

## 一、经子相参:《尚书·立政》与《管子·立政》

**经义：**

《尚书·立政》的书序过于简单，只是说本篇是周公所作，"周公作《立政》"。幸好《史记·鲁周公世家》为我们提供了更详尽信息：周公东征后，归政成王，天下已基本安定，而政府的组织结构尚待完善，于是周公制作了官制《周官》，据说就是后世流传的《周礼》；光有政府组织制度还不够，还要有选用官员的原则，所以又作了《立政》。"成王在丰天下已安，周之官政未次序，于是周公作《周官》，官别其宜作《立政》。"

《尚书·立政》应作于成王当政后不久，因为官制和选官原则是国家治理不可或缺的，当然要在安定之后立即建立。

对于《立政》的含义，学人多引清代学者王引之（1766–1834）的说法，认为政通"正"，是官长的意思，立政就是选官的原则。《经义述闻·卷三》："政与正同，正，长也。立政，谓建立长官也。篇内所言皆官人之道，故以立政名篇。"

除了《尚书》，黄老道家经典《管子》中也有"立政"一篇。黎翔凤先生释立为"莅"，立政即"莅政"，掌管政事，这似乎更合于《尚书·立政》本义。他说："闻一多云：'立'读为莅。'立政'犹临政……《史记·蔡泽传》'明主立政'，《索隐》：'莅也。'闻说是。"①

顾颉刚、刘起釪总论本节说："以上这一节，指陈夏商旧事，皆在其兴起迄强盛阶段，礼敬上帝，恂行九德，于'三宅'（国家的司法、行政、民政等三个最高机要大臣之择定）皆重用贤俊，及末代昏暴之君桀、纣，皆拂逆旧有正道，唯用暴德乱法之徒，卒致亡国……《蔡传》言：'汤所用三宅，实能就是位而不旷其职；所称三俊，实能就是德而不浮其名也。'前者核其人是否恪尽职守，后者核其人才德是否克副其职。则于考绩与求贤二者俱重。"②

从尧舜禅让时代开始，中国选举制度就德才并重，选贤与能，不仅重视求取德行高尚者，也重视业绩考核。德行、功绩与能力并重，《管子·立政》称为治国的"三本"，上面说，君主要特别注意的问题有三个：一是大臣的德望与地位不相称，二是大臣的功劳与俸禄不相称，三是大臣的能力与官职不相称。这三个根本问题是治乱之源。对于德行声誉在朝廷不高的人不可授予尊高的爵位，对于功业不突出的人不可给予优厚的俸禄，政事没有取信于人民的人不能让他做大官。如果有德望不显于朝廷而身居高位的人，贤良大臣就得不到任用；如果有功劳不显于全国而享有重禄的人，勤奋的大臣就得不到鼓励；如果有政事未取信于人民而做了大官的人，有才能的大臣就不会

---

①　黎翔凤：《管子校注》，中华书局 2004 年版，第 59 页。
②　顾颉刚、刘起釪：《尚书校释译论》，中华书局 2005 年版，第 1674 页。

尽力。只有把这三个根本问题解决了，臣下才不敢妄求官禄。如果对此不加详查，奸臣就会与君主接近，身边的受宠幸的小臣就会专权。这样，在上面君主耳目闭塞，在下面政令不通，正道会被抛弃，国事日坏。"君之所审者三：一曰：德不当其位；二曰：功不当其禄；三曰：能不当其官。此三本者，治乱之原也。故国有德义未明於朝者，则不可加於尊位；功力未见於国者，则不可授与重禄；临事不信於民者，则不可使任大官……国有德义未明於朝而处尊位者，则良臣不进；有功力未见於国而有重禄者，则劳臣不劝；有临事不信於民而任大官者，则材臣不用。三本者审，则下不敢求；三本者不审，则邪臣上通，而便辟制威。如此，则明塞於上，而治壅於下，正道捐弃而邪事日长。"

经子相参，不仅让我们理解"立政"的字面意义，也让我们理解其深刻的政治学内涵——其对于经学研究是如此重要！

**原文：**

周公若曰："拜手稽首①，告嗣天子王矣②。"用咸戒于王③，曰："王左右常伯、常任、准人、缀衣、虎贲④。"

周公曰："呜呼！休兹知恤⑤，鲜哉！古之人迪惟有夏⑥，乃有室大竞⑦，吁俊⑧，尊上帝迪⑨，知忱恂于九德之行⑩。乃敢告教厥后曰⑪，拜手稽首后矣⑫，曰：宅乃事⑬，宅乃牧⑭，宅乃准⑮，兹惟后矣⑯。谋面用丕训德⑰，则乃宅人⑱，兹乃三宅无义民⑲。桀德⑳，惟乃弗作往任㉑，是惟暴德㉒，罔后㉓。

"亦越成汤陟㉔，丕釐上帝之耿命㉕。乃用三有宅㉖，克即宅㉗，曰三有俊㉘，克即俊。严惟丕式㉙，克用三宅三俊㉚。其在商邑，用协于厥邑㉛；其在四方，用丕式见德㉜。呜呼！其在受德㉝。惟为羞刑暴德之人㉞，同于厥邦；乃惟庶习逸德之人㉟，同于厥政。帝钦罚之㊱，乃伻我有夏式商受命㊲，奄甸万姓㊳。"

**注释：**

① 拜手稽（qǐ）首：古代最恭敬的见面礼仪。

② 告：汇报。嗣天子王：周成王已亲政，故称"嗣天子王矣"。

③ 用：因此，于是。咸：详细。戒：告诫。

④ 左右：教导。常伯：治民官，即文中的牧和牧人，主要是民政工作。常任：治事官，即文中的事和任人，主要是行政工作。准人：执法官，即文中的准，主要是司法工作。缀衣：掌管周王服饰之官。虎贲：保卫王宫的武官。

⑤ 休：美好。兹：连词，仍然。恤：忧虑。

⑥ 迪：语助词，无实义。

⑦ 乃：指夏朝。有室：诸侯。竞：强。

⑧ 吁（yù）：呼，引申为选拔。俊：贤能者。

⑨ 尊：遵循。迪：教导。

⑩ 忱：诚。恂：信。九德：指《尚书·皋陶谟》中的"宽而栗、柔而立、愿而恭、乱而敬、扰而毅、直而温、简而廉、刚而塞、彊而义。"

⑪ 后：指夏朝的诸侯和卿相们。

⑫ 拜手稽首后矣：三代君臣之间相互行礼，此处指夏王对诸侯们行礼。

⑬ 宅：度量、考察。事：政事，指文中的事和任人。

⑭ 牧：管理，指文中的牧和牧人。

⑮ 准：准则，法律，指文中的准和准人。

⑯ 兹：如此。

⑰ 谋面：以貌取人，引申为草率地选拔和任用官员。丕：不。训：顺，按照。

⑱ 宅人：任人唯亲。

⑲ 三宅：指宅事（行政）、宅牧（民政）、宅准（司法）。义：贤。

⑳ 桀：夏桀。德：升，指即位。

㉑ 作：采用。往任：以前任用官员的法则。

㉒ 是惟：是以，所以。暴德：暴行，引申为乱作为的官员。

㉓ 罔后：没有以后，指夏朝灭亡。

㉔ 越：到。陟：升，指即位。

㉕ 丕：大。釐（xī）：受福，引申为受。耿：明。

㉖ 三：指治事、治民、司法三个部门。宅：考察。

㉗ 克：能够。即：就。宅：居官。

334

㉘ 俊：有德才之人。

㉙ 严：严格。丕：大。式：法。

㉚ 克：能够。用：任用。三宅：指治事、治人、司法三个领域，俊：贤能。

㉛ 协：协和。厥邑：商邑，商朝都城。

㉜ 用：以。丕式：大法。见：显扬。

㉝ 受：商纣王。德：升，指即位。

㉞ 暋（mǐn）：强暴。羞：进用。刑暴德：性情残暴只知用刑。

㉟ 庶：众多。习：亲近。逸：失。

㊱ 钦：重。

㊲ 伻（bēng）：使。我有夏：指周朝。式：代替。

㊳ 奄：覆。甸：治理。万姓：万民。

**语译：**

　　对成王行过跪拜礼后，周公说："天子呀，您已经正式亲政，我有重要建议向您汇报，天子统领天下的关键是结合实际设置行政、民政、司法机构，并选用称职的人才。当然也包括您身边的服务人员和安保人员。"于是周公详细向成王汇报了自己关于选拔、任用官员的看法。

　　周公说："哎，能够居安思危的人极少，远古时期夏朝的君主做到了。夏朝中央的卿相和地方诸侯都精明强干，即使这样，夏朝天子仍然重视任用贤能，认为治理国家一方面要尊重上天的启示，一方面要真正做到以九德作为官员的标准。他们教导各方国的诸侯们说：我给你们列位诸侯行大礼了，希望你们能理解我所说的话：你们要选拔任用好你们的治事官、治民官和司法官，只有做好这三件事，你们才是称职的诸侯。不考察政绩和品行，便草率授予官职，实际是任人唯亲。如果这样你们的治事官、治民官和司法官中将没有贤能之人。夏朝忽略官员选拔是从夏桀开始的，他不再采用以往选人用人原则，导致大量以短期行为追求政绩的官员出现，夏朝因此灭亡。

　　"等到成汤灭夏建商，真诚行使天命。他十分重视行政、民政和司法三个部门官员的选拔和任用，这些官员十分称职，其主官也能和成汤一样选拔德才兼备者为下属。整个商朝从天子到官员都重视选拔任用贤能之士。商朝依靠他们治理都城各项事务。因为全国各地都能任用贤能之士，天下大治，成就汤的伟大功德。可是在商纣王即位后，纣王刚愎自用，改变了传统用人法则，大量进用性情残暴只知用刑者，上行下效，乱政。商纣王一味亲近众多无德之人，国家混乱。上天惩罚商纣王，让我们周朝受命取代商朝，治理普天下民众。"

## 二、循名责实：非人格化官僚制的非人格化管理

**经义：**

在传统基于血缘和世袭的权力结构中，官员忠诚的对象常常是个人。而现代官僚等级制不同，官员具有非人格化特征，他们依法为组织而非个人服务。官员作为组织的一分子，如同机器的零件，在处理公务时应只考虑合法性、合理性以及有效性，不应考虑任何私情关系及个人情感。

本节我们看到，周人早就有较完备的官僚制度。顾颉刚先生将它们分为五组，第一组是王的枢密，第二组是王的近臣，第三组执行政务，每四组处理侯国事务，第五组处理边疆事务。

诸多官职背后必然有明确的职责，从《周礼》中我们还能看到这一点。这些官员具有现代官僚制特征，君主所作的是选举称职的官员，让官员依法、依规行政——文中特别强调君王不能干预司法。对此刘起釪先生不禁感叹："文王只严加综核各有司的用职与违职，而不侵越各官员职掌，特别不干预刑狱。武王接着遵行文王之道。这就见出了这两位古代有名君主关于用人行政的卓越过人之处，宜乎造就了周家八百年天下。其中不干预刑狱这点，西方民主国家经历多少世代的国会斗争、民主拼搏，才挣得一个司法独立，而周代开国之君在三千多年前就已提出这一在后代备遭践踏的卓越原则，也实在太珍贵了。"①

刘先生没有提到的一点是：中国人不干预司法是基于"道生法"，国君和各级官员都当遵从宇宙人生基本法则的信条，目的是建立稳定的政治重

---

① 顾颉刚、刘起釪：《尚书校释译论》，中华书局 2005 年版，第 1686 页。

心，《管子·七臣七主》："法令者，君臣所共立也。"而西方的司法独立，是基于资本主义国家立法、行政、司法三权分立制衡的观念，目的是整个社会的平衡——二者的安邦治国理念迥异。

由于西方多党政治以政见为分野，实际上弱化了官员的非人格化特征，对于政务官尤其是这样；中国先贤发展出了非人格化官僚制的非人格化管理理论，基于名学原理依法行政——循名责实。

《韩非子·二柄第七》从理论和实践两个方面说明循名责实这种非人格化管理方法，关键是"审合刑（刑，通'形'——笔者注）名"，考察臣下的言论是否异于他们所做的事。他说："为人臣者陈而言，君以其言授之事，专以其事责其功。功当其事，事当其言，则赏；功不当其事，事不当其言，则罚。故群臣其言大而功小者则罚，非罚小功也，罚功不当名也；群臣其言小而功大者亦罚，非不说于大功也，以为不当名也害甚于有大功，故罚。"

文中举例说：韩昭侯有一次喝醉酒睡着了，掌帽官见他冷，就给他盖上了衣服。昭侯睡醒后很高兴，问近侍说："谁给我盖衣服？"近侍回答："掌帽官。"昭侯便同时处罚了掌衣官（类似本节掌管衣服的天子近臣"缀衣"——笔者注）和掌帽官。他之所以处罚掌衣官，是认为掌衣官失职；处罚掌帽官，是因为掌帽官越权。韩非评价说：韩昭侯不是不怕寒冷，而是认为越权的危害超过了寒冷。所以明君管理臣下，臣下不能越权去立功，不能说话不恰当。超越职权就该处死，言行不一就该治罪。司守本职，言而有信，群臣就不能结党营私了。《韩非子·二柄第七》："昔者韩昭候醉而寝，典冠者见君之寒也，故加衣于君之上，觉寝而说（说通'悦'——笔者注），问左右曰：'谁加衣者？'左右对曰：'典冠。'君因兼罪典衣与典冠。其罪典衣，以为失其事也；其罪典冠，以为越其职也。非不恶寒也，以为侵官之害甚于寒。故明主之畜臣，臣不得越官而有功，不得陈言而不当。越官则死，不当则罪。守业其官，所言者贞（贞，当也——笔者注）也，则群臣不得朋党相为矣。"

审合形名，循名责实是大型社会组织中非人格化管理的理论瑰宝，其具体实施方法以及背后的逻辑基础名学，尚待我们深入研究。

**原文：**

"亦越文王武王，克知三有宅心①，灼见三有俊心②。以敬事上帝，立民长伯③。立政④：任人、准夫、牧⑤，作三事。虎贲、缀衣、趣马小尹、左右携仆⑥，百司庶府⑦。大都小伯、艺人、表臣百司、太史、尹伯⑧，庶常吉士⑨。司徒、司马、司空、亚旅⑩。夷微卢烝⑪。三亳阪尹⑫。

"文王惟克厥宅心⑬，乃克立兹常事司牧人⑭，以克俊有德⑮。文王罔攸兼于庶言⑯。庶狱庶慎⑰，惟有司之牧夫是训用违⑱。庶狱庶慎，文王罔敢知于兹⑲。亦越武王率惟敉功⑳，不敢替厥义德㉑，率惟谋从容德㉒，以并受此丕丕基㉓。"

**注释：**

① 越：到。克：能够。三有宅心：指治事、治民和司法三类岗位。

② 灼：明。俊：贤能之人。

③ 长伯：指官员。

④ 立：通"莅"，临视，治理。政：国家政务。

⑤ 任人：治事官。准夫：司法官。牧：治民官。

⑥ 趣马小尹：养马之官。左右携仆：天子的近侍官员。

⑦ 百司庶府：为天子和王室服务的宫廷内官。

⑧ 大都小伯：即大都伯小都伯，大都指三公的封地，小都指卿大夫的封地。伯：长。艺人：负责税收之官。表臣百司：外臣百官。太史：史官之长。尹伯：泛指每个部门的长官。

⑨ 庶：众。常：祥。吉：善。"庶常吉士"是说众官员各司其职，把各项工作处理好。

⑩ 亚旅：次于三公的众卿。

⑪ 夷：东方少数民族。微：南方少数民族。卢：西方少数民族。烝：君。

⑫ 三亳：殷商故都的通称。阪：夏朝故都。尹：长。

⑬ 克：能够。厥：其，指任命的众官员。宅：度。心：官员的品行。

⑭ 常事：指治事官。司：准人，指司法官。牧人：指治人官。

⑮ 以：用。俊：长。有德：贤能之士。

⑯ 罔：不。攸：所。兼：包办。庶言：教令。

⑰ 庶：众。狱：指司法案件。慎：慎刑。

⑱ 之：与。训：训令。用违：采用或不采用。

⑲ 罔敢知：不过问，引申为不多加干预。兹：指司法、行政事务。

⑳ 敉（mǐ）：完成。功：文王的功业。

㉑ 替：废弃。厥：其，指周文王。义德：善德。

㉒ 谋：通"敏"，勉力。容：宽。

㉓ 受：继承。丕：伟大。基：基业。

**语译：**

　　"文王和武王时期，二人都对选拔治事、治民和司法三个领域官员的标准有明确的认识，清楚其思想信念。二位先王以虔诚奉侍上天的态度，为国为民选任官员。他们治理天下政务：在中央和王畿地区，任人、准夫、牧，负责政务、司法和管理民众；虎贲、缀衣、趣马小尹、左右携仆、百司庶府等职务负责侍奉天子和宫廷事务；在公卿们封地内，有大都伯、小都伯、艺人、表臣百司、太史、尹伯等职务，他们能各尽职守，妥善处理各项事务；还设置了司徒、司法、司空、亚旅等职务；为东部、西部、南部地区的周边少数民族任命了首领；在殷商和夏朝故都所在地也任命了长官。

　　"文王能深入了解官员的品德，考察其是否符合九德的标准，然后再让他们担任治事官、司法官和治民官，选贤任能。他不干涉各项具体工作，处理诉讼司法案件的基本原则是慎用刑罚。文王总揽全局，在具体工作中十分尊重有关部门和司法官们的决定，不横加干预。武王最终完成了文王开创的灭商兴周大业，西周建立后并未废弃文王的善政，努力发扬文王宽厚的治理风格，君臣共同继承了文王伟大的政治遗产。"

## 三、无为而治：选贤任能与"不尚贤"

**经义：**

　　《尚书·立政》多次强调国家元首不能干涉司法、行政，要选贤任能，用"吉士""常人"。

上节"庶狱庶慎，文王罔敢知于兹"，孔传说："众狱众慎之事，文王一无敢自知于此，委任贤能而已。"北宋王安石注："君道以择人为职，上必无为而用天下，下必有为而为天下用，此君臣之分也。"

"无为而治"后来成为国人普遍的治国理想。不仅道家讲无为，儒家也讲，并将其上推至黄帝、尧、舜。《易传·系辞下》上说："黄帝、尧、舜垂衣裳而天下治。""垂衣裳而治"是无为而治的形象化说法；孔子曾感叹："能够做到无为并使天下大治的人，可能只有舜吧？你看他没做什么具体事，只是庄重地面向南坐在王位上罢了。"《论语·卫灵公篇》："无为而治者，其舜也与？夫何为哉？恭己正南面而已矣。"（《论语·卫灵公篇》）

请注意，"无为"并不是什么也不做，而是领导者因势而为，进行战略性决策。战略、方针确定了，关键就是选好贤能，用好干部。所以用人，选贤任能是实现无为而治的关键。《吕氏春秋·士节》说："贤主劳于求人，而佚于治事。"《荀子·大略》说，做君主的职责是选用贤才，做大臣的职责是处理分内事务。从前舜治理天下，不用事事命令各种事就办成了。"主道知人；臣道知事。故舜之治天下，不以事诏而万物成。"

关于任用贤能与无为治道的关系，西汉刘向《说苑·君道》开篇讲得好。春秋时，晋平公向圣贤师旷请教如何做君王。师旷回答，人君当行清静无为之道，爱民、利民，博大仁爱。将任用贤能之士作为根本。同时要有广阔的视野，明察万物，不沉溺于世俗的一般见解，不受身边亲信的束缚，目光远大，见解超群。经常考核官吏的政绩，以此来管理下级，这些才是君主所要掌握的。他说："人君之道，清静无为，务在博爱，趋在任贤；广开耳目，以察万方，不固溺于流俗，不拘系于左右，廓然远见，踔然（踔然，chuō rán，显然，昭然——笔者注）独立；屡省考绩，以临臣下。此人君之操也。"

史上用贤的一个著名事例是齐桓公听从鲍叔的推荐，将国政委任给自己的仇人管子，成就了齐桓一代霸业。《说苑·尊贤》说："管仲，桓公之贼（贼，害，这里指仇敌——笔者注）也，鲍叔以为贤于己而进之为相，七十言而说乃听，遂使桓公除报仇之心而委国政焉。桓公垂拱无事而朝诸侯，鲍叔之力也。"

至于道家，《老子·第三章》有"不尚贤"的说法，意思并非反对选贤任能，而是反对任用那些言而无实的争宠、献媚之徒，让臣下不去争名夺利。《老子河上公章句》注"不尚贤，使民不争。""'不尚贤'，贤谓世俗之贤，辩口明文，离道行权，去质为文也。不尚者，不贵之以禄，不贵之以官也；'使民不争'，不争功名，返自然也。"

根源于黄帝、老子之学，"归本于黄老"的韩非子指出，作为君主有两大祸患：一是任贤，二是妄举。这里的任贤正是"不尚贤"的对立面，相互参究有助于我们理解二者的本义。《韩非子·二柄》解释说，因为君主喜好贤能，群臣就粉饰行为迎合君主的欲望，这样群臣的实情便无从知晓；群臣的实情无从知晓，君主便无法识别其臣下了。臣下为了自己的利益争投君主之所好，装出忠君爱主的样子，这只会招致祸患。所以越王喜好勇敢，以致民众大都轻视死亡。楚灵王喜爱细腰，结果国内就有很多甘愿挨饿的人。"故人主好贤，则群臣饰行以要群欲，则是群臣之情不效；群臣之情不效，则人主无以异其臣矣。故越王好勇而民多轻死；楚灵王好细腰而国中多饿人……人臣之情非必能爱其君也，为重利之故也。今人主不掩其情，不匿其端（端，开头，这里指念头——笔者注），而使人臣有缘以侵其主。"

显然，韩非所说的"任贤"指君主依个人私欲与好恶选拔官员，导致臣下争相迎合（"使民争"），所用者都是竖刁、子之这样的小人奸臣，使真正的贤者隐没不出。这类"任贤"的领导者不是清静无为，没有做到真正的选贤任能，因为他让个人私欲干扰了正道。《淮南子·修务训》明确指出："若吾所谓无为者，私志不得入公道，嗜欲不得枉正术，循理而举事，因资而立功……"

学海行舟，对老子"不尚贤"和韩非"任贤之患"本义的探微，让我们更加懂得：学习经典不可不精研深思，若望文生义，则离圣贤之道远矣！


**原文：**

"呜呼！孺子王矣①，继自今我其立政②。立事、准人、牧夫，我其克灼知厥若③，丕乃俾乱④，相我受民，和我庶狱庶慎⑤。时则勿有间之⑥，自一话一言。我则末惟成德之彦⑦，以乂我受民⑧。

"呜呼！予旦已受人之徽言⑨，咸告孺子王矣⑩！继自今文子文孙，其勿误于庶狱庶慎⑪，惟正是乂之⑫。自古商人，亦越我周文王立政，立事、牧夫、准人，则克宅之⑬，克由绎之⑭，兹乃俾乂⑮，国则罔有⑯。立政，用憸人⑰，不训于德⑱，是罔显在厥世⑲。继自今立政，其勿以憸人，其惟吉士，用劢相我国家⑳。

"今文子文孙，孺子王矣。其勿误于庶狱，惟有司之牧夫。其克诘尔戎兵㉑，以陟禹之迹㉒，方行天下㉓，至于海表，罔有不服。以觐文王之耿光㉔，以扬武王之大烈。呜呼！继自今后王立政，其惟克用常人㉕。"

周公若曰："太史、司寇苏公㉖，式敬尔由狱㉗，以长我王国㉘。兹式有慎㉙，以列用中罚㉚。

**注释：**

① 孺子：指周成王。

② 继自今：从今以后。

③ 灼：明。厥若：代词，指前面所说的官员。

④ 丕乃：这样。俾：使。乱：治理．

⑤ 和：平，处理好。

⑥ 时：是。间：代替。

⑦ 末：始终。成德之彦：兼具九德的优秀人才。

⑧ 乂：治理。

⑨ 予旦：指周公。已受：以前。徽言：美言。

⑩ 咸：都，全部。

⑪ 误：指包办的错误。

⑫ 惟：只。正：长官。乂：治理。

⑬ 宅：考察。

⑭ 由绎：审慎。

⑮ 兹乃：这样。俾：使。乂：治理。

⑯ 罔：没有。有：通"尤"，过错。

342

⑰ 憸（xiān）人：贪利之人。

⑱ 训：顺。

⑲ 显：光。

⑳ 劢（mài）：勉力。相：帮助。

㉑ 诘：治。戎兵：军队。

㉒ 陟（zhì）：升。陟禹之迹，循禹之迹的意思。

㉓ 方：通"旁"，遍，通。方行：遍行。

㉔ 觐：见，引申为显扬。耿：明。

㉕ 常人：吉士贤人。

㉖ 司寇：官名，负责司法事务。苏公，即苏忿生，《左转成公十一年》杜预注：苏忿生，周武王司寇苏公也。

㉗ 式：用。由：通"修"，治。

㉘ 长：延长。

㉙ 兹：这。式：法式，榜样。

㉚ 列：布。中：符合，适当。

**语译：**

　　"啊，你现在已正式亲政了，亲政以后的头等大事便是选拔任用官员。我们应尊重以往的优良传统。治事官、司法官和治民官十分重要，我们应认真考察他们，这样才能使贤能之士参与政治，协助我们治理好民众，慎重解决好各项诉讼工作。在国家治理中，要疑人不用，用人不疑，哪怕仅仅是一言一词，我们也不能忽略职能部门，越俎代庖。只有这样，周朝才能始终得到贤能之士的支持，治理好国家，造福民众。

　　"唉，我已将所知道的先王优良传统毫无保留地告诉你了。从今以后，文王的孝子贤孙们，千万不要在处理各种案件诉讼中犯下大包大揽、越俎代庖的错误，要让真正懂行的负责人去处理。从殷商到文王，在选拔任用治事、司法、治民三个领域的官员时，都能做到既重其能力，又重其人品。总之要慎之又慎，最后才赋予他们职权，这样国家治理就不会有颠覆性错误。选用官员，若任用贪财好利之徒，不考察他们品行、能力和政绩，君王便不能创建伟大的事业。从现在开始我们在选官时，坚决不能任用贪利之徒，要选贤任能，只有这样的人才能帮我们治理好国家。

"作为文王的后代，你年纪轻轻已正式亲政，承担起治国使命。在治国理政上，希望天子总揽全局，不要干预具体诉讼工作，充分发挥主管部门的作用。军事是天子最应重视的领域，我希望您多加关注。在禹帝开创的基业上，极力拓展文明空间，让普天之下都能享受文明成就。只有这样才能将文王的事业发扬光大，将武王的事业推向前进。从今以后，最重要的工作就是选拔任用贤能之士。"

关于选用贤能之士，周公最后举了太史和司寇的例子，他说："太史、司寇苏公就是贤能者。苏公能以谨慎的态度处理诉讼，使周朝长治久安。大家要以苏公为榜样，面对诉讼案件，要依照法律谨慎合理地使用刑罚。"

# 顾命

## 一、政教统一是构筑中华民族共同体意识的基础

**经义：**

《尚书·顾命》分两大部分，前面记周成王病危时召集重要辅政大臣及其遗言，后面记成王驾崩后康王即位大典仪节，对我们研究三代礼制、政教原则十分重要。古文《尚书》分全篇为《顾命》和《康王之诰》，突出了康王的诰命内容，却割裂了典礼本身。

相较于《书序》，《史记·周本纪》记载《顾命》的写作因缘更为详细：成王临终前担心太子钊无法胜任王位，于是命令召公、毕公率领诸侯辅佐太子。成王去世以后，召公、毕公率领诸侯，带着太子钊前去谒见先王的宗庙，并反复告诉他文王、武王创业之不易，让他务求节俭，不可有太多欲望，要凭借笃厚诚信治理天下，并作了《顾命》。太子钊于是登上王位，成为周康王。康王即位后遍告天下诸侯，用文王和武王的功业训诫他们，作

《康诰》。因此在成王和康王统治期间，天下安定太平，有四十多年没有动用兵刑。"成王将崩，惧太子钊之不任，乃命召公、毕公率诸侯以相太子而立之。成王既崩，二公率诸侯，以太子钊见于先王庙，申告以文王、武王之所以为王业之不易，务在节俭，毋多欲，以笃信临之，作《顾命》。太子钊遂立，是为康王。康王即位，遍告诸侯，宣告以文武之业以申之，作《康诰》。故成康之际，天下安宁，刑错四十余年不用。"

经过周公平叛，国家步入正轨，成康之际相对安定没有太大问题，但司马迁说"刑错四十余年不用"显然夸大其词，因为金文资料显示，当时对外平乱的战争仍较频繁。日本学者白川静指出："(《周本纪》)若从今天的文献批判的方法看来，这些几乎都不过是依据解经文字和巫祝传说一类的二手资料。例如，《周本纪》说：'成康之际，天下安宁，刑错四十余年不用。'这段记述大约依据《书序》而来，而成康时期的金文却表现出，这是西周戡定作战规模巨大、次数频繁的时期。"[①]

三代中央政权不过是众诸侯的盟主，"统一于封建"比秦汉以后"统一于郡县"更为不稳定，后世学人常常夸大三代圣人治下的盛世，这需要我们特别注意。《周本纪》告诉我们，到康王的儿子昭王在位时，中央政治权威（王道）就衰落了。

这也是为什么，康王死前仍不放心，要诸位大臣辅助太子，遵守礼义法度，将文王武王的政治法度和社会教化继承下去。做到"柔远能迩，安劝小大庶邦"，安集天下诸侯。

中国现实生活中政教（政治治理和社会教化）统一于中央政府，反映到学术思想上，就是内养外用，内圣外王一以贯之。这和西方社会生活迥异，它们政治治理和社会教化是分立的，后者主要由教会承担，前者主要由各级政府承担。

中国社会没有独立的教会，三代以前政教始终统一于中央政府，政府既要"为之君"，承担社会治理职责，还要"为之师"，承担社会教化职责。政教统一是历朝历代构筑中华民族共同体意识的基础。所以《礼记·乐记》

---

① 白川静：《西周史略》，袁林译，三秦出版社1992年版，第8页。

说，用礼来节制民众的心志，用乐来调和民众的声音，用行政力量加以推行，用刑罚手段加以防范。礼、乐、刑、政四个方面，互相配合并不矛盾，如此王道就完备了。"礼节民心，乐和民声，政以行之，刑以防之，礼乐刑政，四达而不悖，则王道备矣。"

现如今，有的人不识大体，盲目学习西方社会的高等学校管理思想和管理实践，主张"教授治校"，教授阶层决定办学的方针大计，并掌握学校全部或主要事务的决策权力，美其名曰"学术自由""学术独立"。这与中国历史和现实格格不入——这种人邯郸学步西方，最终只能在中华大地上匍匐而归！

**原文：**

惟四月哉生魄①，王不怿②。甲子，王乃洮颒水③。相被冕服④，凭玉几⑤。乃同，召太保奭、芮伯、彤伯、毕公、卫侯、毛公、师氏、虎臣、百尹、御事⑥。

王曰："呜呼！疾大渐⑦，惟几⑧，病日臻⑨。既弥留⑩，恐不获誓言嗣⑪，兹予审训命汝⑫。昔君文王武王宣重光⑬，奠丽陈教⑭，则肄肄不违⑮，用克达殷集大命⑯。在后之侗⑰，敬迓天威⑱，嗣守文武大训，无敢昏逾⑲。今天降疾，殆弗兴弗悟⑳。尔尚明时朕言㉑，用敬保元子钊㉒，弘济于艰难㉓，柔远能迩，安劝小大庶邦㉔。思夫人自乱于威仪㉕，尔无以钊冒贡于非几㉖。"

既受命还㉗，出缀衣于庭㉘。越翼日乙丑㉙，王崩。

**注释：**

① 惟四月：一般认为是周成王二十八年四月。哉生魄：指每月月初。

② 怿：高兴，不怿：不高兴，指周成王染病身体不适。

③ 洮（táo）：洗头发。颒（huì）：洗脸。

④ 相：太仆，负责天子服饰和座位之官。被：披。冕：皇冠。服：滚服。

⑤ 凭：靠。几：几案，古代的坐具。

⑥ 同：同时。召：召见。太保奭：即召公。芮伯、彤伯、毕公、卫侯、毛公五人是成王时期的重臣和诸侯，与召公一起称为六卿。师氏：官名，掌管军

队。虎臣：天子卫戍部队的长官。百尹：百官之长。御事：处理具体事务的官员。

⑦ 渐：加剧。

⑧ 惟：语助词。几：危险。

⑨ 臻：至。

⑩ 弥留：病重未亡之际。

⑪ 誓：谨慎。嗣：嗣王，指周康王。

⑫ 兹：现在。审：详细。汝：指所召集之人。

⑬ 宣：显扬。重光：指文王武王两位贤王相继治理周朝。

⑭ 奠：制定。丽：法律。陈：颁布。教：教令。

⑮ 肄（yì）肄：努力。

⑯ 用：因此。达：通"挞"，讨伐。集：成就。

⑰ 侗（tóng）：通"僮"，幼童。指周成王幼年即位为周天子。

⑱ 迓（yà）：迎，引申为奉行。天威：天命。

⑲ 昏：昏乱，引申为盲目。逾：改变。

⑳ 殆：几乎。兴：起。悟：通"寤"，睡醒。

㉑ 明：尽力。时：承受。

㉒ 元子钊：太子钊，即周康王姬钊。

㉓ 弘：大。济：渡过。

㉔ 安：安定。劝：教导。小大庶邦：众多诸侯国。

㉕ 夫人：众人。乱：治。

㉖ 以：使。钊：指周康王。冒：触犯。贡：陷覆。几：法。

㉗ 受：通"授"，传达。

㉘ 缀衣：天子的皇冠、衮服等礼服。庭：王庭天子的宝座。

㉙ 越：到。翼日：第二天。


**语译：**

　　周成王二十八年四月月初，周成王身染重病。甲子日这天，成王决定召见众臣托付后事，沐浴之后，太仆为成王披上礼服。于是同时召见召公、芮伯、彤伯、毕公、卫侯、毛公等六卿，还有掌管军队的师氏、统帅禁卫军的虎臣，以及百官之长和执掌具体事务的官员。

周成王说："唉！自染病以来，我的病越来越重，感觉这次可能凶多吉少。现在我已时日不多，要向你们详细交代一下以后的工作，恐怕以后没有机会郑重讨论下一代天子的问题了。以前我朝有文王、武王相继领导国家，在周朝的历史上，二位贤王交相辉映。他们制定法律，颁布教令，百官和万民也能尽力遵守法律和教令，因此能够担负天命灭商兴周。二位贤王之后，年幼的我也能审慎地奉行天命，继承二位贤王的遗训，不敢盲目更张。现在我身染重疾，几乎动弹不得，讲话也有些困难。希望你们认真听，严格按照嘱托全力辅佐太子姬钊，着实处理好各种问题，渡过难关。以后你们要和善对待近邻，安定远方的诸侯，治理并引导众多诸侯国共同发展。大家都要按照礼法提高自我修养，做好本职工作，不能让太子姬钊触犯礼法，自陷于无道。"

成王向大臣们交代遗嘱后，返回寝宫。他自知身体已经不行了，便将皇冠、衮服等天子的礼服放在王宫天子宝座上。此举意味着他辞世后，太子钊就可以登基了。第二天乙丑日，成王驾崩。

## 二、"河图"与"大训"究竟为何物

**经义：**

周康王即位典礼盛大庄严，《尚书·顾命》刻画得细致入微。

关于典礼的举行地点。刘起釪先生论证在路寝堂上，显得迂阔。[1] 考虑到典礼的重要性，举行地点还是以司马迁所说的"先王之庙"为宜。另外从警卫的情况看，文中的毕门应是"庙门"。

祖庙中的陈设及警卫情况，日本学者赤塚忠教授曾作图阐释，让人一览无余，我们不妨录在这里。

---

① 顾颉刚、刘起釪：《尚书校释译论》，中华书局 2005 年版，第 1881 页。

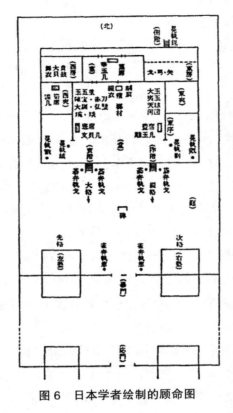

图 6　日本学者绘制的顾命图

图片来源：顾颉刚、刘起釪：《尚书校释译论》，中华书局 2005 年版，第 1895 页。

　　祖庙中的陈设，彰显了中央政府的文治武功，还特别注重军事技术（车和兵器），这对于增强与会天下诸侯的向心力来说，十分重要。因为高精尖军事技术是西周王室"建中立极"的最重要根据之一，是震慑和号令诸侯的手段。即位大典上高精尖军事技术和武器的展示，其功用如同现代国家的大阅兵。

　　其中的"大训"，当指成王遗言中所说的"文武之大训"，先王治国理政的重要经典。周人自古重视经典的保存传承，据《国语·周语上·祭公谏穆王征犬戎》，夏代周人先王不窋（窋，zhú——笔者注）处于戎狄之地，仍不忘修习先祖流传下来的训典。

　　训作为是一种文体，泛指先王之书，也称训典，三代皆有。比如夏代先王的训典，就称《夏训》。《左传·襄公四年》有："魏绛曰：……《夏训》有之曰……"。《诗·大雅·烝民》有："仲山甫之德，柔嘉维则。令仪令色，小心翼翼。古训是式，威仪是力。"仲山甫是周宣王时大臣，"古训"就是先代圣王的训诫。

古籍中重要的训有《逸周书》的前三篇《度训第一》《命训第二》《常训第三》，它们是中国古典政治理论的核心，值得我们认真研读。收录于《清华大学藏战国竹简（壹）》的《保训》属于《尚书》逸篇，是我们新发现的训类文献。张怀通先生也认为训这种文体出现很早："作为一种重要的文体，'训'有悠久的传统，《康诰》云'汝丕远惟商耇成人宅心知训'，《酒诰》云'聪听祖考之彝训'，《无逸》云'古之人犹胥训告'，《顾命》云'嗣守文武大训'，这些都是西周初年，乃至于商代后期，就有'训'这一文体的证据。"①

陈列中另一件让人迷惑千载的宝物是河图。顾颉刚先生在作于20世纪30年代的《三皇考》中，受黄宗羲《易学象数论》的影响，把河图当作地图。"河图洛书"中的河洛，指居于天下中心的中央政府。"因为河洛居天下的中心，因而各地方进呈他们的图书于中央政府，就叫作'河图洛书'。孔子的时候，各国多不奉周为共主，以致图籍不来，而各国的土地人民也就莫由知其消长了。所以他（孔子）叹道：'河不出图，吾已矣夫！''河不出图'者，非'河'不出图也，各国不上图也。"②

事实上，河图、洛书只是图，曾失传，但其数字排布保留在《墨子》《吕氏春秋》《管子》等先秦典籍中。特别是《管子》一书中，完整保存着河图、洛书的图说，我们由此知道河图洛书为月令，它天人合一，按自然时序行人间政令，指导着先民社会生活的方方面面。难怪《周易·系辞上》说："河出图，洛出书，圣人则之。"

《管子·五行第四十一》和《管子·幼官第八》是河图的文字解说；洛书的文字解说是《管子·四时第四十》《管子·轻重己第八十五》。其中《管子·幼官第八》记治国治军的方方面面，简直是上古"大宪章"。所以在康

---

① 张怀通：《〈逸周书〉新研》，中华书局2013年版，第355页。
② 顾颉刚、刘起釪：《尚书校释译论》，中华书局2005年版，第1763页。

王即位大典上，河图也被陈列出来。

有关河图洛书的相关讨论，感兴趣的读者可以参阅拙著《斯文在兹：中华文化的源与流》，中央编译出版社 2014 年出版。

**原文：**

太保命仲桓、南宫毛俾爰齐侯吕伋①，以二干戈、虎贲百人逆子钊于南门之外②。延入翼室③，恤宅宗④。丁卯，命作册度⑤。越七日癸酉，伯相命士须材⑥。

狄设黼扆缀衣⑦。牖间南向⑧，敷重篾席⑨，黼纯⑩，华玉仍几⑪。西序东向⑫，敷重厎席⑬，缀纯⑭，文贝仍几⑮。东序西向，敷重丰席⑯，画纯⑰，雕玉仍几⑱。西夹南向⑲，敷重笋席⑳，玄纷纯㉑，漆仍几㉒。

越玉五重㉓，陈宝㉔，赤刀、大训、弘璧、琬琰在西序㉕。大玉、夷玉、天球、河图在东序㉖。胤之舞衣、大贝、鼗鼓在西房㉗。兑之戈、和之弓、垂之竹矢在东房㉘。大辂在宾阶面㉙，缀辂在阼阶面㉚，先辂在左塾之前㉛，次辂在右塾之前㉜。

二人雀弁㉝，执惠㉞，立于毕门之内㉟。四人綦弁㊱，执戈，上刃㊲，夹两阶戺㊳。一人冕㊴，执刘㊵，立于东堂，一人冕，执钺㊶，立于西堂。一人冕，执戣㊷，立于东垂㊸。一人冕，执瞿㊹，立于西垂。一人冕，执锐㊺，立于侧阶㊻。

**注释：**

① 太保：指召公姬奭。俾：从，引申为引导。爰：与。齐侯吕伋：太公吕尚之子。

② 逆：迎接。子钊：太子姬钊。

③ 延：请。翼室：侧室。

④ 恤：忧。宅：居。宗：主。

⑤ 作册：官名，即太史。度：讨论。

⑥ 伯相：当指毕公姬高，周武王姬发的异母弟，周武王灭商朝后，受封毕地，史称毕公高。须：当为"颁"，布。材：指成王葬礼所用的礼器。

⑦ 狄：狄人，主持祭礼之官。设：陈设。黼扆（yǐ）：门窗之间装饰有斧形花纹的屏风。扆：门窗之间。缀衣：天子的礼服。

⑧ 牖间：门窗之间。

⑨ 敷：布置，引申为铺设。重：两层。篾席：用竹皮编织的席。

⑩ 黼：黑白相间。纯：席子的镶边。黼纯：用黑色和白色丝织品镶饰的席边。

⑪ 华玉：五色玉。仍：因，因其质地而未装饰。几：几案。

⑫ 序：堂的东西墙称序。

⑬ 厎席：用细竹的竹篾编织的席子。

⑭ 缀：以图案装饰。纯：边。

⑮ 文贝：有花纹的贝壳。

⑯ 丰：莞（guān），多年生水草，可以编制席子。

⑰ 画纯：席子边上画着云纹。

⑱ 雕玉：刻镂。

⑲ 西夹：西堂的夹室。

⑳ 笋：青竹皮。

㉑ 玄纷纯：黑色丝线装饰的席边。

㉒ 漆：漆器。

㉓ 越玉：越地所献之玉。

㉔ 陈宝：当在"越玉五重"之前，陈：列。

㉕ 赤刀：武王伐纣所用之刀。大训：记载先王训诫的典籍。弘璧：大玉璧。琬琰：玉圭。

㉖ 大玉：华山出产的玉。夷玉：东北夷人进献的玉。天球：雍州进献的玉。

㉗ 胤：人名，为制作舞衣的匠人。大贝：大贝壳。鼖（fén）鼓：大鼓。

㉘ 兑：人名，制戈之人。和：人名，制弓之人。垂：人名，制造竹箭之人。

㉙ 大辂（lù）：玉辂，天子乘坐的以玉装饰的车。天子乘坐之车有五种：玉辂、金辂、象辂、革辂、木辂。宾阶：宾客所站立的台阶，为西阶。

㉚ 缀辂：即金辂，以金属为装饰。阼阶：主人站立的台阶，即东阶。

㉛ 先辂：即象辂，用象骨装饰的车。塾：门侧的堂屋。

㉜ 次辂：木辂，木质无装饰的车。

352

㉝ 雀弁：天子的卫士所戴的礼冠，色赤，略带黑色。

㉞ 惠：三隅矛。

㉟ 毕门：祖庙门。

㊱ 綦（qí）弁：青黑的礼冠，比雀弁低一等。

㊲ 上刃：戈刃向外。

㊳ 夹：站在道路两旁。阰（shì）：殿堂侧边的台阶。

㊴ 冕：比雀弁高一等的礼冠。

㊵ 刘：斧类的仪仗兵器。

㊶ 钺：大斧，仪仗兵器。

㊷ 戣（kuí）：三锋矛，仪仗兵器。

㊸ 垂：堂的旁边称垂，也称廉。

㊹ 瞿（qú）：和戣相似，属于仪仗兵器。

㊺ 锐：矛类仪仗兵器。

㊻ 侧阶：北堂北下阶。

**语译：**

　　太保召公命令仲恒、南宫毛手持干戈，引导齐侯吕伋率领的虎贲卫士一百人组成的仪仗队，在南门外迎接太子姬钊进入王宫。太子在王宫侧室主持成王的葬礼。丁卯日，命令太史们商讨了葬礼相关事宜。七天以后，毕公高根据商讨方案组织官员们陈列摆放葬礼所需的各种礼器。

　　主祭官员陈设好绘有斧形纹饰的屏风，先王遗留下的礼服摆放在屏风前。房间的门窗朝南开，大堂中间铺设双重竹皮席，竹席四周用黑白相间的丝织物缝制包边。五色彩玉摆放在没有上漆的几案上。西墙的东面，铺着双层用细竹编织的席子，席子四周装饰着图案，带有花纹的贝壳摆放在未涂油漆的几案上。东墙西面，铺着双层莞席，席子四周绘有云纹花边，雕刻好的玉器摆放在未涂油漆的几案上。大堂西边的夹室中，铺着两层用青竹皮编织的席子，席子的四周用黑色丝线装饰，漆器摆放在未上漆的几案上。

　　各种镇国宝器也陈列出来，以示礼仪的隆重。在西墙东边的席子前陈列五层的越地贡献的玉、武王伐纣时用过的红色宝刀、记载先王遗训的典册、

353

巨型的玉璧和玉圭。东墙西面的席前，陈列着华山盛产的大玉、东北进贡的玉、雍州进献的玉、河图。胤制作的舞衣、大贝壳、大鼓陈列在西房。兑制作的戈、和生产的弓、垂制作的竹箭陈列在东房。用美玉装饰的车停放在宾客站立的台阶前、用金属装饰的车停放在主人站立的台阶前，用象骨装饰的车停在门左侧房屋前，木制无装饰的车停放在门右侧的房屋前。

两名头戴赤黑色礼冠的天子卫士，手执三隅矛，在庙门内两侧站立。四名头戴略青黑色礼冠的卫士，手执戈，戈刃向外，两两相对守卫在台阶两边。一名卫士头戴冕，手执巨斧，站在东堂前面。另一名卫士同样头戴冕，手持大钺，站在西堂前面。一名卫士头戴冕，手执三锋矛，站在东堂的旁边。西堂旁边的卫士头戴冕，手执三锋矛。还有一名卫士头戴礼冠，手持一种称作锐的矛，站在北堂的台阶上。

## 三、三代中国已经是统治权集中的大一统国家

**经义：**

成王即位大典透露出三代政治制度的诸多细节，说明早到尧舜时期，最晚到夏商周三代，中国已经是统治权集中的大一统国家，三代的封建诸侯与西欧中世纪统治权分裂和分散的封建主义（feudalism）迥然有别。尽管三代中央政权具有盟主的特点，但诸侯为臣，不能各自为政，中央政令实际可直接下达到地方。

即位大典中，王在应门之内召见天下众诸侯。诸侯们统一服饰，太保召公率领西方诸侯进入应门站在左侧，毕公率领东方的诸侯进入应门站在右侧，说明《礼记·王制》中描述的天下诸侯被分成左右两大部分，归天子中两位"上公"管理有其现实背景。三代时，天下当已有了类似后世不同级别政府的组织形态。据《礼记·王制》，千里见方的王畿以外的各个州，每州设一长，称为方伯。一州之中，五个诸侯国为一属，设一属长；十个诸侯国为一连，设一连帅；三十个诸侯国为一卒，设一卒正；二百一十个诸侯国为一州，设一方伯。八州有八个方伯，五十六个卒正，一百六十个连帅，三百三十六个属长。八个方伯各人统辖自己州内的诸侯而又受天子的二

老（天子三公中有德者）统领。二公分管左右各四州，称作二伯。"千里之外，设方伯。五国以为属，属有长；十国以为连，连有帅；三十国以为卒，卒有正；二百一十国以为州，州有伯，八州八伯。五十六正，百六十八帅，三百三十六长。八伯各以其属，属于天子之老二人，分天下以为左右，曰二伯。"

地方诸侯的自治权很小，它直接接受王室的统治。《礼记·王制》记载，大的诸侯国设有三卿，都是由天子直接任命，另设五个下大夫，二十七个上士；中等诸侯国的三卿，其中两个是由天子直接任命的，一个是国君任命的，另设五个下大夫，二十七个上士；小诸侯国的有三卿，其中一个是由天子直接任命的，其余两个是国君任命的，另设五个下大夫，二十七个上士。

同时，天子用巡守、选举等制度，对各级诸侯的治理情况进行考核，奖善惩恶，这与秦汉以后针对各级行政官员的考绩没有本质区别。天子每隔五年出外巡察一次。命令当地诸侯国掌管音乐的太师进呈民歌民谣，用以考察当地人民的风化习俗。命令管理市场的官员呈上物价，了解人民喜爱和嫌弃的物品，如果民风不正，人民喜欢的就是邪辟之物。命令掌管礼典的官员，校订历法以及各项礼乐制度。如果山川及各种神灵没有全部祭祀就是不敬，有不敬的国君就被削减封地。宗庙排列和祭祀不按顺序就是不孝，有不孝的国君就被降低爵位。随便改换礼乐就是不服从，有不服从的国君就要被流放驱逐。擅自变革制度服饰就是反叛，有反叛的国君就要被讨伐。对人民有功德的国君，就给他加封土地或晋升爵位。《礼记·王制》："天子五年一巡守……命大师陈诗，以观民风，命市纳贾，以观民之所好恶，志淫好辟。命典礼，考时月，定日，同律，礼乐制度衣服正之。山川神祇有不举者为不敬，不敬者君削以地；宗庙有不顺者为不孝，不孝者君绌以爵；变礼易乐者为不从，不从者，君流；革制度衣服者为畔，畔者君讨；有功德于民者，加地进律。"

西汉伏生用上述奖惩制度解释《尚书·尧典》中的"五载一巡守，群后四朝。敷奏以言，明试以功，车服以庸。"[1]

典礼上太保召公和芮伯指出成王治理天下赏罚适当，成就了王业。"毕

---

[1] 皮锡瑞：《尚书大传疏证·卷一》，中华书局 2022 年版，第 24 页。

协赏罚，戡定厥功"，由此我们能看到周人对考绩制度的重视。

西方受基督教原罪观念和性恶论的影响，社会治理重罚轻赏。先贤视赏罚为社会治理的两个重要方面（《韩非子》称之为"二柄"），后来赏罚并重成为中国古典政治的重要特色。

**原文：**

王麻冕黼裳①，由宾阶隮②。卿士邦君麻冕蚁裳③，入即位④。太保、太史、太宗皆麻冕彤裳⑤。太保承介圭⑥，上宗奉同瑁⑦，由阼阶隮⑧。太史秉书⑨，由宾阶隮，御王册命⑩。曰："皇后凭玉几⑪，道扬末命⑫，命汝嗣训⑬，临君周邦⑭，率循大卞⑮，燮和天下⑯，用答扬文、武之光训⑰。"王再拜，兴⑱，答曰："眇眇予末小子⑲，其能而乱四方⑳，以敬忌天威㉑。"

乃受同瑁㉒，王三宿㉓，三祭㉔，三咤㉕。上宗曰飨㉖。太保受同㉗，降，盥㉘，以异同秉璋以酢㉙。授宗人同㉚，拜㉛。王答拜。太保受同，祭，哜㉜，宅㉝，授宗人同，拜。王答拜。太保降㉞，收㉟。诸侯出庙门俟㊱。

王出在应门之内㊲，太保率西方诸侯入应门左㊳，毕公率东方诸侯入应门右㊴，皆布乘黄朱㊵。宾称奉圭兼币曰㊶："一二臣卫㊷，敢执壤奠㊸。"皆再拜稽首。王义嗣德答拜㊹。

太保暨芮伯咸进相揖㊺，皆再拜稽首曰㊻："敢敬告天子，皇天改大邦殷之命，惟周文武诞受羑若㊼，克恤西土㊽。惟新陟王毕协赏罚㊾，戡定厥功㊿，用敷遗后人休㈤。今王敬之哉。张惶六师㈥。无坏我高祖寡命㈦。"

王若曰："庶邦侯甸男卫，予一人钊报诰㈧。昔君文武丕平㈨，富不务咎㈩，底至齐⑰，信用昭明于天下⑱。则亦有熊罴之士，不二心之臣，保义王家⑲，用端命于上帝⑳。皇天用训厥道㉑，付畀四方㉒。乃命建侯树屏㉓，在我后之人㉔。今予一二伯父尚胥暨顾㉕，绥尔先公之臣服于先王㉖。虽尔身在外，乃心罔不在王室，用奉恤厥若㉗，无遗鞠子羞㉘！"

群公既皆听命㉙，相揖，趋出。王释冕㉚，反㉛，丧服㉜。

**注释：**

① 王：指周康王。麻冕：麻制的礼帽。黼裳：装饰有斧形纹饰的礼服。

② 宾阶：西阶，因为康王尚未受册命即位，故从宾阶入。太保代表成王从主阶入。隮（jī）：登上。

③ 卿士：朝内官员。邦君：诸侯国君。蚁裳：颜色如同黑蚂蚁的礼服。

④ 入即位：中庭左右称为位。卿士西向站立，诸侯北向站立。

⑤ 彤裳：红色礼服。

⑥ 太保：指太保召公奭，召公是册命礼仪的主持者。承：捧。介圭：大圭，象征天子之位的玉礼器。

⑦ 上宗：即太宗，太保的助手。奉：捧。同：酒杯。瑁：象征天子之位的玉礼器。

⑧ 阼阶：东阶，即主阶。因为太保此时代表已逝的周成王，故从主阶入。

⑨ 秉：拿。书：书写着成王遗命的册书。

⑩ 御：同"迓（yà）"迎接。

⑪ 皇：大。后：王。皇后：指周成王。

⑫ 道扬：述说，宣布。末命：临终遗命。

⑬ 嗣：继，遵循。训：指先王遗命，先王指周文王、周武王。

⑭ 临：治理。

⑮ 率：完全。循：遵守。卞：法度。

⑯ 燮（xiè）和：治理。

⑰ 用：以。答：与"扬"同义，答扬；发扬。光训：明训。

⑱ 兴：起来。

⑲ 眇眇：微小，康王的自谦之词。

⑳ 其能：岂能。乱：治理。

㉑ 敬忌：敬畏。

㉒ 乃：于是。受：接过。同：酒杯。瑁：象征天子之位的玉礼器。

㉓ 宿：同"肃"，缓慢庄严的前行称为肃。

㉔ 祭：洒酒至地。

㉕ 咤（zhà）：向后退行。

㉖ 上宗：即太宗。飨：请康王饮酒。

㉗ 太保受同：指太保接过天子用过称作同的酒杯。

357

㉘ 盥：洗手。

㉙ 以：用。异：不同。秉：手持。璋：玉制璋瓒，指太保所用的与天子之同相异的酒杯。酢：自斟。

㉚ 宗人：祭祀活动的工作人员。

㉛ 拜：太保对天子行礼。

㉜ 哜（jì）：口尝。

㉝ 宅：同"咤"。

㉞ 降：走下。

㉟ 收：撤，礼毕撤去各种礼器。

㊱ 俟（sì）：等待。

㊲ 应门：根据周朝制度，天子五门，从外至内依次为皋门、库门、雉门、应门、路门。

㊳ 太保：太保、召公为西方诸侯之长。

㊴ 毕公：毕公为东方诸侯之长。

㊵ 布乘：礼服。黄朱：天子礼服为纯红色，诸侯礼服为黄红色。

㊶ 宾：主持召见礼仪的工作人员。称：说。币：献给天子的礼品。

㊷ 臣卫：诸侯们的自称。

㊸ 敢执：怎么敢，诸侯们的自谦之词，引申为斗胆。壤奠：土壤所产，引申为本地的特有宝物。

㊹ 义嗣：义，宜，应该。嗣，继承。康王为长子，本应继承天子之位，故称义嗣。德：升。

㊺ 暨：与。咸：都。

㊻ 皆：都。

㊼ 诞：大，引申为庄严。羕（yǒu）若：指上帝的使命。

㊽ 克：能。恤：忧，引申为关心。

㊾ 新陟王：指周成王。陟：升天，指刚刚离世的周成王。毕：尽。协：和。

㊿ 戡：能。厥：其，指周成王。

㉕ 敷：布，引申为广泛。休：美。

㉖ 张惶：壮大。六师：天子直辖的军队。

(53) 坏：毁坏。寡：大。

(54) 予一人钊：指周康王。报：回答。诰：劝诫。

(55) 文武：指周文王、周武王。丕：大。平：成。

(56) 富：备。务：致力。咎：罚。

(57) 底（dǐ）：达到。齐：适中。

(58) 用：因。

(59) 乂：治理。

(60) 端：正。

(61) 皇天用训厥道：此句的正确语序是皇天用厥道训，意为上天用大道教导周文王、周武王。

(62) 付、畀（bì）：二词同义，给予。

(63) 建侯：分封诸侯。树屏：维护。

(64) 在：照顾辅助。

(65) 伯父：天子称同姓诸侯中的大国为伯父。称同姓诸侯的小国为叔父。尚：还能。暨：及。顾：念。

(66) 绥：继承。

(67) 奉：助。恤：忧。厥若：古代成语，相当于今语“那个”，指周王室。

(68) 鞠：幼稚。鞠子：康王自谦之词。

(69) 群公：指朝拜康王的众臣。

(70) 王释冕：脱去即位时所穿的礼服。

(71) 反：同“返”，返回守丧的地方。

(72) 丧服：重新穿上丧服。

**语译：**

王戴着麻制的礼冠，穿着绣有斧形花纹的礼服，从西阶上来。卿士和众诸侯戴着麻制的礼冠，穿着黑色礼服，进入中庭，各人站在规定的位置上。太保、太史、太宗都戴着麻制的礼冠，穿着红色礼服。太保捧着大圭，太宗捧着酒杯和瑁，从东阶上来。太史手捧策书，从西阶走上，进献策书给康王。太史说：“成王是靠着玉几，宣布其临终遗命。他命令您依据文王、武王的遗命，继承天子之位，治理领导周国，要求您遵守大法来治理天下，以发扬光大文王、武王的光辉思想和伟大事业。"康王对手持册书的太史行礼两次，然后平身，回答说："我虽然年轻且能力有限，但为了祖先的希望和天命，会尽力治理好天下和谐万邦。"

康王接过酒杯和瑁。前进三次，以酒洒地三次，退行三次。太宗说："请喝酒！"王喝酒后，太保接过酒杯，走下堂，洗手，又登上堂。用另外一种称作璋瓒的酒杯自斟自饮向康王表示尊敬，因为此时康王已经正式成为天子。太保然后把酒杯交给祭祀人员，对王下拜行礼，王回拜。太保又从宗人那里接过酒杯，祭酒，尝酒，奠酒，然后把酒杯交给宗人，再次对刚刚即位的天子行礼。天子对太保回礼，太保走下堂，康王登基之礼结束。诸侯卿士们都走出祖庙大门口，恭候康王第一次以天子身份视朝召见。

王走出祖庙，来到应门之内，准备召见天下众诸侯。太保召公率领西方诸侯进入应门，站在左侧，毕公率领东方的诸侯进入应门，站在右侧。他们都穿着绣有花纹的礼服和黄朱色的韨。主持召见之礼的官员传呼进献命圭和贡物，诸侯走上前说："我们这些四方的守护之臣，斗胆将封地的特产宝物献给天子。"诸侯都再拜叩头。康王登上台阶对众诸侯行礼答谢。

众诸侯与天子行礼之后，太保召公和芮伯同时向前相互行礼，然后二人又向周康王行礼，他们向周康王说："我们诚惶诚恐，斗胆向您汇报我们的想法，上天让殷商灭亡，最终周文王、周武王庄严地承担起天命，他们能够关怀团结关中民众，灭商建周。之后周成王治理天下，赏罚适当合宜。他成就了本应成就的功业，在文王、武王的基础上继续推进周朝的发展。三代先王的成功治理让后人安享幸福生活。您现在已即天子之位，要敬畏三代先王开创的伟大事业呀。当务之急是整顿壮大天子直接指挥的军队，包括成周六师和宗周六师。不要让先王开创的事业走下坡路。"

因为众诸侯和官员的支持和拥戴，周康王顺利即位，他对朝拜的群臣说："各位诸侯，你们拥护我即位，并且提出很好的建议，我也向你们表个态。从前我们的先王文王和武王重视礼乐教化，不像殷商那样只重视刑罚，在文王和武王的领导下，我国礼法制度已经大大完备，一切治理措施都符合时宜，先王的威信如同太阳普照天下。还有那些勇武的将士、忠贞的臣子，积极配合先王共同治理安定我们的国家。上天因此将治理天下的使命交给周朝。上天用治国大道引导着先王，将天下交给先王来治理。按照上天旨意，先王在全国各地分封诸侯，保卫中央，中央地方紧密团结，为我们守天下确立了坚实的基础。现在同姓诸侯中的大国都能坚定地拥护中央，也能像你们的祖先支持先王一样支持王室。这表明你们虽然远离国都，散居各地，却一直没有忘记保卫中央和王室的使命。我希望你们时时刻刻维护中央和王室，不要让我这个幼稚的年轻人犯下令先王和后代子孙蒙羞的错误。"

众臣表示坚决服从康王的旨意，相互行礼，快步退下。康王脱下即位的礼服，返回侧室，穿上丧服继续为成王守丧。

# 吕 刑

## 一、"绝地天通"具有非凡的世界史意义

**经义：**

本篇作于周穆王时，记载了与刑法有关的古史。其中提到黄帝之孙颛顼（颛顼，zhuān xū），命令重、黎二人分治天地一事，对于我们理解中华文明的特质及人类文明的演化十分重要。

人类早期文明普遍带有萨满文化底色，信仰神及无所不在的灵力。萨满（即巫）通过仪式降神，实现天人沟通，以指导人们生产生活的方方面面。生活在非洲喀拉哈里沙漠中的昆人称可以治疗的神力为"能"，"能"并非如后世的巫一样为少数人所有，近一半的男人及三分之一的女人都拥有"能"，但据说获得"能"的多少最终还是取决于神。[1]

在西方世界，这种萨满（巫）文化常常随基督教的扩张而衰退。因为在

---

[1] 玛乔丽·肖斯塔克：《妮萨：一名昆族女子的生活与心声》，中国人民大学出版社2017年版，第318页。

基督教看来，巫术是必须消灭的异教；替代万物有灵萨满文化的，是一神教文化——尽管二者都是以神为中心。事实上，除了中华文化，人类并未从根本上脱离"以神为本"。古希腊哲人充满理性反思精神，但他们的生活仍以神为中心，神庙总是位居城市中心；现代西方历经18世纪开始的启蒙运动，世俗化不断增强，但仍没有一种文化力量超越一神教的支配地位。

同世界其他古老文明一样，中国文明早期也呈现出明显的萨满文化特征。但中国先民自四千多年前的颛顼时代开始，就脱离了以神为中心的萨满文化，建立起了以人为中心的社会体系，延续至今。这是一场伟大的人文革命，是人类觉醒的一个重要里程碑——也因此，重黎"绝地天通"具有非凡的世界史意义。

至春秋时代，世人已对"绝地天通"意义不甚了了，尽管这时"道在帝先""民为神本""神不胜道"的观念已深入人心。

楚昭王（约公元前523—前489）看到《吕刑》中有关"重黎绝地天通"的记载，大惑不解。难道古人真能登天吗？他这样问自己博学的大臣观射父。后者告诉他，古代本来就是民与神的事物不相混杂的，有巫觋、太祝、宗伯主管神事，有民、物之官主管人事。事实上观射父描述的是上古萨满文化主导的社会，当时巫的作用十分重要，是精英中的精英。观射父说，人民中精神专注不二又能恭敬中正的人，他们的才智能使天地上下万事万物各得其宜，他们通达无碍，洞察一切，听觉灵敏，这样神明就会下附到他们身上，这类人男的叫作觋，女的叫作巫。巫觋制作神灵居所、制定祭祀次序，规定牺牲、祭器、四时祭服，然后选择太祝、宗伯，最后又有了"天、地、神、民、类物之官，是谓五官"。《国语·楚语下·观射父论绝地天通》："民之精爽不携贰者，而又能齐肃衷正，其智能上下比义，其圣能光远宣朗，其明能光照之，其聪能听彻之，如是则明神降之，在男曰觋，在女曰巫。是使制神之处位次主，而为之牲器时服，而后使先圣之后（为之祝）……使名姓之后（为之宗）。"

后来东部苗人迷信鬼神，民和神相混杂，不能分辨名实。人人都举行祭祀，家家都自为巫史，祭祀没有法度，整个社会一派乌烟瘴气。颛顼受命称王后，"乃命南正重司天以属神，命火正黎司地以属民，使复旧常，无相侵

渎，是谓绝地天通。”（《国语·楚语下·观射父论绝地天通》）

“绝地天通”使天官完全独立出来，不再治理民事。由此形成了中国文化重世俗，以人为本的根本特点，并因此独步于世界民族之林。

司马迁将自己的先祖上推到重、黎。论及其父司马谈时仍说：“太史公学天官于唐都……太史公既掌天官，不治民。”（《史记·太史公自序》）

**原文：**

惟吕命①，王享国百年②，耄③，荒度作刑④，以诘四方⑤。王曰：“若古有训，蚩尤惟始作乱⑥，延及于平民，罔不寇贼⑦，鸱义奸宄⑧，夺攘矫虔⑨。苗民弗用灵⑩，制以刑⑪，惟作五虐之刑曰法⑫。杀戮无辜，爰始淫为劓刵椓黥⑬。越兹丽刑并制⑭，罔差有辞⑮。

“民兴胥渐⑯，泯泯棼棼⑰，罔中于信⑱，以覆诅盟⑲。虐威庶戮，方告无辜于上⑳。上帝监民㉑，罔有馨香德㉒，刑发闻惟腥㉓。皇帝哀矜庶戮之不辜㉔，报虐以威㉕，遏绝苗民㉖，无世在下㉗。乃命重黎绝地天通㉘，罔有降格㉙。群后之逮在下㉚，明明棐常㉛，鳏寡无盖㉜。

“皇帝清问下民㉝，鳏寡有辞于苗㉞。德威惟畏㉟，德明惟明㊱。乃命三后恤功于民㊲：伯夷降典㊳，折民惟刑㊴；禹平水土，主名山川㊵；稷降播种㊶，农殖嘉谷㊷。三后成功，惟殷于民㊸。士制百姓于刑之中㊹，以教祗德。

“穆穆在上㊺，明明在下㊻，灼于四方㊼，罔不惟德之勤，故乃明于刑之中㊽，率乂于民棐彝㊾。典狱㊿，非讫于威(51)，惟讫于富(52)。敬忌(53)，罔有择言在身(54)，惟克天德(55)，自作元命(56)，配享在下(57)。”

王曰：“嗟！四方司政典狱(58)，非尔惟作天牧(59)？今尔何监？非时伯夷播刑之迪(60)？其今尔何惩(61)？惟时苗民匪察于狱之丽(62)，罔择吉人，观于五刑之中；惟时庶威夺货(63)，断制五刑以乱无辜。上帝不蠲(64)，降咎于苗(65)，苗民无辞于罚(66)，乃绝厥世。”

王曰：“呜呼！念之哉。伯父、伯兄、仲叔、季弟、幼子、童孙，皆听朕言，庶有格命(67)。今尔罔不由慰曰勤(68)，尔罔或戒不勤。天齐于民(69)，俾我一日(70)，非终惟终在人(71)。尔尚敬逆天命(72)，以奉我一人！虽畏勿畏，虽休勿休(73)。惟敬五刑，以成三德(74)。一人有庆(75)，兆民赖之(76)，其宁惟永。”

**注释：**

① 惟：句首语助词，无实义。吕：吕侯，又称甫侯，因封地在吕，故称吕侯。命：接受任命。

② 王：指周穆王。享国：执政。百年：多年。

③ 耄（mào）：老。

④ 荒：大，引申为认真。度：谋划。

⑤ 诘：禁，引申为规范。四方：指天下诸侯。

⑥ 蚩尤：五帝时代苗部族领袖，黄帝、舜禹时期中央和苗部族关系很紧张。

⑦ 寇：侵犯。贼：害。

⑧ 鸱（chī）义：禽兽之行。鸱：恶鸟。奸宄：为非作歹。

⑨ 夺：强取。攘：窃取。矫：诈称曰矫。虔：强取。

⑩ 苗民：当为九黎之后，属东夷集团。灵：令，指政令。

⑪ 制：制服。

⑫ 虐：杀。曰：叫作。

⑬ 爰：句首语助词，无实义。淫：过分。劓（yì）：割鼻。刵（èr）：割去耳朵。椓（zhuó）：去势。黥（qíng）：在脸上刺字，染以黑色。

⑭ 越兹：于是。丽：施行。刑：杀。并：废弃。制：制度法令。

⑮ 差：择。辞：申述情由。

⑯ 兴：起。胥：相互。渐（jiān）：通"奸"，欺诈。

⑰ 泯泯棼棼（fén）：纷乱的样子。

⑱ 罔：没有。中：通"忠"。于：与。

⑲ 覆：反。诅盟：誓约。

⑳ 方：并，一起。上：当指五帝之一的颛顼帝。

㉑ 监：视，考察。

㉒ 馨（xīn）香：香气。德：品行。

㉓ 发：散发。腥：腥臭。

㉔ 不辜：无罪。

㉕ 报：报答，引申为惩罚。

㉖ 遏（è）：制止。绝：杀尽。

㉗ 世：嗣，后代。

㉘ 重、黎：人名，颛顼帝时期，重主天神，黎主臣民。绝地天通：隔绝天神和众民之间的直接联系。

㉙ 格：升。

㉚ 逮：及。

㉛ 明明：明：显用。明：明德，指贤能。棐：辅助。常：常道。

㉜ 盖：危害。

㉝ 皇帝：根据本文内容，皇帝当指五帝之一的尧帝。清问：询问。

㉞ 辞：怨言。

㉟ 德：恩。威：权威。畏：敬畏。

㊱ 明：尊敬。

㊲ 三后：指伯夷、禹、稷。恤：忧。功：事功。

㊳ 伯夷：尧帝时期名臣，负责制定礼法。降：立下。

㊴ 折：制。

㊵ 主：主持。名：命名。

㊶ 降：下，引申为传授。

㊷ 农：勉力。殖：种植。嘉：美。

㊸ 殷：正。

㊹ 士：士师。制：驾御。百姓：百官。中：公平。

㊺ 穆穆：恭敬的样子。

㊻ 明明：努力的样子。

㊼ 灼：光照。

㊽ 明：勉。

㊾ 率：句首语助词。乂：治。棐（fěi）：辅助。彝：常法。

㊿ 典：主持。狱：狱讼。

(51) 讫：止。

(52) 富：福。

(53) 忌：畏惧。

(54) 择言：坏话。

㊺ 克：肩负。天德：天地仁爱之德。

㊶ 元命：长命，长寿，引申为健康。

㊷ 配：配天。享：享有。在下：在人世间。

㊸ 四方：司政典狱：指诸侯。司、典：主管、负责。

㊹ 惟：为。牧：治民。

⑥ 时：这。播：传播。迪：道。

⑥ 惩：惩戒，引申为教训。

⑥ 匪：不。丽：通"罹"，罗网。

⑥ 惟时：因此。庶威：威势。夺货：掠夺财产。

⑥ 蠲（juān）：赦免。

⑥ 咎：灾祸。

⑥ 无辞于罚：对于惩罚无话可说。

⑥ 庶：庶几，差不多。格：通"嘏"（gǔ），大。

⑥ 由：用。慰：安慰。

⑥ 齐：整治。

⑦ 俾：使……执掌。

⑦ 终：成，成功。在：取决于。

⑦ 逆：迎，引申为对待。

⑦ 休：高兴。

⑦ 三德：指《洪范》中的正直、刚克、柔克。

⑦ 庆：善。

⑦ 赖：依靠，引申为受益，得利。


**语译：**

　　周穆王在位长达五十多年，天下承平日久，累积很多矛盾。晚年穆王任命吕侯，根据当时社会现状制定刑法以约束天下臣民。周穆王说："这方面古代就有教训。苗部首领蚩尤叛乱，给天下众生带来很多不幸。社会动荡，不守法度，各地都有叛乱发生，人们相互攻击侵伐盛行。蚩尤所统领的苗部不遵守国家政令，推行残酷的刑罚，他们制定五种酷刑以为法律。滥用劓、刵、椓、黥等酷刑，杀戮无罪之人。于是各项制度法令被忽视，既不考虑是否有罪，也不考虑具体案情，一味以酷刑杀人。

"蚩尤作乱，民风败坏，社会无序，百姓间相互欺诈，不讲忠信，随意违背誓约。蚩尤用酷刑对待民众，很多人遭到杀戮，大家向颛顼帝倾诉自己无辜受害的情形。颛顼考察其社会现状，认为蚩尤没有值得赞许的政绩，反倒有众多因为酷刑引发的乱象。上天同情被害民众无辜受刑，决定用严酷手段惩罚蚩尤及其苗部，将为非作歹的苗民斩尽杀绝，不让一个坏人留在人间。于是命令重主管神道，黎主管民事，断绝民众随意与天神沟通的渠道，禁止天神随意往来人间。以后的各位天子，都重视任用德才兼备之人，以常道治理国家，而不是以神道治理国家，这样基层百姓无辜受刑的情况基本解决。

"尧帝主动了解民情，发现就连社会最底层的鳏寡之人都对苗部颇有微词。尧帝认为只有造福民众确立起权威才能获得民众的敬畏，只有造福民众获得民众的尊重才是真正的尊重。于是尧帝任用三位贤能进行治理。伯夷制定礼仪法典，以法律治理民众。大禹修治水土，治理洪水。后稷向民众传授种植技术，努力搞好粮食生产。三位贤能解决了社会秩序、基础设施和农业生产方面的困难后，民风归于中正淳厚。士师们又以刑罚的公平驾御百官，以教化引导民众尊敬有德的贤者。

"尧帝居天子之位以恭敬心治理天下。伯夷、大禹等尽力于本职工作，上下协作，天下秩序井然，众官员都能勤于惠民之政，致力于用刑公平适当，又能以礼法引导教化民众。主管狱讼的官员，不仅仅依靠刑罚治理民众，而是以造福民众为最终目标。每个人能以敬畏之心从事工作，没有不当想法和言论，而是尽力践行天道。因为大家是在努力追求自己的幸福，所以能够在世间享受上天恩赐的美好生活。"

周穆王说："哎，天下的众诸侯们，你们应该以天地生化万物的态度治理民众呀。应以谁为楷模呢？制定传播法律的伯夷正是你们学习的典范。你们应从哪里吸取教训？应从苗部族处理狱讼失察给民众带来祸患中吸取教训。他们没有选拔任用良善之人，纵容刑罚执行的不公正。只任用那些依仗权势巧取豪夺的人，滥用法律，使无罪之人蒙受冤屈。最终上天没有赦免他们的罪恶，降祸惩罚整个苗部族，苗人十分清楚他们犯下的罪行，对于天赐惩罚也无话可说，只能承受，所以他们的后世子孙断绝。"

周穆王说："哎！你们要牢记这些经验和教训。父老兄弟和年幼的后代子孙们，你们应该理解服从我的旨意，只有这样我们才能长远地保有天下。目前你们都自我宽慰说：我已经很勤劳了！事实上，你们没有一个人以懈怠警醒自己。上天为了更好地治理众生，让我们周朝掌权至今，治理天下成败与否完全取决于我们。大家应当以敬畏之心对待天命，全力拥戴中央。对待令人畏惧的难办之事，你们不能畏惧，要勇于担当。对待令人高兴欣慰的事务，要看到其反面。重要的是以敬畏之心实施刑罚，成就自己正直、果断和宽容的品性。我们是天下的治理者，言行影响着民众的命运。如果诸位人人都能实施善政，天下民众因此会受益良多，我国就会长治久安。"

## 二、赎刑是善政，宋儒未能真得圣人心

**经义：**

《书序》说，吕侯劝告周穆王申述夏代的赎刑，于是史官记录作了《吕刑》。"吕命穆王训夏赎刑，作《吕刑》。"

《吕刑》是对《尚书·尧典》"金作赎刑"、犯了罪可以出金赎罪的进一步阐发。我们从《周礼》中也能看到，周代确有"赎刑"，其中秋官"职金"的一个重要职责就是接受司法官所判罚的铜和货币，并交给司兵，应是用于制造兵器。"掌受士之金罚货罚，入于司兵。"（《周礼·秋官·职金》）唐代贾公彦进一步解释说："'掌受士之金罚'，谓断狱讼者有疑，即使出赎。既言金罚，又云货罚者，出罚之家，时或无金，即出货以当金值。"

请注意，周代是在"按照五罚处罚的罪行而有疑问的"情况下，才处以相应数量罚金的。后世出于国家整体战略的需要，让罪犯上交一定财物减轻刑罚，也不是有罪不罚。这实际是一种变通，未尝不失为善政。

管子辅佐齐桓公平定天下时，就重视赎刑。当时齐国财政收入的三分之二用于接待别国宾客，三分之一用于国内，根本就没有充足的财力备战。在这种情况下，管子提出用减刑的办法增加盔甲兵器、"薄刑罚以厚甲兵"的

策略。具体方法是：规定犯死罪的不杀，犯刑罪的不上刑，使犯人纳盔甲兵器来赎罪。死罪用犀牛皮的甲加上一支戟来赎，刑罪用护胁的盾牌加上一支戟来赎，犯过失者罚以金属一钧，没有什么冤屈而诉讼的，罚一束箭。《管子·中匡》记载："管仲会国用，三分二在宾客，其一在国……（管子）对曰：'不可，甲兵未足也。请薄刑罚以厚甲兵。'于是死罪不杀，刑罪不罚，使以甲兵赎。死罪以犀甲一戟，刑罚以胁盾一戟，过罚以金钧，无所计而讼者，成以束矢。"

《管子·中匡》和《国语·齐语》也有类似记载。西汉刘安组织编著的《淮南子·氾论训》指出，这是齐桓公得以称霸天下的重要原因，并将之作为增加财政收入的典范，所谓"善取者，入多而无怨"。事情是这样的：齐桓公要出兵征伐诸侯中的叛乱者，但铠甲兵器不足，于是发布命令，让犯重罪的人每人出一副犀牛皮铠甲和一支戟抵罪，让犯轻罪的人按犯罪轻重程度拿出不同分量的铜铁赎罪，让输了官司的人出一束箭。命令发布后，百姓都很高兴，纷纷将箭竹加工成箭，将铜铁熔化后铸成各种兵器。齐桓公就用这些武器征讨不义之君和无道之国，最后称霸天下。这就是叫征收得多却没人怨恨。"齐桓公将欲征伐，甲兵不足，令有重罪者出犀甲一戟，有轻罪者赎以金分，讼而不胜者出一束箭。百姓皆说，乃矫箭为矢，铸金而为刃，以伐不义而征无道，遂霸天下。此入多而无怨者也。"

汉武帝亦行赎罪之法。李广、张骞曾犯军法当斩，赎为庶人得以不死，后又建立大功。《尚书大传》引孔子言："听讼者虽得其情，必哀矜之，死者不可复生，断者不可复续也。"这不正是本节讲的"哀敬折狱"吗！今人刘起釪先生指出："像李广、张骞、苏建、公孙敖这些有功的名将领，只是偶因客观情况，行军后期，于法当斩，不是太可惜、太严酷了吗？赎为庶人，保全了性命，像李广、张骞后来又起而立功，所以这样做确可说善政。"[1]

宋儒认为《吕刑》赎刑是"穆王胡做""非先王之法"（《朱子语类·卷七十九》），是因为宋儒以为天子不应言利，不应抓军队建设，未能真得圣人心的缘故吧！

---

① 顾颉刚、刘起釪：《尚书校释译论》，中华书局 2005 年版，第 2098 页。

**原文：**

王曰："吁！来，有邦有土①，告尔祥刑②。在今尔安百姓③，何择，非人？何敬，非刑？何度④，非及⑤？两造具备⑥，师听五辞⑦。五辞简孚⑧，正于五刑⑨。五刑不简，正于五罚⑩；五罚不服⑪，正于五过⑫。五过之疵⑬：惟官、惟反、惟内、惟货、惟来⑭。其罪惟均⑮，其审克之⑯。

"五刑之疑有赦⑰，五罚之疑有赦，其审克之。简孚有众⑱，惟貌有稽⑲。无简不听⑳，具严天威。墨辟疑赦，其罚百锾㉑，阅实其罪㉒。劓辟疑赦，其罪惟倍㉓，阅实其罪。剕辟疑赦，其罚倍差㉔，阅实其罪。宫辟疑赦，其罚六百锾，阅实其罪。大辟疑赦，其罚千锾，阅实其罪。墨罚之属千㉕，劓罚之属千，剕罚之属五百，宫罚之属三百，大辟之罚其属二百。五刑之属三千。

"上下比罪㉖，无僭乱辞㉗。勿用不行㉘，惟察惟法，其审克之。上刑适轻㉙，下服；下刑适重，上服㉚。轻重诸罚有权㉛。刑罚世轻世重㉜，惟齐非齐㉝，有伦有要㉞。罚惩非死，人极于病㉟。非佞折狱㊱，惟良折狱㊲，罔非在中㊳。察辞于差㊴，非从惟从。哀敬折狱㊵，明启刑书胥占㊶，咸庶中正㊷。其刑其罚，其审克之。狱成而孚㊸，输而孚㊹。其刑上备㊺，有并两刑㊻。"

**注释：**

① 有邦：指诸侯。有土：指畿内有采邑的大臣。

② 祥刑：善刑。

③ 安：治理。

④ 度：考虑。

⑤ 及：宜。

⑥ 两造：诉讼的双方。具备：诉讼双方都到齐。

⑦ 师：士师，法官。听：平治，审理。五辞：五刑的法律条文。

⑧ 简：核实。孚：验证。

⑨ 正：治。

⑩ 正于五罚：根据罪行轻重用五等罚金来处罚。

⑪ 五罚不服：指达不到五罚的罪行。

⑫ 五过：五种过失。

⑬ 疵：病，弊端。

⑭ 官：畏惧官势。反：乘机报恩怨。内：女谒，指接受请托说情。货：勒索财物。来：赇，指行贿。

⑮ 其：指主审法官。罪：犯上述五种弊病。均：等，和犯人同样受罚。

⑯ 克：核，核实。

⑰ 五刑之疑有赦：正于五刑而有疑问的，可以减等处罚。

⑱ 简孚：核验。有众：指民众。

⑲ 貌：细微。稽：查考。

⑳ 简：核实。

㉑ 锾（huán）：古代重量单位，重六两许为一锾。

㉒ 阅实其罪：审验核实其罪，与五罚相当。

㉓ 倍：百锾的两倍，即二百锾。

㉔ 倍差：倍之又半，即五百锾。

㉕ 属：条款。

㉖ 上下：指刑罚的轻重。比：近，指根据犯罪大小量刑。

㉗ 僭（jiàn）：差错。乱：与僭同义。

㉘ 不行：指已经废除的法律。

㉙ 上刑，重大罪行本应处以重刑。适：宜。

㉚ 上服：服加等的重刑。服：服刑。

㉛ 轻重诸罚：轻重各种刑罚。权：变，指量刑轻重的灵活性。

㉜ 刑罚世轻世重：根据社会现实决定刑罚的轻重。

㉝ 齐，同。

㉞ 伦：道理。要：法制的目的。

㉟ 极：中，引申为深陷。病；疾苦困乏。

㊱ 佞：巧言令色。折：裁决。

㊲ 良：善良。

㊳ 中：恰当。

㊴ 差：供词中的矛盾之处。

㊵ 哀敬：悲哀怜悯之心。

㊶ 明：光明，引申为心无杂念。启：打开。胥：相。占：揣测。

㊷ 咸：皆。庶：幸，表示希望。中正：正确无误。

㊸ 狱成：结案。孚：信服。

㊹ 输：变更。

㊺ 上备：以慎重为上，备：慎重。

㊻ 有并两刑：合并两种刑罚为一种来执行。

## 语译：

周穆王说："哎，各位诸侯、各位官员，你们来了。为不虚此行，我要告诉你们什么才是善刑，就是不仅仅靠刑罚，更要靠良好的治理和教化。目前治理民众，我们选拔任用什么人呢，难道不是选拔任用德才兼备之人吗？我们最需要小心谨慎的事情是什么，难道不是刑罚的应用吗？我们应该审慎谋划的是什么，难道不是公正审理众多案件吗？原告和被告双方到场后，法官要审查案件是否可以适用五刑的法律条文。经过核实，如果适用五刑条文，那就用五刑处理诉讼案件。如果罪行不适用五刑，就采用稍微轻一些的五等罚金来处理。若案件不适用五种罚金，就可以将诉讼案件按照五种过失来处理，不要将诉讼案件上升为罪行。如果按照五种过失处理诉讼案件，会产生五个弊端：一是法官会因畏惧位高权重者而枉法；二是法官会因个人爱憎恩仇而枉法；三是法官会因为接受请托而枉法；四是法官会勒索财物；五是法官会因为行贿而枉法。为避免这五种弊端，只能加强对法官的管理，法官在审理案件中如果发生上述五种情况，其罪行与犯法者相等，接受与犯法者同样的惩罚，这样法官们就会严格负责地审理诉讼案件。

"凡是按照五刑处罚的罪行而有疑问的，可以减等按照五罚来处罚。凡是按照五罚处罚的罪行而有疑问的，可以减等按照五过来处理，但是要以认真核实案情为前提。案件审理和处罚要尊重大众的看法，获得大众的认同，微小细节也要核查清楚。不要采信未经过核实的证据，处理案件时要敬畏上天的威严。认真核查案情，如果处以墨刑感觉有疑问，可以减等处以一百锾的罚金。认真核查案情，如果觉得处以劓刑有疑问，可以减等处以二百锾的罚金。认真核查案情，若感觉处以剕刑有疑问，可以减等处以五百锾的罚金。认真核查案情，如果认为处以宫刑有疑问，可以减等改为罚金六百锾。认真核查案情，如果认为处以死刑有疑问，可以减等改为罚金一千锾。墨刑的条目是一千条，劓刑的条目是一千条，剕刑的条目是五百条，宫刑的条目是三百条，死刑的条目是二百条，总计五刑条目共三千条。

"要根据罪的轻重量刑，不要让判词出现错误和混乱。不要采用已经废除的法律，一定要核实罪行，依法量刑。本应处以重刑的犯罪，如果有充足的理由从轻处罚，那就从轻处罚。本应处以轻刑的犯罪，如果有理由从重处罚，那就从重处罚。量刑轻重应该有一定的灵活性，灵活性的根据是不同的社会环境和人性。量刑或者一致或者不一致，都要有理由，符合法治。刑罚不是要将人置于死地，目的是让犯罪者深感痛苦，以此来惩罚罪犯，警示众人。审理案件时，不能仅仅根据言辞，因为犯罪者可能文过饰非。要充分考虑罪犯是否善良和诚信，因为如果罪犯本自善良或诚信，他的供词会是真实的。审判时不要出现错误，尽量使审判正确无误。要注意供词的自相矛盾之处，以此识破犯罪者的虚假供词，使犯罪者心服口服。应怀着悲哀怜悯之心审理案件，光明磊落，心无杂念，打开刑书，根据法律条文和罪行量刑，保证案件处理无误。无论五刑还是五罚，都要详细核查。要做到结案后，人们相信案件审理和判决的公正。如果改变判决，也要有理有据，人们信服才可以。审理案件以慎重为上，有时可以考虑把两种罪行合并，只惩罚一种罪行。"

## 三、孔子不仅是大教育家，还是大法学家

**经义：**

周穆王最后再次重申"明德慎罚"（《尚书·康诰》）的重要性。

他强调，治国理政离不开法制，"有德惟刑""哲人惟刑"；一切案件都要以法律为准绳，"无疆之辞，属于五极"。

历史表明，三代的法治精神并没有被后人很好地继承下来。秦汉以后，有一股将法治与德治，礼与刑对立起来的潮流，这对法治的破坏作用相当

大。明清两朝，国家法务甚至成为刑名师爷的事。

孔子做过鲁国最高执法长官大司寇，他主张先礼教然后刑罚，但绝不是轻视、否定法治。《尚书·吕刑》中说"伯夷降典，折民惟刑"，孔子指出，这句话是说先有礼教再有法教。古代教化，就是先礼教，再施之以刑罚，这样刑罚才会少用。而当今正好相反，不讲礼只重刑，结果犯法的人就多。西汉伏生《尚书大传》记孔子言："古之刑者省之，今之刑者繁之。其教，古者有礼然后有刑，是以刑省也；今也反是，无礼而齐之以刑，是以繁也。《书》曰：'伯夷降典礼，折民惟刑。'谓有礼然后有刑也。"

《管子·权修》说："教训成俗而刑罚省。"孔子还用蛮人吴越与中国礼俗相比较，证明礼教对于法治的重要作用。只有礼义流行，刑法才能真正施行。《尚书大传》记载："子曰：'吴越之俗，男女同川而浴。其刑重而不胜，由无礼也；中国之教，内外有分，男女不同椸枷（yí jià，意思是衣架——笔者注），不同巾栉（jīn zhì，巾和梳篦，泛指盥洗用具——笔者注）。其刑重而胜，由有礼也。语曰：夏后不杀不刑，罚有罪而民不轻犯。"

孔子不仅是大教育家，还是大法学家。他主张法律要有稳定性，从审判过程到法律条文都是这样。孔子感叹殷人的法律有章可循，春秋乱世法制混乱："'兹殷罚有伦'，今也反是，诸侯不同听（听，议狱，断案——笔者注），每君异法。听无有伦，是故知法难也。"（《尚书大传》）

《吕刑》多次强调执法用"中"，用"中"指用刑适当，当重则重，当轻则轻。不是不用重典、不能轻罪重罚，而是要根据不同案情，不同时代，掌握量刑的轻重。当案情不能确定时，要从轻；在民心浮躁的乱世，要用重刑，以达到以刑去刑的效果。

孔子身处礼乐崩坏，社会秩序大乱的春秋时代，所以他行政风格刚猛，用重典治国，这是鲁国大治的根本原因。

鲁定公十四年（公元前496年），孔子五十六岁，做鲁国的大司寇并代理行使宰相职务，他执掌朝政七天就依法诛杀鲁国名士少正卯，且公开在宫殿门外行刑，在朝廷上暴尸三日。

弟子子贡对此感到不解，他向孔子进言："这个少正卯是鲁国名人啊，现在老师您执掌朝政首先就杀掉他，可能有些失策吧？"孔子回答，根据礼制，通达事理却又心存险恶；行为怪僻而又坚定固执；言语虚伪却又能言善辩；对怪异的事知道得过多；言论错误还要为之润色。这五种大恶只要有其中之一，就免不了受正人君子的诛杀。少正卯五毒俱全，不可不及早除掉。《孔子家语·始诛》："于是朝政七日而诛乱政大夫少正卯，戮之于两观之下，尸于朝三日。子贡进曰：'夫少正卯，鲁之闻人也。今夫子为政而始诛之，或者为失乎？'孔子曰：'居，吾语汝以其故。天下有大恶者五，而窃盗不与焉。一曰心逆而险，二曰行僻而坚，三曰言伪而辩，四曰记丑而博，五曰顺非而泽。此五者，有一于人，则不免君子之诛，而少正卯皆兼有之……此乃人之奸雄，有不可以不除。'"

《礼记·王制》记录古代帝王治理天下的各种制度，包括"四诛"，其中之一就是："行伪而坚，言伪而辩，学非而博，顺非而泽，以疑众，杀。"孔子杀少正卯，显然有其法律依据。

孔子为达到以刑去刑的效果，才对名大夫公开行刑，暴尸于朝。结果鲁国大治，乃至社会上"路不拾遗，男女分途"。（《史记·孔子世家》）

《淮南子·氾论训》将孔子作为"善罚者，刑省而奸禁"的典范。文中说："故圣人因民之所喜而劝善，因民之所恶而禁奸，故赏一人而天下誉之，罚一人而天下畏之。故至赏不费，至刑不滥。孔子诛少正卯，而鲁国之邪塞；子产诛邓析，而郑国之奸禁。"

《吕刑》说"刑罚世轻世重"，孔子"执两用中"，量刑该重就重，可谓得此真精神！

**原文：**

王曰："呜呼！敬之哉！官伯族姓①。朕言多惧，朕敬于刑，有德惟刑。今天相民②，作配在下③。明清于单辞④，民之乱⑤，罔不中听狱之两辞⑥。无或私家于狱之两辞⑦。狱货非宝⑧，惟府辜功⑨，报以庶尤⑩。永畏惟罚。非天不中⑪，惟人在命⑫。天罚不极⑬，庶民罔有令政在于天下⑭。"

王曰："呜呼！嗣孙，今往何监⑮，非德？于民之中⑯，尚明听之哉⑰！哲人惟刑⑱。无疆之辞⑲，属于五极⑳。咸中有庆㉑，受王嘉师㉒，监于兹祥刑㉓。"

**注释：**

① 官伯：指诸侯。族姓：指同姓大臣。

② 相：扶助。

③ 作：为。配：配合。在下：指人间君王。

④ 明清：明查。单辞：一面之词。

⑤ 乱：治。

⑥ 中：公正。两辞：诉讼双方的供词。

⑦ 私家：谋取家庭私利。

⑧ 狱货：审理案件时接受贿赂。

⑨ 府：取，引申为招致。辜：罪。功：事。

⑩ 报：判决。庶：普通民众。尤：罪。

⑪ 中：公平。

⑫ 在：终止。

⑬ 极：至。

⑭ 令政：善政。

⑮ 今往：今后。监：借鉴，引申为引导。

⑯ 中：诉讼案件的完成。

⑰ 听：考察。

⑱ 哲：通"折"，治理

⑲ 无疆：无穷尽。

⑳ 属：符合。五极：即五刑。

㉑ 咸：皆。中：指案件审理得当。庆：福泽。

㉒ 嘉：善。师：众，指民众。

㉓ 监：重视。祥：善。


**语译：**

周穆王说："哎，各位诸侯国君和同姓官员们，你们要慎重对待诉讼刑罚问题。我今天的讲话特别强调敬畏。之所以必须谨慎对待刑罚，是因为要想造福于民，刑罚不可或缺。上天养育万民，我们的政权要在人间配合上天，替天

376

行道。审理案件时，应该明查一面之词，要想治理好，你们必须全面公正地听取诉讼双方的供词，不要偏袒任何一方以谋私利。受贿所得的财物不是什么好东西，它只能给你带来惩罚，如果你们受贿，我会像惩罚庶民一样将你们绳之以法。你们要永远以敬畏之心对待刑罚。我们替天行道，不是上天不公平，而是犯罪者自取其辱。如果我们不严惩受贿者，天下万民就不能享受善政。"

周穆王接着说："哎，后代子孙们，你们以后用什么来引导自己呢，难道不是纯洁的品德吗？对于民众的诉讼案件，要仔细审察呀！治理国家离不开诉讼和刑罚。审理案件时，要仔细认真研究形形色色的案件和讼词，做到刑罚符合五刑等法律条文的规定。如果案件都能判决得公正适当，那就是善政。你们辅助天子治理万民，必须重视刑罚善政。"

# 文 侯 之 命

## 晋文侯维护天下大一统和平秩序，贡献巨大

**经义：**

公元前 770 年，周平王在郑、晋、秦等诸侯大军的护卫下东迁洛邑，开启了东周五百多年动荡不安的历史。

《文侯之命》是周平王为表彰晋文侯维护国家一统功绩的册书，是东周历史的重要见证。正是在平王东迁之后，周王不再能够承担天下共主的职责，诸侯势力不断坐大。"礼乐征伐自天子出"的大一统天下秩序崩溃，最终形成春秋战国群雄争霸，逐鹿中原的局面。

晋文侯维护天下大一统和平秩序，贡献巨大。这在《国语·郑语》中曾明确提及。当时秦、晋、齐、楚迭相崛起，秦襄公因为辅佐平王东迁有功，不仅获得了西周丰、镐地区的土地，还被命为诸侯，秦国从此兴盛起来。齐楚两国也开始不断开疆拓土。而晋文侯迎周平王东迁洛邑，有定鼎天下之功。《国语·郑语》上说："及平王之末，而秦、晋、齐、楚代兴，秦

景、襄于是乎取周土，晋文侯于是乎定天子，齐庄、僖于是乎小伯（伯，通"霸"——笔者注），楚蚡冒于是乎始启濮（濮，指百濮之地，是先秦时期分布在长江上游地区的族群——笔者注）。"

《左传·隐公六年》周执政大臣周桓公（又称周公黑肩）强调要善待郑人，因为周朝东迁依靠的是晋国与郑国，可见晋国在东周建立过程中的重要性。故事是这样的：郑庄公第一次到成周朝见周桓王，桓王对他不加礼遇。周桓公就对桓王说："我们周朝东迁，依靠的是晋国与郑国啊。好好地对待郑国用以鼓励后来的诸侯唯恐来不及，何况不加礼遇呢？郑国不会再来了！"文中说："郑伯如周，始朝桓王也。王不礼焉。周桓公言于王曰：'我周之东迁，晋、郑焉依。善郑以劝来者，犹惧不蔇（蔇，jì，至、及——笔者注），况不礼焉？郑不来矣！'"

历史上晋文侯与周王为何人，有二说：一为《史记·晋世家》所说，是周襄王（公元前651–前619）命晋文公为侯伯发布的命书；二为周平王（公元前770–前720）命文侯为侯伯的命书。显然司马迁搞错了，因为《文侯之命》明确称"文侯"，而非"文公"；又称其名为"义和"，而非晋文公的名"重耳"。唐代司马贞对《史记·晋世家》中的错误考证甚详："《尚书·文侯之命》是平王命晋文侯仇之语，今此文乃襄王命文公重耳之事，代数悬隔，勋策全乖。太史公虽复弥缝《左氏》，而系家颇亦时有疏谬。裴氏《集解》亦引孔、马之注，而都不言时代乖角（乖角，矛盾，违背情理——笔者注），何习迷而同醉也？然计平王至襄王为七代，仇至重耳为十一代而十三侯。又平王元年至鲁僖二十八年，当襄二十年，为一百三十余岁矣。"[①]

司马迁之所以产生这样的错误，可能是因为他写《史记·晋世家》时，用了《左传·僖公二十八年》城濮之战晋文公向周襄王献俘的相关内容，《左传》特别提到"用平礼"，即用周平王享晋文侯仇的礼享晋文公——结果他竟将两件事搞混淆了。

本篇《书序》也说："平王锡晋文侯秬鬯、圭瓒，作《文侯之命》。"孔安国进一步解释说："所以名篇，幽王为犬戎所杀，平王立而东迁洛邑，晋文

① 《史记》卷三九《晋世家》，中华书局2000年版，第1372页。

侯迎送安定之，故锡命焉。"显然，《书序》和孔安国传所说正确——我们不可以简单指斥其为"伪作"。

## 原文：

王若曰①："父义和②，丕显文武③，克慎明德④，昭升于上⑤，敷闻在下⑥。惟时上帝⑦，集厥命于文王⑧。亦惟先正克左右昭事厥辟⑨，越小大谋猷罔不率从⑩，肆先祖怀在位⑪。"

"呜呼！闵予小子嗣⑫，造天丕愆⑬。殄资泽于下民⑭，侵戎我国家纯⑮。即我御事⑯，罔或耆寿⑰，俊在厥服⑱，予则罔克⑲。曰惟祖惟父，其伊恤朕躬⑳！呜呼！有绩予一人㉑，永绥在位。"

"父义和！汝克绍乃显祖㉒。汝肇刑文、武㉓，用会绍乃辟㉔，追孝于前文人㉕。汝多修㉖，扞我于艰㉗，若汝，予嘉。"

王曰："父义和！其归视尔师㉘，宁尔邦㉙。用赉尔秬一卣㉚，彤弓一㉛，彤矢百，卢弓一㉜，卢矢百，马四匹。父往哉！柔远能迩㉝，惠康小民㉞，无荒宁㉟。简恤尔都㊱，用成尔显德。"

## 注释：

① 王：指周平王。

② 父：周平王对同族诸侯长辈的尊称。义和：指晋文侯，晋文侯姓姬，名仇，字义和。

③ 丕：大。显：光明。文武：指周文王、周武王。

④ 明：努力。德：恩惠。

⑤ 昭：明。上：上天。

⑥ 敷：普遍。闻：声望。下：人间。

⑦ 惟时：于是，因此。

⑧ 集：下。厥命：天命。文王：指周文王、周武王。

⑨ 先正：先臣，周文王、周武王时期的公卿大臣们。左右：辅佐。昭：导。厥：其。

⑩ 越：于。谋猷：谋略。率从：遵从。

379

⑪ 肆：所以。先祖：指周文王、周武王。怀：安。

⑫ 闵：可怜。予小子：周平王的自称。嗣：继承天子之位。

⑬ 造：遭。丕：大。愆：过、祸。

⑭ 殄（tiǎn）：断绝。资：财物。泽：禄位

⑮ 侵戎：侵略。纯：大，引申为多。

⑯ 即：今。御事：治事大臣。

⑰ 耆（qí）寿：老成之臣。

⑱ 俊：通"骏"，长久。服：事，职务。

⑲ 克：胜任。

⑳ 其：副词，表示希望。伊：你们。恤：忧。朕躬：周平王的自称。

㉑ 绩：成。予一人：周平王的自称。

㉒ 绍：继承。显祖：指晋国的第一位君主唐叔。

㉓ 肇：开始。刑：法，引申为治理。

㉔ 用：以。会：会和。绍：辅助。乃辟：指周平王。

㉕ 追孝：继承先辈遗志。前文人：指祖先，文人，有文德之人。

㉖ 修：美，引申为优点。

㉗ 扞（hàn）：保卫。

㉘ 视：看，引申为治理。

㉙ 宁：安定。

㉚ 赍：赏赐。秬鬯（chàng）：用以祭祀的香酒。卣：盛酒的青铜器。

㉛ 彤：红色。

㉜ 卢：黑色。

㉝ 柔：安抚。能：亲近。

㉞ 惠：爱。康：安定。

㉟ 荒：荒废政事。宁：贪图安逸。

㊱ 简：专心。恤：安定。尔都：指晋国。


**语译：**

　　周平王说："尊敬的族父义和，回顾周朝的历史，因为光耀天地的伟大

380

文王和武王能够谨慎治国，努力造福民众，他们的功德之大，上感动天地，下深得民心。因此上天将再次一统天下的使命赋予文王、武王。公卿大夫们能对先王正确辅佐、引导，先王也能采纳众公卿的各种谋略和建议，所以先王才能顺利建立周朝，安稳治理天下。

"唉，很不幸，我在上天给周朝降下大祸患的情况下即位。我不曾广布福泽于民众，这时却有很多部族侵略周朝。现在王室的治事大臣们，缺乏老成持重者，我本人很难胜任天子之职，只能依靠你们这些祖辈或者父辈的诸侯国君了，希望大家多多体恤王室，为天子分忧。有你们的支持拥护，我便能正常履行天子之职，治理天下。

"族父义和，你能继承祖先康叔的精神，光大了康叔的功业，治理好文武百官，最先联合众诸侯国辅助我，这种行为是继承光大祖先的功德。你有很多优点，最大的优点是在周朝王室陷入艰难之际，保卫天子，我必须嘉奖像你这样的人。"

周平王说："族父义和，希望你回晋国后整治好军队，安定晋国。我赏赐给你一卣香酒用以祭祀祖先。再赏赐给你一副红色之弓，一副黑色之弓，一百支红箭，一百支黑箭，四匹马。回去吧，回到晋国后，要安抚晋国周边的夷狄，亲近本国民众，关爱民众，让民众过上安宁的生活，千万不要贪图安逸，荒废政事。只要专心致志治理好晋国，你就能成就自己的功德。"

## 费 誓

### 依法治军，依法治国——以鲁国为典范

**经义：**

西周初年，天下未安。特别是东方，存在强大的殷商旧势力和本土的东夷族群，夷人十分强大。据《史记·齐太公世家》，姜尚被封于齐营丘，还未就国，东夷的一支莱人就来争国。文中说："莱人，夷也，会纣之乱而周初

定，未能集远方，是以与太公争国。"

周公长子伯禽被封于鲁，他面对的战略环境与齐国差不多。安全形势恶化到什么程度，连东郊的门都不敢打开，因为强大的淮夷、徐戎在那里虎视眈眈。《书序》说："鲁侯伯禽宅曲阜，徐、夷并兴，东郊不开，作《费誓》。"《史记·鲁周公世家》记得更为详细："伯禽即位之后，有管、蔡等反也，淮夷、徐戎亦并兴反。于是伯禽率师伐之于肸，作《肸誓》。"这里的《肸誓》即《费誓》，费读作 bì，在今山东省费县境内。费又写作"鲜""狝""柴"等。

《费誓》是鲁国国君伯禽率师伐淮夷、徐戎的誓师词，他告诫军民积极备战，包括武器装备，后勤物资以及军事纪律等方方面面。其中特别强调依法治军，依法治国，屡屡提及"常刑""大刑"。

夏商周三代内政与外交、军事与刑罚、礼仪与法制不分。所以重礼制的伯禽同样重视军法刑罚。《周易·师卦》爻辞说"师出以律，否臧，凶。"发兵出战时，严明军纪最重要，否则即使战胜，其结果也必是凶。

真是这样啊，只有依法治军，依法治国，执纪严明，国家才能强大。这方面，伯禽可谓典范。

《费誓》中提到的"勿敢越逐""无敢逾垣墙"等军纪可能极为古老。西汉名将胡建曾指出，黄帝《理法》规定，军垒已修好，行动不走规定路线的人，叫奸人，是奸人就要杀掉。

事情是这样的：汉昭帝时（公元前86-前74年在位），负责京师长安以及周围三辅地区防卫工作的北军监军御史为非作歹，竟然打穿军营北门墙来修建货栈。胡建当时代行北军校尉，与士卒同甘苦。他想诛杀监军御史，就和步卒约定说："我想要和你们一起去诛杀某人，我说拿下他你们就拿下他，我说杀掉他你们就杀掉他"在查核军队那天，护军与众校尉列坐厅堂，监军御史也在。胡建带领步卒走到堂下参拜谒见，乘机上堂，令步卒杀了监军御史。护军及众校尉都很惊愕，不知为何。胡建早已写好奏章，于是向皇帝禀告说："我听说军法是树立武德来威慑众人的，诛杀坏人是为了禁止邪恶。如今北军监军御史，公然打穿军营墙垣来经商谋利，私自做买卖与将士交易，不树立刚武的思想、勇猛的信念来做士大夫的表率，尤其失理不公。我听说黄帝《理法》上讲：'军垒已修好，行动不走规定路线的人，叫奸人，是奸人就要杀掉。'我按照此法杀了监军御史，冒死禀告。"西汉刘向《说苑·指武》记载："孝昭皇帝时，北军监御史为奸，穿北门垣以为贾区。胡建守北军，贫无车马，常步与走卒起居，所以慰爱走卒甚厚。建欲诛监御史，乃约其走卒曰：'我欲与公有所诛，吾言取之则取之，斩之则斩之。'于是当选士马日，护军、诸校列坐堂皇上，监御史亦坐。建从走卒趋至堂下拜谒，因上堂，走卒皆上，建跪指监御史曰：'取彼。'走卒前拽下堂。建曰：'斩之。'遂斩监御史，护军及诸校皆愕惊，不知所以。建亦已有成奏在其怀。遂上奏以闻曰：'臣闻军法，立武以威众，诛恶以禁邪。今北军监御史，公穿军垣以求贾利，私买卖以与士市，不立刚武之心、勇猛之意以率先士大夫，尤失理不公。臣闻黄帝《理法》曰：垒壁已具，行不由路，谓之奸人，奸人者杀。臣谨以斩之，昧死以闻。'"

胡建由此名声大震。后来他任渭城令，死在任上，百姓还建祠堂纪念他。

强国必须摆脱各条战线五花八门的形式主义和阳奉阴违，这需要太多胡建这样敢于诛恶禁邪的人。历史与现实都证明，武器技术固然不可或缺，依法治国、依法治军才是实现国家富强的根本。


**原文：**

公曰："嗟！人无哗①，听命！徂兹②，淮夷、徐戎并兴③。善敹乃甲胄④，敿乃干⑤，无敢不吊⑥！备乃弓矢⑦，锻乃戈矛⑧，砺乃锋刃⑨，无敢不善！

"今惟淫舍牿牛马⑩，杜乃擭⑪，敜乃阱⑫，无敢伤牿⑬。牿之伤，汝则有常刑⑭。马牛其风⑮，臣妾逋逃⑯，勿敢越逐⑰，祗复之⑱，我商赉汝⑲。乃越逐不复，汝则有常刑。无敢寇攘⑳，逾垣墙，窃马牛，诱臣妾，汝则有常刑。

"甲戌，我惟征徐戎。峙乃糗粮㉑，无敢不逮㉒，汝则有大刑㉓。鲁人三郊三遂㉔，峙乃桢干㉕。甲戌，我惟筑㉖，无敢不供，汝则有无余刑，非杀㉗。鲁人三郊三遂，峙乃刍茭㉘，无敢不多㉙，汝则有大刑。"

**注释：**

① 哗：喧哗。

② 徂（cú）：往。兹：此。

③ 淮夷、徐戎：指当时鲁国南边的少数民族。兴：叛乱。

④ 善：好。敹（liáo）：缝缀。

⑤ 敿（jiǎo）：系结。干：盾牌。

⑥ 无：勿，不要。敢：胆敢。吊：善。

⑦ 备：准备。

⑧ 锻：锻造。

⑨ 砺：磨。

⑩ 淫：大，引申为规模。舍：放。牿：牲畜圈。

⑪ 杜：关闭。擭（huò）：配有机关的捕兽工具。

⑫ 敜（niè）堵塞。阱（jǐng）：捕兽的陷阱。

⑬ 牿（gù）：指军用牛马。

⑭ 有：受到。

⑮ 风：走失。

⑯ 臣妾：随军出征的男性和女性奴仆。逋（bū）逃：逃亡。

⑰ 越逐：离开队伍去追逐。

⑱ 祗：敬。复：归还。

⑲ 商赉：赏赐。

⑳ 寇：抢劫。攘：偷窃。

㉑ 峙：准备。糗（qiǔ）粮：干粮。

㉒ 逮：及。

㉓ 大刑：死刑。

㉔ 郊：城外近处称郊。遂：城外远处称遂。

㉕ 桢干（gàn）：筑城墙的工具。

㉖ 筑：修筑。

㉗ 无余刑：没有其他惩罚。非杀：除死刑外。

㉘ 刍：鲜草。茭（jiāo）：干草。

㉙ 多：及。

**语译：**

　　鲁公说："啊，大家不要喧哗，保持安静，听我发布命令。我们将出兵攻打淮、徐等地的夷狄，因为他们起兵叛乱了。你们要尽快缝缀好铠甲和头盔，锻造好戈矛，把兵器磨砺锋利，整治好你们盾牌，按照我的命令做好上述工作，不要违背命令。

　　"军队在此集结，会携带军用牛马。众多军用牛马不可能圈养。现在我们要在此地大规模散放。你们要撤掉荒野中的狩猎装置，填平捕兽陷阱，以免误伤它们。如果谁的狩猎装置和陷阱误伤牛马，将依法受到惩罚。若有牛马走失，随军奴仆逃亡，谁也不能脱离队伍去追逐抓捕。如果谁抓到的话，要诚心返还，不能占为已有，我会奖赏返还者。如果不归还私下抓到的牲畜和奴仆，我将依法惩罚。你们不要抢劫盗窃，对于那些翻越军垒，盗窃牲畜，诱骗别人的奴隶的人，我将依法惩罚。

　　"甲戌这天，我们将出发征伐徐国，你们要准备好足够的干粮，只准多不准少。对于准备不足者，将处以死刑。鲁国三郊三隧的人们，要准备好修筑营垒的工具。甲戌这天，我们要开始修筑军事工事，你们必须提供足够的工具。对于不能提供的，杀无赦。鲁国三郊三隧的人们，你们还要准备好足够的鲜草和干草以喂养军用牲畜，必须准备充足，对准备不足者，将处以死刑。"

## 秦　誓

### 《尚书》为万世立法，不只是文献汇编

**经义：**

　　只有经史相参，我们才能透彻理解经义。

　　《秦誓》的历史背景十分复杂。公元前630年，晋文公和秦穆公联合出兵

攻打郑国，此时郑国君主为郑文公，郑文公派老臣烛之武前往秦军大营，游说秦穆公，瓦解分化晋秦联军，秦穆公接受烛之武的建议决定撤兵，并暗中与郑国结盟。秦国退兵，但留下三位秦国大夫杞子、逢孙、杨孙留在郑国，协助郑国做好防务。本来，这是秦穆公控制郑人的一招，最后反而害了自己。

两年后，杞子突然从郑国派人告诉秦穆公："郑国人让我掌管他们都城北门的钥匙，如果偷偷地把兵开来，可一举占领其国都。"秦穆公咨询老臣蹇叔。蹇叔说："使军队疲劳去侵袭远方，我没有听说过。军队疲劳，力量衰竭，人家有防备，恐怕不行吧！我们军队的行动，郑国一定知道，费了力气不讨好，士兵定有抵触情绪。而且行军走一千里，谁会不知道呢？"秦穆公听信了杞子，根本不在乎蹇叔的意见。他召见孟明视、西乞术、白乙丙三位将领，让他们率军从东门外出兵。蹇叔哭着送他们说："孟明视，我看到军队出去而看不到回来了！"秦穆公派人对蹇叔说："你老知道什么？如果你六七十岁死了，坟上的树已经合抱了。"蹇叔的儿子也在军队里，蹇叔哭着送他说："晋国人必定在崤山抵御我军，崤山有两座山陵，南陵是夏桀的祖父皋的坟墓，北陵，周文王在那里避过风雨。你必定死在两座山陵之间，我去那里收你的尸骨吧！"秦国军队向东进发。由于后来知道偷袭不成，所以只好灭了晋的滑邑后回返，路上在崤遇到晋军伏击，结果全军覆灭，孟明视、西乞术、白乙丙被俘，后来侥幸逃回。

《左传·僖公三十二年》记载："杞子自郑使告于秦，曰：'郑人使我掌其北门之管，若潜师以来，国可得也。'穆公访诸蹇叔，蹇叔曰：'劳师以袭远，非所闻也。师劳力竭，远主备之，无乃不可乎！师之所为，郑必知之。勤而无所，必有悖心。且行千里，其谁不知？'公辞焉。召孟明、西乞、白乙，使出师于东门之外。蹇叔哭之，曰：'孟子，吾见师之出而不见其入也。'公使谓之曰：'尔何知？中寿，尔墓之木拱矣。'蹇叔之子与师，哭而送之，曰：'晋人御师必于殽。殽有二陵焉：其南陵，夏后皋之墓也；其北陵，文王之所辟风雨也。必死是间，余收尔骨焉。'秦师遂东。"

三将军回国，秦穆公穿上白色丧服在郊外等候，面对被释放回来的将士大哭说："我没有听蹇叔的话，使你们受到侮辱，这是我的罪过。"并作了《秦誓》，向君臣真诚检讨自己的错误，承担责任。《左传·僖公三十三年》：

"秦伯素服郊次，乡师而哭曰：'孤违蹇叔以辱二三子，孤之罪也。'"《书序》也说："秦穆公伐郑，晋襄公帅师败诸崤，还归，作《秦誓》。"

《尚书》乃王者之书。宋代以来，许多学者对于先哲何以将鲁侯，秦侯的誓词编入《尚书》感到不解。这是因为，国家作为统一的整体，诸侯与天子的命运息息相关。只有诸侯强大，善于治国理政，才能承担起保家卫国的责任。所以先哲将《费誓》，《秦誓》收录，作为后世效法的榜样。西汉孔安国解释《费誓》书序时说："鲁侯征之於费地而誓众也。诸侯之事而连帝王，孔子序《书》，以鲁有治戎征讨之备，秦有悔过自誓之戒，足为世法，故录以备王事"。

圣人编辑《尚书》，欲为万世立法，用心良苦，岂止是文献汇编！

当代人知否？知否？

## 原文：

公曰①："嗟！我士②，听无哗！予誓告汝群言之首③。古人有言曰：'民讫自若是多盘④，责人斯无难，惟受责俾如流⑤，是惟艰哉。'我心之忧，日月逾迈⑥，若弗云来⑦。

"惟古之谋人，则曰未就予忌⑧。惟今之谋人始将以为亲。虽则云然，尚猷询兹黄发⑨，则罔所愆⑩。

"番番良士⑪，旅力既愆⑫，我尚有之⑬；仡仡勇夫⑭，射御不违⑮，我尚不欲。惟截截善谝言⑯，俾君子易辞⑰，我皇多有之⑱。

"昧昧我思之⑲，如有一介臣⑳，断断猗无他技㉑，其心休休焉㉒，其如有容。人之有技，若己有之；人之彦圣㉓，其心好之，不啻若自其口出㉔。是能容之㉕，以保我子孙黎民，亦职有利哉㉖！人之有技，冒疾以恶之㉗；人之彦圣，而违之俾不达㉘，是不能容，以不能保我子孙黎民，亦曰殆哉！邦之阢陧㉙，曰由一人；邦之荣怀，亦尚一人之庆㉚。"

## 注释：

① 公：指秦穆公。

② 士：群臣。

387

③ 首：本。群言之首，义为众多讲话中最重要的讲话。

④ 讫：终，引申为总是。若：顺。是：则，就。盘：通"辟"，罪行。

⑤ 俾：使。

⑥ 逾：过。迈：行。

⑦ 若：就。云：通"旋"，返回。

⑧ 就：接近。忌：通"惎"（jì），意志。

⑨ 猷（yóu）：谋略，指国家大事。黄发：年老之臣，暗指蹇叔等。

⑩ 愆：过失。

⑪ 番番：通"皤"（pó），白发苍苍。

⑫ 旅力：即膂力，体力。愆（qiān）：通"骞"，亏损。

⑬ 有：亲近。

⑭ 仡仡（yì）：壮健勇武。

⑮ 射：射箭。御：驾车。不违：失误。

⑯ 截截：通"戋戋"（jiān），浅薄。谝（pián）言：花言巧语。

⑰ 俾：使。易：轻易。辞：通"怠"，迷惑。

⑱ 皇：大，引申为严重。

⑲ 昧：暗。思：思量。

⑳ 一介：一个。

㉑ 断断：诚实专一。猗：语气助词，无意义。

㉒ 休休：宽容。

㉓ 彦圣：德才兼备之人。

㉔ 不啻：不但。自：从。

㉕ 是：这样。

㉖ 职：尚，庶几。

㉗ 冒疾：妒忌。恶：厌恶。

㉘ 违：阻止。俾：使。不达：不达于君。

㉙ 阢（wù）陧（niè）：不安。

㉚ 怀：安宁。尚：庶几。庆：善。

**语译：**

　　秦穆公说："啊，大家保持安静，认真听我讲话。我今天对你们的讲话极为重要。古人说过：'人若总是随心所欲，对他人的建议置若罔闻，就会犯错误，责备别人不是难事，难得是被责备的人从善如流。'我担心的是，如果做出不当的决策且付诸实施，时间流逝，不会再回来，想挽回损失是不可能的。

　　"我现在十分尊重年轻谋臣们，忽略了老臣们的建议，所以那些已经退休的谋臣，说我不能接受他们的教诲。即使事实如同老臣们所言，主观上我仍认为，有关国家大计，如果在征求老成持重经验丰富的大臣的意见后，再做决策，就不会犯错误。

　　"那些白发苍苍的善良谋臣们，虽然他们的体力心力大不如前，我仍应该亲近他们。雄健勇猛的将帅们，他们驾驭战车和射箭的技术高超，作战能力极强，但是仅有猛将，缺乏战略谋划，我仍然没有实现目标。现在我才认识到，一些肤浅的花言巧语，对我很有迷惑性，导致做出错误决策，我对这些肤浅之人确实信任得有些过分。

　　"我暗自思量，得出一个道理：一个人如果胸怀宽广，忠于国家最高利益，相对于这个品质，其他技能不重要。别人有能力，就如同他自己有，别人德才兼备，他不但开口称赞举荐，而且是发自内心赞叹。只有这样宽宏大量之人，才能造福我的子孙和民众，更有利于现在的国家治理。而更多人则妒忌专长之士，想尽办法阻止德才兼备之人服务于国家。这些心胸狭隘嫉贤妒能之徒，会给我的子孙和民众带来灾难，这些人是国家的危害。任用了一个不该任用的人，会造成国家的动荡不安。任用了一个值得任用的德才兼备之人，会将国家治理得繁荣安宁。所以，知人善任对于国家治理来说太重要了。"

# 附录一：

## "第二个结合"无捷径，要遵循三大步骤

"第二个结合"，将马克思主义基本原理同中华优秀传统文化相结合，将极大促进中国文化的复兴。

我们主张全面、深入、系统地实现"第二个结合"，而不是拿古今相似的概念随意比附，搞成不古不今、不中不西的"四不像"。比如拿古代的"以人为本"、民本思想比附当代"人民至上"的理念，尽管二者都重视人民大众的根本利益，但其内涵实则差别巨大。除了再次强调了人民至上观念，这类比附对于马克思主义中国化、中国文化的时代化并无实质意义，还会影响我们对"人民"观念的深入正确理解。

只有从中国历史或世界历史的角度看"第二个结合"，我们才能认识到这项工作的重要性和艰巨性。它相当于21世纪的"制礼作乐"，从文化和制度层面奠定中国共产党人坚实的执政基础——在中国这样一个世俗性文明中，重新确立政治与教化的统一性，实现"以政统教，教以辅政"。

和三千多年前周公"制礼作乐"相比较，我们当前的任务更为繁重，不仅要解决好古今问题，还要解决好东西问题——它们是"第二个结合"的重要前提，不可回避的两大难题。所以我们认为，推进"第二个结合"大体要遵循三大步骤：依其内在理路整理中华五千年学术成果；"以中释西"，站在中国文化立场看世界；全面、深入、系统地实现"第二个结合"。

兹分述如下。

# 一、依其内在理路整理中华五千年学术成果

许多人认为是西方文化东来，以排山倒海之势冲毁了中国文化。其实不然，在西方文化到来之前，中国本土学术体系已经崩溃。鸦片战争百年之际，哲学家贺麟回顾百年危机与国耻，沉痛指出："中国近百年来的危机，根本上是一个文化的危机。文化上有失调整，就不能应付新的文化局势。中国近代政治军事上的国耻，也许可以说是起于鸦片战争，中国学术文化上的国耻，却早在鸦片战争之前。儒家思想之正式被中国青年们猛烈地反对，虽说是起于新文化运动，但儒家思想的消沉、僵化、无生气，失掉孔孟的真精神和应付新文化需要的无能，却早腐蚀在五四运动以前。儒家思想在中国文化生活上失掉了自主权，丧失了新生命，才是中华民族的最大危机。"①

那么，中国道、名、法，内在个人修养（内圣）与外在社会治理（外王）一以贯之的学术体系何以会崩溃呢？这是数千年历史复杂演化的结果，一个重要原因是汉武帝听从董仲舒的建议"罢黜百家，表彰六经"。

三代时期，学在官府，官学合一，以吏为师，学即王官之学，所以政治与教化自然相统一，这种思想与制度、"灵与肉"的统一成为稳定社会的压舱石，大一统制度的基础。

历经春秋战国，随着生产力的发展，私学兴起，秦始皇再度统一天下，焚书，欲一统学术思想，恢复"以吏为师"已不可能。对于这段历史文化演变的关键，史学家吕思勉可谓独具慧眼，他说："（春秋以降）教育学术，皆自官守移于私家。世运之迁流，虽有大力，莫之能逆。秦皇乃燔《诗》《书》，禁私学；令民欲学法令，以吏为师；欲尽复西周以前，政教合一之旧，无怪其卒不能行也。"②

后来，雄才大略的汉武帝选择以经济手段（俸禄），通过排斥子学，设立经学博士的办法，将学人的思想集中于经学。这一文化政策表面看来极为

---

① 贺麟：《儒家思想的新开展》，载《思想与时代》1941年第1期。
② 吕思勉：《先秦学术概论》，译林出版社2016年版，第13页。

成功，影响中国历史长达两千多年。但在更深层次上，它不仅导致包括儒家在内的子学的沉沦，连经学本身也衰落了。

一般认为，"罢黜百家，表彰六经"得利最大的是"游文于六艺"的儒家，儒学水涨船高，得以大兴。近人易白沙（1886–1921年）还有"罢黜百家，独尊儒术"一说，流传极广，代表了世人对汉代儒家崛起的普遍看法。事实不是这样，因为汉武帝开经学利禄之途，结果先秦荀子、子夏那样吞吐百家的大儒尽乎消失，取代他们的是杂以阴阳、谶纬学说的方士化两汉儒生，其学术研究、传授范围大体限于能够变现的几本经书，甚至连孔门重视的德行、言语、政事诸科也被抛在脑后。经学走向僵化、繁琐化和神秘化，经义大失，经学衰落。东汉史学家班固写道："自武帝立五经博士，开弟子员，设科射策，劝以官禄，讫于元始（西汉末年成帝年号——笔者注），百有余年，传业者浸盛，支叶蕃滋，一经说至百余万言，大师众至千余人，盖禄利之路然也。"（《汉书·儒林传》）南宋学者郑樵千载之后慨叹："秦人焚书而书存，诸儒穷经而经绝。"（《通志·校雠略·秦不绝儒学论二篇》）

宋儒有志复兴本土学术，特别是德行一科。它一方面极力排斥佛老，另一方面又不得不利用佛教观念解读中国文化。这样做不仅不能补汉武帝"罢黜百家，表彰六经"政策之不足，反而将百家直接斥为异端，经学走入了"内圣化"的歧途。中华内圣外王之学被进一步异化，很快成为经、史、子、集四部的胡乱堆积。

1840年鸦片战争以后，特别是甲午战争以后，面对逻辑严密的西方近代学术，学人普遍选择了用西方学理整理中国本土文化的路线。胡适1919年底所作的《新思潮的意义》一文，将之概括为"输入学理，整理国故"。

早在甲午战争后，1895年严复在《救亡决论》中就提出："是故取西学之规矩法戒，以绳吾'学'，则凡中国之所有，举不得以'学'名；吾所有者，以彼法观之，特阅历知解积而存焉，如散钱，如委积。"[①] 这里严复看到了中国本土学术相对于西方学术的不足。

---

① 严复：《救亡决论》，收入《严复全集（第7卷）：政文、序、跋等》，福建教育出版社2014年版。

问题是，"输入学理，整理国故"学术路线本质是将中国本土学术看成西方学术的附庸和材料，并没有将源自古代的本土学术时代化，反而将之西学化！这种混淆东西的做法，是一种温水煮青蛙式的文化灭绝！

　　所以，今天首先要做的，是依古典学术的内在理路，整理中华五千年学术成果。我们可以借鉴西方的学科分类，比如政治学、经济学、逻辑学、伦理学等等，但不能输入西方学理，而是坚持"以中释中，整理国故"，只有这样，才能恢复中国古典学术的本来面目。

## 二、"以中释西"，站在中国文化立场看世界

　　过去两千多年来，西方文明始终以海洋为中心，地理上呈散裂式分布。各个地理区域的重心集中在城邦或自治城市。就算组成了强大的帝国，地方自治特征仍十分明显。21世纪的美国和公元前后的罗马帝国都是这样。

　　西方文明之根古希腊文明是以爱琴海为中心发展起来的，各个城邦相对独立。即使面对波斯那样的强敌入侵，出于共御外侮的需要，众城邦短暂的团结也十分脆弱，这使得波斯帝国得以在希腊诸城邦之间纵横捭阖，各个击破；古罗马文明，是以地中海为中心发展起来的，近代西方文明，则是以北大西洋为中心发展起来的。这些文明的共同特点是有发达而野蛮的奴隶制，所以特别强调公民权和个人自由，近代发展成为基于个人自由的自由市场经济和自由民主体制。

　　中华文明不是这样，它同欧亚非旧大陆诸多原生文明一样，诞生于大河流域，社会治理重视农业和农村，城市的主要功能是行政中心。中华文明重视人与人，人与自然，乃至整个世界（天下）的和谐，没有出现大规模的奴隶制，其本质上是生态的、普世的、和平的。

　　中西文明的发展路径和整体特征迥异，我们不能生搬西方的概念、理论解释中国历史和现实，这有巨大的理论风险。在1994年出版的《中国人的智慧》一书中，法国汉学家，法国科学院院士谢和耐（Jacques Gernet，1921-2018年）谈到东西方文化差异时写道："首先要提到中国和西方在政治经历上的差异。我们的历史记录和中国的不一样。我们所有来源于希腊和拉

丁的语汇（民主制、君主制、专制主义、统治权、共和制……）都可以追溯到现实及我们所特有的传统。在权利相等和自由的市民（即是说非奴隶又非侨民）之间，讨论城邦共同的福利时，最初使用的政治方面的基本语汇也是一样的。人们认识到，在市政立法和议会制度中，这个典型延续到今天。此外，西方的体制都以城邦和城市为中心，罗马帝国是把城邦的法律施于整个蛮族而建立的。据中国的观点，西方的政治史看来是独特的，也可以说是另类的。"①

所以，我们必须学会用中国本土的理论解释现实，并学会站在中国文化的立场上看待西方，逐步学会"以中释西"。只有这样，我们才能平等地借鉴西方优秀文明成果，而不是将现代化等同于西方化，传统等同于中国！

西方地理结构的散裂特征影响了其内政外交模式，无论国内还是国际，近代西方人追求政治权力的均衡与均势。而过去四五千年来，中国历朝历代强调建立一个具有稳定重心、吸纳各个阶层优秀人才的强大中央政府，先贤称之为"建用皇极""建中立极""定于一"等等，那是社会稳定发展的根本，个人福祉的前提。《吕氏春秋·审分览·执一》说："一则治，两则乱。"

中国人缺乏奴隶制传统，所以从不强调如何摆脱各种形式的奴役，实现个人自由，并以议会、民主等多种形式保障自由。若从经典自由、民主的视角，中国显然是非西方自由、非西式民主的；若从"建中立极"的角度看西方世界，就能解释为何其主导的世界秩序不可持续，也不可能实现持久和平——因为西方主导的现代世界秩序没有稳定的重心（中），其短暂的均衡很容易被各种力量的不断消长所破坏，从古希腊世界到西方主导的21世纪世，和平不过是战争的间歇！

站在"建中立极"的中国文化立场看西方历史，我们能清楚看到这一理念的普世性特点。

以英国为例。公元5世纪中叶罗马帝国撤出至1066年诺曼征服之间，史称盎格鲁–撒克逊时期，是英国的列国时代，由于没有稳定的政治重心，

---

① 谢和耐：《中国人的智慧》，何高济译，上海古籍出版社2004年版，第9~10页。

394

政局极度不稳定，贵族篡权谋杀和国家间的野蛮战争成为常态。阎照祥教授描述道："在7世纪，统治诺森伯里亚的8位国王中有6人殒命祸端。其他各国的贵族也是时而篡位弑君，祸国殃民。为此，王朝更替常常是要伴随着刀光剑影，血雨腥风。国王中不乏通过政变、暴力或威慑方式登上王位者，并且还要使用同样方式和手段来捍卫既得利益。在这种形势下，社会容易出现政治上的恶性循环。和平仅仅是一场战争的结局和另一场战争的序幕。"[①]

而16世纪时都铎王朝（1485年–1603年）之所以很稳定，是因为历代国王通过削弱贵族的经济、政治、军事权力，建立起了较为稳定的政治重心。也是在这一时期，具有军事功能的大量封建城堡被拆除，代之以优美别致没有军事功能的贵族大庄园。

近现代英国之所以相对稳定，则是从1688年光荣革命开始，新旧贵族建立起了寡头统治，虽然土地贵族和王权衰落了，但以资产阶级寡头组成的政治重心逐步建立起来——这种情况持续至今。

从整体上说，当代西方资产阶级寡头政治依然缺乏稳定性，因为众多"国王"（寡头）要求掠夺更多的资源，必然导致国际关系的紧张。这是21世纪西方主导世界秩序的最大风险，值得我们高度警惕。

总之，不再"以西释中"，而是站在中国文化立场看中国与世界，我们会看到一个完全不同的世界，它使我们更准确地看待自身，更全面地看待世界；站在自身价值立场上，才能真正睁眼看世界——这是建立一个新世界的起点。

## 三、全面、深入、系统地实现"第二个结合"

两大地理板块的撞击会发生沧海桑田的巨变。鸦片战争以来，东西方两大文明板块的撞击导致"三千年未有之大变局"，将深深影响人类文明的历史进程。身处此一历史巨变之中，我们切身体会到中国文化智慧岩浆冲决一切的涌动，以及马克思主义持续中国化催生的文明新形态。

---

① 阎照祥：《英国贵族史》，人民出版社2000年版，第29~30页。

贺麟先生 1941 年就敏锐地观察到，作为新民主主义的开端，五四运动表面上推翻旧文化，打倒孔家店，实际上秋风扫落叶般将旧有的文化糟粕涤荡殆尽，那是中华文化全面复兴的前奏——这种复兴，与晚清洋务派的理学复兴不可同日而语。他写道："五四时代的新文化运动，可以说是促进儒家思想新发展的一个大转机。表面上，新文化运动是一个打倒孔家店、推翻儒家思想的一个大运动。但实际上，其促进儒家思想新发展的功绩与重要性，乃远远超过前一时期曾国藩、张之洞等人对儒家思想的提倡。曾国藩等人对儒学的倡导与实行，只是旧儒家思想的回光返照，是其最后的表现与挣扎，对于新儒家思想的开展，却殊少直接的贡献，反而是五四运动所要批判打倒的对象。"[1]

　　80 多年前的贺麟可能不会想到，中国共产党人领导的新民主主义革命不仅扫荡了旧文化，还摧毁了这种文化赖以生存的阶级基础——腐朽的士绅地主阶级。在此基础上，建立起了以公有制为基础的社会主义国家，今日之中国已经雄起于世界民族之林。

　　在同国内外反对派的残酷斗争中，中国共产党人创造性地继承和发展了大一统的国家结构形式及其政治组织原则——建中立极。中国共产党人的"中"不再局限于少数贵族士绅，囊括了所有社会主义事业的建设者。

　　正是在新民主主义革命的过程中，中国共产党人认识到建立一个超越某个阶级特殊利益（私利）的政治组织形态的必要性，只有这样，才能团结包括一般资产阶级在内一切可以团结的力量，打倒武装到牙齿的封建主义和帝国主义。在写于 1939 年的《中国革命和中国共产党》一文中，毛泽东谈到新民主主义革命的性质时说："这种新民主主义的革命，和历史上欧美各国的民主革命大不相同，它不造成资产阶级专政，而造成各革命阶级在无产阶级领导之下的统一战线的专政。在抗日战争中，在中国共产党领导的各个抗日根据地内建立起来的抗日民主政权，乃是抗日民族统一战线的政权，它既不是资产阶级一个阶级的专政，也不是无产阶级一个阶级的专政，而是在无产阶级领导之下的几个革命阶级联合起来的专政。只要是赞成抗日又赞成民

---

　　① 贺麟：《儒家思想的新开展》，载《思想与时代》1941 年第 1 期。

主的人们，不问属于何党何派，都有参加这个政权的资格。"①

后来，毛泽东还将这种人民性经典地概括为"共产党人区别于其他任何政党的又一个显著的标志"。改革开放以后，中国共产党人开创了社会主义市场经济体制，吸纳社会各个阶层参与国家治理，其执政基础不断扩大，将人民民主推到了一个新阶段——这一历史进程的理论核心不是以党派竞争为基础的西式民主，而是中国持续四五千年的政治组织原则——建立稳固的政治重心，最大限度发挥各个阶层的积极性，建中立极！

受苏联和其他先进资本主义大国国家结构形式的影响，新中国成立前中国共产党人长期主张联邦制。但在1949年建国前夜，面对帝国主义长期坚持的分裂中国图谋，共产党人实事求是地选择了大一统的国家结构形式。在当时的情况下，民族区域自治有利于国家的大一统，它意味着将诸多少数民族更紧密地团结在中央周围。1949年9月7日，周恩来在北京向几百名政协代表作题为《关于人民政协的几个问题》的报告，特别提道："中国是多民族国家，但其特点是汉民族占人口的最大多数，各少数民族总起来还不到全国人口的百分之十。不管人数多少，各民族间是平等的。这里主要的问题在于民族政策是以自治为目标，还是超过自治范围。我们主张民族自治，但是今天帝国主义者又想分裂我们的西藏、台湾甚至新疆，在这个情况下，我们希望各民族不要听帝国主义者的挑拨。为了这一点，我们国家的名称，叫中华人民共和国，而不叫联邦。"②

扫除了代表腐朽士绅地主阶级的旧文化，重建起大一统的国家结构形式及其相应的建立稳定政治重心"中"的政治组织原则，社会主义革命和建设必然激发中华文化的全面复兴，因为只有这样，才能解释何为中国特色社会主义，看清中国特色社会主义的前进方向。同时，中国文化还将极大地丰富和发展马克思主义——因为从生活方式到政治经济体制，生生不息五千年的中华文明已经积累了丰富的持续发展和持久和平经验。

所有这一切，意味着现代化的中国方案、人类文明新范式将如朝阳般喷

---

① 毛泽东：《中国革命和中国共产党》，收入《毛泽东选集》第二卷，人民出版社1991年版。
② 周恩来：《关于人民政协的几个问题》，收入《周恩来统一战线文选》，人民出版社1984年版。

薄欲出——历史将从西方资本主义主导的世界旧秩序走向东方社会主义主导的世界新秩序。

对于这一伟大的文明进程来说，我们的努力只是万里长征的第一步。

"路漫漫其修远兮，吾将上下而求索。"

和着屈原两千多年前的深沉吟唱，让我们不断开拓前进！

（2023 年 8 月 17 日 -8 月 18 日，第一届"经学、经典与中国特色社会主义"研讨会在福建古田蓝田书院举行，这是翟玉忠先生 17 日上午的主旨发言。）

# 附录二：

## 经学－黄老是理解"中国特色"的关键

今年（2021 年）是中国共产党成立 100 周年。

过去 100 多年来，欧亚大陆诸多古老帝国分裂衰败甚至沦为废墟，只有中国共产党人带领全国人民，凤凰涅槃般地让中国重新矗立于世界东方，还历史性地解决了绝对贫困问题，全面建成小康社会！

中国人民不仅站起来了，还富起来了。

在向第二个百年奋斗目标迈进的新时代，超越"摸着石头过河"，理论、话语权的建设成为摆在我们面前的突出任务——特别是在这样一个军事实力在国际关系中越来越隐藏于背后，软实力越来越走向前台的全球大争时代。

与西方制衡分化的传统均势外交迥异，中国古典外交理论强调文德及理义在一统天下中的重要性，主张先文而后武。《管子·七法》在列出经济、军事等方面一系列统一天下的必要条件后，特别强调真理、正义这些软实力的重要性，认为无理和不义的战争不能最终取胜。"成功立事，必顺于理义，故不理不胜天下，不义不胜人；故贤智之君，必立于胜地，故正天下而莫之敢御也。"

在全球化的 21 世纪，义理、理论话语权的建设不能闭门造车，需要不同文明的互鉴。

过去两千年来，中国主要引入了印欧语族群的两大文化———是公元一世纪传入的佛教，二是公元二十世纪传入的马克思主义。

前者缘于公元64年汉明帝的一个美梦，据说明帝夜梦金人飞行于殿庭，不知是何征兆。太史傅毅回答是西方佛。于是明帝派中郎将蔡愔、博士秦景等十八人去西域访求佛道。三年后，蔡愔等于大月氏国遇到迦叶摩腾、竺法兰两位法师，用白马驮着佛像、佛经，和二僧返回洛阳弘法。

后者也缘于一个梦，那是一个腐败帝国美梦的彻底破灭。鸦片战争以后，面对西方列强的坚船利炮，我们屡战屡败。先进的知识分子摒弃了空疏僵化的经学，将目光投向西方。最后中国共产党人引入并服膺马克思主义，创造性地应用马克思主义，开拓社会主义道路，才使中国人民重新站了起来！

过去百年历史以铁的事实告诉我们：只有社会主义才能救中国，只有社会主义才能强中国！

两千年后，佛教早已实现中国化，不仅成为中国文化的一部分，还在中国发扬光大，成为世界三大宗教之一。十二世纪印度本土佛教消亡之后，佛教因中国化获得了新生，中国文化因佛教变得丰富多彩。

如佛教初传中国一样，今天马克思主义同样面临着中国化的历史任务，即实现马克思主义基本理论同中国本土文化的有机结合。马克思主义中国化的历史任务比佛教中国化更为艰巨，马克思主义中国化的历史意义比佛教中国化更为深远。要实现这种结合，我们必须首先弄清楚：马克思主义是什么？

# 一、马克思主义同中华传统文化相结合的接口

马克思主义是什么？这似乎是个多余的问题。因为任何一本马克思主义教科书都会告诉你，马克思主义包括马克思主义哲学、马克思主义政治经济学和科学社会主义三大部分，它是关于全世界无产阶级和全人类彻底解放的学说。

简而言之，马克思主义是一种革命的政治经济理论体系，其哲学是为改造世界，服务于政治经济学。也因此，马克思主义成为包括中国共产党在内、全世界诸多反资本主义政党的指导思想。

理解这一点是重要的，它涉及马克思主义如何同中国传统文化相结合的

重大理论问题。

马克思主义是一种政治经济理论体系，那么，在中国传统文化中，其政治经济理论体系是什么？找到了中国本土的政治经济理论，我们也就找到了马克思主义同中华传统文化相结合的接口。

历史上对中国文化的第一次大规模整理，是西汉末年由刘向、刘歆父子完成的，班固继承了他们的成果，稍做增删改撰而成《汉书·艺文志》，从中我们能看到中国古典学术体系的本来面目。

顾名思义，《汉书·艺文志》不是按作者，而是按不同书籍进行分类，"艺文"指各种典籍、图书。刘氏的分类标准是什么呢？是社会功用，根据书籍反映思想的社会功用不同，分成六略，分别是：六艺略、诸子略、诗赋略、兵书略、术数略、方技略。

六略中，与国家治理直接相关的主要是六艺略和诸子略，二者是源与流，母与子的关系。如果说六艺（即六经）是中国文化的 1.0 版，那么诸子则是中国文化的 2.0 版。章太炎先生指出："九流皆出王官，及其发舒，王官所弗能与；官人守要，而九流究宣其义。"①

透过经学和诸子，特别是源出六经的诸子，我们能明确中国古典政治经济学的精华所在。《汉书·艺文志》共列诸子十家，除小说家较为务虚外，其余九家均十分重要，它们的源头及其社会功用如下：

儒家者流，盖出于司徒之官，助人君顺阴阳明教化者也。游文于六经之中，留意于仁义之际，祖述尧舜，宪章文武，宗师仲尼，以重其言，于道最为高。

道家者流，盖出于史官，历记成败存亡祸福古今之道，然后知秉要执本，清虚以自守，卑弱以自持，此君人南面之术也。合于尧之克攘，易之嗛嗛（qiǎn qiǎn，谦逊貌——笔者注），一谦而四益，此其所长也。

阴阳家者流，盖出于羲和之官，敬顺昊天，历象日月星辰，敬授民时，此其所长也。

法家者流，盖出于理官，信赏必罚，以辅礼制。易曰："先王以明罚饬

① 《吕思勉文集：先秦学术概论》，译林出版社 2016 年版，第 12 页。

法"，此其所长也。

名家者流，盖出于礼官。古者名位不同，礼亦异数。孔子曰："必也正名乎！名不正则言不顺，言不顺则事不成。"此其所长也。

墨家者流，盖出于清庙之守。茅屋采椽，是以贵俭；养三老五更，是以兼爱；选士大射，是以上贤；宗祀严父，是以右鬼；顺四时而行，是以非命；以孝视天下，是以上同。此其所长也。

纵横家者流，盖出于行人之官。孔子曰："诵诗三百，使于四方，不能专对，虽多亦奚以为？"又曰："使乎，使乎！"言其当权事制宜，受命而不受辞，此其所长也。

杂家者流，盖出于议官。兼儒、墨，合名、法，知国体之有此，见王治之无不贯，此其所长也。

农家者流，盖出于农稷之官。播百谷，劝耕桑，以足衣食，故八政一曰食，二曰货。孔子曰："所重民食"，此其所长也。

上述道家与后世由"独任清虚"的道家极端派演化而成的道教不同，指西汉初年的基本治国理念黄老之术。如同汉人习惯将"文学"（经书）与"儒者"并称一样，他们也会将"黄老""道德"并称，二者都指称道家。《史记·孟子荀卿列传》上说："慎到，赵人。田骈、接子，齐人。环渊，楚人。皆学黄老道德之术。"

"道生法"，只有抱法处势、循名责实、定分止争才能实现无为而治，所以"黄老"又与"形名"（循名责实，亦称"刑名"）并称。《史记·老庄申韩列传》称："申子之学本于黄老，而立刑名"，韩非亦"喜刑名法术之学，而其归本于黄老"。又《史记·商君列传》："鞅少好刑名之学"。

黄老、道家与法家形名法术之学没有根本区别，所以冯友兰先生干脆将《管子》等直接称为"齐法家"，与商鞅、申不害、韩非等三晋法家相区别。[①] 只是认为齐法家于重农之外，更重视工商业，而晋法家则对工商业有更多的限制，甚至排斥。比如黄老道家经典《管子》，在《隋书·经籍志》中就被列入法家，战国人已将管子与法家商鞅并称为"管商"；法家集大成

---

① 冯友兰：《中国哲学史新编》上，人民出版社 2001 年版，第 252~265 页。

者韩非在《韩非子·解老》《韩非子·喻老》中对《老子》做了深入阐发。

综上所述，诸子九家直接涉及治国理政的，只有黄老道家，以及归本于黄老的法家，二者为"君人南面之术"，是中国古典政治经济学的重要组成部分！

马克思主义作为一种政治经济体系，如欲同中国传统文化相结合，唯有同中国古典政治经济学主轴经学－黄老（法家）相结合。换言之，经学－黄老是马克思主义同中华优秀传统文化相结合的接口，舍此而他求，均驴唇不对马嘴！一些人不明此理，一厢情愿推动其与幻想中的"优秀传统文化"相结合，实乃缘木求鱼，升山采珠，只会竹篮打水一场空！

## 二、儒家与中国古典政治经济学

自汉武帝"罢黜百家，表彰六经"，为经学开利禄之途，作为诸子百家"公共经典"的六经在西汉取得了至尊地位，影响中国长达两千年之久。所以成书于东汉的《汉书·艺文志》首列"六艺略"，并于"诸子略"首列传播经学、主礼义教化的儒学，称其"游文于六经之中，留意于仁义之际，祖述尧舜，宪章文武，宗师仲尼，以重其言，于道最为高。"

这里的"于道最为高"，是说儒者所传经学对于国家治理来说"最为高"，而不是儒家本身最高——因为在古人心中，儒家只是百家之一。汉武帝罢黜百家，儒家并非王官学，亦在罢黜之列。钱穆先生曾详细论及这一点："且称《诗》《书》，道尧舜，法先王，此战国初期学派儒、墨皆然。不专于儒也。文帝时有《孟子》博士，至武帝时亦废。若谓尊儒，何以复废《孟子》？其后刘向父子编造《七略》，《六艺》与儒家分流。儒为诸子之一，不得上侪（侪，chái，意为同类、等同——笔者注）于《六艺》。然则汉武立《五经》博士，若就当时语说之，谓其尊《六艺》则然，谓其尊儒则未尽然也。即仲舒对策，亦谓：'百家殊方，指意不同。臣愚以为诸不在《六艺》之科，孔子之术者，皆绝其道。'则仲舒之尊孔子，亦为其传《六艺》，不为其开儒术。故《汉志》于《六艺》一略，末附《论语》《孝经》小学三目，此亦以孔子附《六艺》，不以孔子冠儒家也。此在当时，判划秩然，特《六艺》多传于儒生，故后人遂混而勿辨耳。"①

学术史上，经学、孔学、儒学内涵大不同，不可轻言汉武帝曾"独尊儒术"！广泛流传的"罢黜百家、独尊儒术"之说蕴含着严重的逻辑错误——贬抑百家，何以又独尊百家之一儒家？这种提法上是 20 世纪的"发明"，1916 年 2 月，易白沙在《新青年》杂志（1 卷 6 号）发表《孔子平议》，这位深受西方自由民主思想影响的革命家首次提出"罢黜百家，独尊儒术"一说。②

历史真相是：只有到了宋明理学那里，"独尊儒术"才成为现实。佛教化的儒家使四书超越五经，成为知识分子普遍研习的经典。相隔千年的两大文史事件就这样被易白沙"无缝对接"，串为一体，可叹后人多习焉不察。

马克思主义基本原理告诉我们，经济基础决定上层建筑，任何一种意识形态，都与一个社会的政治经济、阶级分化有着密不可分的联系——儒家也不例外。

与先秦蕴含百家、教化万方的大儒不同，汉以后儒家一反中华治道（王道）政治与经济相统一，以政统教的传统，宣传的是一种自由主义的、代表豪民富商阶层的意识形态。他们表面上打着"不与民争利"，为民请命的大旗，本质是让国家退出重要公共领域，成为"小政府"，将中央关在宫墙之内，为豪民富商垄断市场、窃取基层政权大开绿灯。

儒家作为独立的政治经济意识形态登上历史舞台是在公元前 81 年，汉武帝去世后西汉政府的最高国策讨论会上，即著名的盐铁会议。此后，儒家自由主义政治经济观念成为中国古代社会的主流。

参加这次会议的多是从长安京畿地区选拔出来的贤良，他们是迁到此地的"天下豪富民"子弟，自然成为豪民巨富的代言人。王利器先生在《盐铁论校注》前言中写道："参加这次会议的六十多个贤良、文学，他们都是'祖述仲尼'的儒生，除了心不离周公，口不离孔、孟之外，还大肆宣扬当时'推明孔氏'的董仲舒的学术思想。董仲舒就是向汉武帝建议要'盐、铁

① 钱穆：《两汉经学今古文评议》，商务印书馆 2001 年版，第 200 页。
② 宋定国：《国学纵横》，首都师范大学出版社，2013 年 1 月，第 121 页。

皆归于民'的始作俑者。他攻击秦'用商鞅之法，改帝王之制'，'田租、口赋、盐、铁之利二十倍于古'；他在对策时，大肆宣扬'正其谊（谊通'义'——笔者注）不谋其利，明其道不计其功'的儒家说教，反对'与民争利'，一再宣扬什么'亦皆不得兼小利，与民争利业，乃天理也'。他之所谓民，并不是一般的老百姓，而是指的豪门贵族和富商大贾。本书《禁耕篇》所谓：'夫权利之处，必在深山穷泽之中，非豪民不能通其利。'《复古篇》所谓：'往者豪强大家，得管山海之利，采铁石鼓铸，煮海为盐。'正好说明董仲舒扮演的"为民请命"这出剧是怎么一回事了。盐、铁会议一开场，这批腐儒就迫不及待地抛出这些谬论，摇旗呐喊：'今郡国有盐、铁、酒榷、均输，与民争利……愿罢盐、铁、酒榷、均输。'"[1]

这次会议对中国及世界历史产生了深远影响。宋明理学蓬勃兴起，儒家获得真正独尊地位后，国家运用强大的国有资本理财，平衡市场成为一种与民争利的"政治不正确"，中央财力的衰弱是明清两朝崩溃前的典型特征。汉唐以后国运衰弱，直到共产党人引入马克思主义，实行公有制，重建强大的国有经济，中国才从积贫积弱走向富强。

历史充满巧合。儒家自由主义经济理论如日中天之时，十六世纪末叶开始，西方传教士来到中国。他们看到中国自由市场经济的表面繁荣，就认为这样才符合经济的自然法则。于是开始批判欧洲流行的重商主义，鼓吹自由主义，为资本主义崛起奠定了理论基础。英国谢菲尔德大学政治与国际关系学高级讲师约翰·霍布森（John Hobson）评论说："尽管盎格鲁－撒克逊人偏狭地认为亚当·斯密是第一个政治经济学家，却又认为斯密背后是法国的'重农主义者'魁奈，而关键的是，在魁奈的背后是中国。第一个批判重商主义的欧洲人，是魁奈，而不是亚当·斯密。'重农主义'一词是指'自然法则'，魁奈的思想起源于中国，其重要性至少表现在两个方面：第一，他认识到农业乃是财富的根本源泉（这成为英国农业革命的一个重要思想）；第二，也是更重要的是，他认为只有在生产者不受国家专制任意干预的情况下，农业才能获得充分发展，只有这样，市场的'自然规律'才能起作用

---

① 王利器：《盐铁论校注》，中华书局 1992 年版，第 8~9 页。

（中国人早已认识到这一点）。"①

"中国人早已认识到这一点"，约翰·霍布森当不知道这一时间点是公元前81年，更不会意识到中国古典政治经济学反对自由放任的市场经济，它主张一种强大国有资本参与其中的市场经济。感兴趣的朋友也可参阅拙著《国富策：中国古典经济思想及其三十六计》。②

在"独尊西学"的21世纪，有人不知东西方文明史上复杂的交流互动，以及宋明理学对欧洲资本主义崛起的重要影响，继续"言必称西方"、盲目坚持"西是中非"的西方中心论、"以西释中"，认为资本主义的学术能解决社会主义发展的理论问题，何其荒唐，何其浅薄！

无论是汉以后儒家自由主义政治经济学还是西方资本主义自由主义政治经济学，其本质都是为资本服务的，与马克思主义和中国古典政治学"以人民为本""天下为公"的理念背道而驰——这是我们必须警醒，必须解决的学术路线问题！

## 三、实现马克思主义基本原理与中国古典政治经济学的结合

马克思主义基本原理与中国古典政治经济学相结合不能单纯复兴哪一家、哪一派，否则古今、中西永远是两张皮，走不到一块儿。

只有在贯通经子、超越诸子的基础上重建中国古典政治经济体系，才能实现马克思主义与中国优秀传统文化的有机整合，实现二者与时俱进、共同发展的目标。

汉武帝一统教化"罢黜百家，表彰六经"，恢复三代中央政府学术体系——王官学的权威性，功劳是历史性的。但也隐含着巨大的弊端，经学与子学断裂，中国文化源与流的断裂。结果经学迅猛崛起的同时，子学快速衰落，随着时间的推移，经学本身也逐渐陷入繁琐化、神学化和僵化，成为一潭死水。

---

① 约翰·霍布森：《西方文明的东方起源》，山东画报出版社2009年版，第175页。
② 翟玉忠：《国富策——中国古典经济思想及其三十六计》，中国友谊出版公司2010年版。

宋以后，理学家依照佛教分科判教，将子学异端化，极力贬低诸子，乃至欲焚之而后快，这进一步加剧了子学的衰亡。以墨家为例，它的历史就是一部不断散佚的历史。据《汉书·艺文志》，刘向、刘歆父子校勘的先秦《墨子》有71篇。南宋时，已经亡佚9篇，加上目录1篇已不存，只剩下61篇。至明代又散佚了8篇，幸亏重编《道藏》时收录了剩下的53篇，否则《墨子》定会失传，世人再也不知墨学，以及与墨学紧密相关的名学的本来面目。

清末民初，儒学独尊已成明日黄花，在本土考据学和西学的刺激之下，子学才有了复振之势。吕思勉先生1933年出版的《先秦学术概论》总结道："先秦诸子之学，近数十年来，研究者大盛。盖以民气发舒，统于一尊之见渐破，而瀛海大通，远西学术输入，诸子之书，又多足互相印证也。诸子之书，皆去今久远，非经校勘注释不能明。昔时留意于此者少。清代考证学盛，始焉借子以证经，继乃离经而治子。校勘训释，日益明备。自得西学相印证，义理之焕然复明者尤多。（如《墨子》之《经》《经说》《大取》《小取》诸篇，昔几无人能读，今则可解者十七八，即由得欧西论理之学，以相参证也。）治此学于今日，盖远非昔时之比矣。"[1]

不幸的是，由于民国以后受教育的一代不复读经，经典学习无童子功，以及新的"儒家独尊"再度确立，儒学近乎成为中国文化的代名词，经学、子学研究再度沉沦，至于今日。所以我们欲完成中国文化的真正复兴，及马克思主义的中国化，非先复兴经学－黄老中蕴含的中国古典政治经济学不可。

清末民初，西学排山倒海般地涌入，除了当时救亡图存的严峻现实，与儒家文化不能为中国工业化提供思想资源有关。

现代西方人文社会科学是在牛顿物理学范式的影响下形成的，其（数学）形式上的简明和逻辑上的严谨让中国学人耳目一新，中国本土以书分类的弱点突显。1918年蔡元培为胡适《中国哲学史大纲》所作的序言中清楚表达了时人对本土文化的普遍认识："我们今日要编中国古代哲学史，有两

---

[1] 《吕思勉文集：先秦学术概论》，译林出版社2016年版，第14页。

层难处。第一是材料问题，周秦的书真的同伪的混在一处。就是真的，其中错简错字又是很多。若没有做过清朝人叫作'汉学'的一步功夫，所搜的材料必多错误。第二是形式问题，中国古代学术从没有编成系统的记载。《庄子》的《天下篇》，《汉书·艺文志》的《六艺略》《诸子略》，均是平行的记述。我们要编成系统，古人的著作没有可依傍的，不能不依傍西洋人的哲学史。所以非研究过西洋哲学史的人不能构成适当的形式。"①

百年之后我们知道：为了"形式上"的简洁将中国本土学术作为西学的材料进行整理，"以西释中"是错误的学术路线，结果是灾难性的。民间将人死后不入棺椁直接入土埋葬称为软埋，据说软埋之人不能转世。今天我们才醒悟，胡适等人将活生生的中国本土学术史学化、僵尸化，并以西方学术形式肢解（整理）国故正是文化上的"软埋"——目前这已成为中国文化复兴的主要障碍。

我们所要做的，是贯通经学和子学，重新连接中国文化的源与流，找到子学之源，开通经学之流；融汇诸经、融汇诸子，进而重建中国古典学术体系。

贯通经子，是因为经学是诸子百家的公共经典，诸子百家都是传承经学的流派。所以《汉书·艺文志》评论诸子说："今异家者各推所长，穷知究虑，以明其指，虽有蔽短，合其要归，亦《六经》之支与流裔。"唐代颜师古注："裔，衣末也。其于《六经》，如水之下流，衣之末裔。"

位列孔门四科中的言语科，被称为纵横家之祖的子贡就身通六经（六艺）。另据《战国策》，著名纵横家苏秦曾引《尚书·周书》，正是因为他苦读《周书》，才得以游说天下。《史记·苏秦传》记载："苏秦者，东周洛阳人也。东事师于齐，而习之于鬼谷先生。出游数岁，大困而归。兄弟嫂妹妻妾窃皆笑之，曰：'周人之俗，治产业，力工商，逐什二以为务。今子释本而事口舌，困，不亦宜乎！'苏秦闻之而惭，自伤，乃闭室不出，出其书遍观之。曰：'夫士业已屈首受书，而不能以取尊荣，虽多亦奚以为！'于是得《周书》《阴符》，伏而读之。期年，以出揣摩，曰：'此可以说当世之

---

① 《吕思勉文集：先秦学术概论》，译林出版社 2016 年版，第 14 页。

君矣.'求说周显王."黄怀信先生指出:"《周书》《阴符》,旧读一书,未确.《周书》有不少篇章言为君牧民之道,且含兵书,无疑可以说当世之君,又苏秦亦自引《周书》语,说明其所伏读必非《周书阴符》,故当分读二书."[1]

具体以政治学为例,中国文化会为包括马克思主义在内的现代政治理论提供重要思想资源.去道德化是政治现实主义的重要特征,不仅在国际事务中,也在西方世界的政治实践里,如今民主已退化为无底线党争、为反对而反对的社会分裂机制.

中国古典政治学提出了符合中国大一统政体的德行原则.《尚书·洪范》据说是传自大禹的治国大法,其中提出了政治的"三德",包括对平正康宁的人,要以正直方式对待;对倔强不亲附的人,要以强硬的方式对待;对和顺可亲的人,要以温和方式对待.国家元首要牢牢把握赏罚之权,不能使之旁落,那样会导致社会失序,家国灾难.上面说:"平康,正直;强弗友,刚克;燮友,柔克……惟辟作福,惟辟作威,惟辟玉食.臣无有作福、作威、玉食.臣之有作福、作威、玉食,其害于而家,凶于而国."

到中国古典政治学法家的集大成者韩非子那里,不仅专作《韩非子·二柄》论赏罚,且"三德"已经发展为复杂的无为而治思想.

——对于国家首脑,无为体现为"以虚无为本,以因循为用",抱法处势,循名责实,让官员各司其职,依法赏罚.《韩非子·主道》解释:"明君无为于上,君臣竦惧(竦惧,肃立惶恐——笔者注)乎下.明君之道,使智者尽其虑,而君因以断事,故君不穷于智;贤者勑(通"饬",整治——笔者注)其材,君因而任之,故君不穷于能;有功则君有其贤,有过则臣任其罪,故君不穷于名.是故不贤而为贤者师,不智而为智者正.臣有其劳,君有其成功,此之谓贤主之经也."

——对于各级行政官员,无为体现为如商鞅那样"极身无二虑,尽公不顾私"(《新序论》).《韩非子·有度》指出,贤人做臣子要效忠元首没有二心.在朝廷不敢推辞贱事,在军队不敢推辞难事;顺从君主的行为,遵从

① 黄怀信:《逸周书校补注译》(修订本)前言,三秦出版社 2006 年版,第 38 页.

君主的法令，虚心等待命令，不挑弄是非。所以有嘴不因私事而说，有眼不因私事而看，要和君主保持协调一致。上面说："贤者之为人臣，北面委质，无有二心。朝廷不敢辞贱，军旅不敢辞难；顺上之为，从主之法，虚心以待令，而无是非也。故有口不以私言，有目不以私视，而上尽制之。"

下级服从上级，是政治大一统的关键。正是靠这种制度，在此次新冠疫情中，我们能保证国家层面联防联控工作机制顺利运行，拯救了很多人的生命。尽管我们也付出了一定的社会经济代价，但整体上山河无恙，成为全世界有效控制疫情传播的唯一大国。西方以个人主义和地方自治为基础的政治运作体制，根本无法形成这样涵盖方方面面的协调工作平台。中国在全球抗疫大战中一枝独秀，充分显示了大一统政治在应对危机中的优越性。

2021年9月21日，习近平总书记出席第七十六届联合国大会一般性辩论，在题为《坚定信心 共克时艰 共建更加美好的世界》的讲话中，特别强调这一机制的世界性意义："我们必须战胜疫情，赢得这场事关人类前途命运的重大斗争。一部世界文明史也是同瘟疫斗争的历史……要弘扬科学精神、秉持科学态度、遵循科学规律，统筹常态化精准防控和应急处置，统筹疫情防控和经济社会发展。要加强国际联防联控，最大限度降低疫情跨境传播风险。"[①]

今天，我们有必要贯通经子，让中国大一统的政治组织原则和政治德行原则传遍全世界。它不仅能解释中国特色社会主义事业的伟大成就，也将造福整个人类！

贯通经子，不能如"以西释中"一样，随意肢解诸子百家，而是按照不同门类，拈出其中超越时空的精义。比如我们研究中国古典政治经济学，就要深入研究《尚书》和黄老、法家的关系，因为《尚书》本身就是专述政治经济的，《荀子·劝学篇》说："故《书》者，政事之纪也。"

除了贯通经子，我们还要超越诸子的界线，这样才能恢复中国古典学术

---

① 《习近平在第七十六届联合国大会一般性辩论上的讲话》，网址：https://www.ccps.gov.cn/xxsxk/zyls/202109/t20210922_150601.shtml，访问日期：2021年9月22日。

体系的系统性。如前文所述，黄老道家和法家根本没有明显分界。

再以名家为例，除了我们熟知的惠施、公孙龙一派，还有一部分重要内容在《墨子》中，集中于《经上》《经下》《经说上》《经说下》《大取》《小取》墨辩六篇，这是名家的源头。西晋鲁胜《墨辩注·叙》中说："墨子著书，作《辩经》以立名本，惠施、公孙龙祖述其学。"

《汉书·艺文志》收录名学七家，三十六篇。目前只存三家:《邓析子》《尹文子》和《公孙龙子》。《邓析子》一般认为是伪书，《尹文子》内容庞杂，真正讨论名家核心理论的只有《公孙龙子》6篇；若我们不参考《墨辩》诸篇，先秦留下的诸多古老逻辑论题几乎无解。足见墨家对于名学研究的重要。[①]

又，法家亦称"刑名法术之学"或"刑名之学"，这里"刑"通"形"，可以说名学是法家的逻辑基础。

中国古典学术体系源于夏商周三代大一统的中央政府，所以其外在构成最为系统，内在理路最为清晰。只是因为过去两千年来，经子断裂、诸子争鸣，才导致道术为天下裂，内圣外王、内养外用一以贯之的道术隐而不明。近代西学东进浪潮涌动，中国古典学术并未因之重见光明，反陷更深黑暗，成为西学任意宰割的散乱材料，其义理内涵惨遭曲解，价值意义模糊不清！

恢复中国古典学术，特别是以经学－黄老为主导的中国古典政治经济学，涉及马克思主义中国化这一关系国运兴衰的重大理论问题，是时代赋予我们的历史使命。这一重大课题，需要最端正的用心，最艰辛的探索。那些叶公好龙式、蜻蜓点水式的研究可以充斥版面，可以随意列出一、二、三、四，却不能找到问题的大本大源，更不能服天下之心、动天下之心！

让我们深入马克思主义同中华优秀传统文化相结合的接口——经学－黄老，如同历史上任何一个划时代大变局一样，返本开新，为中国和人类未来开辟一条崭新的道路。

大道不朽。中华文明五千年生生不息，因为中华治道五千年或显或隐、绵绵不绝——那是人类持久和平、可持续发展宝贵思想资源。

---

① 翟玉忠：《正名：中国人的逻辑》，中央编译出版社是 2013 年版，第 267~277 页。

在此意义上，根本上弄清楚"中国特色"，从事经学－黄老的研究——是怎样一个光荣、艰巨而伟大的历史使命啊！

（2021年10月16日至17日，"法家学说与秦政兴亡"国际学术研讨会暨中国先秦史学会法家研究会第四届年会在岳阳湖南理工大学举行，这是笔者在会上宣读的论文。）

# 附录三：

# 以政治重心"中"为核心的中华治道

唐代名臣魏徵说过，求木之长者，必固其根本；欲流之远者，必浚其泉源。

我们欲复兴中华文化，实现其时代性转化，必须放眼五千年中华文明，从中华文明的初基农业社会的尧舜禹时代开始，一直到工业社会的 21 世纪。在此基础上整合中华文化山河，解码绵延不绝五千年的文明基因。

如同牛顿在自然科学领域发现了万有引力，中国先贤在人文社会科学领域发现了治道之本、政治重心——中，也被称为"极"。

什么是"中"？简单说就是超越特殊利益集团的私利，代表社会整体利益的强大中央政府。先哲认为，这是政治共同体的根本组织原则，《尚书·洪范》称之为"建用皇极"，后人称之为"建中立极"等。这个政治重心包括两大层次，一是政治层面，超越特殊利益集团、吸纳社会各个阶层的贤能参与社会治理，二是教化层面，由国家承担教化职能，"以政统教，教以辅政"，实现政治与教化相统一，这与当代西方政教分离迥异。

所以，四五千年来，历代政府都重视大一统国家核心中央政府的建设，打造稳固全社会、平衡全社会的政治重心。特别是在民族生死存亡的重要关头，这一伟大的政治原则总能得到进一步阐释。

本文跨越五千年的历史时空，阐述构筑稳定政治重心，"建中立极"这

413

一重要的中国政治特色及其时代转化。

## 一、《尚书·洪范》阐释了政治重心的内涵

《尚书·洪范》是最早阐释政治重心"中"内涵的文献，据其文本可知，它传自夏朝初年的大禹时代。

我们知道，周人地处西部边陲，缺乏足够的大国治理经验。所以周武王伐纣成功后，就拜访了"在父师位"（《汉书·五行志》）的商末重臣箕子——在商末周初，只有箕子这样的政治精英才可能熟悉治国的基本原则。

箕子告诉武王，《洪范》作为治国基本大法源自夏代开国君主大禹。面对公元前两千多年前的滔天洪水，我们的先人没有拜倒在鬼神之下，而是通过《洪范》这一治国大法，组织起全体民众抗击洪水。《洪范》引用箕子的话说，大禹继承其父鲧的事业治理水患。因为大禹尊重事物运行规律，上天便将治国理政的九类大法赐给他，大禹用九种大法治理国家，社会和谐百姓安定。"禹乃嗣兴。天乃锡禹洪范九畴，彝伦攸叙。"

过去一百多年来，受疑古思潮的影响，很多学者怀疑《尚书·洪范》是否传自夏商时代。随着考古学等学科的进步，越来越多的学者注意到其历史真实性。比如北京大学考古文博院的李伯谦教授，他从考古学的角度论证历史文献所记大禹事迹，发现大禹治水、会诸侯于涂山、定都阳城、禹征三苗等记载有其真实背景。[①]

《洪范》中有很多"五行""五事"这类"以数为纪"的口头语言程式。河北师范大学历史文化学院张怀通教授指出："（《尚书·洪范》）这样一篇典型的口头传统的作品，其产生必定是在口头传统占据绝对主导地位的时代，这个时代则非夏商莫属。在此之前，我们的先祖对社会、自然、政治等各方面的实践与认识，都不可能达到如此之高的水平。在此之后，书写传统逐步发展起来了，由发挥辅助作用到最终完全取代口头传统在主流文化中的主导地位，已经没有了产生无论句式还是文体都如此繁复的'以数为纪'的

---

① 李伯谦：《在考古发现中寻找大禹》，载《光明日报》2018年8月5日06版。

414

社会文化土壤。"①

　　流传自夏商时代的《尚书·洪范》，其思想核心是九条之"中"，第五条"建用皇极"，"皇极"，就是中央政府的大中之道。西汉学者孔安国解释说："皇，大；极，中也，凡立事，当用大中之道。"不同于西方流行的代表某一利益集团的党派竞争政治，"建用皇极"要求树立中央绝对权威，建立中央政治重心，在不同人群中选拔贤能之士，形成一个超越党派私利、代表全体人民的强大中央政府。

　　《洪范》第五条强调：只要不结党，就不会形成利益集团，就能实事求是地执行政策；只要不走极端，不搞恶意变通，政策就可落实。治国的关键在治吏，要按照有利于国家全局和长远发展的原则选拔任用官员，通过官员主导的治理体系，引导人民紧密团结在中央周围。"无偏无党，王道荡荡；无党无偏，王道平平；无反无侧，王道正直。会其有极，归其有极。"

　　除了抚养孩子，父母还有教育孩子的责任。除了政治经济功能，中央政府还要承担社会教化功能，代表国家的君主不仅要"为之君"，还要"为之师"，政教统一是社会治理的重中之重——国家稳定的压舱石。《洪范》第五条指出，以君王为代表的中央颁布各项政策，既要人们师法遵守，也是君王对官员民众的教导。全体官员民众应认真奉行，只有这样决策才会产生积极效果，才会给广大民众带来福祉。天子如父母疼爱子女一样对待民众，这样他便能成为万众拥戴的领袖。"曰皇极之敷言，是彝是训，于帝其训。凡厥庶民，极之敷言，是训是行，以近天子之光。曰天子作民父母，以为天下王。"

　　事实上，《尚书·洪范》阐述的"建中立极"治道可以上推到尧舜时代。《尚书·尧典》告诉我们，大舜王朝已是一个按选贤任能原则组织的、超越血缘的现代性中央集权官僚政府，其层级包括国家元首帝、四方诸侯之长四岳、天下十二州的行政长官牧以及主管国家政教事务各部门的九人——当时已经有了稳固的政治重心，中央用巡狩等制度统治四方；现代西方的中央集权仍基于地方自治，尧舜时代的中央集权是真正的"大一统"，军事、经济、

---

① 张怀通：《〈尚书〉新研》，中华书局 2021 年版，第 78 页。

社会、文化、教育等方方面面都统一于政治中枢，就是《韩非子·扬权》所说的"事在四方，要在中央"。

对比公元 5 世纪中叶到九世纪初的英国列国时期，我们看到中国古代政治如此高度发展！当时英国诸王国根本就没有独立的官僚机构，中央政府与王室混为一体，政府官员大多由宫官侍臣担任。比如王室总管和司库，同时负责征收各种税，以及监造货币等。[①]

四千多年来，强调政治重心"中"的《尚书·洪范》作为治国大法，为历朝历代所继承，直到 21 世纪的今天，它仍深深影响中国社会的方方面面，中国共产党的领导成为中国特色社会主义的最本质特征——我们强调中央对国家各项事务的绝对领导，"党政军民学，东西南北中，党是领导一切的"；强调盛世修文、中华优秀传统文化与马克思主义相结合的思想解放意义。

## 二、新民主主义对政治重心的再造

四千多年前，先民面对的是气候变化带来的吞噬一切的洪水。近现代，中华民族面临的是全球资本主义国家的野蛮入侵。

同样的生死存亡，同样的命运抗争，新民主主义革命让中国真正站了起来，鸦片战争以后国家蒙辱、人民蒙难、文明蒙尘的历史一去不复返了！在大工业时代，共产党人为了抵御外侮，团结一切可以团结的力量，重述并践行建立政治重心，"建中立极"的治国原则——这成为中国共产党区别其他任何政党的显著标志。与农业时代吸纳精英的范围主要局限于贵族或士绅不同，中国共产党以工农联合为基础，吸纳精英遍及社会各个阶层，真正实现了人民民主。

新民主主义产生的背景是：日本帝国主义对中国全面入侵，全世界高涨的共产主义运动，以及国内国民党代表大地主和大资本家进行的独裁统治。1939 年 1 月国民党五届五中全会后，国民政府攻击共产主义，大肆宣扬其"一个主义（三民主义）""一个政党（国民党）""一个领袖（蒋介石）"主

---

① 阎照祥：《英国贵族史》，人民出版社 2000 年版，第 26 页。

张。

在这种形势下，我们系统阐述了新民主主义理论，回答了"中国向何处去"的问题，为新民主主义革命的胜利奠定了理论基础，锚定了新中国文化建设的方向。

1940 年 2 月，毛泽东就指出，由于帝国主义的侵略压迫，中国的民族资产阶级并不是我们的敌人，它们具有革命性，因而是团结的对象。这里，我们清楚地看到，其思想已经超越了某个党派集团的私利，将整个国家的利益作为思考的出发点。他写道："由于中国民族资产阶级是殖民地半殖民地国家的资产阶级，是受帝国主义压迫的，所以，虽然处在帝国主义时代，他们也还是在一定时期中和一定程度上，保存着反对外国帝国主义和反对本国官僚军阀政府（这后者，例如在辛亥革命时期和北伐战争时期）的革命性，可以同无产阶级、小资产阶级联合起来，反对它们所愿意反对的敌人……在这里，无产阶级的任务，在于不忽视民族资产阶级的这种革命性，而和他们建立反帝国主义和反官僚军阀政府的统一战线。"①

1945 年 4 月，第二次世界大战胜利的前夜，在中国共产党第七次全国代表大会上毛泽东提交了书面政治报告《论联合政府》，其中不仅明确了中国共产党超越党派、超越集团私利的政治重心"中"的根本特征，还在此基础上提出了党的基本宗旨：全心全意为人民服务。

在第三部分"人民战争"一节，谈到共产党领导的抗日军队时说："这个军队之所以有力量，是因为所有参加这个军队的人，都具有自觉的纪律；他们不是为着少数人的或狭隘集团的私利，而是为着广大人民群众的利益，为着全民族的利益，而结合，而战斗的。紧紧地和中国人民站在一起，全心全意地为中国人民服务，就是这个军队的唯一的宗旨。"②

在"全党团结起来，为实现党的任务而斗争"这最后一部分，报告进一步明确了我们的政治文化特色：超越小集团的特殊利益，代表最广大人民群众的整体利益。文中说："我们共产党人区别于其他任何政党的又一个显著

---

① 毛泽东：《新民主主义论》，《毛泽东选集》第二卷，人民出版社 1991 年版。
② 毛泽东：《论联合政府》，《毛泽东选集》第三卷，人民出版社 1991 年版。

的标志，就是和最广大的人民群众取得最密切的联系。全心全意地为人民服务，一刻也不脱离群众；一切从人民的利益出发，而不是从个人或小集团的利益出发；向人民负责和向党的领导机关负责的一致性；这些就是我们的出发点。"①

至此，中国古典政治建立超越党派的政治重心——"建中立极"被明确提出。

改革开放以后，我国逐步建立了社会主义市场经济体制，私有经济得以长足发展，包括私营企业主在内的诸多社会阶层都成为中国特色社会主义事业的建设者，"建中立极"的中国特色不断加强。党的执政基础越来越广泛、越来越稳固。2002 年 11 月 14 日，中国共产党第十六次全国代表大会通过了关于《中国共产党章程（修正案）》的决议，把"三个代表"重要思想同马克思列宁主义、毛泽东思想、邓小平理论一道确立为党必须长期坚持的指导思想。

在新时代，我们又提出马克思主义基本原理同中华优秀传统文化相结合，将马克思主义中国化推进到了一个新阶段。

如果说"第一个结合"，马克思主义基本真理和中国革命的具体实践相结合，使中国革命的面目为之一新，产生了新民主主义。那么"第二个结合"，马克思主义基本原理同中华优秀传统文化相结合，必定会创造新的历史，更新中国乃至世界的文化——中国文化将因之复兴，人类现代化新模式将因之诞生！

## 三、从长时段历史的角度看"第二个结合"

在中国这样一个缺乏宗教教化传统，政治与教化相统一的国家，作为国家的领导核心，中国共产党人必然要承担起教化民众的职责，必然要代表中国先进文化的前进方向。我们如果从这种长时段历史的角度看"第二个结合"，就会更深刻理解"第二个结合"的现实和历史意义。

---

① 毛泽东：《论联合政府》，《毛泽东选集》第三卷，人民出版社 1991 年版。

马克思主义基本原理同中华优秀传统文化相结合，一个重要前提就是如何根据时代要求提炼中华优秀传统文化。

这里，一个不能忽略的基本现实是：至清末民初，中国高度发展、高度自洽的本土学术体系已经成为混乱的知识碎片堆积。在当时诸多学人眼里，中国本土文化只是没有生命力的材料，只能引入西学学术系统（学理），等待西方来拯救。于是胡适等人提出了"整理国故"的口号。胡适1919年发表《新思潮的意义》一文指出："我们对于旧有的学术思想，积极的只有一个主张，就是'整理国故'。整理就是从乱七八糟里面寻出一个条理脉络来，从无头无脑里面寻出一个前因后果来，从胡说谬解里面寻出一个真意义来，从武断迷信里面寻出一个真价值来。为什么要整理呢？因为古代的学术思想向来没有条理，没有头绪，没有系统，故第一步是条理系统的整理。"[1]

由于持续的社会动荡与变革，过去百年来国人并没有很好地梳理中华五千年文明成果。而且中华优秀传统文化的精髓也不是代表西方列强、大资本家、大地主阶层利益的文人们所能企及的。当今部分学人，要么如胡适一样用西方学术生硬肢解中国本土文化，要么顺着宋明理学"引佛入儒"的路线继续讲，很少能够做到"固其根本""浚其泉源"。

马克思主义作为当代极具革命性的政治理论，在同中华优秀传统文化相结合的过程中，中国本土的政治经济理论无疑最为紧要。可叹的是，中国古典政治经济学的重要组成部分（黄老）道家过去两千年已经被学人搞得面目全非！

汉人尚知道家为社会治理的学术体系，《汉书·艺文志》总论道家时明确指出："此君人南面之术也。"

至七世纪中叶成书的《隋书·经籍志》，道家类所收录者，大体皆老庄之书，黄老重要经典《管子》被列入法家。道家成为玄虚之术。其总论道家云："圣人体道成性，清虚自守，为而不恃，长而不宰，故能不劳聪明而人自化，不假修营而功自成。其玄德深远，言象不测。先王惧人之惑，置于方外，六经之义，是所罕言。"

---

① 胡适：《新思潮的意义》，收入欧阳哲生编：《胡适文集》二，北京大学出版社1998年版。

在唐代学者眼里，治国理政的道家竟然成了六经很少言说的"方外之术"。"清虚自守"本是道家主流所排斥的，却成为其思想特征。我们看《汉书·艺文志》是如何批判道家这种极端派的："及放者为之，则欲绝去礼学，兼弃仁义，曰独任清虚可以为治。"

再至清代编辑《四库全书》时，道家已成为子学的最末流，排在小说家及佛家之后。其主要内容除了老庄，多是汉以后神仙符箓等道教内容。由治国理政之法道家蜕变为清修的宗教道教，结果是道家核心精神的沉沦，中华治道的消解。史学家张舜徽先生不禁感叹："由道家衍为道教，变化多矣。末流之弊，乃至不可胜言。"[①]

今天我们欲实现马克思主义基本原理同中华优秀传统文化相结合，不可能绕过以经学–道家（以及基于黄老道家的法家）为主轴的中华治道本身。而欲复兴此学，并从中提炼有益当代实践的文化精髓，显然还有太多工作要做。

本文论述政治重心——中，以及"建中立极"的中华治道基本原则，希望能为这一伟大的历史性工作添砖加瓦。

---

① 张舜徽：《四库提要叙讲疏》，云南人民出版社 2005 年版，第 126 页。

# 附录四：

# 从《中庸》看《大学》本义及其修养路线的时代性

　　《礼记·大学》《礼记·中庸》被一代大儒朱熹编入《四书集注》，后又成为科举考试的内容，对宋以后中国文化产生了深远影响。由于当时"文献不足"，宋人只能参照佛教禅宗"悟后起修"的理路解释《大学》根本宗旨三纲，"大学之道，在明明德，在亲民，在止于至善"，将"明德"解释为虚灵不昧的"本体"，将"至善"解释为"无一毫人欲之私"的"事理当然之极"。

　　宋儒以"明德为本""至善为末"，颠倒本末，忽视了中国文化"积善成德"（《荀子·劝学》），从日常人伦中修养身心的根本特点。与《礼记·中庸》"哀公问政"部分和《孔子家语·哀公问政第十七》相互参证，我们能清楚看到这一点。

　　《礼记·中庸》"哀公问政"部分显然袭用了《孔子家语·哀公问政第十七》的前半部分，只是去掉了一些问答衔接的内容，导致前者文意不太顺畅。从《孔子家语》的"后孔安国序"中，我们能读到相关记载。

　　一般认为，此序的作者是"晚于孔安国但略早于刘歆的某人"[①]，所处时代为西汉晚期。其中记载孔安国的孙子孔衍上汉成帝（前51年 – 前7年）书，特别说明了《礼记》与《孔子家语》的关系。西汉戴圣编辑的《礼记》，

---

　　① 魏玮：《传抄与传承，辨伪与存真——从＜孔子家语＞"三序"说起》，载《孔子学刊》2014年第五辑。

是在《曲礼》基础上，取材《孔子家语》、子思、孟子等书而成。孔衍认为，看到《礼记》中有某些内容，便将《孔子家语》中相关内容删除，这是灭其原而存其末。他说："（戴圣）以《曲礼》不足，而乃取《孔子家语》杂乱者，及子思、孟轲、荀卿之书以裨益之，总名曰《礼记》，今尚见其已在《礼记》者，则便除《家语》之本篇，是为灭其原而存其末。"

我们根据"更完整版"《孔子家语·哀公问政》前半部分可知，大学三纲的本末次序是先"止于至善"，再"亲民"，最后"明明德"，成就"大学之道"。为了便于大家看清戴圣编辑《礼记·中庸》时删除的相关内容，下面引文将之用中括号标出。

凡为天下国家有九经，所以行之者一也。凡事豫（通"预"，预备——笔者注）则立，不豫则废。言前定则不跆（音 jiá，意为绊倒——笔者注）；事前定则不困；行前定则不疚；道前定则不穷。在下位不获乎上（获乎上，犹言取得上级信任——笔者注），民不可得而治矣；获乎上有道，不信乎朋友，不获乎上矣；信乎朋友有道，不顺乎亲，不信乎朋友矣；顺乎亲有道，反诸身不诚，不顺乎亲矣；诚身有道，不明乎善，不诚乎身矣。诚者，天之道也。诚之（诚之，犹言追求诚——笔者注）者，人之道也。诚者，不勉而中，不思而得，从容中道，圣人也；诚之者，择善而固执之者也。（公曰："子之教寡人备矣，敢问行之所始？"孔子曰："立爱自亲始，教民睦也；立敬自长始，教民顺也。教之慈睦，而民贵有亲；教之以敬，而民贵用命。民既孝于亲，又顺以听命，措诸天下，无所不可。"）

我们看《中庸》中的修行次第：明乎善－诚乎身－顺乎亲－信乎朋友－获乎上（民可得而治），这里的"明乎善"，显然就是后面强调的实践诚的路线"择善而固执之"，也就是《大学》三纲修行之本"止于至善"！

先秦有关修身的重要经典郭店楚简《五行》有："善，人道也；德，天道也"。善，就要从日常人伦开始。所以当鲁哀公问及"择善而固执之"从哪里下手时？孔子回答："立爱自亲始，教民睦也；立敬自长始，教民顺也。"

这与《大学》孔子对"止于至善"的解释如出一辙，只不过孔子的解释更为详尽。文中说："子曰：'于止，知其所止，可以人而不如鸟乎？'《诗》云：'穆穆文王，於缉熙敬止！'为人君，止于仁；为人臣，止于敬；为人子，止于孝；为人父，止于慈；与国人交，止于信。'"这些也都是不同名位者所要遵从的人伦道德。

综上所述，中国人的人生观念既不如印度人一样寻求灵魂的解脱，也不如西方人一样寻求来世的天堂，而是从社会自然秩序人伦出发，通过修己治人，治国平天下，实现自我超越，达到天人合一，与天地并列，参赞天地化育的圣贤境界。

《大学》将之细分为八目，即"格物""致知""诚意""正心""修身""齐家""治国""平天下"。这与《中庸》中治理天下国家有九条原则相通，由近及远包括修养自身，尊崇贤人，亲爱亲族，敬重大臣，体恤群臣，爱民如子，招纳工匠，怀柔藩国，安抚诸侯。《中庸》的言说对象是鲁哀公，更重视外在社会治理。文中说："凡为天下国家有九经，曰：修身也，尊贤也，亲亲也，敬大臣也，体群臣也，子庶民也，来百工也，柔远人也，怀诸侯也。"

如上面《中庸》引文所说："凡为天下国家有九经，所以行之者一也。"朱熹《中庸章句》解释说："一者，诚也。一有不诚，则是九者皆为虚文矣，此九经之实也。"

《中庸》论此至诚之道说，只有至诚的圣人能充分发挥他的本性；能充分发挥其本性，就能充分发挥众人的本性；能充分发挥众人的本性，就能充分发挥万物的本性；能充分发挥万物的本性，就可以帮助天地养育生命；能帮助天地养育万物生命，就可与天、地并列为三了。比圣人次一等的人只能从某方面的小事做起，致力于某一方面也能做到诚。做到了诚就会表现出来，表现出来就会逐渐显著，显著了就会发扬光大，发扬光大就会感动他人，感动他人就会引起转变，引起转变就能化育万物。总之，只有天下至诚者能化育万物。"唯天下至诚，为能尽其性；能尽其性，则能尽人之性；能尽人之性，则能尽物之性；能尽物之性，则可以赞天地之化育；可以赞天地之化育，则可以与天地参矣。其次致曲，曲能有诚。诚则形，形则著，著则明，明则动，动则变，变则化。唯天下至诚为能化。"

满腔热忱、诚心诚意服务于天下人乃至万物的"至诚之道"，在当代转化为愚公移山一样"全心全意为人民服务""彻底地为人民的利益工作"的精神。如果我们能正确理解先贤以"诚"为核心的修养路线，就能更好地践行上述宗旨，更好地提升我们的修养。拙著《性命之学：儒门心法新四书阐微》曾特别提到："《中庸》明言诚，《大学》暗言诚，《性自命出》以情言诚，《五行》则即心即诚！"[1]中华优秀传统文化对于我们的修养重要如此！

超越宋明理学，对《大学》本义的深入研究告诉我们，不能走捷径，通过割裂经典、割裂历史，用字句比附的方法搞拉郎配，这类中华优秀传统文化的时代性转化最多只能炮制出空洞的文章，不仅无益自身，也不利于国家。真应了《中庸》那句话："不诚无物！"

要静下心来，甘坐冷板凳，将过去五千年积累的传统文化作系统深入研究，而不是到处逢迎谄媚，投机取巧。没有真诚哪里能做出真正的成绩呢？

我们只有在学术上行至诚之道，方能如《中庸》所说的那样："唯天下至诚，为能经纶天下之大经，立天下之大本。"为时代立学，为天下立法。

当今学者慎哉！

---

[1]　翟玉忠：《性命之学：儒门心法新四书阐微》，中央编译出版社2014年版，第119页。

# 附录五：

## 实事求是与中庸之道

　　实事求是，是我们一直强调的思想方法。胡乔木曾将毛泽东思想的方法理论概括为实事求是，群众路线，独立自主三大原则。[①] 实际上三者是一个有机联系的整体，实事求是是核心。因为只要做到实事求是，便不可能不独立自主、根据实际情况因地制宜地解决问题，不可能忽视群众这个最重要的政治现实。

　　对于何谓实事求是，毛泽东 1941 年 5 月 19 日在延安干部会上所作的报告《改造我们的学习》中有详细的论述。他谈到正确应用马克思列宁主义的理论和方法时，以"有的放矢"为例，形象说明了何谓实事求是："要使马克思列宁主义的理论和中国革命的实际运动结合起来，是为着解决中国革命的理论问题和策略问题而去从它找立场，找观点，找方法的。这种态度，就是有的放矢的态度。'的'就是中国革命，'矢'就是马克思列宁主义。我们中国共产党人所以要找这根'矢'，就是为了要射中国革命和东方革命这个'的'的。这种态度，就是实事求是的态度。'实事'就是客观存在着的一切事物，'是'就是客观事物的内部联系，即规律性，'求'就是我们去研究。"[②]

---

① 胡乔木：《毛泽东思想要讲三个组成部分》，收入《胡乔木回忆毛泽东》，人民出版社 2014 年版。

② 毛泽东：《改造我们的学习》，收入《毛泽东选集》第三卷，人民出版社 1991 年版。

不难看出，毛泽东主席所说的实事求是，要求我们对待一切事物（包括抽象的理论如马克思列宁主义），不是从抽象的理论、主观的概念出发，而是从实际目的出发去"求是"——"射中"现实问题，解决现实问题。这里，实践才是检验真理的标准。

## 一、韩非论实践是检验真理的标准

两千多年前，韩非子就明确指出：不用事实加以检验就对事物作出判断，那是愚蠢！"无参验而必之者，愚也！"（《韩非子·显学第五十》）他认为实事求是、得实之情是社会治理的关键所在。韩非以他惯用的形象语言雄辩地论述道：炼铜造剑时只看所掺的锡和火色，就是铸剑大家欧冶也不能断定剑的好坏。可是用这把剑到水上击杀天鹅和大雁，在陆上劈杀大小马匹，就是奴仆也不会把剑的利钝搞错；如果只是掰开马口看牙齿，端详形体容貌，就是伯乐也不能判断马的好坏，可是让马套上车，看马究竟能跑多远，就是奴仆也不会把马的优劣搞错。若只看一个人的相貌服饰，只听他说话议论，就是孔子也不能断定这个人能力怎样，可是让他担任官职，考核他的工作业绩，就是平常人也能分清他愚蠢还是聪明了。所以，明君的官吏，宰相一定是从地方官中选拔上来的，猛将一定是从士兵中个挑选出来的。有功劳的人必定给予奖赏，那么俸禄越优厚他们就越受鼓励；不断地升官晋级，那么官职越高他们就越能办事。用高官厚禄激励官员努力工作，这是一统天下的正道。《韩非子·显学第五十》："夫视锻锡而察青黄，区冶（区治，又作欧冶，越人，善于制作宝剑——笔者注）不能以必剑。水击鹄雁，陆断驹马，则臧获（臧获，古代对奴婢的贱称——笔者注）不疑钝利；发齿吻形容，伯乐不能以必马。授车就驾，而观其末涂（涂，通'途'——笔者注），则臧获不疑驽良；观容服，听辞言，仲尼不能以必士。试之官职，课其功伐，则庸人不疑愚智。故明主之吏，宰相必起于州部，猛将必发于卒伍。夫有功者必赏，则爵禄厚而愈劝；迁官袭级，则官职大而愈治。夫爵禄大而官职治，王之道也。"

韩非子将实事求是确立为选举制度的哲学基础，这是人类政治文明的一个伟大创举。它是对中国数千年选贤任能选举制度的哲学总结，值得我们更深入具体的研究。

韩非子还将"实事"与"虚辞"对立起来，实事就是事物的实际情况，虚辞就是空洞的理论，它道理十足，使人折服，却违背了事物的实际情况。"文辩辞胜而反事之情"（《韩非子·外储说左上第三十二》）。不幸的是，那些无用的虚辞常常靠雄辩取胜，而那些不可改易的事实，反而会被质问得无言可对。《韩非子·外储说左上第三十二》："为虚辞，其无用而胜，实事，其无易而穷也。"他讲了"虞庆为屋"的典故说明这一点。虞庆打算造房子，工匠说："木材还没有干透，泥巴也是潮湿的。木材没干透就会弯曲，泥巴潮湿重量就大；用弯曲的木材承受重量大的泥巴，时间一长必然坍塌。"虞庆却说："木材干了就会变直，泥巴干了就会变轻。所以经时历久，屋顶越发轻且直，房子一定不会坍塌。"工匠无话可说，迫不得已把房子建了起来。过了些时候，房子果然坍塌了。"虞庆将为屋，匠人曰：'材生而涂濡。夫材生则挠，涂濡则重，以挠任重，今虽成，久必坏。'虞庆曰：'材干则直，涂干则轻。今诚得干，日以轻直，虽久必不坏。'匠人诎，作之成，有间，屋果坏。"

对于当今人文社会科学界太多外来的、逻辑自洽但没有经过中国实践检验的理论，我们不可照单全收，也要取其精华，去其糟粕。只有这样，才能让实事求是的方法和理论成为主流。


## 二、实事求是与中庸之道

在中国古代政治文化中，"实事求是"，也称"求中"，"中庸"。

清华大学于2008年收藏的《清华大学藏战国竹简（壹）》中，有一篇珍贵的尚书类文献《保训》，是周文王预感到自己将离开人世，对太子发（后来的周武王）的训诫，其中特别提到学习舜帝"恐求中"，心怀敬畏地求取中道，正道，中庸之道。文王说，过去舜地位低下，他能亲自在历丘耕种，心怀敬畏地寻求正确的道路，约束自己的心志，能够做到不违背广大群众的各种愿望。服务人民，遍及上下远近。他改革各项制度，考察现实事物的方方面面，使各种关系都能理顺。舜找到了治国的正道——循名责实，依法行政。他对此诚心奉行，恭敬而不懈怠。文中说："昔舜旧作小人，亲耕于历丘，恐求中，自稽厥志，不违于庶万姓之多欲。厥有施于上下远迩，乃易位设稽，测阴阳之物，咸顺不逆。舜既得中，言不易实变名，身兹备唯允，翼翼不懈。"

周文王特别强调舜能够在社会底层的实践活动中，寻求正确道路，并与人民群众同心同德。孟子也曾这样称赞舜：伟大的舜帝更了不得，他做事能够和众人打成一片，虚心学习人家的优点，乐于吸取别人的长处。他脚踏实地，从种地、做陶器、捕鱼一直到做帝王，总是虚心向别人学习。《孟子·公孙丑上》说："大舜有大焉，善与人同，舍己从人，乐取于人以为善。自耕稼、陶、渔以至为帝，无非取于人者。"

请注意，《保训》中所说的"不违于庶万姓之多欲"和《孟子·公孙丑上》中所说的"善与人同"，不是一味听从民众（听民）、迎合民众（适民），而是善于深入群众，理解群众，领导群众。许多人将先贤的民本思想解释成中国版的"西式民主"，因为他们不知中国古典政治理论一直反对"听民"、"适民"——而"听民""适民"是西方自由民主政治的主要特征。

舜所寻求的"中"，指合乎实际的正确执政路线，也就是《论语·尧曰》记载的尧对舜、舜对禹的训辞"允执其中"，《中庸》中所说的"执其两端用其中"。

但宋以后学人在解释"中庸"时，却成为"三条大路走中央"的庸俗市侩主义。这种始自宋明理学的误读影响范围极广。据说1930年代初，近代民主革命家胡汉民访问苏联时，斯大林问他中国文化的精髓是什么，胡汉民回答说是中庸之道。斯大林不禁讥讽道："中庸没有特性，没有立场，一下子中立主义，一下子投机主义，好像墙头草，风吹两边倒。"胡汉民也以射箭为例向斯大林解释：中庸之道如射箭，射箭时正好中的，就是中庸之道。①

中庸的关键是"中节""中的"，所以《中庸》强调："喜怒哀乐之未发，谓之中；发而皆中节，谓之和。中也者，天下之大本也；和也者，天下之达

---

① 刘达临：《孔子与性文化》，东方出版社2012年版，第56页。

道（达道，通达天下的大道——笔者注）也。"中庸是"执其两端用其中"，而不是"弃其两端用其中"，实事求是要求我们：做事如同治病下药，该宽即宽，该猛即猛；该左即左，该右即右……

如《老子》所言："大道泛兮，其可左右。"我们能根据现实之"的"，选择用好手中"批判的武器"和"武器的批判"，这才是真正的实事求是，真正的中庸之道。对于中庸的内涵，感兴趣的读者可以参阅笔者的《中庸与两端——宋以后学人对＜中庸＞的误读》，收入拙著《文脉寻根》第二卷，华龄出版社 2022 年版。

综上所述，马克思主义基本原理和中国优秀传统文化是相辅相成的关系。中国优秀传统文化可以极大丰富和发展马克思主义，如《中庸》可以帮助我们更好地做到实事求是，以防止马克思主义沦为单纯的思想、甚至空洞的口号；马克思主义在中国的实践也会极大促进我们对中国优秀传统文化的研究，比如我们对《大学》《中庸》本义的研究，以及对中国古典政治理论的研究。

马克思主义基本原理和中国优秀传统文化全面、深入、系统的结合，不仅意味着中华文明在全球化时代的复兴，也将为人类文明开创新范式——从思想方法一直到选举制度。

# 跋

## 回归经学初心，势在必行

作为大《六经》工程的内容之一，在重新解读《今文尚书》的过程中，我配合翟玉忠老师做了少许工作。如今书稿初成，玉忠老师希望我写几句话，作为此书的跋。借此机会，我谈几点学习《今文尚书》的几体，求教于方家。

中华文明相较于世界其他文明的最大特点是，自从进入文明社会以来便以天下、国、家的治理为核心，而其他文明则是以宗教神道为核心。西方国家是在近代以后才重视国家治理的，但自始至终，他们的治理都受到宗教和资本的强烈干扰；当今还有部分国家政治与宗教不分离，甚至是宗教支配政治。

习近平总书记说："中华文明是世界上唯一绵延不断且以国家形态发展至今的伟大文明。"从文明起源上说，中华文明最为重视国家治理。

雅斯贝尔斯曾提出一个轴心时代的概念，指出在公元前 800 年至公元前 200 年间，中国出现了孔子、老子和诸子百家，印度出现了奥义书和佛陀，伊朗出现了琐罗亚斯德，巴勒斯坦地区出现了以赛亚，希腊出现了荷马等。我想说的是，以国家治理为核心的文明和以宗教神道为中心的文明，虽然出现的时代相同，但层次却有高下之分。中华文明的治理特色是将不同地区、不同血缘、不同信仰的人们组织起来，通过阶级斗争、生产斗争和科学实践改造自身、社会和自然，其难度远远大于将具有共同宗教信仰的人组织起来，通过修行追求解脱。因为将不同地区、血缘和信仰的人组织起来，追求人间世俗幸福，是一项涵盖人、社会和自然的系统大工程，极为复杂艰巨。而以宗教神道为核心的文明只是将信仰相同的人组织起来，修行又以个人身心的调整为主，较少涉及对社会和自然的改造，其广度和深度均远逊于中华文明。

总之，中西文明禀赋不同，特性迥异，不能因为诞生的时代比较接近，就忽略它们之间的差异，那样会抹杀中华文明本具的宝贵特质。

其次，在经学演变过程中，先秦时代六经是诸子百家共宗的经典，源自王官之学的六经通过孔子删定、传播形成孔门四科，即德行、政事、言语、文学（即经学）。在孔门四科的基础上衍生出诸子百家——诸子百家以六经为宗，他们继承六经以治理为核心的主旨，围绕此主旨分析现实问题，对如何结束封建，实现统一，建设中央集权国家等问题进行研究与实践。相较于两汉经学以祥瑞谶纬等论证政权更迭、社会发展，经学大师荀子从隆礼重法的角度解决封建纷争等问题，他的学生韩非从生产发展的角度认识政权更迭，韩非提出的上古、中古、近古概念都是以生产力为标准。而两汉经学则从两个方向发展六经之学，一个是祥瑞谶纬，另一个是依文解义，导致六经之学走向神道化、繁琐化。

所以，两汉经学是六经之学的神道化、庸俗化、繁琐化，表面上是六经的发展，实际是六经之学在先秦诸子水平上的倒退和反动，使得经学沦为谋求政权更迭和利禄功名的手段。伴随着汉朝中央集权的不断削弱，历史进入魏晋南北朝大分裂大动荡时代。豪强门阀把控地方和中央，拥有雄厚的经济基础。如果重建中央集权，将从根本上威胁和打击豪强门阀的利益。在此背景下，魏晋玄学诞生，他们回避社会发展和国家统一等现实问题，只沉醉于奢靡的物质享受和极致的艺术创作，佛教和道教盛行，经学衰落。经过隋唐军功贵族、唐末农民战争和五代割据力量的打击，门阀阶层衰落。地主阶层经过秦汉时期的军功地主、魏晋南北朝的门阀地主发展为一种新形式，即宋明士绅地主。

宋明理学虽然仍以六经为宗，却偏离六经的国家治理核心，选择其中具有玄思的篇章，运用佛教道教理论加以重新解读。理学一方面强调修身，以之对抗佛教道教理论和修行；另一方面强调宗族治理，以之对抗中央集权，从而维护士绅地主阶级的利益。南宋理学信徒表面上支持中央集权，主张北伐，但他们反对皇帝重用非士绅出身的人才，反对皇帝抓军权。皇帝不掌握军队，如何进行北伐呢？这是假北伐真投降，假统一真割据。由于士绅地主阶层成为宋朝以后至新中国成立之前的主要统治阶级，理学也成为宋以后最强势的国家意识形态。在明末、清末和"中华民国"时期，我们都可以看到理学信徒的飞黄腾达，看到理学被士绅买办们的吹捧推崇。直到新中国成立，在彻底消灭理学的阶级基础士绅阶层后，才将理学从主流官方意识形态的神坛上拉下来。总之，两汉经学、宋明理学虽然以传承经学自居，本质上却是六经之学在先秦诸子百家水平上的倒退。

第三，马克思主义基本原理同中华优秀传统文化相结合的重要前提，是坚守中华文化立场，提炼展示中华文明的精神标识和文化精髓，这要求我们必须重视《尚书》等中华元典。主要成书于春期战国时期的中华元典是对远古以来直至夏商周三代先贤治国理政经验的总结，是中华先民集体智慧的结晶，更是中华文明的自觉自信之所在。其基本原则对秦以后国家治理发挥了重要指导作用，其正确性也为后世实践所验证。所以，《尚书》等中华元典体现了中华文明的初心，是中华文明精神标识和文化精髓的重要载体。

中华文明从时间上说源远流长，从空间上说囊括四海，为后人留下了汗牛充栋的典章文献，地下更有取之不尽的珍贵遗迹遗物。提炼文明精华、展示精神标识的工作，只能从中华元典这一源头入手，随波入流必定会千头万绪，劳而无功。在这方面玉忠老师已经做了大量工作，取得了可喜成绩。比如玉忠老师在《文脉寻根》一书中将中华文明之所以早熟又长寿的秘诀，概括为中华文明在人类文明史上率先做到了"道在帝先、神不胜道，天人不二、内外不二，建中立极、选贤与能，天下为公、积极有为①。"

学术界曾流行过如下似是而非的观点，即中华文明既早熟又不成熟。熟就是成熟，早熟理所当然也是成熟，只是成熟得早而已，怎么能说又不成熟

---

① 翟玉忠：《文脉寻根》第一册，华龄出版社 2022 年，第 13–21 页。

呢？正如玉忠老师总结的那样，中华文明早熟的原因，是它先于其他文明突破了神道宗教垄断文化、众多利益集团瓜分国家政权的状态。那些认为中华文明不成熟的人，是站在西方的立场，把资本主义当作文明的标杆和历史的终结。实际上，资本主义文明没有在中国得到充分发展，恰恰是因为中国中央集权天下为公的传统，有效避免了大资本的野蛮增长和喧宾夺主。

如果从国家治理体系和治理能力的建设上认识文明的成熟度，那么以美英为代表的西方才是既滞后又不成熟，因为他们至今仍没有实现对神道宗教和资本的突破。在突破宗教垄断文化和资本瓜分国家权力上，西方资本主义文明依然道阻且长，希望渺茫。

过去一百多年的历史表明，中华文明的伟大复兴离不开马克思主义，离不开马克思主义与本土文化的结合。中华优秀传统文化能够与马克思主义基本原理相结合的重要原因，是它们在重视国家治理体系和治理能力建设方面高度契合。这让我们坚信，回归中华元典正得其时，回归经学初心势在必行！


付金财